VIE

DE SON ÉMINENCE

LE

CARDINAL DESPREZ

ARCHEVÊQUE DE TOULOUSE

PAR

M. JULES LACOINTA

ANCIEN MEMBRE DE LA COUR DE CASSATION

Société de Saint-Augustin

DESCLÉE DE BROUWER ET Cie

IMPRIMEURS-ÉDITEURS PONTIFICAUX

1887

VIE

DE SON ÉMINENCE

LE

CARDINAL DESPREZ

ARCHEVÊQUE DE TOULOUSE.

4me SÉRIE.

SON ÉMINENCE LE CARDINAL DESPREZ,

ARCHEVÊQUE DE TOULOUSE.

VIE

DE SON ÉMINENCE

LE

CARDINAL DESPREZ

ARCHEVÊQUE DE TOULOUSE

PAR

M. JULES LACOINTA,

ANCIEN MEMBRE DE LA COUR DE CASSATION.

Société de Saint-Augustin,

DESCLÉE, DE BROUWER ET CIE,

IMPRIMEURS DES FACULTÉS CATHOLIQUES DE LILLE.

LILLE. — 1897.

AVANT-PROPOS.

Si belles qu'elles aient été, les existences qui se sont écoulées loin du bruit, sans aucun éclat, sont habituellement considérées comme d'ordre secondaire ; beaucoup ne leur rendent hommage qu'avec hésitation, et parfois s'étonnent même qu'on les loue. Le nom, le rang, les dignités n'ont de prix cependant que rehaussés par les mérites qui donnent souvent la prééminence aux plus humbles et qui l'emportent tellement sur le prestige des situations et des charges que, sans ces mérites, une carrière brillante peut n'offrir à l'estime, au respect des appréciateurs d'élite que des titres médiocres. Aussi est-ce fréquemment à des vies cachées, à des âmes ignorées ou imparfaitement connues du monde, qu'appartient, en dépit de tous les préjugés, la palme de la valeur morale.

Mais lorsque, dans une position éminente, ont, durant de longues années, surabondé les témoignages d'une vertu consommée, quand d'accablants labeurs, de multiples difficultés, d'immenses sollicitudes ont valu à un front béni l'auréole qui naît de la vénération et que la grandeur à laquelle le culte du devoir élève les plus petits d'ici-bas s'associe, tout en la dominant, à une situation des plus hautes dans l'Église et dans l'État, on salue avec émotion une si heureuse alliance entre le rang et la vertu.

Tel est le sentiment qu'inspire la vie du noble Prélat, inopinément enlevé au diocèse de Toulouse, dans la nuit du 21 janvier 1895 ; telle est la pensée qui, avec l'ineffaçable souvenir de ses exemples et la pleine confiance en son bonheur éternel, tempère l'amertume de cette cruelle perte.

Cette carrière a été l'une des plus fécondes dont l'Église de France puisse s'honorer ; à tous les aspects, elle est marquée du sceau divin.

Ce n'est pas d'une famille opulente qu'était issu le regretté défunt ; ses parents furent de modestes cultivateurs qui disposaient de très-médiocres ressources, et dont l'existence a été aussi obscure que méritoire aux yeux de Dieu.

Attiré par une irrésistible vocation, le futur Prélat se distingua de telle sorte, au cours de sa préparation ecclésiastique, qu'il fut, entre de nombreux confrères, désigné, au premier jour de son ministère sacerdotal, comme vicaire à l'Église cathédrale, témoin de son ordination.

Dès cette première étape, il montra un zèle, un dévouement poussé jusqu'au dédain du péril, jusqu'à l'oubli de lui-même, au milieu d'une épidémie meurtrière.

Placé successivement à la tête de plusieurs paroisses, il s'y fit remarquer par ses intelligents efforts pour l'érection ou la restauration des demeures du Dieu vivant, par sa douce, sa touchante piété, sa charité envers l'infortune, l'amour passionné des âmes, la sainte ambition de leur salut.

Promu à l'épiscopat, il en déclina les honneurs et unit ses vœux aux instances de sa paroisse pour ne la point quitter, pour qu'il lui fût permis de continuer, dans le centre ouvrier qui avait si profondément gagné son cœur, la généreuse mission courageusement entreprise.

Contraint de céder à des conseils dont l'autorité s'imposait à lui, il alla, dans des mers lointaines, premier Évêque de l'une de nos colonies, tempérer, par l'influence de la religion, une crise sociale qui n'était point sans danger, — braver, *pour accomplir son apostolat, un redoutable fléau, — organiser un diocèse qui le regarde comme un insigne bienfaiteur, et y laisser d'indélébiles traces de la plus paternelle administration.*

Sa santé atteinte, il vint s'asseoir, en France, sur un siège qui ne le posséda que peu de temps et que l'on croirait cependant, à considérer le bien réalisé, avoir été occupé un certain nombre d'années par le digne Prélat.

Toulouse le vit enfin, durant près de trente-six ans, se prodiguer tout à tous, — s'interdire parfois jusqu'au plus indispensable repos pour ne faire défaut à aucune part de sa vaste tâche, — mériter un universel respect, — pendant qu'il concourait activement, — à maintes reprises même, sans que rien ne transpirât au dehors, — aux événements religieux et aux grandes œuvres de la deuxième moitié de ce siècle, — revêtir la pourpre romaine et donner, au milieu de succès, de labeurs et d'épreuves notables, la pleine mesure de ce dont sont capables la sagesse unie à la patience, — le zèle et la bonté d'un père qui ne connaît pas de lassitude au service des âmes, — une confiante sérénité, inaccessible aux troubles, aux agitations, — une vertu supérieure aux dignités les plus hautes, — l'ingénieuse, l'exquise tendresse d'un grand cœur.

Nous avons été convié à raconter une telle carrière : tâche, à la fois, douloureuse et sacrée que nous n'abordons pas sans crainte, tant nous comprenons qu'une plume sacerdotale eût pu seule la bien remplir.

Si profondément connu de nous que fût l'ensemble de cette vaillante carrière, des documents nombreux nous ont été nécessaires ; et beaucoup, malgré nos plus actives diligences, ne nous sont parvenus que tardivement, ce qui nous a empêché d'entreprendre, l'an dernier, le récit que, malgré tous nos travaux, nous avions espéré présenter plus tôt. Le livre que nous publions ne suffit certes pas à l'exposé complet d'une existence si pleine : nous n'avons pu que la résumer, en nous gardant de soulever le voile des mérites cachés qui constituent, d'ordinaire, la meilleure part des vies les plus saintes, mais défient, en maintes circonstances, la divulgation.

Strictement véridique en toutes choses, nous souhaitons que ces pages portent l'empreinte de la simplicité même de celui qui n'est plus. Puissions-nous le faire bien connaître aux âmes qui l'ont ignoré et ne pas être le trop insuffisant organe des cœurs où est gardé, comme dans un asile inviolable, le culte dû à cette mémoire bénie. Si la plus étroite communauté de sentiments, durant de longues années, — si le souvenir des épanchements et des témoignages indicibles d'une affection qui a grandi, en quelque sorte, jusqu'au terme, nous empêchent de contenir toujours notre émotion, nous n'essaierons pas de nous en défendre, sachant bien que, sans préjudice aucun pour la scrupuleuse exactitude du récit, notre hommage sera ainsi moins indigne du bien-aimé défunt.

CHAPITRE PREMIER.

(1807-1834.)

Réédification de l'Église catholique en France. — Le diocèse
de Cambrai. — Naissance, à Ostricourt, de Julien-Florian-
Félix Desprez, 14 avril 1807. — Sa famille, son enfance. —
Son entrée au grand séminaire de Cambrai, octobre 1824.
— Il est ordonné prêtre et nommé vicaire à l'église cathé-
drale, 19 décembre 1829. — Épidémie cholérique de 1832.

AU commencement de ce siècle, l'Église catholique essayait de
se reconstituer en France.

Le siècle précédent venait d'expirer dans le sang et dans la boue.
On n'apercevait que des ruines. Il semblait, à les considérer au
point de vue purement humain, qu'il n'y eût plus d'espoir pour la
religion... A Rome, la Révolution se vantait, selon son féroce langage,
d'avoir cloué dans son cercueil le dernier des Papes.

Le souffle de l'impiété avait paru tout flétrir ; des intelligences
dévoyées s'étaient servies de la littérature, de la philosophie, de la
science, de l'histoire, de la poésie, du sarcasme, comme d'armes
sacrilèges, pour saper, dans sa base, l'idée religieuse ; le coryphée des
philosophes du XVIIIᵉ siècle n'avait concédé à l'Église que vingt
ans de vie. Les plus atroces violences avaient concouru à la réalisation de sataniques desseins, en détruisant, en profanant les sanctuaires, en supprimant de nombreuses existences, vouées à la défense
de la Foi.

On osait dire que la religion était morte ; or, voilà que, malgré des
obstacles jugés insurmontables et pour que les promesses d'éternité
faites par DIEU à son Église fussent une fois de plus confirmées, la
chaire de Pierre n'est plus déserte : Pie VI a un successeur ; le
cardinal Chiaramonti vient de ceindre la tiare, sous le nom de
Pie VII ; par son inébranlable énergie, son indéfectible résignation,
le nouveau Pontife était trempé pour la lutte, pour l'épreuve, après

laquelle il devait assister aux progrès de la Renaissance religieuse, inaugurée sous son inspiration.

Un homme extraordinaire, destiné à gravir le faîte de la prospérité, pour tomber ensuite, en expiation de ses fautes, « comme un astre éclipsé, dans les eaux solitaires et profondes de l'Atlantique, » restaura, de concert avec le Souverain Pontife, le culte catholique en France.

Les temples se rouvrirent, la hiérarchie sacrée fut reconstituée. L'incrédulité du dernier siècle tenta en vain d'entraver ce relèvement. De tous côtés, de la littérature, de la philosophie, des recherches historiques, des sciences mêmes auxquelles les sectaires avaient demandé la condamnation des vérités religieuses, de toutes les branches de la culture intellectuelle, affluèrent des réfutations décisives de l'erreur et les plus éloquents hommages aux antiques croyances.

Chateaubriand chantait les gloires religieuses, dans l'apologie, parfois sublime, du *Génie du Christianisme*, livre entraînant, que, plus tard, ambassadeur de France près le Saint-Siège, il trouva ouvert, sur la table de Pie VII.

La Harpe, Maine de Biran, Droz, de Gérando devenaient spiritualistes et de spiritualistes, vrais chrétiens.

Le vicomte de Bonald et Joseph de Maistre allaient donner aux doctrines religieuses l'appui de leurs profondes convictions et des plus hautes pensées. Mgr de Frayssinous se disposait à pénétrer la génération nouvelle, surtout la jeunesse des écoles, des principes d'une religion, qu'on ne connaissait, à vrai dire, que par les facéties et les mensonges de Voltaire.

Lamartine, Victor Hugo épancheront bientôt, en flots d'harmonie, leurs sentiments religieux et leurs sublimes émotions.

Cuvier, Dolomieu, Lacépède, Ampère, interprètes les plus autorisés de la science, apporteront à la Bible, si attaquée, de nouvelles et lumineuses preuves de l'exactitude des faits qu'elle énonce.

Les associations, les œuvres catholiques renaîtront avec la vie religieuse.

I.

C'est aux premiers jours de ce mouvement de régénération que naissait, à Ostricourt (1), diocèse de Cambrai, dans la famille Desprez, le 14 avril 1807, un enfant qui reçut, deux jours après, au baptême, les prénoms de Julien-Florian-Félix (2). Son oncle maternel, l'abbé Turbelin, alors vicaire à l'église Notre-Dame, de Douai, versa sur son front l'eau baptismale (3).

Les parents de Florian Desprez, Germain, son père (4), qui avait servi comme artilleur, dans les rangs de l'armée, et Félicité Turbelin, sa mère (5), vivaient dans des conditions modestes, entourés de l'estime de tous.

Aux jours les plus sombres de la Révolution, ils avaient accepté la garde d'objets très-précieux appartenant à une famille amie de M. Guilmot, de Douai ; ces circonstances resserrèrent les relations qui unissaient déjà les Desprez et les Guilmot ; c'est ainsi que le jeune Florian devait, un jour, se lier étroitement avec un homme excellent, M. Victor Hamille, devenu gendre de M. Guilmot et qui a longtemps rempli les fonctions de Directeur de l'Administration des Cultes.

---

1. Commune du Canton de Pont-à-Marcq (arrond^t de Lille), à 11 k. S. O. de Pont-à-Marcq, à 24 kil. de Lille et à 13 de Douai, aujourd'hui d'une population de 858 habitants. Avant 1789, la paroisse, comprise dans la Flandre, relevait du décanat de Raches, diocèse d'Arras.

2. Le prénom de *Florian* fut toujours celui qui servit particulièrement à le désigner. — Florian, soldat et martyr, est né à Zeiselmaur (Basse-Autriche), au IIIe siècle. Il mourut pour la foi, en montrant une admirable énergie. Au XIe siècle, le pape Lucien III donna la relique de saint Florian au roi saint Casimir, et, depuis cette époque, au témoignage des Bollandistes, la Pologne s'honore du patronage de saint Florian, autant que Jérusalem se glorifie de saint Étienne et Rome, de saint Laurent : « *Sicut gaudet Jerosolyma Stephano, et Roma Laurentio, sic suo Polonia Floriano.* »

3. L'acte de baptême est ainsi conçu : « L'an 1807, le 16e jour d'avril, a été baptisé par nous, soussigné, Julien-Florian-Félix, né le 14 avril, fils de Desprez (Germain) et de Turbelin (Félicité), son épouse, de cette paroisse. Le parrain, Lévêque (Julien), écolier de la paroisse Saint-Pierre, à Douai, — la marraine, Druelle (Flore), de la paroisse Saint-Pierre, à Douai, ont signé, avec nous, ainsi que le père, présent, Germain Desprez, J. Lévêque, Flore Druelle, Turbelin, vicaire. »

4. Né le 2 août 1776, à Ostricourt, où il est décédé, le 8 mars 1857.

5. Née le 4 avril 1770, à Ostricourt, où elle est morte, le 9 janvier 1852.

M. Germain Desprez eut deux autres enfants : Louis (1), qui devait être son continuateur, à Ostricourt, dans la maison paternelle, et Justine (2), appelée à représenter, durant plus de soixante ans, auprès de son frère aîné, la famille absente.

Ostricourt est une localité très-ancienne ; la commune est entièrement agglomérée ; on y remarque des puits que l'on fait remonter à l'époque de la domination du peuple-roi ; ils ont été creusés, à peu de distance de la voie romaine, d'Arras à Tournay. La population est essentiellement agricole.

Au Moyen-âge, *Autricourt*, *Otricourt*, *Ostricourt*, appartenait aux châtelains de Lille ; l'église relevait du Chapitre de Saint-Amé, à Douai.

La Flandre, dont le diocèse de Cambrai embrasse une partie, s'est toujours distinguée par son attachement à la religion.

« Des chevaliers pleins de bravoure en sont sortis, dès la première Croisade. Des saints illustres y sont fréquemment apparus. — Des abbayes, des collégiales florissantes s'élevèrent, de bonne heure, au milieu des opulentes cités et des riches campagnes de la Flandre. Les cryptes de ses temples, remplies des plus saintes dépouilles, en avaient fait le *campo santo* de l'Église, en même temps qu'elle était le berceau de la monarchie française, par la naissance de Clovis, à Tournay, dénommée pour cette raison, la *Cité royale*. Au XIIe siècle déjà, la *forêt sans miséricorde*, comme s'appelait autrefois la Flandre, était devenue le *jardin de l'Éden*, suivant l'expression d'un chroniqueur.

» Lille, sa capitale, s'élevait en gloire, par les merveilles de sa foi et de ses œuvres, *(insula quæ celebrem sibi famam jure paravit,)* lorsque devint souveraine du pays une femme remarquable, Jeanne de Flandre (3).

C'est dans le diocèse de Cambrai, qui a hérité de si religieuses traditions, que venait au monde Julien-Florian-Félix Desprez, dont nous nous proposons de raconter la vie.

Élevé par des parents très-attachés à la foi, il montra, de bonne

---

1. Né le 6 décembre 1808, à Ostricourt, où il s'est éteint, le 25 mars 1885.

2. Née, le 20 avril 1812, à Ostricourt, décédée à Toulouse, le 23 novembre 1892.

3. *Jeanne de Flandre*, par M. l'abbé A. Delassus, curé d'Anstaing. Lille, 1894. *Société de Saint-Augustin*, Desclée, De Brouwer et Cie, pp. 11 et 12. — Voir aussi les études dont ce livre a été l'objet.

heure, un vif attrait pour l'enseignement des vérités saintes. Tout enfant, il était animé de la plus sincère piété.

Ostricourt est entouré, vers le Nord et le Nord-Est, d'un demi-cercle de bois qui le séparent de plusieurs localités peu éloignées, et l'isolent, en quelque sorte, de l'ensemble du canton de Pont-à-Marcq. Des chemins qui traversent ces bois, la route préférée de Florian Desprez, depuis son enfance, — prédilection à laquelle il demeura toujours fidèle, — était celle qui conduit à Mons-en-Pévèle, et qu'on appelle la *Grande Carrière*. Une petite chapelle, dédiée à la Sainte Vierge, s'élève, près de ce chemin, au milieu des bois ; c'est un lieu de pèlerinage, très fréquenté au mois de mai : puissant attrait pour l'âme pieuse, que les joies surnaturelles avaient, dès ses premiers jours, séduite à jamais.

La direction qu'il recevait, sous le toit paternel, fut fortifiée par un oncle et une tante qui lui témoignèrent une tendre affection,— l'abbé Turbelin, qui l'avait baptisé, et sa tante maternelle, la Sœur Pélagie Turbelin. Religieuse du *Bon-Pasteur* avant la Révolution, elle s'était retirée, en 1792, dans la famille Desprez, à Ostricourt ; quand le ciel se rasséréna, elle parvint à reconstituer sa communauté du Bon-Pasteur ou de la Providence, avec le concours de quelques-unes de ses anciennes compagnes qui la choisirent, en 1818, pour Supérieure.

Ces religieuses furent chargées, par l'administration municipale de l'instruction des enfants, mission qu'elles n'ont cessé de remplir.

Le jeune Florian Desprez fréquenta tout d'abord la fondation douaisienne de M. Deforest de Lewarde, dite du *Béguinage ;* il aimait à rappeler qu'il avait commencé ses études latines dans cette maison, et voulut, plus tard, s'inscrire comme membre de l'association amicale des anciens élèves ; il n'omettait point de leur envoyer, cha-que année, sa cotisation.

De 1819 à 1824, il suivit les cours du collège royal de Douai, où les succès ne lui firent pas défaut, notamment en vers latins, comme l'établit le *palmarès*, dont un extrait est sous nos yeux. *Du collège*, de même que *du béguinage*, il venait prendre le repas du milieu du jour, dans cette chère maison de la *Providence*, sorte de prolongement de son propre foyer, et qu'il ne manqua jamais de visiter, dans la suite de sa carrière, à chacun de ses voyages dans le Nord (1) : sainte

____

1. « Quant à nous, a écrit la Sœur supérieure, le 17 mars 1895, Monseigneur nous a toujours honorées d'une douce et cordiale amitié. Quand il se trouvait dans le Nord et

maison, inséparable des souvenirs de son enfance et qu'il ne pouvait nommer sans attendrissement.

Du vicariat de Notre-Dame, à Douai, son digne oncle Turbelin était passé, le 28 octobre 1817, à la cure de Cuincy, à trois kilomètres de cette ville. Chaque soir, le jeune collégien allait recevoir l'hospitalité du bon curé. Il occupait une chétive mansarde, qu'éclairait une petite lucarne : « Je ne l'aperçois jamais sans émotion, a dit M. l'abbé Jaspar, curé-doyen de St-Jacques, à Douai, quand je passe devant le presbytère de Cuincy, pour aller saluer ma mère. »

II.

Étranger aux exercices de son âge, l'enfant se tenait, d'ordinaire, à l'écart et paraissait absorbé déjà en de profondes réflexions : prologue d'une vie qui devait être entièrement consacrée au service de DIEU.

Sa tante Pélagie est considérée comme la première inspiratrice de la vocation de Florian. Elle mourut saintement, en 1848, après avoir vu élever au sacerdoce le cher neveu qui, tout enfant, s'était fréquemment essayé, sous ses yeux ravis, à dire la Messe, sur un autel dressé dans le vestibule de son couvent.

Lorsque le jeune Desprez fit à ses parents la première ouverture de sa vocation, ils déclarèrent se soumettre à l'appréciation de l'abbé Turbelin, qui vit, un jour, son neveu, à peine âgé de douze ans, s'avancer, la physionomie ouverte, décidée, et lui dire : « Mon oncle, je voudrais être prêtre... — Bon désir, mon enfant, répondit tranquillement le curé de Cuincy ; mais cette question ne saurait être traitée à la légère ; nous en reparlerons... » Se promenant, affectueusement appuyé sur le bras de Florian, il lui raconta tout ce qu'il savait des massacres de septembre 1792 ; l'enfant écoutait sans grande émotion apparente. — Quand le vénérable

qu'il passait quelques jours, à la communauté, Monseigneur venait, aux heures de récréation, s'asseoir au milieu de nous, présidait notre travail manuel et nous charmait par ses récits. Nous étions heureuses, en sa compagnie ; nous admirions en lui les aimables vertus de saint François de Sales, sa simplicité, son aménité, sa bonté, sa condescendance... Il nous reste le profond souvenir de cette belle existence, vouée au service de DIEU ; nous comptons l'avoir, au Ciel, pour protecteur... »

curé eut achevé l'effrayant récit, il conclut, en regardant fixement le candidat au sacerdoce : « Voilà ce que l'on peut gagner à être prêtre. Florian, persistes-tu dans ton désir ?... » Avec l'énergie paisible des cœurs simples, autant que forts, dont l'héroïsme est l'atmosphère, l'enfant répondit : « Je savais tout cela, mon oncle, on nous l'avait raconté en classe. Ce n'est pas là ce qui m'empêchera d'être prêtre, au contraire... » Le vieil oncle attira l'enfant sur sa poitrine, et l'embrassa longuement, tendrement, en bénissant DIEU de la sublime vocation de son neveu (1).

Le jeune Florian fut admis, en octobre 1824, au grand séminaire de Cambrai. L'évêque était alors Mgr Belmas, qui a administré, durant une quarantaine d'années, ce grand diocèse : l'*évêque*, disons-nous, car le siège, plus que treize fois séculaire, n'avait pas été encore, dans la nouvelle organisation, érigé en archevêché ; il ne devait l'être que plus tard. Ce ne fut, en effet, qu'après la mort de ce prélat, survenue le 22 juillet 1841, que, par une bulle des calendes d'octobre, et au moment même où Mgr Giraud, évêque de Rodez, était appelé à lui succéder, Grégoire XVI acquiesça au vœu du gouvernement, en faisant de Cambrai un siège archiépiscopal (2).

L'abbé Desprez se distingua, de toutes manières, dans ses études ecclésiastiques, à tel point que, dès qu'il eut reçu, le 19 décembre 1829, avec un très grand nombre de ses condisciples, l'ordination sacerdotale, il fut, à vingt-deux ans, nommé vicaire à l'Église cathédrale,— désignation dictée par le suffrage dû à ses mérites. Mgr Belmas était un appréciateur de haute portée ; il avait discerné, sur de graves indications, un ensemble de qualités, une valeur, qui pouvait échapper à des regards distraits, non à l'esprit réfléchi, pénétrant, du vénéré

---

1. Ce trait est cité par M. l'abbé Maillau, dans l'hommage qu'il a rendu à la mémoire du Cardinal et dont connaissance nous est donnée, pendant l'impression de notre livre.

2. Le Saint-Père, parlant de la gloire de cette antique Église, disait : « ... Que si, en l'an 1801, les circonstances ont voulu que, par l'effet des *Lettres apostoliques* commençant par ces mots : *Qui Christi Domini vices*, elle ait été rangée dans la classe des simples diocèses, elle n'en parut pas moins digne, en 1817, d'être rétablie dans sa première dignité d'Église métropolitaine. Pie VII, de sainte mémoire, notre prédécesseur, dans la bulle *Paternæ caritatis*, qu'il donna en 1822, prescrivit que, conformément aux vœux de son cœur, on exécutât ce projet, dès que les obstacles qui en avaient retardé l'accomplissement, auraient été levés. Or, ces obstacles ayant tout à fait cessé, à l'époque actuelle, nous reconnaissons que le temps de l'effectuer est enfin venu... »

prélat. Aucune considération terrestre n'avait pu influer sur un tel choix, entre de si nombreux sujets. L'abbé Desprez appartenait à une famille dont le rang était des plus modestes ; il était simple, d'une tenue constamment effacée ; les ressources avaient difficilement suffi à son éducation, heureusement secondée, quoique avec un sur-croît de fatigue pour l'adolescent, dans la maison de la *Providence*, à Douai, et au presbytère de *Cuincy ;* elles avaient failli manquer à la continuation du noviciat ecclésiastique. La famille s'était résignée, pour couronner l'œuvre, à vendre un champ auquel elle tenait beau-coup... DIEU se plaît à élever les humbles, *exaltavit humiles.* C'est ainsi que, dès le premier jour de son ministère sacerdotal, l'abbé Florian Desprez fut l'objet d'une particulière distinction, indubitable témoignage d'une valeur peu commune.

Ce champ, dont le prix vint en aide à l'achèvement de sa reli-gieuse préparation, il ne devait pas l'oublier. Lui qui n'amassa jamais de ressources, dans son intérêt personnel, il voulut, dès qu'il lui fut possible, rendre à sa famille la terre, dont elle s'était séparée par affection pour un tel fils ; il la racheta, et lorsque Ostricourt avait la joie de le revoir, il se plaisait à visiter le sol nourricier qui avait contribué à le donner à l'Église. Un jour, alors que son père, sa mère, n'étaient déjà plus de ce monde, il se rendit, entouré de plu-sieurs prélats, sur le champ racheté, pour que les bénédictions répandues par lui sur ce coin de terre, et celles de ses vénérés col-lègues, témoignassent devant DIEU d'une indicible gratitude envers les parents bien-aimés, qui lui avaient permis de se consacrer, sans réserve, au service du Maître divin ! Acte touchant, mais dont ne saurait être surpris nul de ceux qu'a conquis ce grand cœur !

Melle Justine Desprez, à peine âgée de dix-sept ans, le rejoignit alors, à Cambrai. Au cours de sa longue carrière, la présence de sa digne sœur devait être, pour l'abbé Florian Desprez, une consolation et une force.

Aux jours de la Révolution, sa tante Pélagie avait eu le courage d'enseigner le catéchisme aux enfants d'Ostricourt. Son neveu gardait ce souvenir comme un titre d'honneur. A Cambrai, il se révéla catéchiste des plus distingués. Dans la chaire, sa parole simple, claire, onctueuse, saisissait, à la fois, l'esprit et le cœur ; il ne donnait rien à la phraséologie, aux développements superflus ; c'est à la vérité religieuse qu'il s'attachait exclusivement, pour la présenter, lumineuse, aux fidèles qui aimaient à l'entendre. Durant plus de quatre ans, sa valeur fut très appréciée, à l'Église cathédrale ; son amour de l'ordre, de la régularité, de l'exactitude, sa piété, montraient ce qu'il devait être, toute sa vie.

Dès le début, il révéla le dévouement, la générosité d'une âme vraiment sacerdotale. C'était durant le rigoureux hiver de 1830. Dans beaucoup de familles, la misère, autant que le froid, exerçait de cruels ravages. Le jeune vicaire, qui prenait pour la première fois la parole, emprunta au texte de l'Évangile du jour, afin d'exprimer la douleur publique, cette ardente supplication : « *Domine, salva nos ; perimus..* » Il sut communiquer à son auditoire la charité dont il était embrasé ; le produit de la quête, faite par lui-même, surpassa toutes les espérances (1).

A l'onction de la parole, son cœur ajoutait le don de lui-même. Deux ans après, le choléra sévissait en France : Cambrai était rudement atteint. On vit, jour et nuit, l'abbé Desprez se multiplier, afin de secourir les victimes du terrible fléau. Les feuilles publiques, exaltant son dévouement infatigable, racontèrent avec quelle courageuse charité, chargeant sur ses épaules un cholérique abandonné, il l'avait porté, sur un parcours de plus d'un kilomètre, jusqu'à l'hospice de Cambrai.

Témoin de si nobles actions, une âme, éclairée d'en haut, prédit que le jeune vicaire deviendrait, un jour, une des gloires de l'épiscopat.

Mgr Belmas, parfait appréciateur du vrai mérite, exprima un suffrage qui confirma de telles prévisions.

---

1. « M. l'abbé Léville, prêtre remarquable par son éloquence, autant que par sa piété, était alors archiprêtre de la cathédrale. C'est à son école que se forma l'abbé Desprez, à son contact que se développèrent les qualités d'esprit et de cœur, qui lui conquirent l'estime et l'affection des paroissiens. Ses sermons étaient très remarqués, et la distinction, avec laquelle il remplissait les diverses fonctions de son ministère, excitait l'admiration générale, qui se traduisait même par cette exclamation : « On dirait un petit évêque. » — Très affable envers les pauvres, il ne négligeait aucun moyen de leur venir en aide. Son zèle apparut dans tout son éclat, quand sévit le choléra de 1832. Il montra un dévouement sans bornes : certains vieillards de la rue Gauthier (comprise dans le territoire de la paroisse Notre-Dame, avant la création de la paroisse St-Druon), en conservent encore le souvenir. M. l'archiprêtre Léville étant devenu presque infirme, l'abbé Desprez le suppléa, à la satisfaction générale, dans l'administration paroissiale, durant deux années. » (Texte d'une note qui nous est récemment parvenue, et que nous devons à l'obligeance de M. le vicaire général Carlier).

L'abbé Desprez allait être appelé à la direction d'une paroisse dans la région même d'où il était originaire ; le milieu d'élite, qui le perdait, l'accompagna des regrets les plus vifs.

D'excessives fatigues avaient altéré sa santé, qui exigea des soins attentifs ; mais sa robuste constitution lui permit de recouvrer toutes ses forces. Ne devait-elle pas lui faire vaillamment supporter les continuels et accablants labeurs d'une longue carrière ?

CHAPITRE II.

(1834-1851).

I.

L'ABBÉ DESPREZ n'était âgé que de vingt-six ans, quand, au mois de février 1834, il fut appelé, du vicariat de l'Eglise cathédrale de Cambrai, à la cure de Pont-à-Marcq, arrondissement de Lille (1).

Ce village, chef-lieu de canton, est situé sur la grand' route de Lille à Paris, à la jonction de celle qui conduit à Valenciennes ; la paroisse comptait alors huit cents âmes ; la localité était pauvre ; l'église et le presbytère se trouvaient dans le plus triste état. Le soir de son installation, au moment de prendre son repas avec Melle Desprez, dans la petite cuisine de leur demeure délabrée, des larmes leur vinrent aux yeux ; mais, a dit plus tard le cher curé, promis aux plus hautes dignités ecclésiastiques, « la faiblesse ne dura qu'un instant ; je résolus aussitôt de me mettre bravement à l'œuvre et tout d'abord pour la maison de DIEU. »

Les ressources ne semblaient pas cependant pouvoir être réunies. La personne, le mieux partagée du village, fut ébahie, quand l'intrépide curé, auquel elle avait promis trois cents francs, osa lui déclarer qu'il en souhaitait, au moins, le double. « Quoi ! 600 francs, répondit-elle ; vous n'y pensez pas... » Parvenu à l'âge de 80 ans, Monseigneur disait qu'il lui semblait entendre cette exclamation retentir à ses oreilles, comme le jour où elle fut prononcée...

Le résultat de la souscription fut, comme il l'avait appréhendé,

---

1. Quoique chef-lieu de canton, Pont-à-Marcq n'est pas le siège d'un décanat.

tout à fait insuffisant. Il dut recourir à ses amis et à d'autres personnes charitables pour se procurer les fonds nécessaires ; une nouvelle église commença bientôt à s'élever, dans d'assez grandes dimensions ; mais le plan de l'édifice devait se ressentir des difficultés, que rencontra la réalisation du dessein.

Les aumônes destinées aux pauvres ne furent en rien amoindries ; en toutes circonstances, s'affirmait la générosité du jeune pasteur.

Les intérêts spirituels de ses paroissiens lui suggérèrent une vive sollicitude. Il sut conquérir un tel ascendant que chacun s'inclinait devant son affectueuse autorité, et il inspira une telle confiance qu'il fut promptement le conseiller de tous. Ses efforts tendirent, sans retard, à rehausser la solennité des cérémonies sacrées, dont il s'attachait, dans ses instructions, à faire ressortir l'importance. Aussi, quoique très occupés, par suite du mouvement continu que motivait le passage ou le séjour de nombreux étrangers, quotidiennement amenés par plus de trente diligences ou autres voitures publiques, les habitants se rendaient-ils assidûment à l'église ; ils sentirent s'accroître leur attrait vers la religion. M. l'abbé Desprez établit plusieurs confréries et donna toute son attention aux catéchismes ; les enfants écoutèrent si avidement ses leçons, qu'aujourd'hui encore, après un intervalle de cinquante ans, l'estimable curé que possède Pont-à-Marcq a plusieurs fois reconnu, à leur excellent esprit chrétien, à la connaissance sérieuse de leurs devoirs religieux, des paroissiens instruits, dans leurs premières années, par Mgr Desprez.

La nouvelle église était loin d'être achevée, lorsque, le 17 septembre 1843, le digne pasteur fut appelé à la cure décanale de Templeuve (1), à trois kilomètres de Pont-à-Marcq, à douze d'Ostricourt. Dès qu'il eut appris sa promotion, il se rendit à Cambrai pour en décliner l'honneur. Mgr Giraud qui, depuis les derniers jours de l'année 1841, avait succédé au regretté Mgr Belmas, était, en ce moment, absent de sa ville archiépiscopale ; le vicaire général, qui le représentait, ne put donner satisfaction aux instances de l'abbé Desprez, qui insista vainement dans une lettre adressée à Sa Grandeur.

« C'est le 30 septembre, a-t-il écrit lui-même dans son *paroissial*, que nous quittâmes Pont-à-Marcq, avec un déchirement de cœur que nous ne saurions exprimer et au milieu des larmes de nos chers

1. Canton de Cysoing, arrondissement de Lille.

paroissiens... » Il ne devait certes pas les oublier, un seul jour ; dans combien de circonstances n'a-t-il pas témoigné de l'inaltérable souvenir qu'il gardait des neuf ans et demi de son séjour dans cette localité tant aimée ! Il ne cessa de s'intéresser à tout ce qui pouvait concourir à sa prospérité morale et religieuse ; à chacun de ses voyages dans le Nord, il ne manquait pas de la visiter ; on le revoyait, aussi simple, aussi affable qu'au temps passé ; quand il retrouvait ses chers paroissiens, il ne pouvait contenir sa joie, les appelait par leurs noms et se plaisait à rappeler quelques traits les concernant. Aussi avec quel élan lui faisait-on toujours accueil ! A la nouvelle, soit de chacune de ses hautes promotions, soit des deuils qui l'affligèrent, les cœurs battaient à l'unisson du sien. En quittant Pont-à-Marcq, cette âme tendre et forte, qui ne se donna jamais sans laisser à ceux qu'elle aimait comme une part d'elle-même, ne se dessaisit pas, à vrai dire, du titre de curé d'une si sympathique paroisse. Vers la fin de sa carrière, au mois de juillet 1894, n'ayant pas eu, depuis quelques années, la satisfaction d'y revenir, Monseigneur écrivait à son zélé successeur pour lui dire « qu'il n'avait pas reçu, depuis janvier, des nouvelles de son cher Pont-à-Marcq, qu'il trouvait le temps long et qu'il désirait savoir ce qui s'y passait. »

Sa générosité envers les pauvres et les premiers travaux de construction de l'église l'avaient réduit à un tel dénûment, que le conseil de fabrique de Pont-à-Marcq, cédant à une délicate inspiration, jugea indispensable de voter une allocation de 250 francs, qu'on le contraignit d'accepter pour subvenir aux frais de son déplacement.

II.

L'abbé Desprez prit possession de son nouveau poste, le 5 octobre 1843 (1). Arrivé la veille, il avait désiré tenir, sur les fonts

---

1. Nous possédons la touchante allocution qu'il prononça, dans cette circonstance. Voir appendice, I. — Le dimanche suivant avait lieu, à Templeuve, la fête, dite la *ducasse aux choux*. Le nouveau doyen fut frappé, le matin, en traversant la place, des immenses pyramides de légumes qui s'affaissaient jusque sous ses pieds.

Durant son administration, fut érigé le maître-autel de l'église ; sur son initiative, et le 24 janvier 1844, les prières des 40 heures furent instituées à perpétuité ; le 4 février suivant, par délégation de Mgr l'archevêque de Cambrai, il bénit une portion de terrain, ajoutée au cimetière ; le 30 juin, il érigea, dans son église paroissiale, un Chemin de Croix.

baptismaux, le premier enfant né à Templeuve depuis qu'il était entré au presbytère ; cet enfant, qui reçut les prénoms de Florian-Ange-Joseph, mourut un mois après ; le digne parrain voulut présider lui-même les obsèques ; il prodigua, dans de fréquents entretiens, ses consolations aux parents affligés et leur conserva, jusqu'au terme de sa carrière, une vive affection ; aussi ces braves gens parlent-ils encore, avec effusion, du « bon Doyen. »

Toutefois il rencontra, d'abord, peu d'empressement : son prédécesseur, M. Desreumaux, laissait de vifs regrets à adoucir et des abus à corriger, son grand âge ayant, dans les dernières années, amoindri la vigilance nécessaire ; les adieux de ce patriarche, au moment de partir pour Cambrai, où il allait fixer sa résidence, en qualité de chanoine honoraire, avaient profondément ému la population.

Si favorable que fût le suffrage exprimé par le respectable vieillard (1) sur le nouveau Doyen, il fallut un certain temps pour gagner les sympathies de tous. De même qu'à Pont-à-Marcq, la dignité avec laquelle il célébrait les saints offices, son zèle pour la maison de Dieu, l'intérêt qui s'attachait à ses prédications, sa générosité native, que révélaient notamment ses visites assidues aux malades, disposèrent les esprits en sa faveur. Pour accomplir ces visites, pour se rendre au chevet des agonisants, le Doyen avait à suivre de mauvais chemins, à franchir des distances notables. Le territoire de la paroisse de Templeuve, qui compte environ trois mille âmes, est, en effet, très étendu ; vingt-deux hameaux y sont disséminés, avec une population de cent habitants, en moyenne, dans chacun d'eux ; ce territoire forme une circonférence dont le diamètre est de dix kilomètres ; aussi le zélé Doyen avait-il parfois à supporter de grandes fatigues.

A peine arrivé, raconte un témoin de cette époque, M. Des-

Il parvint à faire opérer d'importantes réfections dans l'église et l'indispensable restauration du presbytère. Il ouvrit un registre sur lequel il consigna tous les faits notables intéressant la paroisse : ce registre a été exactement continué depuis cette époque. Sur son conseil, il en fut de même dans les autres paroisses du décanat de Templeuve, et l'on y est demeuré, en général, fidèle à une tradition si heureusement inaugurée. Il ouvrit aussi un cahier, sur lequel il inscrivait, chaque année, les noms des enfants qui recevaient la première Communion.

1. Il avait écrit : « La paroisse est placée en bonnes mains : M. Desprez est jeune, fort instruit et zélé ; il y fera du bien. »

prez alla chez un cordonnier, se fit préparer de très fortes chaussures et entreprit la visite de toute la paroisse ; il se rendit dans
chaque hameau, chaque ferme, chaque usine, entra dans la plus
misérable chaumière, comme dans l'habitation la plus riche. A
tous les indigents il distribua des aumônes et donna mieux encore,
un cordial salut, accompagné, le plus souvent, d'une causerie amicale, familière, sur l'objet des occupations de ses interlocuteurs. Un
jour, il entre chez un tisserand ; on était précisément à « tirer la
chaîne. » « Eh bien, dit M. Desprez, voyant tout le monde à
l'œuvre, vous n'avez pas besoin d'un homme pour vous aider ?... »
— « Mais, Monsieur le Doyen, est-ce qu'un homme comme vous
voudrait y travailler ? » — « Allons, allons, mon brave, reprit il,
voyez donc, » et il se mit à tirer la chaîne, avec toutes les personnes
présentes.

M. Desprez avait une prédilection marquée pour les enfants
Lorsqu'il les rencontrait, il avait toujours pour eux un mot aimable
un sourire. Aussi l'affectionnaient-ils ; du plus loin qu'ils l'apercevaient, ils couraient vers lui pour le saluer.

Un soir, il passait devant une pauvre maison, au hameau du
Riez ; la porte était entr'ouverte, mais on ne l'avait point aperçu.
Les enfants, sur le point de se coucher, venaient réclamer, non sans
bruit, de leurs parents la bénédiction du soir. S'en étant rendu
compte, le bon pasteur, ému, entre à l'improviste et vient, lui aussi,
les bénir, les embrasser... Bien des années se sont écoulées depuis
ce jour ; les enfants ont grandi, ont vieilli ; ils ne gardent pas moins,
au fond du cœur, le souvenir de cette bénédiction...

Il n'était pas moins sévère, quant aux manquements, surtout
envers ceux qui se préparaient à la première communion ; il exigeait
l'assiduité aux instructions, même après l'accomplissement de ce
grand acte. « Vous avez quinze ans, disait-il, un jour, à une jeune
fille ; vous en avez fini avec l'école ; mais rappelez-vous bien que
vous n'aurez jamais fini avec la religion. Je compte sur vous pour le
catéchisme de persévérance. »

Le cher Doyen témoignait aux malades une particulière bonté ; il
leur faisait de très fréquentes visites et, par ses consolations, relevait
leur courage ; il soutenait le dévouement de ceux qui les soignaient,
et lorsque personne ne se trouvait à leur chevet, il excitait le zèle
des voisins qu'il jugeait pouvoir s'acquitter de cette tâche. Lui-même

n'hésitait pas à panser les plaies les plus dégoûtantes. Au hameau du Fourneau, il lui arriva de visiter, dans une misérable hutte, un pauvre, étranger à la paroisse, couché sur un grabat, au milieu d'ordures et couvert de vermine. Le généreux Doyen aida le malade à se lever quelques instants, et nettoya le lit ; on raconte qu'après lui avoir donné les soins nécessaires de propreté, il se dépouilla de l'un de ses vêtements et en couvrit le malheureux... La propreté, il ne cessait, du reste, de la recommander dans ses courses charitables : « Retenez bien, disait-il, qu'il n'est pas difficile d'être propre ; il suffit de deux choses : d'un peu d'eau et d'un peu de courage. »

Le 25 décembre 1845, le bon Doyen, momentanément privé de son vicaire, avait dû suffire seul, depuis minuit, aux diverses solennités de ce jour ; le soir venu, il s'était couché, sous le poids d'une grande fatigue. Le temps était affreux. Tout à coup la sonnette du presbytère s'agite... « Vite, vite, Monsieur le Doyen, il faut aller chez J.-B. Mollet, qui se meurt !... » Le malade demeurait, à l'une des extrémités de la paroisse. M. Desprez appelle son clerc, se rend à l'église pour se munir du Saint Viatique et part en toute hâte. L'obscurité est complète ; le vent souffle en tempête ; il faut suivre de mauvais sentiers que coupent de petits cours d'eau gonflés par les pluies. Le clerc tombe dans l'une des profondes rigoles transformées en torrents ; le cher Doyen la traverse, à son tour, en se plongeant dans l'eau jusqu'à la ceinture. Ce n'est qu'après bien des tâtonnements et des détours que, transi, il parvient chez le malade. La consolation de lui administrer les sacrements réconforte le ministre de DIEU, le récompense de sa généreuse ardeur au service de l'âme qu'il vient de préparer à la suprême séparation. Aucun obstacle ne l'arrêtait dans l'accomplissement du devoir. « Ce n'est pas sans souffrance, répétait-il, que l'on va au *Paradis*, » sans souffrance, même au *Paradis*, dont le hameau visité, l'un des plus éloignés de la paroisse de Templeuve, porte le nom, et où l'on ne parvient qu'après avoir franchi une zone de marécages et de fossés.

Un vicaire le secondait, d'ordinaire, dans l'exercice du ministère paroissial ; il ne tenait pas moins à se réserver la part la plus lourde. Ayant obtenu l'autorisation de *biner*, les dimanches et jours de fêtes, il avait désiré que la rétribution d'usage ne lui fût pas attribuée, et il célébrait lui-même cette seconde messe ; ne se préoccupant que des convenances de ses paroissiens, il l'avait fixée après l'office principal, « c'est-à-dire entre onze heures et demie et midi, quelquefois plus tard. » — L'un de ses vicaires fut M. l'abbé Wyart, oncle d'un jeune enfant dont Mgr Desprez gardait le plus sympathique souvenir, et qui, après avoir été zouave pontifical, est devenu Trappiste. L'Archevêque de Toulouse, qui aimait à louer souvent, dans ses entretiens, ce vénéré Religieux, eut, en 1893, la satisfaction de le voir élire Supérieur général de son Ordre.

Le bon Doyen avait gagné l'affection de toutes les familles, avait fait apprécier ses conseils, sa parole (1). Aussi, « ses paroissiens vinrent-ils, avec empressement, la recueillir à l'église. Il prêchait souvent, et l'on était satisfait de ses sermons. On goûtait ses catéchismes. Chaque dimanche, après les vêpres, il montait en chaire pour expliquer une page de la doctrine chrétienne. « C'était fort simple, racontent encore ceux qui eurent le bonheur de l'entendre ; tout le monde comprenait ; c'était, en même temps, très instructif. Il procédait par comparaisons tirées des choses que ses auditeurs voyaient ou faisaient chaque jour. Des personnes de tout âge demeuraient groupées autour de sa chaire. » C'est ce qu'a bien voulu nous écrire l'un de ses plus dignes successeurs, à Templeuve, M. le le Chanoine Carlier, Vicaire-général de Cambrai, dont les précieuses informations nous ont éclairé sur le ministère de M. Florian Desprez dans cette paroisse.

En moins d'une année, il avait réussi à régulariser des situations fâcheuses, à célébrer six mariages, qui mettaient fin au scandale de répréhensibles cohabitations. Il se montrait plein de zèle dans ce but. Quoique privé de ressources personnelles, — à tel point qu'au mois de mai 1845, sa respectable tante de Douai dut pourvoir aux dépenses nécessitées par la visite de Mgr Giraud à Templeuve, — il parvenait toujours à aider de sa bourse les époux réconciliés avec Dieu ; il ne manquait pas de leur faire un cadeau, de leur donner des meubles, du linge, les objets, en un mot, qui paraissaient leur être le plus nécessaires. Pour l'exercice de la charité, les ressources surgissaient providentiellement entre ses mains.

---

1. Les papiers de Mgr Desprez renferment le texte d'un assez grand nombre de discours, de sermons. Nous insérons notamment, en appendice, à la fin de ce volume, comme nous l'avons déjà indiqué, la première allocution qu'il prononça, le 5 octobre 1843, dans l'église de Templeuve. On peut, par cet exemple, apprécier ce qu'étaient son humilité, son dévouement, son onction.

Il exerça sur les prêtres de son décanat une si douce et si forte influence que, vingt-sept ans après son départ, le respectable M. Carlier les retrouvait pénétrés du souvenir vénéré de leur ancien Doyen, et tellement imprégnés de l'esprit sacerdotal que ces excellents vieillards ne causèrent jamais à l'autorité ecclésiastique d'autre peine que le chagrin de les perdre.

III.

Par décision archiépiscopale du 13 février 1847, M. Florian Desprez fut nommé Curé-Doyen, à Roubaix, de l'église *Notre-Dame*, récemment érigée en paroisse. « La lettre du Prélat, a écrit M. Desprez, était conçue en termes qui ne nous laissaient pas le choix libre. En conséquence, nous nous sommes rendu à notre nouveau poste, malgré les vifs regrets que nous éprouvions de nous séparer de notre bien-aimé troupeau. Avant notre départ, sur nos instances réitérées et avec le concours de nos honorés collègues du Comité local de l'instruction primaire, nous avons eu la satisfaction de voir le Conseil municipal assurer, par son vote, la somme de six cents francs de traitement à nos bonnes filles de l'Enfant-JÉSUS, institutrices communales, — et décider l'acquisition d'un terrain, avec allocation d'une somme de cinq mille francs, affectés à la construction de locaux pour deux classes et une salle d'asile. »

Roubaix, déjà notable alors comme centre industriel, devait, avec les années, se développer à tel point que ce simple chef-lieu de canton est devenu l'une des villes importantes de France. M. Desprez insistait fréquemment sur cet extraordinaire développement, en donnant, à cet égard, les plus intéressantes indications (1).

---

1. En l'an VIII, Roubaix (chef-lieu de canton, arr^t de Lille) ne comptait que 8.302 habitants. D'étape en étape, la population de cette ville a atteint le chiffre de 114.917. La production de son industrie est passée, en valeur, de 35 millions de francs, en 1843, à 600 millions, en 1892, et en poids, de 4 millions et demi de kilogrammes de tissus, en 1859, à 39 millions de kilogrammes, en 1893. Roubaix est donc devenu l'un des centres industriels les plus actifs et les plus riches, non seulement de la France, mais du monde.

Malgré beaucoup de causes de décadence morale, Roubaix possède d'utiles fondations, successivement établies et prospères. Les ressources n'ont pas manqué pour y édifier, depuis le départ de Mgr Desprez, plusieurs églises nouvelles, pour créer et entretenir dix-sept écoles libres et gratuites qui comptent 9.000 élèves. En dépit de tout ce qui

Lorsqu'il prit possession de sa cure de Roubaix, il ne trouva pour église que quatre murs et un autel provisoire. Il se mit courageusement à l'œuvre pour rendre cette église digne de la noblesse du culte divin. « Il avait beaucoup à faire, nous a-t-on écrit, il fit beaucoup, et ce qu'il accomplit, il le fit bien. »

Nous voudrions, comme pour ses œuvres si méritoires, à Pont-à-Marcq et à Templeuve, posséder des renseignements circonstanciés ; car c'est dans les labeurs modestes du ministère paroissial que se forme l'Évêque vraiment digne de sa mission ; il déploie son zèle, sa charité ; il acquiert le tact, la prudence, la sagesse nécessaires à celui qui dirigera plus tard un diocèse ; il subit des épreuves et s'habitue à en triompher ; il pénètre au plus intime des cœurs et comprend excellemment ainsi ce que peut être, tantôt la perversité des âmes, tantôt la vraie grandeur dans les situations, en apparence, les plus abaissées ; il s'applique à perfectionner l'éducation chrétienne, à scruter les infortunes, les infirmités physiques et morales ; en ne négligeant rien de ce qui touche à l'administration temporelle des paroisses, surtout au salut des âmes, il devient capable de guider le clergé, de lui montrer que la vertu du prêtre ne saurait jamais être trop parfaite, et qu'en même temps, il n'y a rien de petit, aucun détail à rejeter à l'écart pour celui qui, tout en ne dédaignant aucun des moindres objets de la sollicitude pastorale, ne cesse pas de vivre, par la foi, par le don de lui-même et les plus nobles aspirations, sur les sommets. Au niveau des grandes choses, mais également capable des petites, les occupations les plus modestes, les soins même d'ordre secondaire, tout dans la vie de celui qu'animent des sentiments élevés, tout doit avoir la dignité d'une sainte mission. On ne descend point en s'acquittant des obligations les plus humbles. La vraie grandeur est de ne se croire supérieur à aucun devoir.

La carrière dont nous essayons d'exposer les phases successives, renferme la pleine justification de cette pensée. A Roubaix, le nou-

---

tend à corrompre, de plus en plus, les mœurs du peuple, de l'action funeste des cabarets, (dont le chiffre s'est élevé, de 1680, en 1883, à 3.179, en 1894), des plus pernicieuses excitations, les efforts persévérants d'hommes de bien, d'intrépides et généreux patrons, ne sont pas sans efficacité pour combattre, — tout au moins, pour atténuer un si grand mal. (V. *Le passé de l'industrie roubaisienne, histoire et statistique*, par M. Louis Toulemonde, *Revue de Lille*, t. VI, pp. 370-380 ; — *Roubaix et ses familles patronales, depuis un siècle*, par M. Louis Cordonnier, *Conférences d'études sociales de Notre-Dame du Haut-Mont*, livraison de novembre 1895, etc.)

veau Doyen de Notre-Dame multiplia, s'il est possible, les pieuses industries de son zèle (1), les élans de sa générosité. Il devint l'ami de cette population ouvrière, qui discerna promptement tout ce que ce cœur d'apôtre renfermait de charité. Ses visites, ses instructions, sa parole n'eurent pas un moindre succès qu'à Cambrai, à Pont-à-Marcq et à Templeuve. Un exceptionnel renom de dévouement et de piété l'avait, du reste, précédé ; il fut profondément aimé. Son portrait occupe une place d'honneur dans un très grand nombre de maisons de la ville ; jusqu'à la fin de son existence, il a reçu de fréquents témoignages de cette vénération... Une de ses *Enfants de Marie*, alors pauvre ouvrière, — parvenue, depuis ce temps, à l'aisance, ne manquait pas d'envoyer, chaque année, au Palais archiépiscopal de Toulouse, des draps qu'elle mettait à la disposition de l'ancien Doyen de Notre-Dame pour concourir, de Roubaix, à l'exercice de son inépuisable charité.

Que de traits révèlent de délicats hommages !

Plus tard, lorsque le cher Doyen se rendait, du Midi, dans cette ville, de véritables affluences se formaient ; on accourait pour lui présenter de nombreux groupes de jeunes enfants ; l'empressement était tel que, bien que le presbytère soit distant de l'église Notre-Dame d'une centaine de mètres à peine, il ne parvenait pas, précise-t-on, à faire ces quelques pas en moins d'une demi-heure... Il était vraiment demeuré l'hôte d'adoption, l'ami de cette cité, vers laquelle ne cessa de l'attirer la plus affectueuse pensée.

Il n'eut pas seulement à poursuivre l'achèvement de sa vaste église, à la décorer, à l'embellir ; il fit bien mieux encore : la population industrielle comptait plus de douze mille ouvriers : quel champ ouvert à son zèle ! Telles furent la confiance et la vénération dont il devint l'objet qu'en 1848, de nombreux travailleurs lui durent, pour une large part, le pain qu'ils mangèrent. Pauvres et riches lui décernèrent, spontanément et à l'envi, le beau titre de *Père des malheureux*. Il aimait à servir les pauvres, les humbles, les délaissés, les

---

1. Il établit dans son église la *Confrérie de Notre-Dame des Sept-Douleurs*, qui n'a cessé, depuis cette époque, de prospérer, et l'Œuvre des Zélatrices, chargée, d'une part, d'entretenir la chapelle de cette Confrérie, et d'un autre côté, de s'occuper du linge de l'église. — Il fonda une *Conférence* de Saint-Vincent-de-Paul, la première qui ait été créée, à Roubaix.

victimes du chômage, de la maladie, de la misère, — attrait irrésistible dont témoigne toute sa carrière.

A cette même époque, il avait la douleur de perdre la vénérable bienfaitrice de sa jeunesse, sa tante Pélagie, que le bon curé de Cuincy, frère de la digne religieuse, avait devancée dans l'éternelle patrie.

IV.

C'est au milieu de ces sollicitudes incessantes que le digne pasteur fut appelé à l'épiscopat. Les évêchés coloniaux venaient d'être créés, par décret du 12 juillet 1850 ; il fallait à ces sièges des hommes d'une réelle valeur. L'attention de la Nonciature et du pouvoir civil se fixa sur le Curé-Doyen de Notre-Dame, qui devint, le 3 octobre suivant, le premier Evêque de Saint-Denis, à l'Ile de la Réunion.

La ville de Roubaix s'émut, à cette nouvelle. Pour conjurer une telle perte, une députation d'ouvriers, ayant à sa tête l'un des principaux prudhommes, partit pour Paris, obtint une audience du Président de la République et lui adressa cette supplique, reproduite par le journal officiel :

« Prince, douze mille de ces ouvriers que vous aimez demandent à conserver leur trésor, en gardant leur curé. Si vous les en privez, vous n'enrichirez pas, pour cela, un autre peuple ; car ce bon prêtre ne résistera pas aux fatigues d'une si longue traversée ; ainsi, en consommant notre malheur, vous ne ferez pas le bonheur de l'Ile de la Réunion. »

De son côté, le nouveau Prélat s'efforçait de décliner la lourde charge qui lui était confiée. Il accourut vers Paris, au séminaire de Saint-Sulpice, et, dans cette sainte maison, agenouillé aux pieds de l'inestimable Directeur, qui avait été longtemps supérieur du séminaire de Cambrai, il le supplia de l'aider à écarter de ses épaules le fardeau de l'épiscopat. Mais le digne disciple de M. Ollier le releva et lui dit : « Non seulement je vous engage à accepter l'honneur qui vous est conféré, mais encore, en témoignage de mon adhésion, je vous donne la croix épiscopale et la chaîne d'or que vous conserverez comme un continuel souvenir de mon dévouement affectueux.» Don précieux entre tous, Mgr Desprez ne s'en sépara jamais.

Ni la touchante requête des ouvriers de Roubaix, ni la respectueuse résistance du pasteur n'avaient pu triompher. A l'humble enfant d'Ostricourt était réservé, pour le bien de l'Église et de la France, le plus fécond avenir.

Le cardinal Giraud, archevêque de Cambrai, avait été ravi, l'année précédente, au diocèse par une mort prématurée. La cérémonie du sacre s'accomplit, le 5 janvier 1851, dans l'église Notre-Dame, sous la présidence de son successeur, Mgr Régnier, assisté de NN. SS. les Evêques de Gand et de Bruges. Par la magnificence avec laquelle furent célébrées les fêtes de ce sacre, Roubaix proclama les sentiments de tous les cœurs. Le gouvernement avait tenu à s'y associer, en mettant à la disposition de cette église deux belles tapisseries des Gobelins, qu'elle fut ensuite autorisée à conserver, d'une manière définitive, et qui en constituent le plus précieux ornement. Souvenir inséparable de tout ce dont la ville et la paroisse sont redevables au bien-aimé Doyen.

Si étendu que puisse être le dommage causé à la population de Roubaix par l'insanité des temps, la foi catholique y compte de nombreux et vaillants adeptes, qui ont su récemment encore affirmer leur virile énergie. Combien ils sont dignes de l'attachement que Mgr Desprez leur gardait !

Le 8 janvier, trois jours après son sacre, Monseigneur accourait vers Ostricourt, où lui était fait un accueil triomphal. De pieux et beaux présents, qu'il devait incessamment accroître, au cours de sa carrière, furent reçus, dans l'église paroissiale, comme le témoignage de sa tendre et filiale affection.

CHAPITRE III.

(1851-1855.)

Départ de Mgr Desprez pour l'Ile de la Réunion, 6 mars 1851. — Arrivée à Saint-Denis, 21 mai 1851. — Son Episcopat. — Monseigneur se rend à Rome et en France, 20 décembre ·1853. — De France, il revient à Rome : proclamation du dogme de l'Immaculée-Conception, 8 décembre 1854.

I.

LA corvette « *le Cassini*, » montée par cent-vingt hommes d'équipage, quitta la rade de Lorient, le 6 mars 1851, emportant Mgr Desprez vers son lointain diocèse. Mlle Justine Desprez, sa sœur, qui l'avait suivi dans ses différentes résidences, l'accompagnait. Sur ce bâtiment, se trouvaient aussi Mgr Vérolles, regagnant son Vicariat apostolique de la Mantchourie, où il s'était déjà honoré par d'insignes labeurs, MM. Pouillaude et Chrétien, grands-vicaires de l'Evêque de Saint-Denis, le secrétaire de ce Prélat, M. l'abbé Fava, qui fut, plus tard, son vicaire-général et que sa Grandeur avait ordonné prêtre, six jours après son sacre (1), le 11 janvier, dans la chapelle des Sœurs de la Providence, à Douai, M. l'abbé Cambier, aumônier volontaire, trois religieux des Missions Étrangères et trois Sœurs de Saint-Joseph, qui allaient aussi porter au loin le nom de JÉSUS-CHRIST.

Une chapelle avait été installée, sur « *le Cassini*. » Pour la première fois peut-être, par une faveur due à Mgr l'Évêque de Vannes, le Saint-Sacrement de l'autel avait son trône dressé, sur un bâtiment de guerre de la marine française. La chapelle avait été bénie par l'Évêque de Saint-Denis. Le 6 mars, vers neuf heures du matin, la

---

1. Devenu, depuis cette époque, Évêque de la Martinique, le 6 mars 1871, et qui a été transféré à Grenoble, le 23 septembre 1875.

corvette passait, à proximité de N.-D. de Larmor ; tous les passagers étaient sur le pont ; la cloche tinta et l'équipage se groupa, en masse, à l'arrière, chapeau bas. Suivant un antique usage, on salua, de trois coups de canon, la statue de la Vierge ; en même temps, les missionnaires entonnèrent « l'*Ave, maris Stella*, » dont l'équipage continua le chant avec un merveilleux entrain.

Le bâtiment était commandé par le capitaine de frégate François de Plas, officier d'élite, que la méditation attirait de plus en plus vers les enseignements de la foi, dont la piété allait grandissant et qui devait donner à la Compagnie de Jésus les dernières années d'une vie entièrement consacrée, d'abord, au service de la patrie, puis au salut des âmes (1). Sous ses ordres, était placé un état-major, composé de cinq lieutenants de vaisseau, d'un officier d'administration, de deux médecins et de six aspirants de marine, au nombre desquels les quatre premiers sortis de l'École. Le commandant en second, M. Bernaert, était un ferme chrétien. L'un des aspirants, M. de Gauléjac, était destiné à la Grande-Chartreuse, où il est entré, en 1887. « Nous ne formons, avait écrit M. de Plas à sa mère, qu'un cœur et qu'une âme. Le lien religieux est de tous le plus solide. » Le plus jeune des lieutenants, âgé de vingt-six ans à peine, avait été choisi par le commandant ; ancien élève de l'École polytechnique, le lieutenant Clerc partageait aussi, au plus haut degré, les sentiments de son chef. DIEU avait ménagé au « *Cassini* » un état-major formé d'hommes distingués, dont l'éducation et les mérites procuraient à la corvette une société pleine d'attrait. Par un secret dessein de la Providence, le lieutenant Clerc était, ainsi que son commandant et l'un des enseignes, M. Jaussié, promis à la vie religieuse, à la Compagnie de Jésus, et devait, aux sombres jours du mois de mai 1871, succomber, à Paris, pour la cause de la religion et du droit (2). Mgr Desprez garda de ce voyage une impression profonde, à laquelle la destinée de ces officiers imprima, en quelque sorte, un caractère surnaturel. Ce n'est pas en vain que Mgr Parisis, M. de Montalembert, le P. de Ravignan avaient accompagné, de leurs vœux les plus chers, ces nobles âmes.

---

1. V. « *Marin et Jésuite*, » vie et voyages de François de Plas, ancien Capitaine de vaisseau, Père de la *Compagnie de Jésus*, par le R. P. Mercier, S. J., 1809-1888, 2 vol. Paris, 1890, Retaux-Bray, t. I, pp. 356 et s.

2. V. la *Vie du P. Alexis Clerc*, par le P. Ch. Daniel.

Les vieux marins parlent encore de cette navigation qui a laissé des souvenirs légendaires. C'était chose nouvelle et qu'on n'a pas revue : en même temps que la stricte observation de la discipline et un ordre parfait dans l'exécution des manœuvres étaient assurés, les exercices militaires alternaient avec les exercices religieux ; la piété de plusieurs des officiers (1) rivalisait avec celle des ministres de Dieu. Ainsi furent tempérés, pour Mgr Desprez, les regrets, l'inévitable déchirement que le cœur ressent, en s'éloignant des rivages de la patrie.

La prière, à laquelle tous pouvaient s'unir, inaugurait et clôturait les travaux de la journée. Les Prélats et les prêtres célébraient quotidiennement, dans la chapelle, le saint sacrifice. Le dimanche, les offices du matin et du soir étaient solennisés, en présence de l'état-major, de l'équipage, des passagers assemblés sur le pont.

Le cap Saint-Vincent franchi, le « *Cassini* » entra, le 12 mars, en rade de Madère ; la halte fut de trois jours, durant lesquels différentes parties de l'île purent être visitées. Le bâtiment dépassait, tour à tour, le 16, les îles Canaries, le 19, le cap Vert et atteignait, le 20, la région des calmes, des grains, des vents variables, région que les marins dénomment le « pot noir, » parce que le ciel, constamment couvert de nuages, y est, d'ordinaire, noir comme l'encre ; du 22 au 27, on s'éloignait des côtes du Sénégal et de la Guinée, on s'avançait vers l'Équateur, qu'on allait couper, entre l'Afrique et l'Amérique, et chacun était avisé que tous ceux qui n'étaient pas encore venus dans le « royaume du Père la Ligne, » les néophytes, seraient baptisés ; cérémonie bizarre, étrange licence admise par la coutume et dont M. l'abbé Cambier, dans un manuscrit développé qui est sous nos yeux (2), déroule toutes les phases, présente l'entier tableau. « Vrai déluge, dit-il ; je fus transpercé jusqu'aux os, et, ajoute-t-il plaisamment dans son récit rédigé longtemps après, mes habits, à l'heure où j'écris, ne sont peut-être pas encore bien séchés...»

Quand Mgr Desprez se présenta pour recevoir le singulier baptême, il apprit, — c'est lui-même qui nous a raconté ce trait, —

---

1. Un jeune officier ne partageait pas les sentiments religieux de ses camarades et les raillait. Le commandant, satisfait de sa manière de servir, lui donna des notes qui furent particulièrement favorables à sa carrière ; acte d'élémentaire droiture, exemple, en même temps, qui contraste avec l'intolérance des sectaires.

2. Ce manuscrit, de 110 pages, renferme une relation très-circonstanciée du voyage.

qu'on avait décidé de l'en affranchir, mais à une condition... « Laquelle ? » avait demandé Monseigneur : « que vous vous engagerez, par serment, à tenir ce que vous allez promettre... » Surprise, hésitation :... « Levez la main, » lui dit-on, avec insistance, » et comme il n'obtempérait pas à une invitation, si peu précise, celui qui dirigeait toutes choses s'écria : « Jurez-vous d'être, toute votre vie, un honnête homme ? » Et le bon prélat d'y souscrire.... C'est ainsi qu'en ces heures de quasi-saturnale, sa dignité fut respectée. Le serment, dont le souvenir faisait sourire Monseigneur jusque dans ses derniers jours, laissa, d'autre part, aux matelots la mémoire d'un gracieux remerciement.

Les entretiens avec le vaillant Vicaire apostolique de la Mantchourie, avec les prêtres qui l'entouraient, avec des officiers de haut mérite et d'une admirable foi, étaient pleins d'attrait pour Mgr Desprez. M. de Plas lui réservait les courts loisirs que lui laissait le service.

« Ma journée, écrivait, le 10 avril 1851, le cher commandant, s'est terminée par une conversation des plus intimes avec Mgr Desprez. Il m'a raconté comment il avait été appelé à l'épiscopat, sans que ni lui, ni aucun des siens eussent fait certes la moindre démarche. Quand il partit pour prendre possession du siège de St-Denis, sa pieuse mère eut le courage de faire taire sa tendresse, en lui disant : « Depuis que vous vous êtes destiné à la prêtrise, j'ai considéré que vous ne m'apparteniez plus et que vous deviez être à DIEU seul. » Il avait été consacré à DIEU, dès son bas-âge, par une tante qui vivait comme une sainte. Supérieure des Sœurs de la Providence, elle s'était vouée aux bonnes œuvres, durant les orages de la Révolution et avait favorisé la présence, dans sa paroisse, de prêtres non assermentés. Ce fut pour Monseigneur un grand sacrifice, lorsqu'il dut quitter Roubaix, où il était aimé comme un père (1). »

Le Jeudi-Saint, Mgr Vérolles célébra, dans le salon du commandant, la messe commémorative de l'institution de la Sainte Eucharistie ; le Vendredi-Saint, eut lieu, sur le pont, l'Adoration de la Croix, précédée d'une exhortation à la pénitence. Le saint jour de Pâques, par un temps admirable, l'harmonie des chants religieux et la superbe ornementation disposée par les marins concourant à l'éclat de la fête, Mgr Vérolles offrit, à 6 heures du matin, le sacri-

---

1. *Marin et Jésuite*, ouvrage déjà cité, p. 466.

fice de la Messe ; il émut le cœur de tous par sa simple et pénétrante parole, avant de distribuer le pain eucharistique à plus de cent personnes, venues en toute liberté, entre les cent-quarante que portait le *Cassini*, s'agenouiller à la Table sainte : une trentaine reçurent le Sacrement de Confirmation. Pour la grand'messe, que chanta Mgr Desprez, revêtu de vêtements magnifiques, destinés à la solennité de sa réception à St-Denis, un autel spécial fut dressé, au milieu du pont ; les drapeaux de différentes nations l'entouraient ; à la vue de la terre et du ciel, sur l'immense océan, au milieu d'un profond recueillement, le Prélat célébra, pour la première fois, depuis sa consécration épiscopale, la gloire de la Résurrection ; dans la ferveur de son âme, il pria pour l'Eglise, la France, la marine française, si noblement représentée, sa Flandre, tant aimée, et le cher diocèse qui l'attendait. Son cœur, qui a ressenti, dans les temples les plus augustes, toutes les émotions que font naître les grandes cérémonies religieuses, n'a jamais goûté une extase comparable à celle de ce jour béni, du 20 avril 1851, en pleine mer, sous la voûte du ciel, dans l'allégresse du « *Cassini !* »

La corvette cependant ne s'attardait pas ; la Semaine sainte et le jour de Pâques furent la période de la traversée, durant laquelle la navigation eut le plus d'activité ; la brise et la mer ne cessèrent, un seul instant, d'être favorables ; le 22 avril, la vigie annonçait la terre. On en était déjà averti par la multitude d'oiseaux qui fréquentent ces parages, les damiers, les fous, les alcyons, les pingouins, les albatros et une foule d'autres, messagers aériens, qui révèlent le voisinage de la terre, en volant autour des bâtiments, en s'arrêtant sur les vergues ou même en ne s'éloignant pas de la vague, dont la crête semble être comme choisie pour leur repos.

Bientôt le « *Cassini* » parvenait au *Cap des Tempêtes*, dénomination à laquelle Vasco de Gama, après l'avoir franchi, substitua, en 1498, celle de Cap de Bonne-Espérance » ; dans la soirée du 22 avril, la corvette laissait tomber son ancre, en rade de Cape-Town.

Durant le séjour, rendu nécessaire par l'épuisement du charbon et des provisions, la ville et les verdoyantes campagnes qui l'entourent, purent être parcourues. Une solennité religieuse embellit ces jours de repos. Mgr Griffith, évêque de cette cité, se préparait à consacrer son église ; il avança la date de la cérémonie, afin que l'éclat en fût rehaussé par la présence des deux prélats français, du clergé que portait le bâtiment, du commandant et de l'état-major, escortés de matelots. Le 3 mai, la machine était mise, de nouveau, en mouvement ; les voiles secondaient l'action de la vapeur ; on s'éloignait des côtes d'Afrique, suivi des myriades d'oiseaux, qui rivalisaient de vitesse avec le « *Cassini*, » si « bon marcheur » qu'il fût.

Chaque soir, on se réunissait pour les exercices du mois de Marie ; de beaux chants et une excellente musique se faisaient entendre. La longue traversée allait se terminer avant la fin du mois. Le 20, la terre était annoncée, la terre que Mgr Desprez était appelé à évangéliser ; un oiseau, particulier à ces parages, volait au-dessus des mâts, s'acquittant de la mission qui le fait s'élancer jusqu'à trente lieues, au large, pour avertir les bâtiments qu'ils vont aborder l'île de la Réunion. La joie fut très vive, si heureux qu'eût été ce voyage de bénédiction. En soixante-deux jours de navigation effective, le « *Cassini* » avait parcouru 3,250 lieues, soit, en moyenne, 52 lieues par jour. On arrivait en vue du village de Sainte-Rose, et le lendemain, 21, la corvette mouillait dans la rade qui est en vue de St-Denis. Dès que la terre avait été aperçue, le salut du Saint-Sacrement avait été solennellement donné par Mgr Desprez à tout le personnel du « *Cassini*, » assemblé pour rendre grâces à Dieu d'une traversée si pleinement favorisée. Quelques heures, à peine, après l'arrivée, les passagers avaient quitté le bord, sauf Monseigneur et les prêtres qui l'accompagnaient à Bourbon.

II.

Les colonies de la Martinique, de la Guadeloupe et de la Réunion ne possédaient que des préfectures apostoliques, lorsque, par suite de l'entente intervenue entre le Saint-Siège et le gouvernement, des évêchés y furent érigés. A la place de dignitaires, dépourvus d'autorité, absolument dominés par les gouverneurs, les évêques institués devaient, en assurant l'indépendance de l'Eglise dans la sphère qui lui appartient, mettre fin à de regrettables abus. Le nouvel état de choses ne pouvait, dès lors, que mécontenter certaines personnes ; des journaux locaux, même le *Moniteur du Gouvernement*, avaient publié des articles hostiles à la création des évêchés, déclarés *inutiles*, notamment à *Bourbon* : on s'efforçait de répandre de pénibles insinuations, d'exciter la méfiance. Bien que ces dispositions n'eussent rien de défavorable à Mgr Desprez personnellement, il n'eut pas moins à en souffrir. Le préfet apostolique, en communauté d'idées avec le gouverneur et le directeur de l'intérieur, se montra peu empressé à recevoir le Prélat, qui devenait son chef ; d'un autre côté, on s'était attardé, pour les dispositions à prendre dans l'église, encombrée d'échafaudages et d'entassements. L'ensemble du clergé, mieux inspiré, et les fidèles se signalèrent par l'excellent et respectueux accueil que reçut le premier Évêque de la colonie.

Le 25 mai fut le jour choisi pour l'entrée de Monseigneur dans sa ville épiscopale ; le temps était magnifique ; la rade (ce qui est rare, à St-Denis), calme et unie comme un lac. Monseigneur adressa ses adieux aux marins, dont il emportait tous les regrets. Le canon du « *Cassini* » annonça son débarquement, pendant qu'au salut de la corvette répondait, de terre, une salve analogue ; une foule nombreuse se pressait, sur le rivage. Le commandant de Plas avait terminé, vis-à-vis de Monseigneur, l'accomplissement de la mission qui lui avait été confiée ; mais cette âme si haute jugea que ce n'était pas assez ; il pria son état-major et les officiers de la station de se joindre au cortège qui accompagna Mgr Desprez à la cathédrale : heureuse inspiration, les autorités ne s'étant pas rendues à la réception, pour ne pas enfreindre une décision prise par le conseil colonial.

En débarquant, l'évêque ne fut salué que par le colonel, commandant les troupes rangées sur son passage. Arrivée à la direction du port, sa Grandeur se revêtit de ses ornements pontificaux ; après avoir entendu, de la bouche de l'ancien préfet apostolique, une froide allocution, Monseigneur suivit la procession qui s'avançait vers la cathédrale ; Monseigneur était placé sous un dais porté par les maîtres et quartiers-maîtres du « *Cassini ;* » derrière le dais, marchaient les commandants de cette corvette et de l' « *Archimède,* » en ce moment dans le port, et les officiers de ces deux bâtiments. La haute prestance du Prélat, la dignité incomparable de toute sa personne, produisirent la plus favorable impression, notamment sur la population noire qui ne pouvait contenir sa joie.

Parvenu dans la cathédrale, Monseigneur, après que lecture eut été donnée des pièces canoniques, épancha, de la chaire, son cœur d'apôtre sur ses nouveaux enfants. Les accents de sa généreuse et tendre parole lui valurent aussitôt un élan de sympathique respect.

La célébration de la première messe de Monseigneur, dans son nouveau diocèse, le chant du *Te Deum* et la bénédiction pontificale complétèrent la cérémonie, à l'issue de laquelle le Prélat fut processionnellement conduit à sa demeure.

La municipalité vint alors visiter sa Grandeur, et le maire lui adressa une excellente allocution, que nous ne saurions passer sous silence ; car elle nous permet de mentionner un trait de la plus rare délicatesse, un de ces traits qui concourt à dédommager, s'il est possible, les âmes, attristées, du spectacle de tant de bassesses. Le maire remercia Monseigneur d'avoir, dès son arrivée, fait remettre, pour les pauvres de St-Denis, une somme au bureau de bienfaisance. Monseigneur, n'ayant encore envoyé aucune aumône, ne pouvait qu'être fort surpris. A raison des frais nécessités par la présence, sur le bâtiment, de passagers appelés au loin pour un service public, l'indemnité nécessaire avait été, suivant l'usage, allouée au commandant du « *Cassini.* » C'est un forfait. Quel que soit le chiffre des dépenses, l'excédant reste entre les mains de cet officier. En arrivant à St-Denis, M. de Plas avait constaté que la somme entière n'avait pas été employée, et, sans s'attarder à faire un compte, puisant pour une large part dans ses propres ressources, il était allé, dès son débarquement, avant même que Monseigneur fût descendu à terre, apporter, au nom du Prélat et à son insu, une offrande de mille francs destinée aux pauvres..... Mgr Desprez parvint, quelques jours après, à être instruit de ce fait. Il eût voulu aussitôt embrasser le noble donateur... Mais le « *Cassini* » venait de quitter St-Denis et poursuivait sa route vers les rivages de la Chine, où François de Plas était avide d'admirer, de nouveau, l'héroïque dévouement des missions catholiques pour le salut des âmes.

Monseigneur Desprez eut à organiser le diocèse, à la tête duquel il avait été placé (1). Très-versé dans la connaissance des lois ecclé-

---

1. L'île, située à 600 kilomètres, à l'Est de celle de Madagascar,—découverte en 1545,—appelée d'abord, ainsi que Maurice et Rodrigue, *Mascareigne*, du nom du Portugais Mascarênas qui l'a, le premier, visitée, — fut placée, en 1642, sous la domination de la France et dénommée, en 1649, *île Bourbon*, puis, *île de la Réunion*, par la République, en 1792, — *île Bonaparte*, par Napoléon Ier ; elle a repris la dénomination qui lui avait été attribuée, à la fin du XVIIIe siècle. De 200 kilomètres de circonférence et de 1.980 kilomètres carrés de superficie, elle compte environ 180.000 habitants, dont 60.000 blancs, 60.000 Indiens ou Chinois, 60.000 nègres ou mulâtres, Cafres, Malgaches, etc. Le chef-lieu, Saint-Denis, a 36.000 habitants.

siastiques, préparé par les labeurs d'un ministère pastoral de vingt-deux années, secondé par son exactitude habituelle, son amour de l'ordre et son tact, il réussit excellemment à poser les bases de l'administration religieuse de l'île ; il parvint notamment à faire appliquer, dans toutes les paroisses, le décret de 1809. Le gouverneur prit ombrage de si heureux commencements dont il était, chaque jour, le témoin étonné. Les rapports devinrent difficiles et ne tardèrent même pas à se rompre. Le ministère comprit, à Paris, qu'il fallait porter remède à la situation, et le gouverneur fut appelé à un autre poste ; il n'avait pu se résigner à voir l'administration ecclésiastique se mouvoir en dehors de lui, alors qu'avant l'érection de l'Évêché, le préfet apostolique recevait des bureaux de la colonie la désignation des nouveaux curés, jusqu'à l'indication de l'heure des cérémonies religieuses..., des chemins de croix, etc. Dès le jour de sa préconisation, Monseigneur avait su quelles difficultés rencontrerait, à l'île Bourbon, l'organisation du nouveau diocèse. Sa patiente fermeté devait, en dépit des épreuves, triompher, dans des conditions admirables, de tous les obstacles.

On sentit vite combien le choix de ce Prélat avait été bien inspiré ; avant même qu'il n'eût exprimé, dans la chaire de sa cathédrale, la sollicitude dont son cœur débordait, il avait, du « *Cassini*, » adressé à son clergé, à ses diocésains, sa première lettre pastorale (1) : « ..Nous voulons être au milieu de vous, disait-il, comme une mère au milieu de ses enfants. Vous le savez, le cœur d'une mère n'est que tendresse et amour. Tel, nous l'espérons, sera le nôtre envers vous. Vos joies seront nos joies ; vos peines seront nos peines ; s'il le faut, nous saurons gravir la cime de vos montagnes et braver l'impétuosité de vos torrents pour aller porter aux cœurs éprouvés des paroles de consolation... Venez donc à nous, N. T. C. F. ; ne craignez jamais de communiquer avec nous ; les épanchements de la confiance sont le droit des enfants ; ils sont toujours la consolation d'un père... (2) » Monseigneur avait quitté, pour évangéliser l'*Ile Bourbon*, tout ce qu'il avait de plus cher, son pays, ses amis, « ses chers ouvriers, » sa joie et sa couronne, ses vieux parents, son père et sa mère, en leur laissant, avec ses adieux, la crainte de ne plus

---

1. 21 mai 1851, à l'occasion de l'érection et de la prise de possession de son siège.

2. Dès le 19 juin 1851, (v. son mandement de ce jour, n° 3,) Monseigneur annonçait sa première visite pastorale.

revoir leur fils. « Dans la Flandre, a écrit le vénéré Prélat, nous goûtions peut-être trop de bonheur ! »

L'île traversait une phase, particulièrement difficile. Le décret du 27 avril 1848 avait aboli l'esclavage dans nos colonies. C'était, en même temps qu'un grand acte de justice, une œuvre ardue de transformation sociale. La douceur naturelle des habitants, l'humanité avec laquelle les esclaves avaient été, en général, traités, à l'*Ile Bourbon*, conjurèrent les désordres, les excès ; nul attentat ne fut perpétré contre les personnes ou les propriétés ; ce fut aussi parce que l'instruction morale et religieuse des noirs avait toujours préoccupé le gouvernement et que le Clergé n'avait cessé de la considérer comme l'un de ses premiers devoirs. Pour. aider les anciens esclaves à user, avec intelligence et honneur, de leur liberté, Monseigneur tint à développer en eux l'attrait vers les enseignements de la foi.« N'est-ce pas à l'influence de la religion, écrivait-il dans l'un de ses mandements, que vous devez le calme dont vous avez joui, en ces jours menacés d'agitations populaires ? Le clergé a protégé vos propriétés de tout genre contre des cupidités que naguère encore on attisait sourdement...»

« Aussi, dès le commencement de son épiscopat (1), l'un de ses premiers soins fut-il de publier un catéchisme. Son diocèse, nouvellement érigé, manquait, comme il le dit si bien, de ce livre élémentaire qui, sous la plus modeste des formes, renferme dans son ensemble toute la doctrine de JÉSUS-CHRIST. » Avec une grande hauteur de raison, il ajoutait ces paroles qui rappellent un mot célèbre de Jouffroy : « Tous les livres de religion, de législation et de morale ne sont que le développement de celui-ci. Le catéchisme est, à la fois, le livre du savant, par sa profondeur, le livre de l'ignorant, par sa clarté, le livre du peuple, par la simplicité de sa méthode... » « Enseignez, avant tout, ajoutait-il, en s'adressant aux éducateurs de la jeunesse, cette science pratique et vraiment sociale qui perfectionne l'homme tout entier et le dirige dans toutes les actions de la vie. Si vous voulez prévenir les maux qui pourraient, un jour, désoler cette île, objet de votre prédilection et de la nôtre, voyez ce qui se passe sur le sol de la métropole, depuis plus d'un demi-siècle : la société y est, à chaque instant, menacée de dissolution. Un sentiment

---

1. V. Lettre pastorale et mandement de Mgr Fabre, Évêque de Saint-Denis de la Réunion, le 25 mars 1895, à la nouvelle de la mort de Mgr Desprez, — p. II et s.

universel accuse l'ignorance d'être la cause de tous ces maux. Ce n'est pas l'ignorance des sciences physiques ou l'ignorance des arts, encore moins l'ignorance des lettres, qui a placé la mère-patrie dans cette inquiétante situation, mais l'ignorance du catéchisme et de son enseignement. Aidez-nous donc à faire passer cette divine instruction, de l'esprit des enfants dans leur conscience encore neuve, et de la conscience dans leurs actions. Cette instruction, à elle seule, formera des enfants respectueux et dociles, des époux fidèles, des ouvriers laborieux et tempérants, des serviteurs dévoués à leurs maîtres, des hommes de bonne foi dans l'industrie et de probité dans les affaires commerciales.... »

III.

Quelques semaines, à peine, après la prise de possession de son siège, Monseigneur accomplit sa première visite pastorale. « La tournée d'un évêque, à Bourbon, ne ressemble en rien, à une tournée du même genre, en France. Bon nombre de localités, perdues dans les montagnes, sont situées sur de hautes cimes, sans routes carrossables pour y monter. Il faut se confier aux vigoureux porteurs du pays : le voyageur s'assied sur une mauvaise chaise qui a nom de fauteuil ; six hommes l'enlèvent, sur leurs robustes épaules, et l'emportent ainsi, franchissant montées et descentes, courant toujours, le long de sentiers étroits et de précipices affreux. Ces coureurs ont une telle adresse, ils ont le pied si sûr, qu'ils ne ralentissent jamais leur marche, même aux endroits les plus dangereux, où le moindre faux pas entraînerait tout le monde dans l'abîme. Sans doute, ce mode de transport, surtout pour de grandes distances, n'est pas fort commode. Mais comme l'on est dédommagé de tout ce qu'il a fallu endurer : secousses continues, chemins sans fin, et, il faut l'avouer aussi, désagréables sensations de frayeur ! Au cours de ses visites, Mgr Desprez eut des consolations et des joies qu'il ne soupçonnait point. Partout il fut frappé de ce qui, aujourd'hui encore, en général, est le caractère de la population de l'île ; un rare esprit de foi et de piété, commun aux riches et aux pauvres, aux anciens maîtres comme aux anciens serviteurs, et qui demeure toujours le même, vif et profond, dans les rangs les plus humbles et les plus élevés...... C'est le même empressement pour entendre la parole de DIEU... Le chemin était parfois long et difficile ; n'importe ; afin d'être arrivé pour le dimanche, on partait, le samedi. En parcourant les mêmes lieux, dit Mgr Fabre, nous avons été témoin du même zèle. Les longues files d'autrefois, nous les avons rencontrées, nous aussi, dans les gorges stériles et sauvages de Mafatte, sur la route de Cilaos et de Salazie. Comme autrefois, les familles continuent, le dimanche, de se rendre à la messe, sans souci de l'éloignement et de la fatigue. Chacun, homme ou femme, grand ou petit, son paquet sur la tête, s'en va, portant les habits de fête qu'il mettra, le lendemain. Avant ou après l'office, c'est un spectacle ravissant, touchant et curieux, de voir, là-bas, dans le lointain, ces petites caravanes, comme attachées aux flancs des montagnes, suivre lentement des sentiers sinueux et descendre tour à tour des pentes rapides ou d'abrupts sommets (1). »

Au cours de ces visites, Mgr Desprez témoignait un paternel intérêt aux malheureux nègres et s'efforçait, soit d'étendre, soit d'affermir parmi eux le règne de JÉSUS-CHRIST. Il se plaisait à remplir les fonctions de catéchiste ; chaque paroisse fut évangélisée par sa Grandeur ; plus de trois mille adultes reçurent de lui le baptême. Si l'abolition de l'esclavage n'avait été suivie d'aucun désordre, un certain nombre de ceux qui avaient été appelés à la liberté, comme saisis d'une indéfinissable appréhension ou entraînés par de chimériques desseins, avaient fui dans les montagnes, d'où ils s'obstinaient à ne pas revenir, en dépit des plus rudes privations. Assisté de plusieurs prêtres dévoués, Mgr Desprez erra plusieurs semaines à leur recherche, à travers la chaîne volcanique qui constitue le massif de l'île. Il les atteignit et, par ses tendres exhortations, les décida à regagner les ateliers ou les plantations qu'ils avaient quittés. Il fonda, dans sa ville épiscopale, des établissements pour recevoir les anciens esclaves dénués de ressources, les nourrir et les familiariser avec la notion du travail libre, notion obscurcie, dans leur intelligence, par le souvenir des coutumes de la servitude. La civilisation des affranchis fut l'un des principaux objets de sa sollicitude. Il adressa, dans cet ordre d'idées, au Gouvernement des communications qui furent remarquées ; il y exposait des considérations particulièrement judicieuses.

---

1. V. la Lettre pastorale précitée, du 25 mars 1895, pp. 15 et s.

Pour seconder le développement du sentiment religieux, Monseigneur se préoccupa des Confréries si utiles aux paroisses. Il créa lui-même, pour les hommes, la Société de *Saint-François Xavier*, pour les femmes, celle de *N.-D. de Bon Secours* ; ces deux associations concoururent à procurer la persévérance dans la foi et, en même temps, le bien-être dans les familles, en venant à leur aide au cas de maladie ; on subvenait même souvent aux frais des funérailles. — Il soutint très-efficacement le zèle des membres de la Société de *Saint-Vincent de Paul*, « ces préparateurs évangéliques, » ainsi qu'il les qualifie si justement ; la première Conférence fut créée, à Saint-Denis, en 1855, sous l'inspiration de sa Grandeur.

« Grâce aux Pères de la *Compagnie de Jésus*, qui venaient d'être envoyés à Madagascar par la Propagande, Monseigneur put fonder une École secondaire. Ce collège, installé d'abord dans la montagne, fut bientôt transféré à Saint-Denis, où il devint une source de lumières et de vertus pour les jeunes créoles (1). — Monseigneur donna tout son appui aux *Frères des Écoles chrétiennes* et aux *Sœurs de Saint-Joseph de Cluny*, qui formaient, dans la colonie, jeunes gens et jeunes filles à l'étude et aux bonnes mœurs. Certains pensionnats de jeunes filles, dans les bourgs, surtout celui de l'*Immaculée-Conception*, à Saint-Denis, n'avaient rien à envier aux grands pensionnats de France ; il s'est formé là des femmes de haut mérite qui occupent dans le monde, en Orient et dans notre société européenne des situations élevées, soit comme mères de famille, soit comme religieuses. — Monseigneur favorisa, en outre, l'établissement d'une Congrégation, dite des *Filles de Marie*, qui fait un grand bien, à la Réunion, à Maurice, à Zanzibar et ailleurs (2). »

---

1. Nous avons sous les yeux le texte manuscrit de l'allocution prononcée par Monseigneur, à la cérémonie d'inauguration de l'École secondaire, à Saint-Denis : « ... Ici, disait-il, l'éducation et l'instruction se concerteront comme deux sœurs. Ce ne sera pas cette instruction exclusivement littéraire ou scientifique qui alimente l'esprit, mais peut dessécher le cœur. Élever vos enfants dans la foi, les initier, de bonne heure, aux règles de la vie chrétienne, veiller sur leur innocence, si précieux trésor, diriger leurs inclinations naissantes, ne rien omettre de ce qui pourra les rendre dignes de vous et des carrières auxquelles vous les destinez, surtout dignes de Dieu et de l'héritage glorieux qui leur est réservé, telle est l'obligation capitale que vous avez à remplir, et cette tâche sacrée, nous la confions, avec sécurité, à ces excellents prêtres que la voix de plusieurs siècles proclame les instituteurs les plus expérimentés de l'enfance et de la jeunesse... »

2. Extrait d'une note émanée de Mgr Fava.

Les rapides succès de son Episcopat avaient été singulièrement facilités par l'homme éminent qui était devenu gouverneur de Bourbon, M. Hubert Delisle ; le plus étroit attachement devait unir désormais ces deux nobles cœurs.

IV.

L'organisation d'un nouveau diocèse exige des labeurs considérables, fait surgir de nombreuses questions. Mgr Desprez avait, depuis quelque temps, reconnu la nécessité de soumettre au Saint-Siège, en les accompagnant d'explications, les principales difficultés. Il était, du reste, très-désireux d'accomplir le pèlerinage que chaque Évêque, le jour de son sacre, promet de faire aux tombeaux des saints Apôtres, la visite *ad limina*. Aussi, prit-il la résolution de se rendre à Rome, d'où il devait s'acheminer vers la France ; il se proposait de rechercher des prêtres pour son diocèse et d'obtenir, dans les ministères, la solution de plusieurs affaires pendantes. Cette résolution, il l'annonça au diocèse, par une lettre pastorale, du 21 novembre 1853 (1).

Le 20 Décembre 1853, Monseigneur prit passage, avec Mademoiselle Desprez, sa sœur, sur la corvette à vapeur de l'Etat, le *Caïman*, qui était envoyé dans la Mer Rouge, pour en explorer les côtes (2). Il s'embarqua, après avoir célébré la Messe dans son église cathédrale, en présence de nombreux fidèles, qui le voyaient, avec regret, s'éloigner, pour quelque temps, de la colonie, et l'accompa-

---

1. Nº 21 de la collection. — Il avait terminé, au cours des mois précédents, sa troisième tournée pastorale (v. mand. du 19 mai 1853, nº 17), — avait recommandé aux prières du clergé et des fidèles le deuxième concile de la province ecclésiastique de Bordeaux, à laquelle appartient le siège de Saint-Denis (v. lettre pastorale du 14 juillet 1853, nº 18), et tenu un second synode diocésain (v. lettres des 16 juillet et 8 août 1853, nºs 19 et 20). Son mandement, à l'occasion du dernier Carême, avait insisté sur le devoir, pour les parents, de ne pas refuser à DIEU l'enfant qui se sent attiré vers le service des autels (5 janvier 1853, nº 14).

2. Nous avons sous les yeux une relation circonstanciée de ce voyage, écrite en 85 pages par Mgr Desprez lui-même. — Deux mois avant, du 13 au 20 Octobre 1853, Monseigneur avait fait un voyage à l'île Maurice, notre ancienne et si chère *Ile de France*, située à 180 kilomètres de Bourbon. (Voir, à l'*appendice*, ci-dessous, l'allocution qu'il prononça dans la cathédrale de Port-Louis.)

gnaient de tous leurs vœux. Les autorités, la population, l'avaient suivi jusqu'au port. N'avait-il pas conquis tous les cœurs?

La mer était houleuse, la pluie tombait par épaisses rafales, les vagues s'élevaient, semblables à des montagnes ; en gravissant l'échelle qui conduisait sur la corvette, Monseigneur fit un faux mouvement, et il eût été englouti dans les flots, s'il n'avait été vigoureusement saisi par un officier, qui le fit arriver sain et sauf sur le pont, au milieu de l'état-major vivement ému du grand péril heureusement conjuré.

A Sainte-Marie de Madagascar, colonie française, les autorités s'empressèrent de venir à bord pour saluer Sa Grandeur. Répondant au souhait exprimé, Monseigneur visita, le 24 Décembre, l'île, où il fut reçu par le Commandant, deux Pères de la *Compagnie de Jésus* et les Sœurs de *Saint-Joseph*. Le jour de Noël, Monseigneur célébrait la Messe, dans un pauvre magasin, converti en chapelle : « C'était bien là, dit-il dans sa relation, l'étable de Bethléem. » On avait été prévenu assez tôt de son passage pour préparer des adultes au baptême et à la confirmation. Vingt reçurent ces sacrements des mains de Monseigneur ; sa sœur servit de marraine à trois jeunes filles malgaches, qui lui adressèrent, dans la suite, des lettres « d'une charmante naïveté et d'une délicieuse reconnaissance. »

Après avoir longé les côtes de Madagascar, le *Caïman* jetait l'ancre, le 1ᵉʳ Janvier 1854, aux *Seychelles* (1), au *Port Victoria*, île de *Mahé*. Monseigneur se préparait à la célébration de la Messe, lorsqu'il en fut empêché par une pluie tropicale qui, en un clin d'œil, inonda le pont de la corvette. — Durant plus de cinquante ans, les *Seychelles* avaient été privées de prêtres, et aucun évêque n'y avait séjourné. La population n'était pas moins restée fervente catholique. Touchée de cet état de délaissement, la Propagande y avait, depuis plusieurs mois, envoyé trois Pères Franciscains, qui vinrent complimenter le Prélat. Sa Grandeur fut conduite processionnellement à la chapelle ; toute la population était accourue. Une excellente allocution de Monseigneur charma ses auditeurs, même des protestants que la curiosité avait attirés.

De quel moyen la Providence s'était-elle servie, en l'absence de tout prêtre, pour assurer la conservation de la foi catholique, aux

---

1. Les *Seychelles*, (à 600 kilomètres N.-E. de Madagascar), colonisées par les Français, au XVIIIᵉ siècle, appartiennent à l'Angleterre.

Seychelles ? La famille Jouannis, aux mœurs patriarcales, avait été l'instrument de la divine bonté. Cette famille, devenue propriétaire de la chapelle, s'y rendait assidûment, chaque Dimanche, chaque jour de fête, pour y réciter publiquement les prières de la Messe et les psaumes des Vêpres ; l'un de ses membres baptisait les nouveau-nés et, lorsqu'il y avait lieu, les adultes en danger de mort, — se tenait au chevet des agonisants pour les exciter à la contrition et à la confiance en l'infinie miséricorde, et, — c'était presque toujours le chef de la famille Jouannis, — récitait les dernières prières, aux obsèques des fidèles. — Faits admirables, si souvent renouvelés durant tant d'années, et dont l'exposé arracha des larmes au généreux pontife. « Je me promis bien, a-t-il écrit, d'entretenir le Saint Père d'un si beau dévouement à la cause catholique. » — Les ressources manquaient réellement pour subvenir à l'entretien des Pères Franciscains : la population était indigente. La famille Jouannis trouva encore, dans sa charité, le moyen d'y pourvoir. Chaque jour, à l'heure des repas, l'un des enfants portait à l'habitation des religieux la nourriture nécessaire ; la mère de famille dit à Monseigneur : « Il nous reste neuf enfants en bonne santé ; nous en avons perdu trois ;... il nous semble que le Bon Dieu nous les a rendus, en la personne des trois Pères ;... nous les nourrissons et nous n'en sommes pas plus pauvres... » Qu'il est doux, dans les temps d'abaissement surtout, de se réconforter en contemplant une telle noblesse !

La visite de Monseigneur avait tellement réjoui les habitants de Mahé que le commissaire anglais, administrateur des îles Seychelles, lui ménagea, dans son hôtel, une cordiale réception ; ce fonctionnaire témoignait les meilleures dispositions envers les missionnaires.

Le 5 Janvier était l'anniversaire du sacre de Monseigneur. Les bons Pères et la population concertèrent leurs efforts, autant que le permettait l'état si modeste de la chapelle, pour solenniser la Messe célébrée par Monseigneur, dont la parole fut écoutée avec le plus pieux recueillement.

Sa Grandeur avait éprouvé une agréable surprise, en rencontrant, à Mahé, un Roubaisien qui était venu chercher, sous un climat des plus salubres, après bien des vicissitudes, un peu de calme et de repos.

Le *Caïman* poursuivait sa route, le 7 Janvier ; par une délicate courtoisie du représentant de l'Angleterre, le canon avait salué l'évêque de Saint-Denis. « Je perdis l'espoir, lisons-nous dans la relation de Monseigneur, de pouvoir célébrer la Messe, le 9, anniversaire de la mort de ma vénérée mère (1). Les Pères adoucirent mes regrets, en me promettant d'offrir, tous les trois, ce jour-là, le Saint-Sacrifice pour le repos d'une âme si chère. »

Le 20, la corvette mouillait devant Aden. Monseigneur reçut du Père Louis, auquel d'infatigables labeurs, au service de l'Eglise, ont valu le renom le plus mérité, un accueil dont la relation du Prélat fait ressortir tout l'intérêt. Monseigneur donnait, le 22, la confirmation à trois mousses qu'il avait lui-même, sur le *Caïman*, préparés à la réception de ce sacrement, à un Irlandais, soldat de la garnison britannique, et à une dame anglaise. Après avoir obtenu que toutes les punitions infligées aux matelots du *Caïman* fussent remises, il fit ses adieux au bon commandant qui versait des larmes ; la corvette ne pouvant le conduire plus loin, il réussit difficilement à être admis sur le steamer *l'Oriental*, arrivé le 23 ; pour Sa Grandeur, le pont, durant la nuit ; pour Mlle Desprez, l'accès d'une pièce, commune aux dames, sorte d'antichambre de la salle de bains. Telles furent les conditions auxquelles le réduisit l'encombrement du paquebot, — « conditions, dit Monseigneur, avec son aimable douceur, que je dus signer en bonne forme, en m'engageant, en outre, à ne faire aucune réclamation... » Mgr Serra, évêque de Daulia, *in partibus*, et administrateur du diocèse de Perth, en Australie, s'y était également soumis. Mgr de Brésillac, Vicaire apostolique de Coïmbatour, préféra rester à Aden. Mais les conditions d'un acte si bien formalisé ne devaient pas être subies par Mgr Desprez ; le capitaine, catholique et de la meilleure éducation, s'y opposa nettement, et la courtoisie de deux officiers anglais, dont il partagea la cabine, rendit la traversée moins pénible pour l'évêque de Saint-Denis, ainsi que pour son digne collègue, dont il fait un éloge touchant et auquel il voua une sincère amitié. Entre les passagers, de seize nations différentes, Monseigneur se loua de ses sympathiques relations avec plusieurs, notamment avec le gouverneur des Philippines.

L'*Oriental* avait quitté Aden, le 24 janvier ; le Dimanche, 30, les catholiques exprimèrent le désir d'assister à la Messe ; grâce à la chapelle portative de Monseigneur, et malgré les rudes secousses d'une mer soulevée, Mgr Desprez, quoique en ce moment souffrant,

---

1. Décédée le 9 janvier 1852.

célébra le Saint-Sacrifice, à 9 h. 1/2. « Vers 10 h. 1/2, fait-il connaître, eut lieu la cérémonie des protestants ; le médecin du bord y remplit les fonctions de ministre. L'Anglais a le sentiment religieux profondément gravé dans le cœur, et l'on éprouve une vraie commisération, en le voyant si obstiné dans l'hérésie. J'aperçus la nombreuse assemblée, ajoute-t-il, à travers la grande claire-voie du pont, et je le dis, à la honte de la généralité des catholiques de France : ils sont moins pieux que les Anglais hérétiques. »

Après être passé en vue du Mont-Sinaï, l'*Oriental* continua sa marche, entre les rivages abrupts de la Mer Rouge. « Comme je cherchais à reconnaître l'endroit du miraculeux passage des Hébreux, je portai, dit Monseigneur, mon attention à explorer, du regard, la nature et les accidents de ces lieux. Jusqu'à ce moment, je n'avais vu que des rochers coupés perpendiculairement, et il était évident que les Hébreux n'avaient pu en descendre. Tout à coup les côtes de l'Egypte s'abaissent en pente douce et paraissent s'avancer vers les côtes d'Arabie ; celles-ci, basses également, semblent venir au-devant. Nul doute, me suis-je dit, c'est ici le lieu du passage. Je cherche le commandant ; je lui adresse mille questions ; il me répond, avec sa bonté ordinaire, que j'ai deviné juste, que c'est bien là l'endroit du passage, et pour me corroborer sa réponse, il me déroule des cartes très-détaillées. Je l'avoue, je fus pris d'un frisson qui courut dans tous mes membres. C'est donc là que la *mer s'enfuit, mare vidit et fugit ;* c'est là que l'armée de Pharaon *fut engloutie au fond des eaux, comme un morceau de plomb ;* c'est donc sur cette rive, à droite, que le peuple délivré entonna l'admirable cantique *Cantemus ;* je le relus, à l'instant, avec une émotion profonde.. »

Le même jour, 31 janvier, le bâtiment arrivait à Suez. Que d'incidents singuliers ou douloureux sont consignés dans la relation de Monseigneur! Trajet de dix-huit lieues, en voiture, à travers les sables de l'isthme ; — arrivée au Caire, visite, dans cette ville, aux Pères de la Mission catholique, tout d'abord, aux religieuses du *Bon Pasteur*, d'Angers, chargées par la Propagande d'une fondation d'école, aux *Seychelles*... Le *Caïman* devait, d'Aden, les transporter à Mahé... Hélas ! vers le milieu du mois de mars, malgré l'expérience, la sagacité du commandant, cette corvette touchait, aux côtes d'Abyssinie, un rocher, non indiqué sur les cartes, et sombrait ; l'équipage put heureusement être sauvé.

Sans pouvoir, à son grand regret, visiter des lieux chers aux chrétiens, Monseigneur s'embarque sur le Nil, puis arrive à Alexandrie, où il a la consolation de célébrer la messe, dans l'église des Pères Lazaristes. — Enfin, le 5 février, Sa Grandeur montait sur le paquebot l'*Egyptus* ; elle y rencontra le R. P. Olivieri, si connu par sa charité envers les esclaves et qui était accompagné de trente-cinq malheureux enfants, par lui achetés, sur le marché d'Alexandrie.

La santé de Monseigneur, ébranlée déjà par tant de fatigues, se ressentit douloureusement d'une terrible tempête, qui, durant deux jours, fit appréhender un naufrage ; au milieu de cette violente crise, deux des jeunes enfants, que conduisait le P. Olivieri, moururent, après avoir reçu le baptême. On avait perdu toute orientation ; alors que l'on se croyait en vue de l'une des îles de l'Archipel, on aperçut Malte, où l'on débarqua, le 12. Le lendemain, une messe d'actions de grâces fut célébrée, dans l'église des Carmes, pour remercier Dieu de la conservation du navire, après une telle détresse. L'Archevêque dit à Monseigneur, après avoir connu le péril : « Saint Paul, se rendant à Rome, à cette époque de l'année, fut aussi assailli par une furieuse tempête ; il put également aborder à Malte et y goûter un peu de repos. Que n'êtes-vous arrivé quelques jours plus tôt ! Nous aurions célébré ensemble l'anniversaire de cet événement de la vie du grand apôtre. »

Le 13, Monseigneur prend passage, sur le *Bosphore ;* la mer est, de nouveau, tellement affreuse que le capitaine est forcé de rentrer dans le port. Celui-ci surmonte néanmoins son appréhension et parvient à atteindre Messine, le lendemain ; le 15, on arrivait à Naples, pour y goûter une semaine d'indispensable repos. Après s'être un peu remis, Monseigneur visite le Cardinal-Archevêque, parcourt cette grande cité et ses environs ; comme pour tous les pays, toutes les villes qu'il a traversés, Monseigneur consigne des notes pleines d'attrait. L'attente d'un paquebot le retient, à Naples, jusqu'au 27 ; à cette date, il monte, sur le navire la *Marie-Antoinette* et pénètre, le lendemain, dans le port de Civita-Vecchia. Prenant aussitôt la route de la *Ville Eternelle*, il y parvient, le 1er mars.

V.

Dans cette Rome qu'il visitait pour la première fois et où il devait, au cours de sa carrière, fréquemment revenir, c'est le Souverain-Pontife qu'il recherchait tout d'abord. Pie IX l'accueillit avec la bonté d'un père, s'intéressa vivement à ses communications, et le bénit, lui, les siens et le diocèse de Saint-Denis, sans oublier la famille Jouannis, l'admirable gardienne de la foi, aux *Seychelles*.

Monseigneur eut des conférences suivies avec plusieurs Cardinaux, rédigea de substantiels rapports sur les questions qu'il soumettait au Saint-Siège, ne négligea aucun effort pour les grands intérêts qu'il était venu défendre. Durant plus de cinquante jours, (une petite part de ce temps fut consacrée à une visite à Notre-Dame de Lorette,) il admira les merveilles de la Capitale du monde chrétien et offrit le Saint-Sacrifice dans les sanctuaires, sur les autels les plus chers à la piété des fidèles ; son âme prit, en un mot, possession pour jamais de cette ville incomparable. Ses notes succinctes permettent d'apprécier son activité (1), en même temps que les consolations dont son cœur était, depuis longtemps, avide. Le Jeudi-Saint, Monseigneur recevait la communion de la main du Saint-Père. Le jour de Pâques, de nombreux soldats de la garnison française se présentaient à la sainte Table, durant la messe que célébrait l'Évêque de Saint-Denis ; il administrait à quatorze le sacrement de confirmation.

Le 24 avril, Monseigneur quittait Rome, s'embarquait, le lendemain, à Civita-Vecchia, — descendait, le 26, à Livourne, après une très pénible traversée, — visitait Pise, Gênes, — entrait, le 28, dans le port de Marseille, et après une halte à Avignon, arrivait, le 3 mai, à Paris.

Il y traita, dans les ministères, d'importantes affaires, — se rendit dans le Nord, — retrouva son cher Ostricourt, — alla prier sur la

---

1. Que ne pouvons-nous le suivre dans ses multiples et pieuses pérégrinations ! Nous y serions excellemment aidé par les notes savantes qu'a laissées l'un de nos chers parents, — fort estimé de Monseigneur, le Docteur Charles Marturé, ancien médecin en chef de l'hôpital militaire français de Rome et qui, soit avant l'exercice de ces fonctions et dès 1838, soit durant les six années de son séjour dans la Ville Éternelle, consacra tout le temps dont il put disposer à scruter profondément l'histoire et la valeur artistique de tous les monuments, païens et chrétiens, de la reine des cités, ainsi que de ses environs.

tombe de sa digne mère, — se réconforta au contact des siens, — revit Douai, Cambrai et les paroisses aimées dont il avait été le pasteur. Après deux mois de séjour en France, il se disposait à repartir, lorsque les plus vives instances furent faites auprès de lui pour qu'il assistât à la magnifique solennité qui devait signaler la proclamation du dogme de l'*Immaculée-Conception*. Il décida d'ajourner son retour à Bourbon, afin de se trouver à Rome dans de si exceptionnelles circonstances ; au milieu de l'immense assemblée de prélats, venus de tous les points de la terre, il devait être, de l'Afrique entière, le seul évêque présent, de cette Afrique dont les contrées septentrionales avaient été, aux premiers siècles de notre ère, une part notable de la chrétienté. De Paris, Monseigneur avait adressé, le 4 juin 1854, une lettre pastorale à son diocèse.

Le 20 novembre, l'infatigable Prélat reprenait la route de Rome. Après une visite à N.-D. de la Garde, il s'embarquait, à Marseille, le 23, et arrivait, le 26, dans la Ville Eternelle. Le 4 décembre, il était reçu par le Saint-Père, qui, instruit des préoccupations de Monseigneur, au sujet des retards que subissait son retour à Saint-Denis, lui dit affectueusement : « *C'est la Sainte Vierge qui a réglé les retards ; je suis content, très content.* »

Le 8 décembre, avait lieu la fête splendide que nous ne saurions décrire ici ; l'émotion du Saint-Père, a déclaré Monseigneur, gagna l'assemblée ; ce fut l'une des plus imposantes cérémonies que relate l'histoire de l'Eglise.

Durant ce second séjour à Rome, Monseigneur put assister à la consécration, par Pie IX, de la Basilique Saint-Paul-hors-les-murs. Son nom se trouve gravé sur la plaque commémorative de cette solennité.

Après avoir, une fois de plus, célébré la messe, sur l'autel de la Confession de Saint-Pierre, Monseigneur repartait, le 18, pour Paris, où il était de retour, le 23.

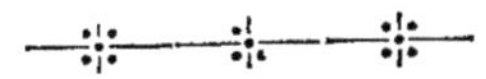

CHAPITRE IV.

(1855–1857.)

Départ de France pour la Réunion, 15 janvier 1855. — Rentrée, à Saint-Denis, 27 avril 1855. — Episcopat *(Suite)*. — Transféré à Limoges, 19 mars 1857. — Départ de la Réunion, 9 mai 1857. — Entrée, à Limoges, 14 juillet 1857.

I.

MONSEIGNEUR dit adieu à son vieux père qu'il ne devait plus revoir, à tous les siens, et après avoir très-utilement fait résoudre des questions intéressant son diocèse, s'embarqua, le 15 janvier 1855, à Brest, avec Melle Desprez, sur la *Virginie*, bâtiment amiral, dont, par une providentielle fortune, le capitaine de pavillon n'était autre que le Commandant de Plas ; à peine revenu des mers de Chine, le digne Commandant, sans y être tenu, s'était montré disposé à y retourner ; il ne pouvait se rassasier, à son gré, de l'émouvant spectacle qu'offre, dans ces régions lointaines, le dévouement des missions catholiques. De très-fréquents entretiens avec Monseigneur resserrèrent plus étroitement encore, s'il est possible, les liens qui les unissaient, depuis l'heureuse traversée sur le *Cassini*.

Il fallait franchir, de nouveau, l'Océan pour atteindre Saint-Denis.

Quelques jours après le départ, un matelot tombe à la mer ; Monseigneur, penché sur l'abîme, donne l'absolution à l'infortuné qui, secouru en vain, s'engloutit dans les flots...

On s'arrête, aux *Iles Canaries*, mais sans pouvoir descendre à terre ; car le choléra sévissait, à Brest, lors de l'embarquement. Le 19 février, on apercevait la terre d'Amérique, et, le 20, la *Virginie* entrait dans le port de Rio-Janeiro ; Monseigneur séjourna une semaine dans la Capitale du Brésil ; l'accueil de l'Evêque, des autorités gouvernementales, du ministre de France, lui fut très agréable ; le bel hôpital de la Miséricorde, où se trouvaient alors

réunies quarante-cinq Filles de la Charité, l'intéressa spécialement.
— Le 28, la *Virginie*, remorquée par le *Catinat*, regagnait la haute
mer. — Le 24 mars, veille de l'arrivée au Cap de *Bonne-Espérance*,
un violent coup de vent fit, dans la nuit, tomber un meuble, attaché
à la cloison de la cabine de Monseigneur, qui faillit être écrasé.

Après une halte de huit jours, au Cap, le bâtiment repart, le
3 avril. Le surlendemain, Jeudi-Saint, Monseigneur distribue la
Communion pascale ; le jour de Pâques, Sa Grandeur célèbre la
messe, en présence de l'équipage, fait participer, pour la première fois,
huit mousses à ce sacrement et donne la Confirmation à quinze
autres ; sa charité n'était jamais inactive ; depuis le départ de Brest,
il s'était fait le catéchiste de ces vingt-trois enfants. — Durant cette
traversée, de cent-deux jours, il avait eu la consolation, — il a eu soin
de le préciser, — de monter 69 fois à l'autel.

Monseigneur débarquait, à Saint-Denis, le 27 avril, et présidait
aussitôt, au milieu d'un nombreux concours de fidèles, heureux de
son retour, une cérémonie d'actions de grâces, à la cathédrale. Ce
jour même, il publiait un mandement (n° 25), dans lequel il relatait
son voyage à Rome, l'accueil du Souverain-Pontife et insistait
principalement sur la définition du dogme de l'*Immaculée-Conception* :
« ... Religieux habitants de notre diocèse, s'écriait-il, votre piété
envers Marie nous est un sûr garant que vous saluerez, avec transport, ce dogme de notre foi. Vous surtout, qui vous glorifiez d'honorer
cette Vierge incomparable d'un culte plus tendre, vous vous joindrez
à nous, et, tous, d'un seul cœur et par une seule bouche, nous répé-
terons cet écho fidèle, qui est parti de la chaire indéfectible :
« *La Conception de Marie fut immaculée* (1). » Au sanctuaire de
Lorette, puis à Saint-Pierre, au moment de la proclamation de ce
dogme, le pieux Prélat avait voué son diocèse à Marie. Par son
ordre, chaque paroisse renouvela cet acte de consécration.

Son zèle ardent le faisait, dès le 17 mai (n° 28), annoncer sa
4ᵐᵉ visite pastorale, qu'il entreprenait presque immédiatement.

Au cours de ses tournées, il avait plusieurs fois constaté la
nécessité de construire plusieurs églises nouvelles ; en juin 1851, il
avait exprimé déjà le souhait que des efforts fussent accomplis dans

---

1. Le 17 mai 1855 (n° 27), Monseigneur promulguait les lettres apostoliques définissant
ce dogme. — Le 8 de ce même mois (n° 26), il avait publié une importante décision de la
Propagande.

ce but ; les églises désirées s'élevèrent bientôt, sur plusieurs points de l'île. « Le zèle de la Maison de DIEU, lisons-nous dans le mandement de Monseigneur, du 2 février 1852 (n° 4), s'est réveillé dans le cœur des populations des *quartiers* (1). Saint-Louis va transformer son église, comme par enchantement, et la convertir en un monument, que des villes plus importantes pourront convoiter. Saint-Joseph et Sainte-Rose font pour leurs églises des prodiges de courage et de générosité. Pour réparer les désastres qu'un effroyable ouragan avait causés à ses édifices, Saint-Benoît s'est imposé des sacrifices au-dessus de ses forces... » Une lettre pastorale, de décembre 1852 (n° 12), avait, de nouveau, entretenu le diocèse de cet important sujet. — Le 12 juin 1853, Monseigneur avait posé la première pierre de l'église de Saint-Louis, achevée promptement, et vraiment remarquable, tant par sa haute voûte que par son mérite architectural. La satisfaction lui fut ménagée de consacrer cinq églises de la Colonie, celles de Saint-André, de Saint-François-Xavier, de Saint-Benoît, de Saint-Paul et de Sainte-Marie.

Un zèle égal était nécessaire pour doter Saint-Denis d'une Cathédrale. Le 9 octobre 1856, Monseigneur avait la consolation de bénir la première pierre de ce nouvel édifice (2). Les travaux furent poussés, d'abord, très activement, et Sa Grandeur pouvait espérer présider à la consécration. C'était alors, comme on l'a dit, l'âge d'or de la Colonie. On voyait les productions s'accroître, le commerce extérieur se développer, tous les jours : l'aisance était partout. La richesse publique ayant diminué avec la richesse privée, cette belle œuvre a été enrayée (3).

Les difficultés inséparables d'une administration à peine organisée, la tenue de plusieurs synodes, qui élaborèrent des statuts, où le

---

1. Expression qui, à Bourbon, a le même sens que le mot *Communes*, en France.

2. Voir le discours que Monseigneur prononça, dans cette solennité. — Communication, en date de ce même jour, au Clergé (n° 40).

3. « Depuis plusieurs années, déclare Mgr Fabre, les travaux de la future Cathédrale ont été suspendus. Après des dépenses considérables, il a fallu tout arrêter, et aujourd'hui, avec ses hautes murailles croulantes, envahies par la mousse et les ronces, elle demeure, au milieu de notre ville de Saint-Denis, comme une image, trop fidèle et trop vraie, de la prospérité d'autrefois et de la misère d'aujourd'hui. Mais nous ne pouvons nous résigner à croire que tant d'argent et tant d'efforts auront été à jamais dépensés en pure perte. Des jours meilleurs, — nous en gardons l'espoir, — viendront pour la Colonie ; toutes les bonnes volontés se réuniront, et les petits-fils achèveront ce que les pères ont eu le mérite de commencer... » (Mandement précité, du 25 mars 1895, p. 19.)

Clergé trouva désormais des règles nécessaires, le soin des intérêts spirituels et moraux d'un diocèse en formation (1), ne retranchèrent rien de sa paternelle sollicitude pour les pauvres ; il donnait ainsi satisfaction aux élans de sa généreuse nature. « Touché de leurs souffrances corporelles, de leur délaissement dans la vieillesse, de leur dénuement dans les maladies, il encouragea, comme l'atteste Mgr Fabre, toutes les tentatives, tous les dévouements qui se proposèrent d'améliorer le sort des malheureux... Sorti du plus actif, du plus industriel de nos départements, habitué de bonne heure, à Roubaix surtout, à s'intéresser au sort de la classe ouvrière, il favorisa, de tout son pouvoir, l'établissement d'une *Caisse d'épargne*, à Saint-Denis. » Cette œuvre, lisons-nous dans une circulaire du 21 décembre 1852 (n° 13), est propre à introduire dans nos classes laborieuses des idées d'ordre et de prévoyance. « Il exhortait les prêtres à travailler au développement et au succès d'une institution si utile... »

Avec le concours, les encouragements de Monseigneur, un hôpital était créé pour les pauvres vieillards de la Colonie ; — un pénitencier, pour les jeunes détenus, et des écoles de travail préparant à l'exercice de diverses professions. Ces succès étaient dus à la parfaite entente qui ne cessa d'exister entre Monseigneur et le Gouverneur, M. Hubert-Delisle, « doué d'une grande intelligence, d'une rare aptitude aux affaires, avocat distingué et non moins brillant écrivain ; d'une activité dévorante, il avait le bon sens de comprendre que l'union fait la force et concertait ses desseins avec l'Evêque, pendant

---

1. Voir la lettre pastorale du 1er août 1855 (n° 29), annonçant le 2me synode diocésain et convoquant le clergé à la retraite qui se préparait ; — une Lettre, du 30 octobre 1855 (n° 31), concernant les empêchements au mariage ; — le Mandement, du 5 janvier 1856 (n° 34), pour le carême de cette année. (Il insiste sur l'obligation, pour les parents, de faire baptiser leurs enfants, sans délai, — de les former à la piété, de les élever chrétiennement et de leur donner des maîtres chrétiens) ; — la circulaire, du 6 avril 1856 (n° 36), relative à la nouvelle visite pastorale, que Monseigneur allait entreprendre ; — le Mandement, du 27 juillet 1856 (n° 37), prescrivant des prières à l'occasion du 3me Concile provincial de Bordeaux ; — la Lettre, du 5 août 1856 (n° 38), pour le 3me synode diocésain ; — le Mandement du 24 août 1856 (n° 39), en faveur des victimes des inondations, en France ; — la Lettre synodale (n° 40) des Pères du 2me Concile de Bordeaux, tenu à la Rochelle, en 1853, publiée, à Bordeaux, le 3 juin 1855 ; — le Mandement, du 19 octobre 1856 (n° 42), sur les *Mauvais livres*, — Mandement complété par une note du même jour (n° 42 *bis*), etc.

que Mme Hubert-Delisle prenait discrètement toute la part qui lui revenait dans cette œuvre de civilisation chrétienne (1). »

II.

Une douloureuse plaie affligeait un certain nombre d'habitants de l'Ile, la lèpre ; dès son arrivée, Monseigneur s'en était préoccupé : la plupart des lépreux n'étaient pas baptisés ; dans une affreuse demeure, dont l'infection tenait les visiteurs éloignés, des êtres, victimes de ce mal atroce, mouraient abandonnés. Monseigneur avait donné à cette portion de son troupeau comme les prémices de son apostolat, à Bourbon ; celui que Roubaix avait appelé le *Père des malheureux*, était accouru vers ces lépreux, avait voulu les visiter seul, et en avait baptisé dix-neuf ; les parrains, les marraines avaient dû être choisis parmi les autres malades, déjà gratifiés du baptême.

La léproserie exigeait une translation ; on la transféra, en 1856, du fond de la ravine, visitée par Monseigneur, sur les hauteurs de la montagne Saint-Bernard. « Le nouvel établissement, construit à grands frais, était dans une situation ravissante (2). Mais de fâcheuses préventions, qui n'ont pas disparu depuis cette époque, empêchèrent les malades de profiter des avantages qu'on leur offrait. Mgr Desprez combattit ces préjugés, montra l'utilité d'un hospice « propre, tout à la fois, et à arrêter le progrès du mal et à procurer un soulagement à ceux qui en sont atteints. » Rien n'avait été négligé pour le bien spirituel et corporel des malades. La situation, sur l'un des plateaux de la montagne Saint-Bernard, était des plus favorables ; un aumônier était chargé du service religieux, et les admirables *Filles de Marie*, congrégation, de fondation alors récente, mais déjà populaire à Bourbon, étaient attachées à l'hospice et avaient commencé, sans retard, « le courageux ministère de leur charité. » Monseigneur engageait les prêtres de son diocèse à user de leur influence auprès des familles, afin de les amener à de plus sages résolutions. Il prouvait ainsi, comme le disait sa circulaire (3),

1. Note, précitée, émanée de Mgr Fava.
2. Voir le mandement précité de Mgr Fabre.
3. Voir circulaire de Mgr Desprez, du 24 janvier 1856 (n° 35).

que la religion ne s'occupe pas seulement de la vie de l'âme, mais encore qu'elle s'intéresse vivement à « cette vie du corps, menacée ici-bas de tant d'accidents divers. » Les termes dont il se servait ne pouvaient être plus énergiques. Ils attestent le prix que Monseigneur attachait au concours de son clergé, « pour la réalisation, disait-il, d'une œuvre d'humanité, dont notre charge pastorale nous fait un devoir sacré. » Il ajoutait : « C'est à vous, pasteurs, tenus de veiller à la double vie de votre troupeau, qu'il appartient de détruire ces préjugés, en faisant apprécier aux malades les avantages qui leur sont désormais assurés dans le nouvel établissement... Vous apportez les soins les plus empressés à cultiver les âmes ; nous vous demandons aujourd'hui une part de votre zèle en faveur des corps souffrants de nos frères. En soulageant leurs maux, nous rendrons leur vie moins amère et nous amoindrirons les progrès de la maladie. »

L'âme si patriotique de l'évêque de Saint-Denis avait tressailli, à la nouvelle des succès de la France, en Crimée, de la prise de Sébastopol (1). Le diocèse s'associa aux nobles sentiments du Prélat.

Son mandement, du 19 janvier 1857 (n° 44), relatif au *Carême* de cette même année, insistait sur les tristes conséquences, pour les enfants comme pour la société, des unions contractées sans les dispositions nécessaires... « Que le jugement de DIEU sera terrible, déclarait Monseigneur, pour ces parents malheureux, lorsqu'ils se trouveront devant le Tribunal sans appel et que le Souverain Juge leur dira : Par vos calculs d'intérêt humain, vous avez ruiné mes desseins. J'ai voulu vous associer à ma miséricorde pour les âmes dans leur création, et vous, loin d'accomplir mes volontés, vous avez empêché ces âmes de jouir jamais du bonheur que je leur réservais. Au lieu d'être pères, par vos complots impies, vous avez été des homicides... Nous sentons tout ce que nos paroles ont de pénible ; mais à quoi servirait-il de vous laisser dormir en paix, sur le bord de l'abîme ! Tandis que vous murmurez peut-être contre la main amie, qui cherche à vous secouer pour vous sauver, nous, nous bénirons le Seigneur de ces murmures, pourvu que vous ne tardiez pas à voir le danger que vous courez tous les jours et à reconnaître

1. Voir lettre du 29 octobre 1855 (n° 30), prescrivant un service funèbre et des prières pour l'armée. — Lettre du 21 novembre 1855 (n° 32), jour où Monseigneur apprit la nouvelle, ordonnant un *Te Deum*, pour rendre grâces à DIEU de cette victoire.

le dévouement qui nous porte à vous parler le langage de la vérité... »

Ces accents, d'une paternelle tendresse, en révélèrent une fois de plus le trésor au diocèse de Saint-Denis, qui était sur le point de voir Mgr Desprez s'éloigner, pour toujours, de l'île. La santé du digne Prélat avait été éprouvée par tant de fatigues ! Il commençait à perdre le secours de l'un de ses yeux. Sa sœur, si dévouée, avait dû récemment, par suite de l'altération de ses forces physiques, s'embarquer, pour revenir en France.

Le 19 mars 1857, au moment même où il adressait au diocèse une instruction (n° 45) sur la *Communion pascale*, Mgr Desprez était transféré au siège de Limoges ; il en recevait la nouvelle, le 9 avril, à la fin des cérémonies du Jeudi-Saint.

« Il est, dans la vie d'un évêque, comme le disait Monseigneur, en adressant au clergé et aux fidèles sa dernière lettre pastorale (1), des heures d'une tristesse qui ne peut être connue que de celui qui l'a sentie. C'est la tristesse que nous éprouvons, à la veille de quitter un siège, qu'il nous a été donné d'occuper, le premier.... C'en est donc fait, N. T. C. F., au moment où vos pasteurs vous liront ces derniers adieux, que notre main tremblante peut à peine tracer, nous serons sur le point de mettre, entre vous et nous, l'immense intervalle d'une mer que nous ne traverserons plus... » Les paroles les plus touchantes, les conseils les plus éclairés sont renfermés dans cette lettre pastorale. « Il était venu à regret. Il quitta la terre de Bourbon, qu'il appelait « sa patrie d'adoption, » avec une véritable douleur. Il y avait été heureux ; il y avait fait le bien ; depuis six ans, il se voyait écouté par tous, « avec le respect et l'amour de la piété filiale. » Pour un évêque, ce sont là de douces consolations ; elles le dédommagent largement d'avoir tout quitté, famille, amis, patrie, pour venir chercher, à l'autre bout du monde, sous un climat lointain, sous des cieux inconnus de lui, une nouvelle famille et une autre patrie... (2) »

« Jamais, ajoutait Mgr Desprez, nous ne pourrons oublier le premier troupeau qui nous a été confié... » A quel point il a tenu parole, c'est ce qu'atteste la suite de sa carrière.

En avril, son cœur était brisé par une cruelle amertume ; Mon-

---

1. Mandement du 26 avril 1857, n° 46.
2. Mandement précité de Mgr Fabre.

seigneur apprenait la mort de son respectable père, décédé à Ostricourt, le 8 mars.

III.

Il fallut quitter le diocèse qu'il avait évangélisé avec un zèle admirable, cinq fois visité et comblé de tous les témoignages de son dévouement. La séparation fut pénible. Le 9 mai, après une émouvante cérémonie, à la Cathédrale, tous les habitants de Saint-Denis, beaucoup, les yeux baignés de larmes, accoururent vers le port, pour assister au douloureux départ. « Votre arrivée, Monseigneur, lui dit le Gouverneur éminent, dont le concours lui avait été si précieux, a fait naître une ère nouvelle pour la Colonie ; la religion a reçu une impulsion sérieuse ; les principes moraux ont prévalu avec plus d'autorité. Par la fermeté de votre foi, comme aussi par la douceur de votre caractère, par l'abondance de votre charité, la patience de votre zèle, vous avez répandu autour de vous des bienfaits qui seront votre éternelle consolation... »

L'émotion du Prélat débordait, lorsqu'il prit passage sur le paquebot *Governor Egginson* ; il donna une dernière bénédiction à l'île tant aimée, en lui promettant, au fond de son cœur, une indéfectible union, par la prière quotidienne et au Saint-Sacrifice de l'autel.

C'est encore par la Mer Rouge qu'il revenait en France. Après une courte halte, à l'île Maurice, il atteignit Aden, le 22 mai. L'arrêt ne fut que d'une journée, et, sur la *Nubie*, il parvenait, le 27, à Suez. Le 29, Monseigneur célébrait la fête de la Pentecôte, au Caire, chez les Pères Franciscains. Devenu, le lendemain, gravement indisposé, il souffrit beaucoup de la continuation du voyage. Un repos de quatre jours, à Malte, releva ses forces, et il arriva, le 10 juin, à Marseille. Il accourut vers Ostricourt, où il avait hâte de présider un service funèbre, à l'intention de son regretté père.

De retour à Paris, il s'en éloigna, le 13 juillet, passa la soirée de ce jour, à la Souterraine, au territoire de son nouveau diocèse, et entra, le lendemain, dans la ville de Limoges.

CHAPITRE V.

(1857-1862.)

Épiscopat de Monseigneur, à Limoges. — Préconisé Archevêque de Toulouse, 26 septembre 1859. — Son entrée, à
Toulouse, 29 novembre 1859. — Son dévouement à la
Papauté, dont le pouvoir temporel était en péril. —
Rétablissement, dans le diocèse, de la Liturgie romaine,
1er janvier 1861. — Obsèques, à Sorèze, du T. R. P. Lacordaire, 28 novembre 1861.

I.

L'ACCUEIL fut, à Limoges, digne du Prélat que d'exceptionnels suffrages avaient devancé. A l'issue de son installation solennelle, à la Cathédrale, il prit possession du Palais Episcopal, l'un
des plus vastes, des plus beaux de France. Aux premiers rangs des
prêtres qui le saluèrent, Monseigneur remarqua le chanoine d'élite
qui, en 1850, avait été appelé au siège épiscopal de la Réunion,
l'avait décliné, et à la place duquel Monseigneur était devenu le
premier évêque de Saint-Denis, — le vénérable M. de Bogenet, que
le diocèse de Limoges a l'insigne bonheur de conserver, sous la bénédiction de DIEU, comme vicaire général, et qui devait gagner
l'intime affection de Mgr Desprez. Le cher Prélat eût voulu, en
1850, être traité comme M. de Bogenet ; il s'était rendu auprès du
Nonce, et, les raisons qu'il exposait pour décliner l'épiscopat n'étant
pas agréées, il avait insisté pour réclamer, en rappelant le refus
accepté, un « *traitement d'égalité* », qu'il ne put obtenir, « *les
situations*, lui fut-il répondu, *et les motifs n'étant pas les mêmes.* »
C'est d'Ostricourt, le 30 juin, qu'il avait adressé au diocèse de
Limoges sa première lettre pastorale, qui présente un tableau atta-
chant de la mission qu'il venait d'accomplir, à Bourbon.
Une longue maladie de Mgr Buissas, son vénéré prédécesseur,

avait amené quelque relâchement dans l'administration et la discipline. Mgr Desprez s'appliqua, sans violence, à obvier aux défectuosités ; sa fermeté, à la fois calme et inflexible, causa certains mécontentements ; mais le clergé sut apprécier ses efforts et lui rendit pleine justice.— Le 4 octobre 1857 (L. n° 4), il résumait, dans une circulaire, d'utiles avis sur les mariages, sur divers points de la liturgie, — la prédication, — le sacrement de Pénitence, — la tonsure, — la propagation de la foi, — la Sainte-Enfance, — le Comité historique de N.-D. de France. — Le 8 décembre (L. n° 7), il annonçait la visite générale du diocèse, dont le territoire est très étendu, étant composé des deux départements de la Haute-Vienne et de la Creuse. Soit par ses recommandations orales, soit par ses instructions, ses lettres successives, il imprima une sage direction aux différentes branches de l'administration diocésaine et assura, en toutes choses, une parfaite régularité.

Son mandement pour le Carême de 1859 (16 janvier, n° 19), insista sur l'oubli du *devoir pascal* et s'attaqua aux prétextes trop souvent allégués pour s'en affranchir.

Si court qu'ait été son séjour à Limoges, le bien réalisé fut notable. Il présida un important synode, — publia un supplément des statuts diocésains, — établit et organisa l'officialité de l'Évêché, — restaura plusieurs règles de discipline, et réussit à si bien assurer l'observation de la liturgie romaine, que la Cathédrale de Limoges fût regardée comme l'une de celles, où les prescriptions liturgiques étaient le mieux pratiquées (1).

Son souvenir est pieusement gardé dans beaucoup de paroisses du Limousin, notamment à l'antique chapelle de Sauvagnac, cachée dans un pli de collines, entre les landes de Grandmont et celles de Saint-Léger-la-Montagne, sanctuaire dédié à la Mère de DIEU et qui a vu, depuis des siècles, accourir des multitudes : Monseigneur y déposa, comme un pieux hommage, la chappe en drap d'or qu'il portait, à Rome, dans la solennité, où fut proclamé, le 8 décembre 1854, le dogme de l'Immaculée-Conception (2).

La Cathédrale, inachevée, avait été, depuis dix ans, l'objet de la sollicitude de Mgr Buissas. Le temps manqua au nouveau Pontife

---

1. Préoccupé du sort des prêtres infirmes ou âgés, il établit pour eux une caisse de retraites (mandement n° 4).

2. V. *Un pèlerinage en Limousin. — Notre-Dame de Sauvagnac, etc.*, par M. Dubédat.

pour hâter, vers le terme, la marche des travaux entrepris ; il ne put que provoquer spécialement la restauration de la chapelle de la Ste Vierge (1). L'ensemble de ce labeur était considérable ; ce ne devait pas être trop d'une série d'années.

Les Cathédrales sont, non l'œuvre d'un homme, mais des siècles. Celle de Limoges, commencée le 1er juin 1273, fut continuée jusqu'en 1350 ; après une longue interruption, les travaux furent repris, vers la fin du XVe siècle ; entravée de nouveau, cette grande tâche se poursuivit encore, de 1527 à 1554, époque à laquelle on la délaissa.

Quoique inachevée, cette église présentait des beautés de premier ordre : le style du XIVe siècle rayonne dans l'abside ; le style flamboyant du XVe et du XVIe brille dans la nef et à la façade du nord. Le plan de l'édifice demeurait clairement indiqué par la construction des soubassements de trois travées, à la suite des travées existantes, et, pour le surplus, par les fondations se raccordant avec la tour.

Sur le sol occupé par l'édifice, plusieurs églises se sont succédé (2) : d'abord, la basilique *latine*, dédiée, suivant la tradition, au premier martyr, à saint Etienne, par saint Martial, l'apôtre de l'Aquitaine, sur l'emplacement d'un temple de Jupiter (*in urbe Lemovicâ de templo Jovis factum est templum Redemptoris*). — Puis, s'était élevée, sur les ruines de la basilique, la cathédrale *romane*, fondée, au commencement du XIe siècle et consacrée, en 1095, par le pape Urbain II. — En dernier lieu, avait été édifié, à partir de 1273, le magnifique monument dont Mgr Buissas a eu l'honneur d'entreprendre l'achèvement. Le XIXe siècle devait couronner le long effort des temps antérieurs.

Les successeurs de Mgr Desprez ont, malgré le chiffre très-élevé des dépenses nécessaires, poursuivi le couronnement de cette grande tâche, aujourd'hui terminée. Monseigneur s'était tenu exactement informé des progrès de l'œuvre ; lorsque le résultat fut atteint, il en éprouva une joie bien vive ; ayant, dans la suite de sa carrière, plusieurs fois séjourné, à Limoges, il put admirer la pleine exécution du projet qu'il regrettait de n'avoir pu lui-même réaliser.

1. Lettre pastorale du 25 février 1859 (n° 20).

2. V. *Cathédrale de Limoges*, histoire et description par M. l'abbé Arbellot. Limoges, Leblanc, libr., 1852. — V. aussi le *Bulletin de l'Œuvre de l'achèvement de la Cathédrale*, notamment livr. n° 66.

L'épiscopat de Mgr Desprez dans cette ville ne dura que deux années ; le 26 septembre 1859, il était préconisé Archevêque de Toulouse et de Narbonne, Primat de la Gaule Narbonnaise. Le 3 octobre, (L. n° 30), il adressait au clergé et aux fidèles de la Haute-Vienne et de la Creuse ses remerciements et ses adieux. Il s'éloignait d'une cité vraiment hospitalière, qui sait gagner les cœurs, — nous pouvons l'attester, — et les retenir..... (1) Le vénérable Mgr Fruchaud était appelé à ce siège épiscopal.

Le mandement de l'Évêché de Limoges, qui annonça le départ du noble fils d'Ostricourt, lui rendit l'hommage le plus mérité : « Tout ce qu'une séparation, y était-il dit, présente de pénible a été ressenti, surtout par ceux qui avaient le bonheur d'approcher ce Pontife et qui avaient pu apprécier son cœur droit, loyal et franc, ses vertus épiscopales, sa fidélité ponctuelle dans l'accomplissement de tous ses devoirs, son amour et son obéissance envers le Vicaire de JÉSUS-CHRIST, son dévouement pour son troupeau, son zèle pour la pureté, l'éclat du culte divin et son attachement aux saintes règles de la discipline hiérarchique. »

II.

Le 29 novembre 1859, le jour même de la fête de saint Saturnin, premier Évêque de Toulouse, Mgr Desprez faisait son entrée dans l'antique cité ; après avoir reçu tous les honneurs qui lui étaient dus, Sa Grandeur arriva dans sa nouvelle Cathédrale, placée, comme celle qu'il quittait, sous le vocable de Saint-Étienne, et, de même, inachevée. M. le premier Vicaire-général Roger, prévôt du Chapitre, qui l'avait salué d'abord à la gare, puis sur le seuil de cette église, présida aux cérémonies intérieures de l'installation.

Du haut de la chaire, Monseigneur lut sa première instruction pastorale : « Nous sommes pressé de vous dire, avec l'apôtre saint Paul, s'écria-t-il : « Notre cœur, un cœur bien large vient au-devant de vous, ô mes Frères bien-aimés. « *Os nostrum patet ad vos, ô*

---

1. Que de fois Monseigneur ne nous a-t-il pas entretenu de ceux qu'il y avait aimés et qu'il nous avait été donné d'estimer, à notre tour, notamment du regretté Conseiller A. Lemaigre, l'un des magistrats les plus dignes, l'une des âmes les plus droites et les plus pures que nous ayons rencontrées, compris (quels titres n'avait-il pas à cet honneur !) dans la proscription judiciaire de 1883 !

Corinthii, cor nostrum dilatatum est. » ... Vos âmes seront désormais, en quelque sorte, la plus grande partie de la nôtre. Venez à nous ; car telle est la corrélation merveilleuse, établie par DIEU entre les ouailles et le pasteur, que nous avons besoin de vous et que, de votre côté, vous avez besoin de nous pour marcher sûrement dans la voie qui conduit au Ciel... »

Oubliera-t-il jamais ce jour, le respectueux ami qui survit, seul peut-être, — les élèves des séminaires exceptés, — entre tous ceux qui entouraient Monseigneur, lorsqu'il prit possession de son palais archiépiscopal ?

Il succédait à un Prélat des plus vénérés, Mgr Jean-Marie Mioland, né à Lyon, le 25 octobre 1788, et qui avait quitté, au mois d'août 1849, le siège épiscopal d'Amiens, pour devenir le coadjuteur de Mgr d'Astros, l'une des âmes les plus fermes dont l'Église de France s'enorgueillit. L'Evêque d'Amiens avait décliné, plusieurs fois, la dignité archiépiscopale, lorsqu'il céda au désir exprimé par l'éminent Pontife dont il devait être, durant deux années, l'intime collaborateur.

Mgr Mioland avait présidé, à Toulouse, en septembre 1850, le quinzième Concile tenu dans cette ville, où aucun autre ne s'était assemblé depuis 260 ans ; il avait fait un noble accueil à notre glorieux Lacordaire : en des jours difficiles, il l'avait attiré vers la chaire de sa Métropole. Sa vie se résumait en ces paroles du livre de Job, à juste titre rappelées par le Cardinal Donnet, Archevêque de Bordeaux : « C'était un homme simple et droit, craignant DIEU et évitant le mal. » La rectitude quasi-impeccable du jugement et du sens pratique était le trait distinctif du Coadjuteur, devenu, au décès de Mgr d'Astros, le 29 septembre 1851, Archevêque de Toulouse. Sa charité était aussi large que discrète ; nous gardons le doux et profond souvenir du généreux élan, avec lequel il adoucit une touchante infortune, à l'instant même où il en accueillait l'exposé. « *Deo proximus, — proximo devotus, — sibi mortuus :* » telle était sa pensée familière, comme la devise à laquelle il ne cessa d'être fidèle jusqu'à sa mort, advenue presque subitement, mais sans qu'il pût être surpris, le 16 juillet 1859.

III.

Mgr Desprez, successeur du pieux défunt, venait s'asseoir, sur le siège de Saturnin et d'Exupère, au sein d'une cité dont les *Annales* occupent une place considérable dans l'histoire de l'Eglise et de la France. Il était le 91me pontife, le 43me archevêque de Toulouse. Huit de ses prédécesseurs sont inscrits au nombre des saints ; plusieurs autres sont demeurés l'objet d'une exceptionnelle vénération ; quatorze ont fait partie du Sacré-Collège. En dehors de Toulouse, deux anciennes villes épiscopales, Rieux et Saint-Bertrand-de-Comminges, sont comprises dans le diocèse. Le nombre et la beauté des monuments religieux, les souvenirs les plus attachants, les féconds labeurs des Ordres monastiques, des créations multiples en l'honneur de la foi, de la science et de la charité, tout concourt à faire de cette ville, autrefois dénommée la *Sainte*, après avoir été appelée *Roma Garumnæ*, un foyer d'études, de vie intellectuelle, et, en dépit de la corruption des esprits et des temps, l'un des plus chers objets des espérances chrétiennes.

Les épreuves de la fin du dernier siècle avaient été terribles, à Toulouse, comme sur tant d'autres points du territoire. Dans les rangs du Clergé, s'étaient produites quelques lamentables défaillances ; il est, dans tous les milieux, des âmes dont les circonstances font apparaître la médiocrité, la bassesse. Mais l'immense majorité des prêtres fut digne de respect. Quel émouvant tableau que celui de leur dévouement pour le salut des âmes, au milieu des périls ! Ces vaillants confesseurs de la foi avaient eu secrètement, à leur tête, pour les guider et exciter leur courage, un homme qui a fait rejaillir sur l'un des noms les plus respectés de Toulouse un surcroît d'honneur. M. l'abbé du Bourg, qui dut, plus tard, se résigner à recevoir la dignité épiscopale et fut, à Limoges, l'un des plus notables devanciers de Mgr Desprez, dirigea, pour plusieurs diocèses, au temps de la Terreur, les efforts héroïques des ministres de la religion. Mépris du péril, foi débordante, calme qu'aucune douleur, qu'aucun danger ne put troubler, il nous a laissé le souvenir embaumé de l'une des vies les plus admirables qui puissent réconforter les cœurs.

Le diocèse s'était relevé, reconstitué ; tout avait été réorganisé, après la tourmente. Puis Toulouse avait vu, en 1830, appeler au siège archiépiscopal l'homme vraiment fort qui n'avait pas tremblé devant l'autorité toute-puissante de Napoléon, le grand-vicaire que le donjon de Vincennes avait retenu prisonnier, de 1811 à 1814, Mgr Paul-Thérèse-David d'Astros, Évêque de Bayonne. Quelle grandeur d'âme sous une frêle enveloppe ! Enfant, nous étions déjà fier de cette noblesse : aussi, nos yeux, notre cœur ont-ils gardé l'inaltérable vision de ce corps débile, de ce céleste Pontife, surtout depuis le jour où il traça, sur notre front, l'onction qui confirme le caractère chrétien. Lorsqu'en 1850, Mgr d'Astros fut élevé au Cardinalat, il ne put s'empêcher de dire : « *Ad sepeliendum me fecit ;* » l'année suivante, en effet, il sortait du temps pour entrer dans la bienheureuse immortalité. « O mon Père ! mon Père ! m'entendez-vous, sous la pierre sépulcrale ? s'est écriée une voix éloquente (1). La reconnaissez-vous, cette belle page d'histoire ecclésiastique, jadis par vous-même racontée ? Levez-vous, à ma parole, pour lui servir de témoin ! Levez-vous, avec vos fortes convictions, pour faire rougir une génération épuisée, qui n'en a plus ! Levez-vous, avec ces mains, trois ans chargées de chaînes et que nous avons tant baisées, pour nous bénir encore ! Levez-vous, avec votre intrépidité sereine, pour crier à ces descendants, qui se scandalisent parfois du courage épiscopal : La première force de l'Église, ce n'est point la politique, c'est la conscience ; les vrais évêques, ce ne sont pas les courtisans du pouvoir, ce sont ceux qui n'en ont pas peur ! *Qui minas principum non paveant, sed contemnant* (2). »

C'est à ce caractère viril, trempé pour la lutte, et, à la fois, vraiment bon, qu'était venu prêter son concours le pieux Prélat, prédécesseur immédiat de Mgr Desprez, qui a lui-même prouvé, d'abord dans son diocèse natal, puis à Saint-Denis, à Limoges, à Toulouse, combien il était digne de tels devanciers.

---

1. L'*Évêque catholique,* sermon prêché par le P. Caussette, Toulouse, Ed. Privat, 1876, p. 16. — La vie du Cardinal d'Astros a été racontée par le P. Caussette ; celle de Mgr Mioland, par M. l'abbé Desgeorge.

2. Saint Bernard, *de Offic. Episcop.*

IV.

Son mandement pour le Carême de 1860 (1) montra aussitôt
l'indépendance du Pontife. En des pages remarquables, il se fit le
défenseur du *pouvoir temporel* du Pape, en confondant ainsi les
détracteurs qui l'avaient présenté comme docile aux tendances du
gouvernement : La royauté est nécessaire à la papauté ; — elle se
concilie avec la mission du Vicaire de JÉSUS-CHRIST ; — la religion
et la justice interdisent de porter atteinte à la royauté du Pape,
qui est obligé de lutter pour sa défense, — tels sont les divers points
de la thèse magistralement exposée.

Quelques jours avant (2), Monseigneur avait adressé à l'Empereur
une lettre dans laquelle il développait ces fortes considérations : « Le
pouvoir spirituel du Pape, disait-il, est, sans aucun doute, indépen-
dant de sa suprématie temporelle ; il a une origine plus élevée ; il a
sa source dans les cieux, et les puissances de la terre ne sauraient
lui porter la plus légère atteinte. Mais la possession d'un royaume
ajoute à l'autorité morale du Pontife-roi ; elle dégage son pouvoir
spirituel de toute pression étrangère ; elle montre à tous les regards
l'indépendance de sa volonté, la spontanéité de ses décisions, et par
suite, elle les rend plus facilement acceptables, dans le monde
entier. »

Dans cette même lettre, Monseigneur signalait, avec fermeté et
le pressentiment d'inévitables effondrements, les ravages causés par
la mauvaise presse, la perversion morale résultant des outrages, si
souvent et, dès cette époque même, impunément lancés contre tout
ce qui fait la grandeur morale de l'homme, contre tous les principes
sur lesquels repose la société humaine. En élevant la voix pour
affirmer le danger, Monseigneur ne demeurait pas moins fidèle aux
enseignements de la divine mansuétude. Combattre le mal, sans refuser le pardon aux coupables, telle était sa doctrine, si heureusement
exprimée par saint Bernard : « *Occidere errorem, diligere errantem.* »
Nous lisons dans son mandement : « Nous opposerons un front
d'airain à la marche envahissante du mal autour de nous, tout en

1. 2 février 1860 (n° 2).
2. Le 23 janvier 1860.

conservant, au fond de l'âme et dans nos actions, l'esprit de pardon et de charité qui n'est autre que l'esprit de DIEU. Nous résisterons, d'une main ; nous bénirons, de l'autre, et le monde se demandera ce qui, dans notre conduite, se dessine davantage, ou une résistance invincible aux projets de l'iniquité, ou une charité inaltérable envers ceux qui les auraient exécutés... »

Avant même d'avoir exprimé au souverain ses vives appréhensions, de s'être épanché auprès, soit du clergé, soit des fidèles, Monseigneur avait, le jour même de son entrée à Toulouse, par une lettre du 29 novembre 1859, adressé au Saint-Père le douloureux hommage de son filial dévouement, au milieu des épreuves que traversait l'Eglise ; en termes émus, Pie IX répondit à Monseigneur qui, le 5 février 1860, fit connaître ces deux précieux documents (1).

Le 7 mars, il annonçait la visite générale du diocèse, et quelques jours après, il exposait, dans une circulaire (2), que « la commission instituée par son vénérable prédécesseur pour adapter aux paroles de la liturgie romaine le chant en vogue dans le diocèse avait terminé « sa tâche et que les nouveaux volumes, sous presse, paraîtraient bientôt ; il se réjouissait de voir arriver le jour où, revenant aux traditions antiques, le clergé et les fidèles reprendraient les formules où l'on sent revivre la foi et la simplicité de nos pères. »

Le Ministre des Cultes avait adressé, le 17 février, à l'Episcopat une lettre tendant à calmer les doléances suscitées par l'attitude du gouvernement, relativement au *pouvoir temporel* du Pape. Mgr Desprez et ses suffragants répondirent, en termes énergiques (3), pour établir combien étaient justifiées les appréhensions des catholiques, surtout, depuis l'apparition de « la brochure intitulée « *Le Pape et le Congrès* », — brochure désastreuse, regardée comme l'expression de la pensée du gouvernement, — saluée par les acclamations des révolutionnaires et qui a consterné les gens de bien »

Les périls croissants qui menaçaient la souveraineté temporelle

---

1. Le 25 février (n° 3), Monseigneur formulait un pressant appel en faveur de l'*Œuvre de la Propagation de la Foi*.

2. L. du 7 mars, relative à la visite (n° 3 bis). — Circ. du 28 mars 1860, sur les nouveaux livres liturgiques (n° 4), complétée par celle du 16 juillet suivant (n° 11.)

3. Lettre collective du 8 mars 1860, — suivie d'une nouvelle lettre au diocèse, en date du 4 octobre (n° 16), sur les nouveaux attentats perpétrés contre l'Eglise.

du Saint-Siège causaient à Mgr Desprez une douloureuse émotion.
Il tenait à constamment affirmer sa fidélité à cette grande cause.
Mgr Pie, évêque de Poitiers, ayant dénoncé ces périls dans une pro-
testation mémorable, qui lui valut l'honneur d'être traduit devant le
Conseil d'Etat, comme inculpé d'abus, reçut, en mars 1861, de
l'archevêque de Toulouse, la lettre suivante :

MONSEIGNEUR,

« Je vous ai suivi, de pensée et de cœur, dans votre lutte courageuse en faveur du Saint-Siège. Je ne puis m'éloigner de vous,
aujourd'hui que vous êtes placé sous le coup d'une accusation. Si
l'on ne recherchait dans votre lettre circulaire qu'une injure à punir,
je n'aurais peut-être pas le droit de parler encore et je laisserais aux
autorités compétentes le droit de prononcer. Mais ce n'est pas là
évidemment la question. Derrière l'écrivain, les passions anti-catho-
liques ne visent que l'évêque, et c'est lui, Monseigneur, qu'elles vou-
draient voir frapper en vous. A ce titre, vous n'êtes plus seul accusé
et poursuivi ; mais, avec vous, il y a l'épiscopat tout entier, et, avec
l'épiscopat, tous les catholiques de France. Je ne pouvais manquer,
Monseigneur, d'apercevoir ainsi, en vous, l'énergique défenseur du
Souverain Pontife et de l'Eglise, et de lui offrir mes plus ardents
souhaits pour le succès d'une si noble cause.

» Veuillez agréer, Monseigneur, la nouvelle expression de mes
sentiments aussi respectueux que profondément dévoués.

† FLORIAN, archevêque de Toulouse. »

La vaillante attitude de Mgr Desprez, en parfaite harmonie
avec les sentiments de son clergé, lui gagna une sympathie et une
vénération, qui ne se sont point démenties.

Pendant que le zèle de Monseigneur, pour tout ce qui intéressait
son nouveau diocèse, ne cessait de s'affirmer, il s'associait étroitement,
on le voit, aux sollicitudes du Saint-Père, par rapport à l'Eglise
universelle, de même qu'il cherchait à faire battre le cœur de tous,
à l'unisson du sien, en présentant le tableau des affreuses calamités
qui venaient d'ensanglanter plusieurs provinces de la Syrie, où des
populations chrétiennes avaient subi d'horribles violences (1).

_____

1. L. du 26 juillet 1860 (n° 12), implorant des secours en faveur des victimes, — du

Le retour définitif à la liturgie romaine était, pour Monseigneur, l'objet de préoccupations, dont témoigne surtout le mandement du 16 septembre 1860 (1), qui rendit obligatoire, à dater du 1er janvier 1861, le rétablissement de cette liturgie. Sa Grandeur exposait, tour à tour, que ce rétablissement, préparé par Mgr Mioland, était une question de conscience, un hommage à d'antiques traditions, un salutaire effort vers la parfaite unité des prières de l'Eglise dans le monde entier, et une satisfaction donnée aux conseils réitérés du Saint-Siège ; toutes les objections étaient résumées soigneusement et réfutées avec autant de force que de modération.

Les retraites ecclésiastiques motivèrent de fréquentes exhortations à son clergé. Ses prêtres, combien il les aima! A la réunion de 1861, fut fondée, sur son initiative, une association qui fait célébrer des messes pour le repos de l'âme des prêtres défunts, sous le patronage de saint Joseph, association qui compte, aujourd'hui, de nombreux adhérents et qui ne périra pas (2). Comme à Limoges, Monseigneur établit, à Toulouse, une caisse de retraite, dite de Saint-Exupère, pour les prêtres âgés ou infirmes (3).

Le 21 novembre 1861, un grand deuil atteignait l'univers chrétien : le R. P. Lacordaire mourait, à Sorèze! Le 28, Monseigneur présidait, dans la célèbre École, les obsèques triomphales de l'illustre orateur, du saint religieux (4). Souvenir, l'un des plus profonds, des plus douloureux, de notre vie !

---

9 août suivant (n° 14), prescrivant des prières pour le succès de l'expédition de Syrie, — du 21 décembre de la même année (n° 18 bis), engageant les communautés religieuses à recueillir des orphelins de ce malheureux pays, et du 11 février 1861 (n° 19 bis).

1. Mandement (n° 15), suivi d'instructions générales (n° 18, sans date), — des instructions du 20 janvier 1861 (n° 19), sur le même sujet ; — du 14 septembre 1861 (n° 23), à l'occasion de la retraite ecclésiastique ; mentionnons aussi une lettre adressée, au nom de Monseigneur, le 22 octobre 1860, au Président du Congrès, qui allait s'ouvrir, relativement au *plain-chant* et à la *musique d'église*, ainsi que la Lettre de Monseigneur au diocèse, en date du 1er novembre 1861 (n° 24), concernant le chant dans les églises et son enseignement dans les écoles.

2. Voir instructions du 14 septembre 1861, p. 23-24 (n° 23), du 4 septembre 1862, troisième avis, p. 26-30 (n° 35). — Lettre du 19 mars 1863 (n° 43.)

3. Voir Mandements des 14 septembre 1861 (n° 23), — 4 septembre 1862 (n° 35), — 11 mars 1863 (n° 43), — 24 septembre 1866 (n° 77), et 16 juillet 1867 (n° 83.)

4. Voir notre livre « *Le Père Lacordaire, à Sorèze* » (Paris, 1881, Jules Gervais, éd., pp. 340 et suiv.) Le vœu que nous crûmes devoir exprimer, le 28 juillet 1873, en présidant la distribution des prix de l'École, a été réalisé, en 1888 : une statue a été élevée à Lacordaire. Parmi les sympathiques suffrages qui, dès l'expression de ce vœu, nous parvinrent,

V.

La suave piété de Mgr Desprez lui inspira, partout où il est passé, le désir d'accroître l'ardeur de la foi. « Parmi tant de dévotions chères à l'Église, il en est une, écrivait-il (1), que nous voudrions voir s'affermir et se développer de plus en plus au sein de nos religieuses populations, c'est celle qui a pour objet le Très-Saint Sacrement de l'autel. L'Eucharistie, en effet, est comme l'abrégé du culte catholique, le centre merveilleux vers lequel convergent la Foi, l'Espérance et la Charité ; le foyer ardent d'où jaillissent toutes les grâces ; la fontaine intarissable d'où sortent et où reviennent, pour s'y retremper de nouveau, les vertus qui font le chrétien... Par l'Eucharistie, DIEU habite avec l'homme ; DIEU se donne à l'homme ; DIEU s'immole pour l'homme... » Aussi, Monseigneur pensa-t-il faire une œuvre particulièrement agréable aux âmes qu'attire DIEU caché au tabernacle, en instituant l'*Adoration perpétuelle du Très-Saint Sacrement*. Depuis le Ier janvier 1861, cette œuvre existe dans le diocèse ; chaque jour,

mentionnons principalement ceux de Mgr Desprez et de Mgr Dupanloup, qui adhérèrent, les premiers, à notre pensée.

Suivant le désir qu'il avait exprimé, le corps du Père a été inhumé dans un caveau, creusé sous la place qu'il avait occupée, sept ans, à la chapelle de l'École. Sur le mur de la petite cellule, où il est mort, a été placée une plaque portant cette inscription :

Le Révérend Père en Dieu

F. Henri-Dominique Lacordaire,

Maître en sacrée théologie,

Membre de l'Académie Française,

Après avoir étonné son siècle

Par son éloquence et ses vertus,

Rétabli en France l'Ordre de Saint-Dominique,

Fondé le Tiers-Ordre enseignant

Et consacré à cette École de Sorèze

Les sept dernières années de sa vie,

A rendu son âme au Seigneur

Pieusement et humblement,

Le 21 novembre 1861, à l'âge de 59 ans,

Dans cette petite cellule.

1. Instruction et Mandement du 29 novembre 1861 (n° 26), suivis du règlement, en date du même jour, qui rappelle et recommande l'*Instruction Clémentine*, ainsi appelée parce qu'elle a eu pour premier auteur Clément XI, qui la publia, le 21 janvier 1705, et qu'elle a été confirmée et complétée par Clément XII, le Ier septembre 1730.

dans une, deux, trois églises, chapelles ou oratoires, un culte solennel, dès lors ininterrompu, est rendu au Sauveur de l'humanité, à Celui qui, seul, peut détourner la foudre sans cesse menaçante.

Le 3 mars 1861, était fondée, à Toulouse, par l'un des prêtres les plus distingués du diocèse, une publication hebdomadaire, la première créée en France, après celle inaugurée, à Paris, en 1853'; depuis près de trente-six ans, sous la même direction, cette publication, d'une rare valeur, tient les fidèles informés, de la manière la plus sûre, de tout ce qui intéresse la religion, à Rome, dans nos contrées, en France, et même sur les divers autres points du monde. « C'est aux encouragements de Monseigneur que la *Semaine catholique* doit son existence. Lorsque nous conçumes, a écrit le vaillant directeur (1), la première idée de cette œuvre, elle n'existait dans aucun diocèse de province. L'exemple donné par la ville de Paris, six ou sept années auparavant, demeurait isolé. Il était convenu de dire que la chose n'était pas possible hors de la capitale. — Notre projet parut donc, tout d'abord, une témérité. On nous disait de divers côtés : « C'est une utopie, vous ne réussirez pas. » Tel fut même l'avis du Conseil archiépiscopal. Une seule voix nous fut favorable, celle de l'Archevêque. D'un coup d'œil, il avait saisi le bien que pourrait faire une revue périodique du culte et des bonnes œuvres locales. Cette haute approbation nous suffisait, et nous commençâmes, le premier dimanche de mars 1861...... On sait que le succès obtenu chez nous a été le signal de l'épanouissement successif de petites feuilles similaires, dans tous les diocèses de France et même du dehors, jusqu'en Amérique. L'honneur en revient au Prélat dont le coup d'œil sûr savait discerner souvent l'utilité d'une entreprise chrétienne. — Il nous souvient qu'en donnant à notre plume sa première bénédiction, il nous dit : « Ce que je vous recommande, avant toutes choses, c'est de ne pas vous croire obligé de me décerner des louanges. Quand vous aurez à parler de moi, bornez-vous à relater le fait, sans commentaire, vous rappelant la parole de l'Évangile : « *Est, est ; non, non.* » — De son côté, il ne nous prodiguait pas des éloges ; il se contentait de nous faire savoir discrètement qu'il était satisfait et que la *Semaine* marchait dans la bonne voie, nous laissant toujours cette large indépendance qui est une condition de vie pour la rédaction et qui, tout en favorisant

____

1. *La Semaine catholique de Toulouse*, n° du 27 janvier 1895, pp. 99 et 100.

l'aisance de nos allures, dégageait sa propre responsabilité. Maintes fois, il s'est plu à nous fournir des renseignements particuliers, surtout pendant ses voyages à Rome, et il ne manquait pas d'ajouter : « Vous n'avez pas à me remercier ; je veux seulement que votre chère *Semaine* soit toujours intéressante. » Pendant le Concile, il nous écrivait, avec une pointe de fierté paternelle : « Des Évêques américains m'ont demandé quelques numéros de votre feuille pour en fonder une pareille chez eux... »

Après avoir publié, sur l'*Église*, son mandement (1) pour le Carême de 1862, avoir dit ce qu'elle est pour nous et à quel point nous devons l'aimer, Monseigneur publia une lettre pastorale (2), annonçant le jubilé séculaire à Toulouse, l'exposition et la procession solennelles des Saintes Reliques, conservées dans l'insigne basilique de Saint-Saturnin.

En 1562, lorsque les malheurs les plus grands étaient imminents, le peuple accourut devant ces Saintes Reliques, d'où il espérait voir sortir, pour lui, la consolation et la force ; il fut exaucé par la prière de ces gardiens endormis dans la mort, mais dont le cœur veillait près du Très-Haut. Une procession générale, à laquelle assistèrent le Parlement et tous les Corps constitués, réalisa le vœu, fait en cette circonstance, par les Capitouls ; il fut décidé qu'elle se renouvellerait, à l'avenir, le 17 mai, jour où la ville avait été préservée. Une bulle de Pie IV, du 26 novembre 1564, autorisa un jubilé, à l'anniversaire de cet événement. — En 1662, à la première cérémonie séculaire, les Capitouls renouvelèrent les vœux de leurs prédécesseurs, et la procession générale eut lieu, de même que le 17 mai 1762 ; le Pape Clément XIII avait accru les faveurs spirituelles accordées par Pie IV.

Mgr Desprez n'avait certes point prévu l'inexacte interprétation qui fut donnée à sa pensée ; c'est au milieu des luttes religieuses du XVIᵉ siècle que la ville avait été préservée ; on accusa le Prélat d'avoir ainsi réveillé d'irritants souvenirs, alors qu'il n'avait songé qu'à un anniversaire de particulière vénération envers les Reliques des Saints ; la presse l'accabla d'invectives ; le gouvernement interdit

---

1. Mand. du 5 février 1862 (n° 27). Peu de jours après, — le dimanche de Quasimodo, — Monseigneur présidait, à Limoges, l'ostension septennale des Saintes Reliques.

2. L. du 13 mars 1862 (n° 29), suivie des instructions des 11 avril (n° 30 bis) et 2 mai 1862 (n° 31).

la procession annoncée. Monseigneur fut profondément attristé. Si nous avions omis la mention de ce pénible incident, nous n'aurions pu dire avec quelle chrétienne résignation il subit cette épreuve, lui qui n'a éprouvé envers personne aucun sentiment d'amertume, qui a été bienveillant envers chacun et pour qui la charité a bien été « le don de lui-même à tous, sans distinction. » Il s'épancha dans les explications qu'il crut devoir adresser au clergé et aux fidèles ; il déclara aussi à l'Empereur que son gouvernement s'était mépris sur ses intentions qu'il tint à préciser, avec une parfaite sincérité ; pour bien éclairer l'appréciation de cet incident, nous reproduisons quelques passages de sa lettre, du 14 avril 1862, au souverain :

« ..... La prohibition, récemment annoncée par le *Moniteur*, de notre procession jubilaire, empêche une cérémonie que je croyais irrépréhensible.

» Le témoignage de ma conscience suffit certes à attester la pureté de mes vues, en cet acte de mon épiscopat ; aussi, quelle a été ma surprise et mon affliction, par suite de l'éclat dont j'ai été la cause et la victime bien innocente !...

» Je respecte le principe de la liberté religieuse qui nous régit ; je réprouve, de toute mon âme, les guerres de religion, les plus désastreuses de toutes, et pour bien montrer dans quel esprit j'avais ordonné le cérémonial qui a excité les inquiétudes du gouvernement, il me suffira de rappeler la communication que j'ai cru devoir adresser, à ce sujet.

» L'événement dont nous allons célébrer l'anniversaire, trois fois séculaire, peut être envisagé, à deux aspects distincts :

» Ou bien, comme une lutte fratricide, et à ce point de vue, l'Église le déplore, parce que, suivant son propre langage, elle a horreur du sang ;

» Ou bien, comme une crise décisive, dans laquelle sa foi menacée a échappé à un grand péril, et par ce côté, les souvenirs de 1562, si douloureux à d'autres égards, peuvent offrir à l'Église un sujet d'actions de grâces.

« On ne se propose donc pas de glorifier les excès commis, de part et d'autre, dans les rues de Toulouse, il y a trois cents ans ; mais on veut remercier DIEU de ce qu'après ce premier malheur, la cité n'en a pas subi un second, la perte de la religion de ses pères...

» Ainsi, la part de la charité étant faite, l'Eglise est obligée de faire celle de sa foi...

» Voilà quelle est la pensée des catholiques, à propos d'un anniversaire marqué de deuil. Une comparaison peut encore éclaircir cette distinction : quand les gouvernements demandent des *Te Deum* à l'Eglise, pour des anniversaires auxquels n'est pas étranger le souvenir du sang répandu, ils ne prétendent pas obtenir d'elle l'approbation des horreurs de la lutte, mais un témoignage de sympathie, ou tout au moins, de tolérance en faveur des idées qui sont sorties victorieuses.

» Cette vue d'ensemble domine toute la question. Les guerres de religion sont ordinairement excessives, des deux côtés ; il n'est donné qu'aux esprits prévenus de voir tous les droits ou tous les torts dans un seul camp ; mais ce qui suffit pour sauvegarder les appréciations de l'Eglise sur ces violences réciproques, c'est qu'en les rappelant, elle ne prétend honorer que la défense de sa foi, non l'attaque, à main armée, envers celle des autres. Il est glorieux, en effet, de défendre son symbole, comme tout autre drapeau, auquel on a juré fidélité. Mais c'est abuser de ce terme que d'insinuer qu'il glorifie des agressions ou des atrocités odieuses...

» De cet exposé de vues, il résultera, j'espère, cette conviction, pour Votre Majesté, que, tendrement uni de cœur à nos frères dissidents, je n'ai nullement voulu les provoquer, et que la seule violence que je suis disposé à leur faire, c'est de me regarder comme leur Père malgré eux...

» La légalité de mon dispositif ne me paraît pas moins incontestable, — au point de vue de nos coutumes locales. Dans ce pays, en effet, les protestants ont leurs fêtes commémoratives, comme les catholiques. Ces fêtes ont perdu totalement leur caractère primitif, pour se transformer en cérémonies ou réjouissances inoffensives ; la procession que j'avais ordonnée, étant le complément d'une de ces institutions protégées par l'usage, semblait avoir le même droit de se produire. Et, tandis que, dans mon diocèse, les calvinistes célèbrent, *tous les ans*, une victoire remportée par eux contre nous, sans jamais que ni les catholiques ni l'autorité en prennent ombrage, j'avais bien des raisons de penser que nous pouvions, *tous les cent ans*, fêter une de nos délivrances, avec la même tolérance de la part des protestants et du gouvernement.

» Il n'y avait pas d'illégalité dans mon acte, et s'il y en avait eu, j'aurais dû, ce me semble, être averti, avant d'être frappé. J'avais donné à tous les fonctionnaires qui m'entourent assez de preuves de bonne volonté et d'esprit de conciliation, pour pouvoir compter sur un avis officieux, auquel on me sait capable de déférer. Mais l'orage a fondu sur moi, avant même que je l'aie vu se former. Aussi, quand j'examine la disproportion qui existe entre la cause et les effets qui en résultent, je ne peux m'empêcher de demeurer surpris et vivement affligé de la mesure qui a été prise...

» L'agitation n'a jamais existé, à Toulouse, malgré les efforts incroyables qui ont été faits pour la créer, en disant ou en faisant imprimer qu'elle existait. Le peuple ne savait pas le premier mot de la guerre civile qui fut l'occasion du jubilé séculaire...

» Par délicatesse de charité et par prudence, j'avais affecté, dans mon mandement, de laisser dans l'ombre des souvenirs qui toujours y seraient restés, si une presse, hostile à la religion, ne fût intervenue. Notre fête n'aurait pas occasionné au gouvernement la moindre sollicitude, si certains dénonciateurs n'avaient fait tout le mal, sous prétexte de le prévenir, en donnant à la procession jubilaire une signification irritante qu'elle n'avait pas.

» La loyauté de mes adversaires n'a pas été plus scrupuleuse que leur justice. On a saisi le moment de ma visite pastorale dans les montagnes de mon diocèse, pour me traduire à la barre de l'opinion publique, quand je ne pouvais la connaître On a profité de quelques malentendus que j'aurais pu dissiper, d'un mot, pour en faire sortir une tempête ; on a écrit aux journaux de la capitale pour exercer une pression sur l'opinion ; enfin, on a organisé une sorte de mystification telle que, d'un bout à l'autre de l'Europe, on a cru, à une heure donnée, que Toulouse était en combustion, tandis que la ville était parfaitement tranquille... »

Un concours particulier de circonstances avait aggravé un incident, que la moindre communication à l'archevêque aurait conjuré ; il n'en resta, d'ailleurs, aucune trace. La droiture de ses intentions, sa mansuétude n'ont jamais été méconnues ; ne suffit-il pas de rappeler les marques de respectueuse déférence, dont il fut maintes fois l'objet de la part des ministres du culte réformé ?

CHAPITRE VI.

(1862-1866.)

Troisième voyage à Rome : Canonisation des Martyrs japonais, 8 juin 1862. — Projet d'achèvement de la Métropole Saint-Etienne, 14 février 1864. — Encyclique *Quantâ Curâ*, du 8 décembre 1864. — Instructions du Gouvernement, attitude de Monseigneur.

I.

LA Ville Eternelle inspirait à Monseigneur un attrait qui alla grandissant, jusqu'au terme de sa carrière. Evêque de Saint-Denis, il l'avait déjà deux fois visitée ; en qualité d'Archevêque de Toulouse, il désira revenir vers le glorieux tombeau des apôtres Pierre et Paul, en même temps qu'exprimer verbalement au Souverain-Pontife les vœux et les sentiments de son nouveau diocèse. « Nous porterons, annonçait-il (1), au Père commun des fidèles l'expression de votre foi et de votre filiale obéissance... Nous lui dirons que vous êtes avec Rome, dans sa lutte contre le mal, dans sa juste résistance à l'iniquité, et qu'à travers les nuages derrière lesquels on se plaît à voiler les plus vulgaires notions de justice, vous êtes heureux de tourner vos regards vers elle, parce qu'au sommet de ses collines, vous apercevez la lumière qui doit éclairer et sauver l'humanité... »

Le 8 juin 1862, Monseigneur était au nombre des trois cents Evêques présents à la canonisation des glorieux martyrs qui ont, pour la cause du CHRIST, sacrifié leur vie, sur la terre du Japon (2).

---

1. Mandement du 19 mars 1862 (n° 30). Dans ce mandement, comme dans bien d'autres, Monseigneur recommandait à la charité des fidèles le *Denier de saint Pierre*.

2. Le premier Français qui a succombé, pour la foi, dans cette contrée, le 29 septembre 1637, après les plus longs et les plus atroces tourments, est le vénérable Guillaume Courtet, de Sérignan, diocèse de Montpellier, religieux de l'Ordre de saint Dominique. Comme le R. P. Lacordaire, Mgr Desprez forma des vœux ardents pour la béatification de ce courageux serviteur de DIEU. (Voir la vie de ce vénérable martyr, par M. l'abbé Tarniquet, — Lille, *Société de Saint-Augustin*, 214 pp., — et notre notice sur Emile Sahuc, Sorèze, 1894, p. 4.)

A son retour de Rome, Monseigneur rendit compte des impressions délicieuses qu'il avait éprouvées, des fêtes magnifiques qui s'étaient accomplies, et de la protestation des Prélats venus de toutes les contrées de la terre, unanimes pour affirmer la nécessité de la souveraineté pontificale (1).

Une belle ovation avait salué le retour de Monseigneur, à Toulouse. Dans sa réponse aux félicitations du Chapitre, Sa Grandeur disait : « Il y a quelques jours, lorsque, dans les rues de Rome, le Vicaire de JÉSUS-CHRIST était acclamé par les cent mille pèlerins accourus de toutes les parties du monde, au nom de vous tous, je m'écriai : « Vive Pie IX, Pontife et Roi ! » Je sais que tel était le cri de vos cœurs. — Quand on a proposé à mon adhésion l'adresse que l'épiscopat catholique désirait présenter à notre Père abreuvé d'amertume, j'ai dirigé ma pensée vers vous, j'ai signé pour vous et pour moi ; car je savais que, tous, vous vous seriez levés pour applaudir aux sentiments exprimés. » — Complimenté, de nouveau, à ce sujet, par M. l'abbé Piéchaud, Archiprêtre de la Métropole, le jour de la clôture de la Retraite ecclésiastique, Monseigneur tint à redire qu'il avait été heureux de parler et d'agir, en complète union avec les membres de son Clergé, dont il avait attesté au Saint-Père le particulier attachement aux saintes règles de l'Église et le dévouement, tant à sa cause qu'à sa personne.

II.

L'Académie des *Jeux-Floraux* est le plus beau fleuron de la couronne littéraire de Toulouse. On connaît son origine, son histoire, ses succès, que de récentes et louables libéralités contribueront désormais à perpétuer et à étendre. Suivant la tradition de cette Académie, Mgr Desprez était devenu l'un de ses Mainteneurs ; il avait remplacé le regretté Prélat qui occupait, avant lui, le siège archiépiscopal (2).

---

1. Mandement du 21 juin 1862 (n° 32). Voir aussi les Lettres pastorales, des 4 septembre 1862 (n° 35) et 7 octobre suivant (n° 36), renfermant le texte de la réponse de Pie IX à une lettre que Monseigneur avait adressée au Saint-Père, au nom du Clergé du diocèse.

2. Voir ci-dessous (*Appendice*), le *remerciement*, prononcé par Monseigneur, à la séance de l'*Académie des Jeux-Floraux*, le 9 avril 1860, et la réponse de M. du Mège à son *remerciement*.

Monseigneur assistait, le vendredi, 26 décembre 1862, à huit heures du soir, au Capitole, à la séance hebdomadaire et privée de l'Académie ; il fut ainsi providentiellement témoin d'une scène émouvante, que nous ne pouvons mieux faire connaître qu'en reproduisant le procès-verbal, rédigé par le Secrétaire des assemblées des Jeux-Floraux, M. Albert, l'un des hommes qui, par sa rare distinction, honore le plus le barreau de Toulouse :

« .... Appelé par l'ordre du travail à occuper la séance, M. le Conseiller honoraire Caubet communique une Epître, en vers, adressée à sa sœur, la Mère-Supérieure du Couvent des Carmélites, à Bagnères-de-Bigorre (Hautes-Pyrénées). L'auteur avait voulu rassurer sa famille, qui l'exhortait à soigner sa santé, vu l'âge avancé de soixante-quinze ans. En réponse aux sollicitudes de l'intimité, cette poésie familière débute ainsi :

> « Ma sœur, ...
> N'est-ce pas assez de mon âge ?
> Pourquoi me vieillir davantage ?
> Je n'ai pas soixante-quinze ans !
> Car je me sens trop de jeunesse.
> Quelques rides, des cheveux blancs
> Ne sauraient prouver la vieillesse,
> Quand tout le reste a son printemps.
> Mon cœur bat encore trop vite,
> Mon esprit a trop de gaieté,
> Pour être près de la limite
> Où je dois voir l'ÉTERNITÉ '... »

Ce dernier mot venait d'être articulé, d'une voix nette et ferme, au milieu de l'attention générale, lorsque, tout-à-coup, le lecteur hésite, abaisse la tête sur sa poitrine ; le manuscrit échappe de ses mains ; M. Caubet perd connaissance...

Ses confrères, croyant à un évanouissement, s'empressent autour de lui ; mais il n'a plus repris ses sens.

Monseigneur l'Archevêque, appréciant la gravité du mal, s'est placé, l'un des premiers, à ses côtés.

M. l'abbé Duilhé de Saint-Projet s'écrie : « Ce parfait chrétien est prêt pour une fin inattendue : nous l'avons vu, à la solennité d'hier, s'approcher de la Sainte-Table ! »

Les autres Mainteneurs se sont précipités vers M. Caubet, en disant : « C'est la Providence qui a permis la présence du Prélat, ce soir, à l'Académie, pour prononcer les suprêmes prières, dont une âme d'élite est accompagnée au Ciel... »

Aussitôt le vénéré Pontife lève, pour bénir et absoudre, une main que, peu d'instants avant de paraître devant l'éternelle justice de DIEU, le moribond avait serrée, avec une respectueuse affection.

Cette scène de désolation a éclaté, rapide comme la foudre, au sein du calme le plus complet... Quelques minutes à peine écoulées, l'agonisant a cessé de vivre.

Chacun s'est agenouillé autour du mort et murmure le « *De profundis*, » que Monseigneur l'Archevêque récite, à haute voix.

. . . .

Lorsque, vers dix heures du soir, le corps a été transporté au domicile du défunt, tous les membres présents lui ont fait cortège, en proie à la plus profonde douleur.... »

Quelle impression, quel éloquent enseignement se dégagent d'une telle scène !

III.

Monseigneur ne négligeait aucun des objets dignes de sa haute sollicitude, par rapport au ministère sacerdotal ou à la défense de la Foi (1).

Son destin a été de trouver partout, soit dans les paroisses dont il fut le pasteur, soit dans les diocèses à la tête desquels DIEU l'appela, des églises exigeant, ici, d'inévitables restaurations, là, de difficiles efforts, en vue de l'érection de nouveaux édifices religieux ; — ou des cathédrales inachevées, ou bien encore, comme à Saint-Denis, un siège épiscopal, à vrai dire, sans cathédrale.

---

1. Ordonnance du 8 décembre 1862, relative aux *Conférences ecclésiastiques* (nº 38.) — Mandement du 18 janvier 1863, pour le Carême de cette année, sur *la sanctification du Dimanche* (nº 40.) — Lettre du 12 juillet 1863, pour la *Retraite ecclésiastique* (nº 46.) — Lettre du 12 juillet 1863, relative aux pierres sacrées, en usage dans les églises, chapelles et oratoires (nº 47.) — Lettre du 9 août 1863, condamnant la « *Vie de Jésus*, » par Renan (nº 49.) — Mandement du 5 janvier 1864, pour le Carême de cette année, sur les *mauvais livres* (nº 51) : « ... S'il y a des poisons pour le corps, il y en a pour l'âme, et un homme, quelle que soit la force de caractère dont il se vante, ne résiste jamais longtemps au poison de l'erreur et de l'immoralité, auquel il ne craint pas de goûter.... »

A Limoges, le temps lui avait manqué pour réaliser lui-même l'œuvre tant désirée. A Toulouse, l'église métropolitaine est un édifice, non sans mérites, mais incomplet, sans harmonie entre les diverses parties qui le composent.

« Au Moyen-âge, dit Monseigneur (1), lorsqu'on voulait élever un temple au Très-Haut, on n'avait pas, comme aujourd'hui, les trésors d'or et d'argent qui sont venus du Nouveau-Monde ; on ne disposait pas de ces instruments de la science moderne, qui permettent, en quelque sorte, d'improviser les temples et les palais ; mais on avait une foi vive, généreuse, qui faisait trouver des ressources inépuisables. Nos pères se confiaient à la parole d'un moine, d'un évêque, et lorsque l'homme de DIEU avait fait entendre sa voix, les populations, en tressaillant, lui montraient leurs bras, lui offraient leurs bourses ; tous promettaient de se dévouer à l'œuvre sainte, les pauvres, par leurs travaux, les riches, par leurs largesses. C'est par ces moyens puissants, appliqués avec une invincible persévérance, que se sont élevées ces superbes basiliques qui sont debout depuis des siècles et excitent notre admiration.

» Qu'il nous soit permis de proposer cet exemple à votre émulation ; vous n'avez pas, je le sais, à votre disposition, tout l'or du Nouveau-Monde ; vous avez l'or de la foi et de la charité, qui vaut mieux et qui, de nos jours, comme autrefois, peut enfanter des prodiges... »

Monseigneur provoquait des souscriptions. Il avait déjà obtenu qu'une loterie fût autorisée pour concourir au résultat qu'il souhaitait si vivement. D'importantes ressources furent ainsi recueillies, sans que le chiffre atteint permît cependant d'entreprendre l'œuvre, avec l'espoir assuré de la mener à bonne fin. La guerre franco-allemande, la perturbation qui en fut la suite, l'amoindrissement des fortunes privées, les difficultés, les malheurs des temps, refusèrent à Monseigneur la consolation de réaliser son dessein, qui ne cessa de le préoccuper jusqu'à la fin de sa vie ; ses entretiens l'attestaient, de même que sa correspondance ; pourrions-nous l'oublier ? Combien il regrettait de voir sans emploi les fonds recueillis (2) !

---

1. Lettre pastorale du 14 février 1864 (n° 54), pour l'achèvement de la Métropole Saint-Etienne.

2. Un arrêté du Préfet de la Haute-Garonne, en date du 6 février 1864, avait autorisé une loterie, au capital d'un million, pour le produit être exclusivement affecté à l'achève-

On ne peut entrevoir les circonstances qui permettront, avec un accroissement de ressources, la réalisation d'un projet si cher à Mgr Desprez et à ses prédécesseurs. Dans nos temps surtout, l'avenir des nobles et pieux desseins est, plus que jamais, entre les mains de Dieu (1).

ment de la Cathédrale (art. 1er). Le maire avait la direction de l'entreprise ; une commission de surveillance et de patronage, composée de quatorze membres, entourés de la considération publique, était chargée de prêter son concours à l'exécution de l'arrêté (art. 2). — « Le produit de la loterie sera déposé, prescrivait l'art. 8, au fur et à mesure des encaissements, soit à la Recette Générale des finances du département, soit chez un ou plusieurs banquiers de Toulouse, qui seront proposés par la commission de surveillance et agréés par l'autorité supérieure. — Les fonds ne pourront être retirés, énonçait l'art. 9, soit pour le règlement des lots, soit pour le paiement des dépenses de l'opération ou des travaux du monument, qu'en vertu d'une délibération spéciale de la commission et sur un mandat signé par le président et deux membres de cette commission... »

L'Archevêché, n'ayant été, à aucun moment, dépositaire de la moindre somme, n'eut jamais à s'occuper de cette question ; Monseigneur ignorait même parfois quelle était la situation pécuniaire de l'œuvre projetée ; il lui arrivait d'adresser des demandes pour s'en enquérir. Dans ses papiers, se trouve la dernière réponse qu'il reçut, à cet égard, et qui émane du comptable public, trésorier de l'œuvre; elle est ainsi conçue :

« *Toulouse, le 20 mars 1888.*

» Monseigneur,

» En réponse à la demande de renseignements, que vous avez bien voulu m'adresser, j'ai l'honneur de vous envoyer un état de la situation des fonds provenant de la loterie pour l'achèvement de la Cathédrale de Saint-Etienne, arrêté au 31 décembre 1880.

» Le montant de la rente 3 o/o sur l'Etat, appartenant à la loterie, était, à cette dernière date, de 28.741 fr.

» Avec les arrérages de cette rente, il a été acheté, jusqu'à ce jour, de nouveaux titres s'élevant ensemble à 8.818 fr. Total : 37.559 fr. La loterie possède donc, à ce jour, une rente 3 o/o sur l'Etat, de 37.559 fr., avec jouissance du 1er janvier 1888, plus un excédant en caisse, en numéraire, de 9 fr. 20.

» Je vous prie de vouloir bien agréer, Monseigneur le Cardinal, l'hommage de mon respect... »

1. En 1866, il fut procédé à la démolition du Jubé de Saint-Etienne. La *Semaine catholique* (n° du 11 novembre 1866) reproduisait, à ce sujet, la communication suivante :

« Le mot *démolition* affecte, en général, l'esprit, d'une manière fâcheuse. Il est presque toujours douloureux de voir tomber, en un moment, ce qui a demandé des années pour s'élever ou pour grandir. Quand on déracine un arbre, dans la campagne, on est disposé à détourner la vue. C'est un sentiment bien plus pénible encore que de voir détruire une œuvre d'art. L'art étant destiné à montrer la vérité aux sens, détruire une œuvre d'art véritablement belle, c'est effacer un rayon de la vérité.

» Mais toute règle a ses exceptions. Quand même le Jubé de Saint-Etienne n'aurait pas été une construction très lourde, qui n'était belle que dans quelques détails, il devait être démoli, parce qu'il contrariait le principe fondamental de l'art chrétien.

IV.

Le 8 décembre 1864, Pie IX publiait l'Encyclique célèbre *Quantâ Curâ*, dont la première partie a pour titre : « *Syllabus complectens præcipuos nostræ ætatis errores.* » Le gouvernement s'en émut, et le Ministre des Cultes, par une circulaire, du 1er janvier suivant, en déclarant que la publication de ce document ne saurait être autorisée, invitait l'épiscopat à ne pas imprimer cette première partie dans les instructions qui pourraient être adressées aux fidèles, à l'occasion du Jubilé accordé par le Souverain Pontife.

Mgr Desprez répondit aussitôt :

« *Toulouse, le 5 janvier 1865.*

» Monsieur le Ministre,

. . . .

» Je me crois obligé de vous présenter, sur ce sujet, quelques obser-vations, dictées par un cœur dévoué au Saint-Siège, mais qui, dans ses affections, ne sépare pas la France de l'Eglise.

» Je déplore que l'Etat persiste à faire usage d'une législation qui nous reporte vers un passé douloureux...

» Il me paraît surtout regréttable, Monsieur le Ministre, que ce soit à l'heure où le gouvernement, dit-on, songe à étendre les libertés publiques, qu'il restreigne la plus sacrée de toutes, celle de l'Eglise catholique.

» ... Depuis que le changement de discipline rendit l'Eglise catholique accessible à tous, la première condition de l'art fut que, dès l'entrée, on pût saisir l'ensemble de l'édifice et voir l'autel majeur.

» Un Jubé bâti est donc la faute la plus lourde qui puisse être commise contre l'art chrétien. L'œil des fidèles doit toujours pouvoir plonger, de la porte de l'édifice, jusqu'au sanctuaire, et, d'après cette règle, le lutrin même devrait toujours être placé sur un des côtés, la vue étant péniblement affectée, quand, cherchant l'autel, elle vient se heurter aux épaules d'un chantre.

» La démolition du Jubé de Saint-Etienne a donné à ce temple vénérable une splendeur extraordinaire, telle qu'elle a dépassé, de beaucoup, notre propre attente.

» Le magnifique rétable du chœur est apparu comme une œuvre grandiose et magis-trale, en un sens que personne ne connaissait, parce que le véritable point de vue doit être dans la nef ou sous l'orgue. L'ancien Jubé s'en trouvait trop rapproché et empêchait, quand on l'avait franchi, que l'œil pût saisir l'ensemble du rétable, à cause de sa grande élévation... »

» En entrant dans cette voie, le gouvernement abdique le droit d'imposer une modération dont il ne donne plus l'exemple; il sème, au milieu des populations catholiques, des alarmes exploitées par la malveillance ; il peut susciter des périls réels, pour conjurer un péril imaginaire ; enfin, cette mesure a pour résultat de ne réjouir que les hommes qui sont autant les ennemis de l'Empereur que ceux de la religion et de l'ordre, dans notre patrie.

» Je termine par une observation, plus importante encore que celles qui précèdent : les derniers documents émanés de l'Autorité du Saint-Siège apostolique, et que Votre Excellence nous défend de porter à la connaissance des fidèles, renferment une *instruction doctrinale ;* en matière de doctrine, le Vicaire de JÉSUS-CHRIST est le premier et unique juge.

» Veuillez agréer, etc.. »

Quelques jours après, Monseigneur envoyait au Saint-Père, en son nom, comme au nom du Chapitre et du clergé du diocèse, une adresse inspirée par sa filiale piété. Sa ferme attitude n'eut jamais de défaillance.

Dans son mandement pour le Carême de 1865 (1), Monseigneur ne craignait pas de dire : « Nous n'avons pas besoin de vous faire connaître, N. T. C. F., l'interdiction qui a été apportée à la publication canonique de l'Encyclique. Ce document, qui avait été livré à l'interprétation de toutes les mauvaises passions, n'a pu être promulgué et défendu par les Évêques, qui étaient cependant ses plus naturels, même ses seuls interprètes. Nous n'insisterons pas davantage sur ce point douloureux ; vous connaissez assez l'Encyclique pontificale ; elle a reçu, parmi nous, une promulgation suffisante pour qu'elle doive être l'objet de notre adhésion et devenir la règle de notre conduite. Elle est donc dûment publiée dans notre diocèse. (Nous en avons fait parvenir un exemplaire à chacun de nos prêtres.)

» Aujourd'hui, comme de tous les temps, l'Église remplit son glorieux et bienfaisant ministère. Elle vient de parler, par la voix auguste de Pie IX, et cette puissante parole a ému toutes les consciences. Placé bien haut, au-dessus des événements de ce monde, voyant de loin les nuages et les tempêtes, découvrant, à l'horizon, semblables aux vapeurs échappées du puits de l'abîme, les erreurs grossières et

---

1. Du 15 Janvier 1865 (n° 62). Publication du jubilé.

corruptrices de notre temps, convaincu surtout du danger que fait courir aux âmes la confusion étrange qui tend à ranger, au même niveau, le bien et le mal, le vice et la vertu, l'erreur et la vérité, Pie IX s'est levé au-dessus de ce chaos et, de sa voix souveraine, a séparé la lumière des ténèbres, les doctrines vraies des doctrines fausses... Cette heure, N.T.C.F., demeurera solennelle dans l'histoire, et l'Encyclique du 8 décembre 1864 témoignera de la puissance de l'Eglise, qui n'est, d'ailleurs, jamais plus grande que lorsqu'elle semble plus opprimée... »

Le 25 janvier, Monseigneur adressait au diocèse une instruction spéciale (1) sur l'Encyclique, tout en recommandant au clergé la prudence, la modération. « ...Afin de déjouer les interprétations d'un monde qui cherche à *nous prendre dans nos discours*, évitons de traiter ces délicates questions, du haut de nos chaires évangéliques... Plus que jamais, rendons un amour patient et sans récrimination, en échange des calomnies que l'on nous prodigue. La vérité que nous prêchons tire sa preuve la plus élevée des manifestations de notre charité......

» ...Nous avons vu, dans les remparts de Rome, un pan de muraille qui date du temps de Bélisaire, et qui, depuis cette époque, menace ruine, sans jamais tomber ; on le nomme le *mur penché*. Voilà l'image de l'Église : elle penche, mais elle est inébranlable ; il entre dans sa destinée de ne pas cesser d'être humainement en péril, pour qu'il soit manifeste qu'elle est divinement assistée... »

C'est ainsi que le vaillant Prélat comprenait l'accomplissement de sa mission pastorale.

---

1. N° 63

CHAPITRE VII.

(1866-1870.)

Sainte Germaine, de Pibrac. — Béatification, 7 mai 1854. —
Quatrième voyage de Monseigneur à Rome, juin-juillet
1867 : Canonisation de la Bienheureuse, 29 juin 1867. —
Fêtes à Rome, — à Toulouse, juillet 1867, — à Pibrac, juin
1868. — Cinquième et sixième voyages de Monseigneur à
Rome : Concile Œcuménique du Vatican, 8 décembre 1869
— 18 juillet 1870.

L'ÉGLISE a l'insigne privilège de décerner aux mémoires bénies,
entre toutes, la couronne d'une radieuse immortalité. Après de
longues et patientes investigations, elle discerne les âmes saintes,
dans tous les rangs de la vie sociale, sur le trône, dans les palais, au
sein des familles les plus modestes, jusque dans la pénombre des
existences les plus humbles.

I.

A trois lieues environ de Toulouse, s'offre aux regards, isolé sur
un vaste plateau, le petit bourg de Pibrac.

En 1579, sous le pontificat de Grégoire XIII, dans l'un des
hameaux voisins de ce bourg, vivaient deux époux, simples et purs,
Laurent Cousin et Marie Laroche, qui avaient, pour toute fortune,
une petite habitation, un champ de médiocre étendue et un troupeau
de peu de valeur ; leurs journées étaient sanctifiées par la prière, le
travail, et, malgré l'extrême modicité de leurs ressources, par des
œuvres de miséricorde.

De leur union naquit une fille, à laquelle ils donnèrent, au baptême,
le nom de Germaine, et qu'ils placèrent spécialement sous la protection de la Très-Sainte Vierge ; dès le berceau, elle fut atteinte de
l'infirmité des écrouelles et paralysée, de la main droite ; sa douceur,
au milieu des souffrances, révéla bien vite, en elle, une belle âme.

Germaine perdit bientôt sa mère, remplacée, quelque temps après, au foyer de Laurent Cousin, par une nouvelle compagne qui, au lieu de témoigner de la tendresse à la jeune fille, fut envers elle une marâtre ; elle remplit d'amertume la vie de l'enfant. Mal vêtue, exposée, en dépit de sa frêle santé, aux rigueurs du froid ou aux chaleurs de l'été, Germaine passait ses jours, au dehors, à garder le troupeau ; il lui arrivait d'être réduite à mendier son pain ; lorsqu'elle revenait au logis, où aucune couche ne lui était réservée pour le repos de la nuit, elle essuyait les mauvais traitements de sa belle-mère.

Sa résignation était inaltérable ; c'est dans la souffrance et soutenue par les élans de la plus ardente piété, qu'elle se prépara au grand acte de la première Communion. Le jour de la Pentecôte de l'année 1591, à l'âge de douze ans, elle eut le bonheur de se présenter, pour la première fois, à la Table sainte.

Des miracles incessants venaient faire resplendir les témoignages de sa foi profonde, les pratiques de son zèle pour le salut des âmes, les charitables enseignements qu'elle donnait aux enfants rencontrés par elle dans les champs et ignorants des plus élémentaires principes de la religion, sa bonté envers les pauvres, ses visites aux malades. Pendant une semaine entière, elle se priva, pour nourrir une femme infirme, du morceau de pain qu'elle recevait, comme unique aliment, de toute la journée, au dehors. Un jour, menacée des violences de sa belle-mère, qui lui reprochait d'emporter deux petits morceaux de pain, réservés par elle à un pauvre, des voisins, accourus, s'interposèrent et, à la place des fragments de pain, on découvrit, — on se trouvait au milieu de l'hiver, — des fleurs, aussi fraîches que si on les eût cueillies, au printemps. Ce doux miracle des fleurs exerça son action sur le cœur des siens ; son existence devint moins amère.

Mais, aux prises avec une maladie mortelle, Germaine s'affaiblissait de plus en plus. Aux premiers jours du mois d'avril 1601, elle raconta naïvement au curé de Pibrac que son ange gardien lui était apparu, et qu'il lui avait adressé ces paroles : « Germaine, le temps des épreuves s'achève ; ton exil va finir. Sous peu de jours, je reviendrai et j'accompagnerai ton âme, au sein du bonheur éternel.»

Avertie de sa fin prochaine, l'admirable vierge s'y prépara, sans aucun trouble ; elle tressaillait, au contraire, d'une joie surnaturelle,

à l'approche de l'éternelle récompense. A la fin de juillet, à peine
âgée de 22 ans, réconfortée par les sacrements de l'Église, elle bénit
les siens, celle même qui avait été une si dure marâtre, et s'envola,
dans une douce extase, vers le ciel.

Son corps fut inhumé, dans l'église de Pibrac, en face de la chaire ;
la tête était ornée d'une guirlande d'œillets blancs et d'épis de seigle,
emblèmes de son innocence et de sa charité.

Quarante-trois ans plus tard, en 1644, au moment de l'inhumation
d'une personne du village, la tombe de Germaine fut accidentellement
mise à découvert ; le corps apparut dans un merveilleux état de conservation ; les œillets et les épis avaient gardé leur fraîcheur. Durant
un mois, ces restes sacrés furent exposés dans l'église et firent
l'objet de la vénération publique. — Le 22 septembre 1661, il fut
procédé à un examen qui permit de constater la persistance de cette
miraculeuse conservation. — Les odieuses fureurs de 1793 ne pouvaient ne pas s'attaquer à des restes si précieux ; le corps fut transporté
dans le cimetière et couvert de chaux vive ; des tonnes d'eau furent
répandues sur la fosse. Cette profanation fut suivie de nouveaux
miracles, dont le récit est particulièrement émouvant. Deux ans
après, le corps était retrouvé dans sa première intégrité.

Les bienfaits, obtenus de DIEU par l'intercession de la bienheureuse, sont innombrables (1).

La canonisation de la pieuse bergère était, depuis longtemps,
désirée, lorsqu'en 1844, il fut procédé, dans le diocèse de Toulouse,
à une enquête sur ses vertus et sur les miracles dus à cette angélique
médiatrice. — En 1847, de nouvelles informations furent ouvertes,
sous la direction de Mgr d'Astros. — Le 26 mai 1850, le Saint-Père
déclara solennellement qu'il était prouvé que la *vénérable* Germaine
avait possédé, à un degré héroïque, les vertus tant théologales que
cardinales. — Le 31 mai 1853, intervint la déclaration qu'il pouvait
être procédé, en toute sécurité, à la béatification : les décrets furent
publiés, le 24 juin suivant.

Le dimanche, 7 mai 1854, dans la basilique de Saint-Pierre, fut
célébrée la solennité du triomphe de la bienheureuse Bergère.

Des fêtes splendides continuèrent, à Toulouse, celles de Rome.

---

1. Voir les nombreux livres ou opuscules publiés sur Germaine Cousin, v. g., par M. le
chanoine Salvan (Delboy, éd., Toulouse) ; — M. Ch. Vert (Toulouse, 1859) ; — M. l'Aumônier de l'hôpital militaire (Toulouse, 1862), etc.

II.

Mgr Desprez était avide d'atteindre le couronnement de tant d'efforts, de si ferventes invocations. Un décret du Souverain Pontife, du 23 juillet 1865, avait exaucé ce souhait ; ce fut le sujet de l'instruction pastorale de Monseigneur, pour le Carême de 1866 (1). La pieuse bergère n'a-t-elle pas été comme la patronne de son épiscopat, sur lequel rejaillit le reflet d'une gloire si pure ? « Quand nous jetons les yeux, dit-il, sur cette longue suite de prodiges qui, depuis deux siècles, éclatent presque sans interruption, n'y a-t-il pas lieu de proclamer que le doigt de DIEU est là et qu'il opère toujours de grandes choses dans Israël ? A ceux surtout qui outragent JÉSUS-CHRIST et qui osent révoquer en doute sa divinité, pouvons-nous donner une meilleure réponse que les miracles de notre modeste Thaumaturge, quelques pages de l'histoire du pèlerinage de Pibrac, accompagnées de cette démonstration sublime, formulée par le divin Maître lui-même : *Les aveugles voient, les sourds entendent, les boiteux sont redressés, les lépreux sont guéris et les pauvres sont évangélisés.* (S. Matth., XI, 5.) Les Commandeurs de Malte, dans leur visite seigneuriale à l'église de Pibrac, ont attesté par écrit, chaque vingt-cinq ans, que la tradition des prodiges n'avait pas été interrompue, un seul instant, en ce lieu. Or, bien plus qu'aux sources de l'ignorance, aux doutes du scepticisme, je crois aux serments des anciens preux, à la parole d'honneur de nos ancêtres... Ce que nous savons, du reste, ce n'est pas seulement ce que les livres nous ont appris, ce n'est pas ce que des échos lointains nous ont apporté, c'est ce que nous avons vu, touché, constaté, de nos propres mains. *Quod vidimus oculis nostris, quod perspeximus et manus nostræ contrectaverunt.* » (S. Joann., I, 1.)

L'année suivante, Monseigneur annonçait son voyage à Rome, pour assister à la canonisation de la bienheureuse (2).« Loin de vous

---

1. Instruction du 5 janvier 1866 (n° 69).

2. Instruction du 12 mai 1867 (n° 82). — (Précédemment, Monseigneur avait, dans une instruction, sans date (n° 71), adressé des avis au clergé, notamment sur la simplicité des repas, les jours de conférences, de visites pastorales et d'adoration. — Le 2 février 1867 (instruction n° 80), il avait, avec son mandement pour le Carême de cette année, envoyé une lettre pastorale *sur les devoirs des catholiques dans les temps présents :* 1° grand mal et grand malheur de notre temps : l'athéisme *a)* formel, *b)* implicite, *c)* pratique ; — 2° nos devoirs : *a)* confiance, *b)* propagation de la foi, *c)* bon exemple.)

perdre en vous quittant, N. T. C. F., disait le vénéré Prélat, nous allons célébrer, à Rome, une fête toulousaine. Un événement glorieux pour notre diocèse est sur le point de s'accomplir, dans la capitale de la catholicité. Depuis sainte Chantal, aucun bienheureux, appartenant à la France, n'a reçu les honneurs suprêmes de la canonisation. Aujourd'hui, une humble fille de nos contrées va cueillir ces palmes si longtemps réservées, et le plus beau prix de vertu que l'Eglise ait accordé, durant près de deux cents ans, dans notre pays, est échu à l'angélique bergère de Pibrac... »

Avec quelle émotion Monseigneur n'assista-t-il pas aux fêtes de la canonisation ! Le Sacré-Collège, cinq cents patriarches, archevêques ou évêques, dix-huit mille prêtres, deux cent cinquante mille fidèles, avaient répondu à l'appel du Souverain-Pontife, pour célébrer ensemble, le 29 juin, le dix-huitième centenaire du martyre de saint Pierre, sur la colline du Janicule. « Jamais aucun Pape, a écrit Monseigneur, n'osa porter le nom de celui qui n'osa pas accepter l'honneur du même crucifiement que JÉSUS ; mais, si Pierre II n'a pas encore paru dans l'histoire de l'Eglise, c'est parce que Pierre Ier n'a pas cessé d'être présent ; il est immortel en ses successeurs, » immortalité solennisée par l'Epouse de JÉSUS-CHRIST, au milieu de ses incessantes douleurs.

C'est ainsi que les ovations de ce glorieux anniversaire se confondirent avec les actions de grâces, inspirées par la canonisation de l'humble bergère : grandioses assises de la catholicité, qui communiquèrent aux fêtes de Rome un incomparable éclat.

Le 29 juin, dans la basilique Vaticane, Pie IX proclama la sainteté de Germaine ; le monde chrétien applaudit à ses accents, par l'organe de la plus illustre, de la plus exceptionnelle assemblée (1).

Le 1er juillet, dans la grande salle du Trône, Mgr Desprez adressa ses remerciements au Saint-Père, qui répondit par la plus délicate allocution. « Je suis heureux, dit-il, de voir ici les enfants de Toulouse la *sainte*, et de les voir si nombreux. Je félicite votre diocèse d'avoir

---

1. Le 20 juin, Monseigneur avait déjà pris part, à Rome, avec les nombreux Prélats, venus de toutes les contrées de la terre, à la procession du *Corpus Domini*.

A son passage à Marseille, Mgr Desprez avait été fêté, à l'Institut des jeunes aveugles, par le généreux abbé Dassy, qui venait d'établir, à Toulouse, une succursale de son œuvre.

donné à l'Eglise une sainte, si puissante, si aimable, si chère à mon cœur... »

Le *triduum* s'ouvrit, le 2 juillet ; plus de trente Cardinaux étaient présents, ayant, à leur tête, le Cardinal-Vicaire. Mgr Desprez officia pontificalement. Un très-beau discours fut prononcé, en latin, par Mgr Aveniti. Le soir du même jour, après les Vêpres, que présida Mgr de la Bouillerie, évêque de Carcassonne, l'éloquente parole de Mgr Bertauld, évêque de Tulle, captiva l'immense auditoire.

III.

Dans la lettre pastorale qui avait précédé son départ, Mgr Desprez avait ordonné que sa ville métropolitaine organiserait, les 28, 29 et 30 juillet, un *triduum* solennel, en l'honneur de la canonisation. Le Cardinal Donnet, Archevêque de Bordeaux, NN. SS. les Archevêques d'Avignon et d'Albi, — les Évêques de Carcassonne, de Rodez, de Nîmes, de Pamiers, d'Angoulême, d'Aire, de Limoges, du Maduré, Mgr Mermillod, évêque d'Hébron, les R^{mes} Dom Gabriel, Abbé de la Trappe d'Aiguebelle, Dom Bastide, Abbé Bénédictin de Ligugé, le R^{me} Père-Abbé Olivetain, de Saint-Bertrand-de Comminges, répondirent à l'invitation qui leur avait été adressée, malgré, pour la plupart d'entre eux, les récentes fatigues du voyage de Rome.

Le Dimanche, 28 juillet, premier jour du *triduum*, la messe pontificale fut célébrée, à la métropole, par le cardinal Donnet. Après l'Evangile, du haut de son trône, l'éminent Prélat prononça, d'une voix ferme, un remarquable discours, duquel nous détachons le passage suivant,dont les espérances ne se sont pas,hélas ! entièrement réalisées : « ... Oui, Geneviève et Germaine sont deux sœurs, deux anges gardiens de l'Eglise et de la patrie. Si l'une protégea particulièrement la vieille Lutèce et le nord de la Gaule, l'autre étendra ses ailes sur la ville de Toulouse et le midi de la France. Comme sa devancière, elle écartera du pays qui fut son berceau les fléaux dévastateurs et les invasions des ennemis de Dieu...»

Les offices du lendemain furent présidés par un Prélat toulousain, Mgr Dubreuil, Archevêque d'Avignon, ancien professeur au petit séminaire de Toulouse et à l'école de Sorèze, qu'avait sacré Mgr

Desprez. A l'issue des Vêpres, Mgr Mermillod, dont la grande
parole avait déjà salué la pieuse bergère, durant les fêtes du *triduum*
de Rome, trouva de tels accents, qu'un frémissement unanime
s'empara de l'immense assemblée ; on ne sut point contenir, dans le
lieu saint, les applaudissements provoqués par une admirable péro-
raison.

Mgr Desprez célébra les offices du troisième jour.

Une procession générale fut le couronnement de ces fêtes.
L'objet principal de cette cérémonie était la translation d'une insigne relique de sainte Germaine, — la plus notable qui soit possédée
hors de Pibrac,—de l'Église métropolitaine, où elle avait été vénérée,
durant trois jours, à l'église Saint-Sernin, dont elle devait accroître
le riche trésor. Monseigneur avait souhaité que les reliques de tous les
saints de la basilique fussent apportées jusqu'à l'église Saint-Etienne,
au-devant des précieux restes de Germaine(1),afin de les accompagner
triomphalement, de les amener, avec toute la population pour cortège, à la crypte sacrée, dont Toulouse est si justement fière. Nous
ne saurions décrire cet émouvant spectacle. Les représentants de
l'autorité, les corps constitués, le clergé des paroisses, les communautés religieuses, les confréries, de nombreux fidèles parcoururent,
durant trois heures, le trajet qui sépare la métropole de la basilique ;
les quinze Pontifes ou Abbés bénissaient la foule.

Lorsque la relique de sainte Germaine parvint devant la grande
porte de l'église Saint-Sernin, les tambours battirent aux champs ;
les corps de musique de la garnison, massés sur la place Saint-Ray-
mond, la saluèrent de leurs symphonies. « En mettant le pied sur le
seuil de la basilique, a dit un témoin oculaire, on était saisi et comme
stupéfait d'admiration. Ce temple qui, dans sa modestie même, est
une solennité permanente, avait revêtu ses plus pompeux atours. Il
semblait lui-même étonné ; il pouvait se croire revenu au jour où,
dans son enceinte, le pape Urbain II bénissait les bannières de
nos preux qui partaient pour la première croisade. Une double ligne
de longues oriflammes et de couronnes lumineuses conduisait le
regard jusqu'aux lointaines profondeurs du sanctuaire,où le baldaquin
se dressait comme un portique de feu. Au centre, apparaissaient,

---

1. Mgr Desprez avait fait personnellement don de la châsse, de style roman, qui les
contient ; c'est la châsse même qui demeure exposée, à Saint-Sernin, dans la chapelle
dédiée à la glorieuse bergère.

étincelantes, la quenouille et la houlette de Germaine, la mitre et la crosse de saint Saturnin. Au fronton du baldaquin, on lisait, en grandes lettres de flamme : « *Sancta Germana, ora pro nobis.* » Les stalles du chœur étaient revêtues de tentures ; les piliers, couverts de belles draperies. Tous les corps saints reposaient, sous les arcades de la grande nef, rangés sur des estrades, formant comme un sénat de rois... » Des chœurs chantaient des cantiques, que, sous les hautes voûtes, répétaient des milliers de voix ; concert, spectacle saisissants qui pouvaient faire croire que la cérémonie s'accomplissait sous la coupole même de Saint-Pierre !

IV.

Chaque soir, durant ces trois jours, — nul de ceux qui en ont été les témoins ne l'oubliera, — ce fut comme une fièvre d'enthousiasme. Quelque puisse être le récit, il sera au-dessous de la réalité.

Dans toutes les maisons, tous les ateliers, on avait été, depuis un mois, occupé à préparer des croix, des bannières, des couronnes, des guirlandes, des transparents, des motifs d'illumination. C'était un entrain qu'on ne pouvait comparer à rien de ce qui s'était vu.

De ces préparatifs résulta un ensemble immense, magnifique, prodigieux, tout ce que la pensée peut imaginer d'ingénieux, de délicat, un succès féerique... Dès la chute du jour, Toulouse semblait en feu, du rez-de-chaussée jusqu'au faîte des maisons, dans les quartiers les plus pauvres, comme les plus riches, aux portes, aux fenêtres des mansardes, de même qu'aux corniches des monuments : l'illumination des clochers s'ajoutait aux clartés multicolores qui jaillissaient des églises, des édifices publics, des habitations privées.

La foule était immense et ne parvenait que difficilement à se ménager un passage. Le nombre des étrangers excéda cent mille. Les aliments firent défaut ; le pain même manqua. Des piquets de cavalerie étaient postés, aux abords de la gare, pour ralentir la marche, l'entrée en ville des voyageurs que les trains amenaient, d'une manière presque ininterrompue...

Dans les rues, on ne marchait pas, on était plutôt porté ; il fallait quelquefois une heure pour parcourir une seule voie ; et dans cette foule, pas le moindre désordre : aucun accident, aucun incendie,.

aucun malheur ; la ville, comme les faubourgs et la banlieue, fut divinement protégée.

Dans le cercle, dont Toulouse est le centre, tout était à l'unisson. « Des hauteurs voisines, le spectacle était admirable ; de quelque côté qu'on tournât les regards, on voyait du feu, partout du feu, dans les villages, dans les métairies, dans les châteaux, dans les plus pauvres habitations. Toulouse était comme un *vaste sanctuaire*, comme un *véritable paradis* (1)... Les heureux témoins de ces ardentes démonstrations se posaient la question de Clovis, entrant dans la basilique de Reims : « *N'est-ce pas le Ciel ?* »

N'en était-ce pas, tout au moins, le portique ?

Nuits étincelantes dont la sereine, la surnaturelle splendeur survit au passager éclat des plus pieuses industries humaines ! Cet élan d'une population entière, nous n'y avons pas assisté ; nous nous trouvions, à Toulouse, mais retenu au chevet de notre père mourant ; aussi gardons-nous, plus profondément encore, s'il est possible, comme la vision des célestes clartés qui, en pénétrant, du dehors, dans l'intérieur de sa demeure, illuminèrent son front, durant trois nuits consécutives, et firent jaillir, de ses lèvres déjà presque fermées, un dernier cri d'admiration, en lui montrant, en quelque sorte, l'aube convoitée du jour qui ne finira pas. Rayonnement immortel, qui ne s'effacera point de la mémoire de notre cœur !

V.

Cette émouvante explosion de foi avait vivement ému le vénéré Pontife, à l'initiative, au zèle duquel chacun attribuait principalement les résultats obtenus, les merveilleuses manifestations dont Toulouse avait présenté le tableau.

Pibrac se devait de faire écho à une telle allégresse. Monseigneur

1. Nous avons consulté les divers journaux de la ville, les feuilles publiques, aux tendances les plus diverses. Chacun déclare que ces fêtes défient toute exacte description. Chacun parle, avec la même apparence d'exagération ; simple apparence, disons-nous, car ceux qui ont vu ces fêtes affirment unanimement qu'elles constituent, dans ce siècle, pour Toulouse, un fait unique, inexprimable.

2. Fin novembre, Monseigneur passait une semaine dans le Nord. Sa chère église Notre-Dame de Roubaix le voyait donner la confirmation à quatre cent-quarante-sept enfants ; à Tourcoing, il conférait ce sacrement à trois cent-soixante-deux.

ordonna un *triduum* solennel, dans l'église paroissiale de cette localité, pour les 15, 16 et 17 juin 1868 (1). « La glorieuse bergère, disait-il, y présidera par une assistance encore plus visible... Quelle pompe peut égaler la beauté morale de ce sépulcre visité par tant de générations et *dont les ossements ont prophétisé !* (Eccl., 49, 18.) Nulle part, les honneurs de la canonisation ne sauraient être rendus à sainte Germaine, avec un charme plus attendrissant... Quel est ce trésor sacré porté en triomphe, au milieu d'un peuple enivré de joie et d'amour? C'est le corps de Germaine sortant, pour la première fois, de l'église où on l'ensevelit, il y a trois cents ans ! C'est votre aimable thaumaturge parcourant les sentiers qu'elle foula jadis, visitant ces mêmes campagnes qui l'ignoraient alors, qui maintenant ne peuvent l'oublier, passant enfin, avec un appareil royal, là où elle vécut en pauvre fille des champs et en gardienne de troupeaux... »

Ces solennités, présidées tour à tour par Mgr l'Archevêque et par NN. SS. les Évêques de Perpignan et de Cahors, furent dignes de la patrie de la Sainte (2).

Sa fête est célébrée, chaque année, le 15 juin. Monseigneur montra toujours le plus grand empressement à s'y rendre, à y officier. Il devait témoigner, jusqu'à la fin de sa vie et au-delà, la religieuse admiration qu'il avait vouée à l'angélique Vierge de Pibrac. Son nom et le souvenir de sa tendre, de sa pieuse confiance, sont inséparables du culte même de la Sainte. Du Ciel, elle a béni son épiscopat.

Déjà, le 19 janvier de cette même année, dans son instruction (3) pour le Carême, Monseigneur avait insisté sur les enseignements que de telles fêtes devaient laisser dans les âmes : « Les vertus que nous avons pratiquées, déclarait-il, sont une noblesse qui nous oblige, et l'homme est tenu de bien faire, à proportion du bien

---

1. Voir Lettre pastorale du 14 mai 1868 (n° 89).

2. « C'était beau, émouvant, » nous écrivait, brisé de fatigue, Mgr Desprez, dès la fin de ces cérémonies ; chaleur de 35 degrés : « il dardait, ajoutait Monseigneur, 48 degrés, durant la procession. » Rien n'avait pu abattre l'élan, le courage.

Au mois d'août, Monseigneur était l'objet d'une promotion dans la Légion d'honneur, promotion que nous ne mentionnerions pas, si nous ne tenions à citer une juste remarque, exprimée dans une lettre qu'il nous adressait, de Luchon :

« ... Je vous dirai toute ma pensée : il vaudrait mieux ne donner aucune décoration à notre robe... »

3. N° 87.

qu'il a fait, sous peine de s'infliger des démentis. A ce point de vue, le diocèse de Toulouse vient de contracter de grands engagements envers lui-même. Sa foi est devenue *célèbre au milieu des Eglises*, et les grâces qu'il a reçues, comme les exemples qu'il a donnés, ne lui permettent point de se relâcher dans le bien, sans déchoir devant les hommes,en même temps que devant DIEU. Les fêtes de la canonisation de sainte Germaine durent, depuis six mois, parmi nous, Nos Très Chers Frères, avec d'infatigables transports. On peut même dire que, loin de s'épuiser par ses sacrifices, votre piété paraît se surpasser, en terminant le cours de ces solennelles manifestations. L'acte de foi que vous avez fait retentir, a porté plus haut et plus loin que vous n'avez coutume d'atteindre. La France entière l'a entendu et en a été émue ; comme les bonnes actions ont leur muette éloquence, ainsi que leur sainte contagion, vous avez été comme des apôtres de votre pays... »

VI.

Monseigneur s'associa vivement à la respectueuse et cordiale ovation qui salua le cinquantième anniversaire de la première messe de Pie IX. Sa Grandeur terminait ainsi la lettre circulaire qu'elle adressa, dans cette circonstance : « Pour résumer, en quelques lignes, nos sentiments et les vôtres, redisons ensemble cette prière, émanée de notre cœur et que déjà plusieurs diocèses nous ont empruntée : O JÉSUS, Prêtre et Pontife éternel, qui appelâtes, il y a cinquante ans, à l'honneur du sacerdoce, un pieux lévite, prédestiné à devenir votre Représentant direct et le Chef de votre Eglise, daignez répandre, à l'occasion de cet anniversaire, un abondant surcroît de grâces et de bénédictions sur le bien-aimé Pontife qui se montre ici-bas votre fidèle image ; exaucez-le dans ses prières, assistez-le dans ses conseils, soutenez-le dans ses entreprises ; accordez-lui de longs jours de bonheur qui le dédommagent, au centuple, de tant d'heures d'angoisses et lui permettent de voir ses travaux, ses bienfaits, ses vertus, ses souffrances couronnés par le triomphe éclatant de sa cause. Nous vous le demandons, par l'intercession de Marie, votre Mère, qu'il a proclamée immaculée (1) ...»

---

1. Lettre circulaire du 19 mars 1869 (n° 94). — Le 5 janvier précédent, Monseigneur

Deux mois après, Monseigneur élevait, de nouveau, la voix : « Nul de vous ne peut l'ignorer, s'écriait-il, un grand événement se prépare pour la Catholicité. Le 8 décembre prochain, en un jour où l'Église célèbre l'Immaculée-Conception de celle qui a vaincu toutes les hérésies, s'ouvrira, au Vatican, le XIXme Concile œcuménique. Par ses résultats salutaires, cet événement sera le plus grand de notre siècle ; il laissera, dans l'avenir, pour le bonheur des peuples, des traces ineffaçables. Notre intention, vous le savez, est de répondre à l'invitation du Souverain Pontife (1)......»

Le Dimanche, 4 avril, Monseigneur assistait, dans son ancienne ville épiscopale de Limoges, à la fête septennale des Ostensions ; l'accueil qu'il reçut témoigna éloquemment du filial souvenir qu'on lui conservait ; les arcs de triomphe, les ingénieux emblèmes, les pieuses devises, les décorations de tout genre, donnaient à la cité un radieux aspect. Sur l'un des arcs de triomphe, on lisait cette délicate pensée :

« *Posuit Episcopos Martialem, Aurelianum,... Cessatorem, Florianum et Felicem regere Ecclesiam Lemovicensem...* »

Avant sa longue absence, le vénéré Prélat désira revoir le diocèse de Cambrai. Du 5 au 27 juin, neuf mille enfants recevaient, de sa main, le sacrement de Confirmation, à Notre-Dame et à Saint-Martin, de Roubaix, à Watrelos, Halluin, Esquermes, Pont-à-Marcq, Marchienne, Somain, Aniche, Ostricourt, dans les diverses églises de Tourcoing et de Douai, dans d'autres paroisses encore.

---

avait envoyé son instruction pastorale sur l'*accomplissement du devoir pascal* et son *mandement* (n° 93) pour le Carême de cette année. « Le mandement de Monseigneur, raconte la *Semaine Catholique de Toulouse*, vient d'opérer une conversion. Un monsieur vivait, depuis un certain nombre d'années, éloigné des sacrements ; sa femme, chrétienne fervente, ne cessait de l'exhorter à se rapprocher de Dieu et importunait le Ciel pour amener cet heureux résultat ; tout avait été employé, mais sans succès. Voyant ses efforts impuissants, la pieuse dame luttait contre le découragement qui commençait à l'envahir, lorsque le mandement de Monseigneur l'Archevêque, sur le *devoir pascal*, parvint entre ses mains ; prévoyant le grand bien que cette lecture peut faire à l'âme de son cher mari, elle s'empresse de la lui proposer. C'était là le moment de la grâce. Toute l'obstination du pauvre retardataire ne put tenir contre les paternelles exhortations de notre bon Prélat. Dès le lendemain, il va se jeter aux pieds d'un prêtre, pour en recevoir, avec la grâce de l'absolution, le pardon et le salut. »

1. Par son instruction pastorale du 12 mai 1869 (n° 95), Monseigneur promulguait le jubilé, accordé à cette occasion. — Par une Lettre circulaire, du 24 octobre 1869 (n° 98,) Sa Grandeur adressait, avant son départ, de touchants adieux au diocèse.

Le 15 juin, il avait la joie de consacrer, sous le vocable de Saint-Quentin, à Pont-à-Marcq, l'église, dont, trente-cinq ans auparavant, il avait hardiment entrepris l'érection, — et le 22 juin, sous le patronage de saint Vaast, l'église de son cher Ostricourt.

La reconstruction du temple divin, à Pont-à-Marcq, était depuis longtemps terminée ; mais la consécration avait dû être différée, jusqu'à l'achèvement d'un très-riche maître-autel, objet d'un legs pieux qui n'avait pu recevoir son exécution avant le mois d'octobre 1868. Monseigneur combla cette église de ses présents (1).

Quant à celle d'Ostricourt, sa paroisse natale, ses libéralités avaient largement concouru aux dépenses. Elle avait été, en outre, décorée par ses soins et dotée, grâce à son intervention, de remarquables vitraux, œuvre de l'industrie toulousaine (2).

---

1. Un ostensoir en vermeil, — un vitrail, — une statue de sainte Germaine, finement sculptée et on ne peut mieux décorée, avec un socle, aux armes de Monseigneur, — deux beaux reliquaires renfermant des ossements de sainte Catherine et de sainte Germaine.

2. Une inscription commémorative rappelle la cérémonie de la consécration, à la date du 22 juin 1869. En voici le texte :

MDCCCLXIX die XXII mensis Junii,
Coràm concivibus plaudentibus et gratias agentibus,
R.R.D.D. Julianus-Florianus-Felix Desprez,
Ab hâc parochiâ oriundus,
Archiepiscopus Tolosanus et Narbonensis,
Consecravit Ecclesiam, ære suo præcipuè instauratam,
Et altare majus, in honorem Sancti Vedasti, episcop. et conf.
Et reliquias S.S. Martyrum Juliani, Floriani, Felicis et
Felicitatis in eo inclusit
Et indulgentias consuetas concessit.

(Mgr Desprez a consacré, en outre, le 10 septembre 1883, l'autel de la Très-Sainte Vierge et y a déposé les reliques de saint Victor et de saint Théodore. — Mgr Fava, Évêque de Grenoble, a consacré, le même jour, l'autel de Saint-Antoine et y a placé les reliques de saint Célestin et de saint Clément.

Mgr Desprez a donné, d'autre part, les tableaux renfermant des reliques de Saints, à la canonisation desquels il avait assisté, le 8 décembre 1881 : saint Benoît Labre, — saint J.-B. Rossi, — saint Laurent de Brindes et sainte Claire de Montefalcone.)

Un registre fut ouvert, à l'église d'Ostricourt, afin d'y consigner tous les faits intéressant la paroisse, toutes les libéralités qu'elle avait reçues, notamment pour la reconstruction de l'église. — Nous nous sommes appliqué à ne pas mentionner les chiffres des libéralités de Monseigneur : si élevés qu'ils aient été, dans les divers diocèses où il a vécu, nous amoindririons, à nos yeux, l'inestimable valeur de son inépuisable générosité, en faisant cette énumération. Il fut, pour sa chère église, le principal bienfaiteur ; mais (outre d'autres dons), la population entière avait concouru à cette œuvre importante, non seulement par des souscriptions, mais même par une coopération personnelle. Le maire, l'adjoint eurent, pendant

Avant de se rendre à Rome, Mgr Régnier, Archevêque de Cambrai, avait, malgré son infatigable activité, prié les trois Évêques, par lui consacrés, de venir à son aide. Il était débordé, dans son diocèse de 1.600.000 âmes, par la moisson que son zèle avait fait naître et mûrir. Mgr Desprez avait répondu à l'appel du vénéré métropolitain. «Touchant exemple, fit-on alors justement remarquer, de la charité qui unit les pasteurs de l'Eglise, depuis le jour où, sur les rives de Génésareth, Pierre et les fils de Zébédée sollicitèrent le secours des autres apôtres, leur filet menaçant de rompre, sous l'effort de leur miraculeuse pêche : *Et annuerunt socii qui erant in aliâ navi ut venirent et adjuvarent eos. Et venerunt et impleverunt ambas naviculas.* »

Mgr Desprez, qui n'avait cessé d'entretenir, avec le pieux et vaillant commandant de Plas, des relations assidues, intimes, apprit qu'il s'était voué définitivement à la vie religieuse. Cette nouvelle parvint à Monseigneur, dans le Nord. Le 20 juin 1869, le jour même où il arrivait, à Angers, au Noviciat de la Compagnie de JÉSUS, le Commandant recevait, de Monseigneur, une lettre qui lui parut comme un avis du Ciel, pour l'affermir dans la voie où il était entré : « Je m'attendais, depuis longtemps, lui écrivait Monseigneur, à ce dénouement. Comme vous y avez très-longuement réfléchi, que vous avez pris, pour vous éclairer, tous les moyens que prescrivait la prudence, tout me rassure et me dit que vous êtes dans la voie de DIEU. Je prierai pour vous, mon excellent ami, afin que la volonté divine se manifeste, d'une manière de plus en plus claire et précise... Le Seigneur vous a accordé une grande grâce, une grâce de choix, en vous appelant dans la Compagnie de JÉSUS. A chaque instant, je me surprends à envier votre bonheur. En 1834, j'ai songé à y entrer moi-même ; des obstacles, contre lesquels je n'ai pu lutter, me forcèrent à renoncer à ce dessein. Que DIEU vous y accorde, sans cesse, les consolations propres à vous procurer le bonheur et une riche récolte de mérites pour le Ciel... (1) »

toute la durée des travaux, un attelage à la disposition de l'entreprise... Spectacle édifiant, qui semblait faire revivre les temps du moyen-âge, alors que les fidèles transportaient eux-mêmes les pierres et les matériaux pour élever les belles cathédrales qui témoignent de leur foi, de leur dévouement. — L'église d'Ostricourt a été reconstruite, sur les plans de M. Maillard, architecte, d'une manière très élégante, dans de vastes proportions, sans toucher à une haute tour, travail gigantesque du siècle précédent.

1. *Marin et Jésuite*, vie du capitaine de Plas, ouvr. déjà cité, t. II, p. 216.

VII.

Le 17 novembre, en compagnie de Mgr Régnier et de NN. SS. les Évêques de Limoges et d'Arras, qui l'avaient rejoint, à Toulouse, Mgr Desprez reprenait la route de Rome. Son départ avait été précédé d'intéressantes manifestations. La plupart des doyennés du diocèse lui avaient envoyé des adresses. Au clergé de Toulouse venu pour le saluer, Monseigneur avait répondu :

« Je vais voir ce Vieillard extraordinaire, devant lequel rois et peuples se tiennent attentifs et émus ;..... je vais prendre part aux grandes assises de la Catholicité ; je voudrais y occuper une place digne de cette Église de Toulouse ; je le sens, j'ai besoin de vos prières... La société est malade, Pie IX veut la guérir ; elle est dans les ténèbres, jusqu'au point de prendre le mensonge pour la vérité, Pie IX veut l'éclairer... Priez, afin qu'un rayon lumineux de l'Esprit-Saint me montre ce que je dois voir, ce que je devrai dire, ce que je devrai voter, pour la gloire de DIEU, le triomphe de l'Église et le bonheur des sociétés. »

De nombreux fidèles, massés dans la cour de l'Archevêché, reçurent la bénédiction des Prélats.

Monseigneur avait fait choix, comme théologien, d'un savant religieux, originaire de son diocèse, le R. P. Desjardins, de la Compagnie de JÉSUS, alors professeur de dogme, à la Maison de Vals.— A peine arrivé à Rome, Monseigneur avait la douleur d'apprendre le décès de l'un des plus dignes ecclésiastiques de son diocèse, M. le Chanoine Piéchaud, Archiprêtre de l'Église métropolitaine.

Dès le 1er décembre, Mgr Desprez s'agenouillait aux pieds du Saint-Père, et, en lui offrant une magnifique offrande pour le *Denier de Saint-Pierre*, lui exprima les vœux de sa filiale piété... (1) « A ce moment, écrivit Monseigneur, tout mon clergé, les communautés, les paroisses, tout mon diocèse, étaient dans mon cœur. »

---

1. Son zèle, nous l'avons déjà dit, ne se lassait jamais pour venir en aide aux accablantes charges de l'administration de l'Église. Ses exhortations, sous toutes les formes, — des lettres fréquemment adressées, dans ce but, à son diocèse,—de riches offrandes, que nous ne chercherons pas à dénombrer, témoignent de l'efficacité de ses efforts, de son dévouement. — Monseigneur provoqua aussi d'abondantes souscriptions pour les *Zouaves pontificaux*.

Monseigneur prit immédiatement, au Concile, une attitude franche et résolue. Il traita, en termes qui furent remarqués, la question de l'*Unité du Catéchisme*. « On sait, à Toulouse, écrivait-on de Rome, à ce sujet, avec quelle pureté facile votre Archevêque écrit le latin ; on ne sera pas étonné d'apprendre qu'il l'a manié, à Rome, avec une élégante simplicité. Il a charmé son vénérable auditoire. Un grand nombre de Cardinaux et d'Évêques sont venus le féliciter, et le Saint-Père, qui se fait rendre compte de tout, a exprimé sa haute satisfaction sur la doctrine et les sentiments de votre premier Pasteur. »

Sa correspondance avec nous, fréquente cependant, n'en faisait aucune mention ; sa règle absolue n'était-elle pas de se taire relativement à tout ce qui pouvait appeler l'attention sur lui ? Cette correspondance, dont l'ensemble comprend plusieurs centaines de lettres, nous ne pourrons l'interroger que rarement, soit qu'elle ait maintes fois pour objet des communications confidentielles, soit qu'elle dépasse souvent, vis-à-vis des nôtres ou de nous-même, le témoignage de la plus indulgente tendresse. Lorsqu'il nous paraîtra possible de nous y référer, nous y recourrons :

« Rome, le 1er janvier 1870.

» BIEN CHER AMI,

» Mes premières lignes de 1870 seront pour vous... Que l'année qui commence . . . . Je descends de l'autel, et là, bien cher ami, j'ai formulé les vœux que mon cœur vous envoie.

» Le secret sur les travaux du Concile nous a été prescrit. Aussi mettez-vous bien en garde contre tout ce que les journaux débitent, à ce sujet. Les quelques détails que X..... a donnés, au début, manquaient d'exactitude ; depuis quelque temps, son correspondant soigne davantage ses informations... J'ai trouvé qu'en général, Z .... était mieux renseigné... (Suivent de longs développements sur ce qui ne touchait en rien à l'objet même des questions débattues).... Quoi qu'il en soit, le Concile est entré dans la discussion des questions dogmatiques ; ce sont les premières proposées à notre examen. La liberté la plus grande est donnée à la discussion ; tout se passe ici, *in unitate pacis et caritatis.*

» Je vous embrasse, je vous bénis, etc....»

Monseigneur habita, durant la tenue du Concile, dans une dépendance du couvent des dames Réparatrices, *via san Isidoro, 18*. Sous le même toit, vécurent NN.SS. Rœuss, évêque de Strasbourg, et Freppel, évêque d'Angers ; il noua avec ces deux Prélats, qu'il put apprécier excellemment, des relations qui lui demeurèrent bien chères.

Au mois d'avril, Monseigneur fut autorisé à venir passer quelques jours à Toulouse, pour procéder aux ordinations ; il put ainsi célébrer, dans son église métropolitaine, les offices de la Semaine sainte et de Pâques (1). Il se hâta de repartir, pour prendre part à la session solennelle, fixée au dimanche de *Quasimodo*.

« Mgr l'archevêque de Toulouse, écrivait-on de Rome, le 14 juin, a pris la parole sur la *Primauté d'autorité et de juridiction du Souverain-Pontife dans l'Église universelle*. Ce nouveau discours a été aussi bien accueilli que le premier, parce qu'il exprimait, comme le premier, la vérité dans toute sa simplicité, en même temps que dans toute sa force. Sa Grandeur a reçu les félicitations et les adhésions verbales de nombreux Pères du Concile. Tous ces témoignages ont été, du reste, résumés et couronnés, pour ainsi parler, par l'approbation que Pie IX lui-même a daigné adresser, de vive voix, à votre bien-aimé pasteur.

» Lundi, 13, Monseigneur allait faire un petit pèlerinage à l'église Ste-Agnès, lorsqu'au cours du trajet, on annonce le cortège du Pape.

» Le Saint-Père arrive, en effet, au milieu de ses gardes. Quand on dit *ses gardes*, c'est par pure formalité ; ils sont là uniquement pour l'honneur. Pie IX a dépouillé la majesté du Pontife et du Roi ; il n'est plus que le bon père de famille, au milieu de ses enfants. La foule qui grandit, à mesure qu'il passe, forme autour de lui un cercle pressé ; on ne parle pas ; on ne crie pas ; chacun semble attentif à ne pas perdre un mouvement, un geste, une parole du Père bien-

---

1. De la Ville Éternelle, Monseigneur adressa plusieurs Lettres pastorales à son diocèse ; il avait notamment envoyé, avec son instruction sur les devoirs de la *Sainte-Quarantaine*, pour le Carême de 1870, son mandement (n° 99), donné à Rome, hors la Porte Flaminienne, le 5 janvier de cette année, 19e anniversaire de sa consécration épiscopale. — Le Souverain-Pontife étant l'Évêque titulaire de Rome et ayant seul juridiction dans la capitale de la Catholicité, les évêques, qui s'y trouvent en résidence ou de passage, datent leurs actes épiscopaux d'un lieu situé en dehors de Rome. Les évêques français emploient, en pareil cas, cette formule : *Hors la Porte Flaminienne (la porta del Popolo)*, au nord de Rome, parce que cette porte est du côté de la France et que les Prélats français y passaient, avant l'établissement des chemins de fer.

aimé ; chacun savoure, avec une sorte de recueillement, le bonheur de contempler cette figure vénérée (1). Devant un pareil spectacle, on se demande si c'est le respect ou l'amour qui l'emporte ; ou plutôt, on ne se le demande pas ; on suit le Saint-Père et l'on éprouve un sentiment de joie intime.

» Mgr l'Archevêque s'était agenouillé, sur le bord de la route, au passage du Saint-Père, par la rue del Tritone. Dès que Pie IX l'aperçut, il se dirigea vers lui et, le prenant par la main, le releva, en disant : « C'est bien, vous avez dit la bonne doctrine, c'est bien. »

» N'était-ce pas Pierre, s'acquittant de la sublime fonction que lui avait donnée JÉSUS-CHRIST, de confirmer ses frères ? C'est avec cette tendresse, cette suavité que Pie IX continue la personne et les fonctions de Pierre.

» Monseigneur ne put contenir l'effusion de son dévouement : « Très Saint Père, dit-il, c'est la doctrine dans laquelle j'ai été élevé, et j'y serai toujours fidèle... »

A mesure qu'avançaient les travaux du Concile œcuménique, la grave question de l'infaillibilité pontificale, considérée au point de vue de l'opportunité de sa proclamation dogmatique, prenait une place de plus en plus large dans les méditations des prélats et les préoccupations du monde entier. Le sentiment de Monseigneur était connu dès longtemps ; son diocèse savait de quel côté son vote devait se porter. La question avait été inscrite, en 1868, au programme des conférences des différents Doyennés ; trente-neuf conférences sur quarante s'étaient prononcées dans le sens de l'infaillibilité. De nombreuses adresses étaient parvenues au Saint-Père, afin d'exprimer le souhait de cette déclaration, pour laquelle l'Archevêque de Toulouse opina, dans l'immortelle séance du 18 juillet 1870, avec la presque unanimité des Pères du Concile, durant cet orage dont les éclairs et les retentissants éclats ajoutaient, s'il est possible, à la majesté d'une telle scène.

La guerre de 1870 était déclarée, à ce moment même. Le Concile

---

1. Notre cher parent, le docteur Charles Marturé, médecin en chef de l'hôpital militaire français de Rome, archéologue des plus distingués, a fait, à plusieurs reprises, partie du cortège de Pie IX, lorsque Sa Sainteté allait visiter des fouilles de haut intérêt. Que de notes précieuses le Dr Marturé a laissées sur cette Rome, qu'il a profondément étudiée ! Ses souvenirs attestaient ce que nous disons de la bonté, de l'indulgent accueil de Pie IX, par exemple, au cours de ses excursions.

fut suspendu. Monseigneur rentrait dans son diocèse, pour y subir, avec le clergé, avec les fidèles, les terribles épreuves qui se préparaient.

Il ne désira pas moins faire, à tous, connaître les sentiments qu'il avait éprouvés, à Rome, les témoignages que le Saint-Père lui avait, plusieurs fois, donnés de sa paternelle tendresse pour ceux dont Monseigneur avait eu, à diverses reprises, la consolation de l'entretenir. Le vénéré Prélat était profondément touché des marques d'affection qu'il avait reçues, à son retour : «.... Je me demandais comment j'avais pu mériter une telle sympathie (1) ; car, en interrogeant ma conscience, je ne vois en moi que le moins digne des Évêques de l'Église de DIEU. Mais ce mot du prophète m'est revenu à la mémoire et m'a fait comprendre cet élan qui vous pousse vers le pasteur : *Ambulavimus, cum consensu, in domo Dei.* Je reviens de Rome ; vous savez que j'ai vu souvent Pie IX, et que plus d'une fois j'ai eu l'insigne bonheur de m'entretenir avec lui ; j'ai pensé que vos témoignages de sympathie, passant par ma pauvre personne, remontaient jusqu'à votre Père commun, le Pontife de Rome.....

» ... Ce que je viens de faire, je l'ai fait, en votre nom et comme représentant de votre Église... Oui, N. T. C. F., en ce jour solennel, où, — réunis autour du tombeau de saint-Pierre, les Évêques définissaient le dogme de l'infaillibilité, — en votre nom, j'ai élevé la voix, au sein de l'illustre assemblée ; j'ai attesté que l'Église de Toulouse, premier pasteur, prêtres et fidèles, nous n'avions qu'un cœur pour aimer le Pontife suprême, qu'une volonté pour obéir à ses décrets, qu'une intelligence pour adhérer à ses enseignements irréformables : *Ambulavimus cum consensu....* »

---

1. Voir Lettre circulaire du 30 juillet 1870 (nᵒ 105). — Le 19 août, Monseigneur adressait une instruction pastorale sur la *définition dogmatique de l'infaillibilité pontificale* (nᵒ 109), et publiait ensuite les décrets du Concile du Vatican (nᵒ 111 *bis.*)

CHAPITRE VIII.

(1870 - 1875)

Durant les calamités de la guerre, prières, aumônes, secours, ambulances.—Septième voyage à Rome, 1872.— Inondation des 23-24 Juin 1875.— Soulagement d'immenses infortunes.

I.

Les phases cruelles de la guerre se succédaient, au milieu des angoisses de la nation. Monseigneur s'efforçait de relever les courages. «... Il nous souvient, écrivait-il, le 16 août (1), que, dans notre jeunesse, nous avons parcouru, avec douleur, les champs de Malplaquet ; quelques jours après, nous étions consolé, en parcourant les plaines de Denain... » Il ne cessait de convier le diocèse à la prière (2). Il réclamait d'abondants secours pour l'armée... « Exprimons nos sympathies à nos vaillants soldats par de généreuses offrandes et levons-nous pour soulager, si tous nous ne pouvons combattre. Envoyons des sommes aux divers bureaux de souscription, du linge et des médicaments aux ambulances, des objets de piété aux aumôniers et aux Sœurs de Charité, afin que les consolations soient, dans cette campagne meurtrière, en proportion des épreuves. Ce fut le devoir du génie de la guerre de multiplier les engins de destruction, à l'égal des périls nationaux ; c'est le devoir de la charité de rivaliser, par la fécondité de ses découvertes, avec la science de l'extermination et d'apprendre, s'il est possible, à faire encore plus de bien que la guerre ne cause de mal... » Toutes les exhortations du Prélat respirent la généreuse et patriotique ardeur de son âme.

« La Providence vient d'accumuler, dans notre histoire de deux

---

1. Lettre circulaire (n° 108).

2. Voir Lettres circulaires des 28 juillet (n° 104), — 8 août (n° 106),— 12 août (n° 107)* — 16 août (n° 108.)

mois, disait Monseigneur (1), assez d'épreuves pour faire la désolation d'un siècle. Ceux qui n'auront pas été témoins de ces heures d'agonie n'en pourront jamais imaginer le martyre. C'est en vain que nous promenons nos regards, de la Religion à la Patrie, de Rome à Paris ; de toutes parts, ce sont des spectacles à faire éclater le cœur et la raison, sous le poids des catastrophes, si le Ciel ne demeurait ouvert à nos espérances, quand la terre se dérobe sous nos pieds...

» Quel orage, au ciel de l'Eglise, que la nouvelle invasion des Etats Pontificaux ! ..... La confusion à la place des principes, le monde à la merci de la force, le droit réduit à la mesure des passions et des intérêts, quels spectacles !

» Et cependant nous ne voulons pas, N. T. C. F., vous prêcher la crainte, mais la confiance. Les temps où nous sommes ont assez de difficultés pour que nous n'y ajoutions pas la complication de nos alarmes et d'une pusillanimité intempestive....

» Si, de la capitale de la catholicité, je tourne mes regards vers celle de la France, quels autres orages, sous le ciel de la Patrie !

»... La prière étant, d'après la foi universelle, l'intervention de la plus grande puissance humaine dans les affaires du monde, n'oublions pas que c'est à nous qu'il appartient de nous sauver, en suscitant, par elle, dans nos tristes jours, des protecteurs à l'Eglise, de sages organisateurs à la Société et des libérateurs au sol de la Patrie... »

Aux exhortations, Monseigneur ne manqua pas de joindre l'exemple. Il provoqua la création de diverses ambulances pour les blessés, qu'il visita souvent ; il leur offrit sa propre demeure. Il encouragea l'œuvre des dames de charité, réunies chez les Sœurs de l'Espérance ; il n'omit aucun effort pour relever les courages et lutter contre l'abattement que suscitaient tant de revers. Il prescrivit des quêtes, à l'intention de nos soldats, prisonniers en Allemagne, et transmit, pour eux, une quarantaine de mille francs à Mgr Mermillod, évêque de Genève. Les prières ne cessaient de s'élever vers le Ciel. Les paroisses de Toulouse firent de solennels pèlerinages, de pieuses visites aux insignes reliques de Saint-Sernin (2) et à N.-D. de la Daurade.

---

1. Lettre circulaire du 18 septembre 1870 (n° 110), relative *aux malheurs de l'Eglise et de la France.*

2. Voir Lettre pastorale du 29 septembre 1870 (n° 110 *bis*).

Il était difficile de se procurer des nouvelles des prisonniers, des blessés. Monseigneur entretenait une active correspondance pour répondre aux souhaits de parents éplorés. Une famille, qui aura eu le douloureux honneur de perdre quatre de ses fils, sur des champs de bataille ou des suites de blessures reçues dans les combats, était alors anxieuse, au sujet de l'un d'eux. Nous recourûmes au vénérable archevêque ; ce ne fut pas, hélas ! en vain (1).

Jusqu'au terme de ces temps douloureux, la charitable activité de Monseigneur ne se ralentit pas. Il ne cessa de se montrer vraiment père (2). L'instruction pastorale, qui précéda le mandement pour le Carême de 1870, exposait les motifs *de conversion*, tirés des *calamités publiques* (3).

Aux désastres de la guerre contre les ennemis du dehors, succédèrent presque aussitôt les lamentables tristesses de la guerre civile. Les crimes de la *Commune* tenaient la France haletante (4). Les plus nobles victimes tombaient sous des balles homicides ; on connaît leurs noms, leurs vertus, leur héroïsme ; il faut avoir étudié une part, tout au moins, des innombrables informations élaborées par la justice militaire, pour se bien rendre compte du caractère odieux, barbare, des attentats perpétrés, *in odium juris, religionis et pacis.*

---

1. « Je n'écris pas à Mgr de Strasbourg, nous faisait-il savoir, le 16 novembre ; ce bon et respectable prélat est toujours au lit, quoique en convalescence. Je lui ai déjà écrit trois fois, et j'ai lieu de penser qu'aucune de mes lettres ne lui est parvenue. Aussi j'accepte le moyen plus sûr que vous me proposez... » Et le 1er décembre : « ... Bien cher ami, je reçois, à l'instant, de Strasbourg, la lettre que M. le curé de Niederbroon a envoyée à M. le Vicaire-général de ce diocèse. Hélas ! cher ami, le bon capitaine Guèze n'est plus ; il a succombé à sa blessure, le 12 septembre. Il s'est montré parfait chrétien, avant le combat et pendant ses cruelles souffrances. Quelle consolation pour le cœur de ses pieux parents ! Veuillez leur exprimer mes cordiales condoléances et les assurer que je prierai pour le cher défunt et pour eux... Tout à vous de cœur,

          » † FLORIAN, arch. de Toulouse. »

2. Le 14 octobre 1870 (n° 112), Sa Grandeur avait donné connaissance au diocèse d'une lettre qu'elle avait adressée au ministre de la guerre, relativement à l'exemption du service militaire pour les ecclésiastiques, tenus de se consacrer au salut des âmes, non seulement sur les champs de bataille, dans les ambulances, mais aussi dans les paroisses qui seraient privées de ministres du culte, s'ils ne pouvaient y accomplir leur mission sacerdotale. —Lettre du 18 avril 1871 (n° 118), prescrivant un service funèbre pour les victimes de la guerre.

3. Du 15 janvier 1871 (n° 116). — La Circ. du 24 février 1871 (n° 117), publiait le Décret pontifical, qui venait de proclamer *saint Joseph, Patron de l'Église universelle.*

4. L. pastorale du 28 mai 1871 (n° 119), prescrivant de nouvelles prières pour *la cessation des malheurs qui accablent la France.* — L. circ du 4 juin 1871 (n° 120), pour le 25e anniversaire de l'élection de Pie IX.

Le lieutenant de vaisseau Alexis Clerc était au nombre des otages massacrés. En mourant, le 26 mai 1871, il reçut la récompense d'une vie consacrée au service de son pays, de son dévouement aux blessés, sur les champs de bataille et dans la direction de l'ambulance de Vaugirard, durant le siège ; il appartenait, depuis le mois de septembre 1854, à la Compagnie de Jésus, qui l'avait admis, à cette époque, au noviciat de Saint-Acheul. Il n'était pas à plaindre, quelque atroce qu'ait été sa mort. « En apprenant le martyre du bon Père Clerc, écrivait Monseigneur à l'ancien commandant du *Cassini*, je me suis écrié : « Que je voudrais être à sa place ! » Oui, mon cher commandant, ces pertes sont très-regrettables pour la Compagnie ; mais, si les jours mauvais se prolongent, de telles morts lui serviront de sauvegarde. Dieu a ses desseins de miséricorde, même au milieu des coups qui nous frappent rudement...... »

Presque au lendemain de ces grands deuils, le commandant de Plas prononçait ses vœux, le 21 juin, dans la maison de la Compagnie de Jésus, à Laval. Ce vaillant soldat avait, suivant son expression, « faim d'obéissance. » A l'exemple du P. Clerc, il remerciait Dieu de lui avoir donné l'intelligence de ce que si peu d'hommes peuvent comprendre... Mgr Desprez lui avait écrit : « ...Mon cher commandant, laissez-moi, en vous embrassant, de tout mon cœur, vous attribuer encore ce titre qui me rappelle de si doux souvenirs... Le 21, je présiderai la première Communion, au collège de vos Pères, à Toulouse ; je chargerai mon bon ange de vous porter les prières que je ferai pour vous, au saint autel. Je vous le répète, en toute simplicité, je vous trouve dans la vraie voie... »

II.

Dès le commencement de l'année 1872, des craintes ayant surgi, relativement au maintien de l'enseignement religieux dans les écoles. Monseigneur s'empressa d'élever la voix contre toute mesure qui compromettrait cet élément, par excellence, de force et de conservation sociale (1).

---

1. L. du 4 janvier 1872 (n° 125). — Le lendemain, était publiée l'instruction pastorale sur *les calamités publiques et leurs remèdes*, et le mandement pour l'année 1872 (n° 126). — Le R. P. Félix prêcha, dans la chaire de la Métropole, la station quadragésimale de 1872 ; l'auditoire fut immense ; les résultats procurèrent une grande satisfaction à Monseigneur. (V., ci-dessous, à l'appendice, l'allocution que Sa Grandeur prononça, le jour de Pâques, à la Métropole.)

Le 16 février, Monseigneur excitait les fidèles à prendre part à la *Souscription nationale pour la libération du territoire* (1) : « La guerre, disait-il, nous a légué une dette qui aggrave, pour nous, le deuil de la défaite, en prolongeant le séjour de l'étranger, sur le territoire français. Par une coïncidence douloureuse, les populations qui ont le plus souffert de l'invasion, sont les principales victimes de cette occupation, et nous n'hésitons pas à penser que leur plus grande épreuve n'est pas de pourvoir aux exigences de l'ennemi, mais de supporter l'humiliation de sa présence. — Il n'est pas juste qu'au sein de la grande famille française, où règne l'égalité devant la loi, ne s'établisse pas l'égalité dans les sacrifices, en vue de mettre un terme à une telle situation... Il n'est pas plus permis de se dérober aux larmes de la patrie, que de fuir dans les combats entrepris pour sa défense... Notre solvabilité est mise en question par des vainqueurs, désireux de nous flétrir, après nous avoir rançonnés. Hâtons-nous de leur prouver ce que vaut la signature de la France, en attendant que nous puissions leur apprendre, de nouveau, ce que vaut son épée...

» Nous vous recommandons cette collecte, à titre d'expiation..., et comme une sorte de rédemption nationale... La France est humiliée ; soyons de notre pays et non de tel ou tel parti. Que tous les Français se mêlent fraternellement, sur les listes de souscription, comme leurs bras, leur douleur et leur sang se sont confondus, sur les champs de bataille. Que la patrie redevienne une, au moins, dans la charité ; cet acte de fusion sublime la relèvera. La charité est un drapeau, sous lequel tous peuvent marcher, sans abdiquer, et même servir, sans s'abaisser... » On ne se lasserait pas de faire entendre un si fier, si chrétien, si patriotique langage...

Après un septième voyage et un court séjour à Rome, où l'avaient appelé des affaires de son diocèse, Monseigneur eut, en septembre et octobre 1872, l'heureuse fortune de visiter sa famille et de revoir Ostricourt ; sollicité de toutes parts, il se multiplia, dans les arrondissements de Lille et de Douai. « ...J'ai passé, — nous écrivait-il, le 23 octobre, — six semaines de bonheur, dans mon pays natal, où je trouve tant de cœurs dévoués... »

Dans son instruction pastorale du 19 janvier 1873, précédant son

---

1. Lettre circulaire (nᵒ 127).

mandement pour le Carême de cette année (1), Monseigneur tint à insister sur l'*instruction chrétienne des enfants :* — obligation, pour les parents, de leur assurer une éducation chrétienne ; — de la donner, par eux-mêmes et par les maîtres auxquels ils les confient ; — de ne pas les adresser aux écoles sans DIEU. « Vous ne pouvez, en conscience, déclarait-il, envoyer vos enfants aux écoles, où vous savez que l'on entreprend d'isoler l'enseignement profane des leçons de la religion. Quels que soient les avantages matériels que l'on fasse briller, à vos yeux, sachez que rien ne saurait conjurer le mal inévitable que vous causeriez à l'âme de vos enfants... »

L'année suivante, Monseigneur prescrivit un *Triduum* de prières solennelles, à l'occasion du sixième centenaire de la mort de saint Thomas d'Aquin (2). « ...Saint-Thomas est, disait-il, l'un des plus grands génies de l'Église et de l'humanité. Il a versé, sur le monde, une si abondante lumière, que la tradition lui donne pour emblème l'image même du soleil. Le génie étant un présent du Ciel, dont l'homme abuse souvent pour le malheur de ses semblables, la postérité chrétienne est reconnaissante à saint-Thomas d'avoir employé le sien à l'éducation morale des siècles futurs.

» Toulouse a des motifs exceptionnels, pour contribuer, avec plus d'amour et d'éclat, à la fête commémorative qui se prépare. Thomas d'Aquin est devenu notre compatriote, en quelque sorte, notre concitoyen, par décision de la première Autorité du monde. Son corps repose dans le vaste reliquaire, dont l'église Saint-Sernin est comme la châsse vénérée. Quand l'angélique Docteur mourut, toutes les Universités se disputèrent sa dépouille. Cent ans durant, on envoya des prières et des ambassades au Père commun de la Chrétienté, pour qu'il prononçât, suivant l'éloquente parole du P. Lacordaire, entre ces sublimes jalousies qui s'enviaient le corps d'un homme. Toulouse eut l'honneur d'être choisie, entre tant d'autres villes rivales, pour garder ces précieux ossements, sans doute, parce qu'elle avait été le berceau de la famille Dominicaine.

» Comment sommes-nous entrés en possession de ce trésor et de cette gloire? C'est là une page de nos saintes annales, digne d'être

---

1. No 133. — Voir aussi son instruction pastorale, du 5 janvier 1874, et son mandement pour le Carême de cette année (no 139), sur la *confiance dans le Sacré-Cœur de Jésus,* auquel Monseigneur consacra le diocèse, le dimanche du Bon-Pasteur, 19 avril 1874.

2. Lettre circulaire du 15 février 1874 (no 140).

rappelée, dans la simplicité touchante dont l'office de notre Bréviaire l'a revêtue (1).

» Le Docteur angélique avait été enseveli, à Fosse-Neuve, où il était mort, au milieu des larmes et entre les bras des Religieux de Cîteaux. Mais le glorieux Thomas ayant appartenu à l'Ordre des Frères-Prêcheurs, et ayant, comme un soleil, éclairé l'Église universelle, par sa science, le Bienheureux Pape Urbain V jugea plus convenable et plus juste que son corps, au lieu de rester chez les Cisterciens, reposât au milieu de ses Frères. En conséquence, par Lettres apostoliques, il décida que la sainte dépouille serait transférée à Toulouse et déposée, avec honneur, dans l'église des Frères-Prêcheurs (2). Il régla, en outre, tout ce que l'Archevêque de Toulouse, les Maîtres et Docteurs, les clercs et laïques de la ville et de la province, auraient à faire, pour accueillir les saintes reliques, avec les honneurs et la dévotion convenables, quand elles arriveraient sur leur territoire.

» La route à suivre était hérissée de difficultés, à cause des guerres qui déchiraient alors l'Italie. Telle fut, néanmoins, la prudence du Maître-général de l'Ordre des Frères-Prêcheurs, pour régler les dispositions, que les Religieux, chargés de porter la châsse en France, purent atteindre, sains et saufs, le terme de leur voyage. Grâce à la visible protection de DIEU, ils parvinrent à Bologne, après avoir traversé Florence, où l'on raconte que s'accomplit un miracle. Puis, en dix jours, malgré l'hiver, ayant passé le Tessin et les terres de la Lombardie, miraculeusement préservés de tout accident, ils atteignent la Savoie et font halte à Rispoli. Étant ensuite heureusement arrivés, le dimanche, veille de la Nativité, au monastère de Prouille, dans la province de Toulouse, ils y déposent, pendant un mois, leur précieux fardeau. Selon les ordres du Bienheureux Urbain V, l'Archevêque, le Clergé et l'Université de Toulouse faisaient les préparatifs nécessaires pour recevoir dignement cet inestimable trésor.

» Du monastère de Prouille, le corps du Docteur angélique reprit, le 26 janvier, la route de Toulouse. Après avoir passé la nuit,

---

1. *Propre du Diocèse*, 28 janvier.

2. Église, dite *des Jacobins*, d'où le corps fut, en 1790, avec une solennité dont l'éclat, à cette date, peut être un sujet d'étonnement, transféré dans la chapelle du Saint-Esprit, à l'église Saint-Sernin.

à Avignonet, le pieux cortège entendit, le samedi, la messe, à Ville-franche, et fit une nouvelle halte, à Montgiscard. Là, par le simple contact des reliques, on obtint la guérison d'une vieille femme paralytique, ainsi que d'un enfant sourd-muet et aveugle. Le dimanche (28 janvier 1369), à l'aurore, on déposa le corps-saint dans la chapelle du Férétra, située hors la ville de Toulouse. Impossible de décrire les splendides apprêts de cette solennité et la dévotion que les Toulousains y apportèrent. On vit aller au-devant du cortège, Louis d'Anjou, frère de Charles V, avec plusieurs évêques et seigneurs du royaume, ainsi que tout le clergé et les magistrats de la ville. Les fidèles étaient accourus, au nombre de plus de cinquante mille ; plus de dix mille flambeaux étaient allumés... »

Le sixième centenaire de la mort du grand Docteur fut célébré, le 7 mars 1874, sous la présidence de l'Archevêque de Toulouse, entouré de NN. SS. les Évêques de Pamiers, de Montauban et de Carcassonne. Mgr Freppel, Évêque d'Angers, prononça un très-beau discours.

En 1875, Monseigneur publia une *Instruction pastorale*, vraiment notable, *sur le spiritisme* (1). Il établit, tour à tour, que le spiritisme est en opposition avec les prescriptions divines, — avec la foi et la morale évangéliques, — avec l'autorité de l'expérience — et le sain développement des intelligences.

III.

Monseigneur avait annoncé un pèlerinage de prêtres et d'hommes laïques à Notre-Dame de Lourdes, pour le 29 juin 1875 (2). Mais une épouvantable calamité, en empêchant la réalisation de ce dessein, allait plonger dans la consternation toutes les contrées voisines de la Garonne.

Il est des tableaux que la plume ou le pinceau du génie peut seul tracer. En ayant, hélas ! contemplé l'horreur, nous essayâmes cependant, des premiers, d'esquisser l'aspect de ce désastre (3).

---

1. Mandement du 5 janvier 1875 (n° 147), pour le Carême de 1875. — Le 17 janvier (n° 148), L. past., qui publia le grand jubilé de 1875.

2. V. L. circ. du 12 mai 1875 (n° 149).—V. autre L. circ. du 16 mai (n° 150), à l'occasion du *second centenaire de l'Apparition de N.-S. Jésus-Christ à la B. Marguerite-Marie.*

3. V. l'*Historique de l'inondation des 23-24 juin 1875*, quai de Brienne, 2, Toulouse, pp. 2-7.

Comment dire ce que fut, dans le bassin de la Garonne, en particulier, à Toulouse, la nuit des 23 et 24 juin !

La narration n'a pas à redouter le péril de l'exagération : l'exposé de tant d'horreurs, de si lugubres tristesses, de telles angoisses, des hauts faits du courage et de l'héroïsme, ne saurait qu'être incomplet.

Des pluies torrentielles avaient détaché des sommets pyrénéens les masses de neige qui s'y étaient amoncelées, et tout d'un coup, presque au même instant, le 22 juin, elles descendirent, en avalanches, dans les lits débordés de la Garonne, de la Pique, de la Neste, du Salat, de l'Ariège, formant ainsi un volume d'eau qui excédait, de plus de neuf mètres, le niveau habituel.

Dès la journée du mercredi, 23, la vue du fleuve, à Toulouse, révélait des malheurs, présages de la catastrophe du soir. Des arbres, des objets mobiliers de toute sorte, des cadavres, des corps d'animaux, des toitures entières venaient heurter les piles du vieux pont ; au sourd grondement des flots, on croyait entendre comme la voix de ces êtres inanimés, de ces sinistres hérauts de la dévastation et de la mort.

A une heure, le pont Saint-Pierre, après s'être balancé sur l'abîme, était emporté par les eaux bondissantes.

A sept heures, le pont Saint-Michel disparaissait, à son tour.'

Les quartiers du Port-Garaud, de Tounis, des Amidonniers, l'infortuné faubourg Saint-Cyprien étaient, depuis quelques heures déjà, envahis.

La Garonne s'élançant, de trois côtés à la fois, — non loin de la Croix-de-Pierre, en coupant la route de Muret — du canal de Saint-Martory, en rompant toutes les digues, — de la prairie des Filtres, en franchissant le parapet du cours Dillon, — venait envelopper, d'une triple enceinte de murailles mouvantes, ce quartier populeux, ainsi livré au combat furieux de torrents entremêlés, qui battaient, comme à coups de béliers, jusqu'au premier étage des maisons !

La demeure sacrée des défunts ne trouvait pas grâce devant le courroux des éléments déchaînés : le tumulte des flots dispersait, balayait dans les rues les croix tumulaires et jusqu'aux pierres des sépulcres ; des morts, arrachés à la profondeur de leur dernier asile, surgissaient, comme pour ajouter l'épouvante de leur apparition à la terreur universelle !

Œuvre d'indescriptible destruction ! Rien ne peut en donner l'idée ! Les ruines du faubourg ne permirent même pas de deviner entièrement ce qu'avait été cette nuit.

Le pont de pierre, resté seul debout, résista vaillamment aux assauts de la tempête ; on avait interdit de le traverser ; les cœurs les plus forts avaient reculé devant le fleuve de la grand'rue Saint-Cyprien, aussi violent que celui qui emplissait le vieux lit ; la pluie tombait sans relâche ; — tout faisait frémir les âmes : un cri perçant, le cri d'un inondé agonisant, dominait, par intervalles, le mugissement des flots et laissait pressentir l'étendue de la catastrophe ; on ne cessait d'entendre l'écroulement de maisons, de rues entières ; on priait pour les âmes qui entraient dans la vie éternelle ; — le pont même tremblait ; on l'eût dit transformé en un être impressionnable, à la trépidation intime que l'on éprouvait, à son contact.

DIEU n'avait pu se laisser fléchir ; les invocations pieuses qui s'élevaient de toutes parts et que le clergé de deux paroisses était venu même exhaler, aux abords des quartiers envahis, n'avaient pu obtenir la cessation du fléau. Les impénétrables desseins d'en haut s'étaient accomplis.

Le jour se leva, plus sinistre que celui des champs de bataille. Sauf quelques exceptions, hélas ! restreintes, tout avait sombré dans le désastre : immeubles, marchandises, récoltes, ressources de tout genre ; le fleuve avait consommé un tel anéantissement que, la veille, ce résultat eût paru impossible à l'imagination la plus hardie, qu'on se prenait à récuser le témoignage des yeux, qu'on se croyait le jouet d'une cruelle hallucination.

Plus éloquemment que les vivants, que les blessés, que les veuves, que les orphelins, même que les pères et les mères affolés de douleur, les cadavres attestaient le désespoir de l'heure suprême ; ici, des mères tenaient dans leurs bras des enfants engloutis avec elles ; plus loin, des parents, des amis étaient relevés entrelacés ; là, — rien ne peut dépeindre ce spectacle, — un père, un colosse, serrait contre sa poitrine ses deux petites filles qui avaient appliqué sur son visage leurs lèvres glacées et entouraient son cou de leurs mains, — groupes funèbres, comme pétrifiés par la mort et qui montraient les victimes en proie, à leur dernier soupir, aux plus poignantes angoisses ! Les salles de l'Hôtel-DIEU reçurent, en un jour, quatre-vingt-seize de ces témoins muets du gigantesque drame ; plus de cent les suivirent, les jours suivants, aux champs du trépas. A la vue des corps qui couvraient les dalles de l'hospice et emplissaient plusieurs salles, le maréchal de Mac-Mahon, qui était accouru, dit, devant nous, que le spectacle était plus saisissant encore que le si douloureux tableau des ravages de la guerre !

Un millier de maisons renversées ; plusieurs ponts détruits ; un cimetière bouleversé ; le magnifique hospice de la Grave dégradé, compromis ; des millions de marchandises, de richesses broyées, et par-dessus toutes les pertes matérielles, les pertes morales, celles qui défient les calculs et les réparations..., plus de deux cents morts, le dénuement, le désespoir de tant de familles, le trouble des intelligences, une détresse insondable, tel fut, à Toulouse et ailleurs, l'atroce bilan de cette nuit !

L'héroïsme des sauveteurs, de soldats, de bateliers, des natures d'élite que les menaces de la mort n'intimident pas, put seul tempérer, avec les sentiments de la résignation chrétienne, l'amertume de si grandes douleurs !

Monseigneur était, à ce moment, éloigné de sa ville archiépiscopale ; il se trouvait en tournée pastorale, au sud de son diocèse, à Montréjeau. «.... Nous n'avons pu, N. T. C. F., s'écria-t-il, venir à vous, aussitôt que l'eût voulu notre cœur (1). Les eaux nous avaient cerné, au milieu de nos courses apostoliques ; elles avaient élevé autour de nous une barrière infranchissable. Oh ! qu'elles ont été longues, accablantes, ces quatre journées passées sans nouvelles ! Aux désastres dont nous étions témoins, près des lieux où notre fleuve prend sa source, il nous était malheureusement trop facile de prévoir tout ce qu'il allait, en avançant dans sa marche furieuse, vous apporter de ruines. Nos prévisions, hélas ! n'étaient que des rêves auprès de l'effrayante réalité. Pour vous dire ce que nous avons ressenti, nous voudrions des paroles, et nous n'avons que des sanglots ; nous cherchons des expressions, et nous ne trouvons que des larmes ! Pleurons donc ensemble sur nos pauvres morts, pleurons, avec ceux qui leur survivent et qui ne veulent pas être consolés, parce que ceux qu'ils ont aimés ne sont plus ! »

Après avoir, dans les termes les plus émus, évoqué la nuit désastreuse, et rendu un hommage bien mérité aux intrépides sauveteurs,

---

1. Lettre circulaire du 29 juin 1875 (n° 151), en faveur des *Victimes de l'inondation.*

Monseigneur adressa un chaleureux appel à la générosité de tous et annonça un service solennel, à la Métropole d'abord, puis dans toutes les églises du diocèse, pour les victimes de l'inondation.

Sa charité débordante trouva là un inépuisable aliment. Le Chef de l'État, les pouvoirs publics, les corps constitués, toutes les œuvres d'assistance, la Société de saint-Vincent de Paul firent des prodiges. C'est par millions que l'or afflua sur Toulouse ; ce résultat fut dû, pour une large part, à l'entremise de Monseigneur, qui se rendit à Paris pour remercier la maréchale de Mac-Mahon, l'une des principales bienfaitrices et, en même temps, Présidente du Comité central de secours.

De tous les points de la France, de diverses contrées de l'Europe, des différentes parties du monde, parvinrent d'abondantes souscriptions. — Nous ne pouvons oublier que l'un des membres les plus éminents de la Cour suprême de Berlin, avec lequel nous avaient mis en rapport les travaux de l'Académie de Législation, nous transmit aussitôt, pour les inondés, une belle offrande. — La vénération, dont Monseigneur était l'objet, au loin, comme dans sa province, fut pour beaucoup dans l'empressement. Les paroisses, les diocèses, où il avait vécu, tinrent à honneur de répondre à son appel, en lui adressant leur tribut pour le soulagement de si poignantes infortunes. Le Souverain Pontife, le Sacré-Collège firent aux inondés une part notable dans leurs largesses (1). Pendant ce temps, Monseigneur se multipliait: visites des hôpitaux, consolations apportées aux malades, dispersés en tant de demeures, enquêtes attentives, conférences fréquentes avec ceux qui coopéraient à cette œuvre, conseils, sages indications accueillies comme des ordres, active correspondance pour accroître l'abondance des dons, pieuses industries d'un zèle qui ne connaissait pas de lassitude, il montra tout ce qu'on pouvait attendre d'un si grand cœur, tout ce dont un père est capable pour ses enfants. Depuis seize ans, Toulouse avait appris à le bénir, avait reçu de lui, notamment, durant la terrible guerre, d'inoubliables marques de son ardeur dans l'accomplissement du bien. L'inondation de 1875 fit éclater, de nouveau et plus vivement, la reconnaissance publique ; on sut, mieux encore,

---

1. Voir la Lettre circulaire de Monseigneur, du 8 décembre 1875 (n° 154), pour exprimer ses remerciements aux bienfaiteurs des inondés.

quel trésor recélait cette âme généreuse, de quel apôtre, de quel
évêque la divine Providence avait gratifié l'antique cité de saint
Saturnin et le vaste territoire qui l'entoure. Monseigneur mérita,
une fois de plus, le titre de *Père des malheureux.*

CHAPITRE IX.

Administration diocésaine.— Ministère pastoral, à Toulouse.—
Œuvres religieuses ou charitables, patronées, soutenues
ou créées.

I.

D'UNE régularité absolue dans l'exercice de son haut ministère,
Monseigneur était secondé par des collaborateurs, qui lui donnaient un actif concours : M. le premier Vicaire-général Roger, Prévôt
du Chapitre, d'une expérience consommée, profondément initié à tout
ce qui intéressait le diocèse, — M. le Vicaire-général de Pous, esprit
délicat, âme recueillie, tendre et pieuse,— leur collègue, le R. P. Caussette, orateur des plus appréciés, dont la brillante parole rehaussa
l'éclat des plus solennelles cérémonies, — M. le Vicaire-général
honoraire Caujolle, qui a, durant cinquante ans et jusqu'après l'épiscopat de Mgr Desprez, rempli, à l'archevêché, les fonctions de
Secrétaire-général, laissant le doux souvenir de ses vertus, de sa
prudente sagesse dans ses rapports incessants avec les membres du
clergé ; tous quatre sont entrés dans l'éternité, les trois premiers
longtemps avant Monseigneur, le quatrième, dans la nuit du 15 au
16 janvier 1896 ; l'hommage que, vivants, un sentiment de réserve
eût retenu sur nos lèvres, est bien dû aux regrettés dignitaires qui
ne sont plus.

Monseigneur ne connaissait pas le repos : aussi leur concours lui
était-il constamment nécessaire. Il étudiait, élucidait avec eux les
questions si variées que fait surgir, relativement aux personnes et
aux choses, l'administration d'un diocèse ; il était servi, en cela, par
une mémoire des plus rares, une bonté native qui ne nuisait pas à la
fermeté, mais en faisait ressortir le vrai caractère, une patiente et
consciencieuse recherche de la solution la plus juste. Il n'arrêtait
jamais une décision, sans posséder, sans approfondir tous les éléments d'examen. Il a pu se tromper : l'intelligence la plus haute, la
sagesse la plus consommée, ne sont pas prémunies, d'une manière

absolue, contre cet écueil ; mais on peut affirmer, avec une inébranlable certitude, que, s'il a été induit en erreur par des causes, des
circonstances quelconques, il avait épuisé toutes les voies d'informa-
tion qui lui paraissaient les meilleures, pesé, devant DIEU, au plus
intime de lui-même, le parti à prendre. Ces précieuses qualités, les
très-distingués collaborateurs des dernières années de sa vie les ont
appréciées, comme leurs devanciers.

Il ne luttait jamais contre ce qui était juste. Si la magistrature
était saisie, relativement à l'un de ses prêtres, d'une plainte, qu'il avait
le regret de reconnaître fondée, Monseigneur eût considéré comme
indigne de lui, d'entraver, du plus loin, l'action judiciaire. Nous avons
pu apprécier, plusieurs fois, cette droite et loyale attitude, dont
témoigne sa correspondance. Autant il était respectueux d'une
justice indépendante, éclairée, autant il savait défendre les membres
de son clergé contre la calomnie, le mensonge. Monseigneur était
l'homme juste par excellence. Si ce sujet n'était incompatible avec
d'entiers développements, nous pourrions exposer des faits qui
concourraient à donner la plus haute idée de son caractère.

Les cérémonies religieuses, les plus longues, les plus fréquentes,
ne faisaient pas fléchir ses forces physiques. Sa haute prestance, son
imposante tenue, le secondaient, en cela, excellemment. Il aimait
ces cérémonies comme l'une des principales fonctions de sa charge,
persuadé, avec raison, qu'elles attirent le peuple, qu'elles accroissent
ou inspirent l'amour de l'Eglise.

II.

Monseigneur ne faisait défaut à aucune des principales solennités, dans les églises, les chapelles, les couvents de sa ville archiépiscopale.

Son église métropolitaine n'était, les dimanches et jours de fête,
privée de sa présence, que lorsque l'exercice de son ministère pastoral
l'en tenait éloigné.

Les églises paroissiales le possédaient tour à tour : — *St-Nicolas,
N.-D. de la Dalbade, — Saint-Exupère, — Saint-Aubin, — N.-D. du
Taur, — Saint-Pierre,* — l'église *Saint-Jérôme* : en vertu d'une
Bulle du Pape Pie VII, a été transférée, dans cette église, l'indul-

gence plénière, en forme de jubilé, qui avait été accordée à la Confrérie des *Pénitents Noirs*, pour les années où la fête de l'invention de la *sainte Croix* se rencontre un vendredi. Monseigneur a fait, à plusieurs reprises, au cours de son épiscopat, de cette solennité, l'objet de lettres pastorales et d'ordonnances (1) ; — *N.-D. de la Daurade*, où, le 31 mai 1874, Monseigneur déposait, au nom du Souverain Pontife, une brillante couronne sur le front de la Vierge Immaculée, de *Notre-Dame la Noire*, objet, depuis des siècles, d'une ardente piété et qui évoque des souvenirs, des témoignages de divine protection (2).

Avec une non moindre vénération, Monseigneur était accueilli dans les paroisses, comprises dans la commune de Toulouse, qui entourent cette ville, et ont reçu de lui tant de marques de sollicitude, — plusieurs créées, durant son épiscopat, notamment l'*Immaculée-Conception*, pour laquelle un prêtre dévoué, principal fondateur, obtint du Saint-Père, en 1861, par la haute intervention de Monseigneur, une pierre sortie du cimetière de Saint-Calixte et destinée au nouveau Temple de la Mère de Dieu ; — *Saint-Sylve*, église qui eût été, en 1862, placée sous le vocable de saint Félix, l'un des patrons du digne Archevêque, s'il n'eût lui-même demandé qu'on la plaçât sous les auspices de la mémoire de l'un de ses plus illustres prédécesseurs, saint Sylve, le cinquième des évêques de Toulouse, dont l'histoire ait conservé les noms, et qui posa les fondements du premier édifice religieux, élevé sur le tombeau de saint Saturnin (3).

---

1. Voir notamment Lettres pastorales, des 15 mars 1861 (n° 20), — 25 mars 1867 (n° 81), — 19 mars 1872 (n° 128), — 17 avril 1878 (n° 171 bis), *etc.*

2. Voir la Lettre pastorale du 1er mai 1874 (n° 14). — Des inscriptions commémoratives ont été gravées sur des plaques de marbre, appliquées aux murs de la basilique, — inscriptions rappelant la consécration de l'Église, le 11 novembre 1838, par Mgr d'Astros, — la consécration de l'autel de *N.-D. la Noire*, par Mgr Desprez, et le couronnement solennel, au nom du Saint-Père. — C'est à l'église de la Daurade, érigée en Basilique mineure, par un Bref apostolique du 2 mai 1876, sur l'autel de *N.-D. la Noire*, que sont, chaque année, le 3 mai, déposées, pour être bénies, les fleurs destinées par l'Académie des Jeux-Floraux aux lauréats des concours. Le premier poème que couronna cette Académie, fondée en 1323, n'avait-il pas été dédié à la Vierge par son auteur, maître Arnaud Vidal ? Et lorsque les imprimeurs de cette compagnie voulurent donner à Léon XIII, en 1887, à l'occasion de ses noces d'or, un témoignage de filiale vénération, ne lui offrirent-ils pas une superbe plaquette, reproduisant deux œuvres poétiques, deux hymnes composées en l'honneur de la Mère de Dieu ? (Voir ci-dessous (à l'appendice), le texte de l'adresse que MM. Douladoure et Privat, imprimeurs, ont placée en tête de la plaquette.)

3. Pourquoi les limites imposées à notre tâche, les bornes du cadre que nous avons

L'insigne Basilique, dédiée à ce martyr, à l'apôtre, au premier évêque de Toulouse (1), fut, après la Métropole, l'objet de la spéciale prédilection de Monseigneur. C'est le jour de la fête de saint Saturnin qu'il avait choisi pour l'entrée dans sa ville archiépiscopale. Chaque année, à la même date, il ne manquait pas de venir célébrer, dans son église bien-aimée, le Saint-Sacrifice de l'autel. Il avait multiplié pour elle les preuves d'une particulière dévotion ; tout l'attirait dans ce temple auguste, l'un des plus vénérables de la catholicité et qui, après les sanctuaires de la Ville Éternelle, est un de ceux où reposent, en plus grand nombre, les reliques des saints. Ne lit-on pas, au seuil de sa crypte sacrée : *Non est in toto sanctior orbe locus... Hi sunt vigiles qui custodiunt civitatem* (2) ?

« Quelle que soit la route, par où l'on arrive à Toulouse, le premier objet qui frappe la vue est la flèche de Saint-Sernin. L'aiguille romane apparaît, au-dessus de la ligne dentelée de toitures, de

---

dû nous tracer, nous empêchent-elles de résumer, soit les monographies, soit, tout au moins, les informations qui concernent chaque église de Toulouse et de sa banlieue ? L'histoire, l'archéologie, de même que les pieuses industries qui ont concouru à l'érection des plus récentes, y auraient rencontré un légitime hommage.

1. Au moyen-âge, cette église était déjà appelée *Papalis Basilica*. Au XIe siècle, Grégoire VII appelait *venerabilem locum* l'enceinte de la collégiale Saint-Sernin, le temple saint qu'Urbain II devait consacrer.— Le pape Calixte II y consacra un autel, en 1119.— Clément V y officia pontificalement, en l'an 1310, le jour de l'Épiphanie.— Onze autres Papes lui ont accordé divers privilèges, avant la confirmation de son titre de Basilique par Urbain VIII, en 1642. L'église Saint-Sernin possède, en effet, dès longtemps (on sait qu'il n'y a pas de *Basilique majeure* hors de Rome), le titre et les privilèges de *Basilique mineure*. (Voir le Bref, *déclaratif* et *confirmatif*, de S. S. Léon XIII, en date du 5 avril 1878.)

2. Les reliques, conservées à l'insigne Basilique, sont celles des *Apôtres :* saint Pierre, saint Paul, saint Jacques-le-Majeur, saint Jacques-le-Mineur, saint Philippe, saint Simon, saint Jude, saint Barthélemy, saint Barnabé ; — des *Martyrs :* saint Saturnin, saint Étienne, saint Papoul, saint Blaise, saint Honest, saint Aventin, saint Georges, saint Maurice, saint Edmond, saint Hippolyte, saint Cyr, saint Asciscle, saint Frajou, saints Just et Pasteur, saints Innocents, saint Jean-Baptiste ; — des *Pontifes :* saint Grégoire, saint Pie V, papes ; — saint Honorat, saint Hilaire, saint Sylve, saint Exupère, saint Louis, évêque de Toulouse, saint Bertrand de Comminges, saint Orens, évêque d'Auch, saint François de Sales, saint Remy, saint Germier et saint Martial ; — du *Docteur* saint Thomas d'Aquin ; — de saint Joseph, saint Gilles, saint Guillaume, saint François de Paule, saint Vincent de Paul, saint Raymond, saint Bernard, saint Benoît Labre ; — des *Vierges saintes* et *saintes femmes :* sainte Agathe, sainte Apollonie, sainte Marguerite, sainte Lucie, sainte Cécile, sainte Alberte et sainte Foy, sainte Germaine, saintes Puelles, sainte Suzanne de Babylone, sainte Anne, — et autres reliques encore.

clochers, de dômes et de tourelles... A vrai dire, Saint-Sernin n'est pas une église de Toulouse, c'est Toulouse même, dans sa personnification la plus complète et la plus éloquente. Le peuple, en ses proverbes patois, la citait jadis comme une merveille du Midi, et n'attribue qu'à la protection de ses reliques le rare bonheur qu'a eu la cité de n'avoir jamais été tout-à-fait détruite par les guerres, les pestes et les famines. Nombre de souverains et de grands vassaux y sont venus en pèlerinage. François Ier s'en est souvenu, pendant les loisirs forcés de l'Escurial; les Papes ont attaché à ses autels d'exceptionnels privilèges.... L'histoire de Saint-Sernin se trouve liée à toutes les grandeurs, à toutes les légendes poétiques et guerrières du Midi. Le livre d'Heures de Charlemagne, le cor de Roland, les bannières de la Croisade lui ont laissé leur prestige... (1) » Que de souvenirs évoque la vue de cette église, depuis sa consécration par le Pape Urbain II, en 1096, jusqu'à Louis XIV et Napoléon, jusqu'aux temps actuels ! On continue à y accourir, de toutes les contrées du monde chrétien. Ses voûtes gardent l'écho des plus éloquentes voix. Dans une cité qui, « placée au centre de trois nations (la France, l'Espagne, l'Italie), entre les Pyrénées et les Alpes, presque à égale distance de Madrid, de Rome et de Paris, garde en dépôt comme le plus pur et le plus éclatant symbole de la foi, le corps de saint Thomas d'Aquin,» Lacordaire a, le 18 juillet 1852, célébré, avec les splendeurs de la science divine, le panégyrique de l'*Ange de l'Ecole* (2). Aucune gloire

---

1. *Saint-Sernin, Etudes d'art et d'histoire*, par M. Ernest Roschach, *Revue de Toulouse*, livr. de février 1862.

2. Dans la suite, le panégyrique de saint Thomas d'Aquin a marqué,— chaque année,-- la date du 7 mars. — En 1874, au *Triduum* célébré en l'honneur du centenaire du glorieux Docteur, Mgr Freppel, évêque d'Angers, le R. P. Caussette, vicaire-général de Toulouse, et le R. P. Cormier, de l'Ordre de Saint-Dominique, occupèrent tour à tour la chaire de Saint-Sernin. — En 1875 et 1876, la solennité se confondit avec celle de l'Adoration perpétuelle. — Les années suivantes, les orateurs furent : 1877, Mgr Ramadié, archevêque d'Albi ; — 1878, le R. P. Vincent de Pascal, dominicain ; — 1879, M. le chanoine Félix Laprie, de Bordeaux ; — 1880, Mgr Fonteneau, évêque d'Agen ; — 1881, Mgr Lamothe-Tenet, recteur de l'Institut catholique de Toulouse ; — 1882, Mgr de la Bouillerie, archevêque de Perga, coadjuteur de Bordeaux ; — 1883, Mgr de Cabrières, évêque de Montpellier ;— 1884, Mgr d'Hulst, recteur de l'Institut catholique de Paris ;— 1885, M. le chanoine Augustin Lémann ;— 1886, Mgr de Cabrières ; — 1887, le R. P. Villanova, dominicain ;— 1888, le R. P. Coconnier, dominicain ; — 1889, le R. P. Raynal, dominicain ; — 1890, le R. P. Guillermin, dominicain ; — 1891, Mgr Germain, évêque de Coutances ; — 1892, le R. P. Régnault, de la Compagnie de Jésus ; — 1893, le R. P. Monsabré, dominicain ; —

ne manque à cette illustre église, objet, durant l'épiscopat de Mgr Desprez, d'intelligents et remarquables travaux, qui ont scrupuleusement rétabli ce beau reliquaire dans tous ses détails, et lui ont rendu son élégante simplicité primitive.

Jusqu'aux jours où la liberté a fait place à l'odieuse oppression des consciences, Monseigneur se montra jaloux de présider, à la fête de la Pentecôte, la procession des *Corps saints*, pour laquelle la population a hérité du culte pieux des ancêtres.

III.

A la veille de la Révolution du dernier siècle, Toulouse comptait huit grandes paroisses, cinq séminaires, onze collèges, dix-sept communautés d'hommes et un égal nombre de communautés de femmes ; en outre, sept chapelles particulières. Beaucoup de ces édifices religieux ont été, soit démolis, soit affectés à d'autres usages. Que ne pouvons-nous parler, tout au moins, de l'admirable église des *Jacobins* (1), de l'ancienne église des *Augustins*, de l'église des *Cordeliers*, détruite, il y a vingt-cinq ans, par un incendie ?

Toulouse n'est pas moins demeurée, en dépit de tant de causes de corruption, une ville où les sentiments religieux sont chers à la plus grande partie des habitants. La population ayant presque triplé depuis 1789, le nombre des églises paroissiales s'est accru. Plus de vingt-cinq communautés de femmes s'y consacrent à l'éducation de de l'enfance ou de la jeunesse, au soin des malades, des infirmes, au soulagement des pauvres, de la misère, sous toutes ses formes. Un bon nombre se sont établies à Toulouse, — de même, du reste, que dans beaucoup de localités du diocèse, — durant l'épiscopat et avec les encouragements de Monseigneur.

Il y trouva la communauté des Missionnaires diocésains, — une maison et un collège de la Compagnie de Jésus, — un couvent de Dominicains, — un monastère de Franciscains, — les Frères de Saint-Gabriel, — un pensionnat et plusieurs cours d'enseignement primaire dirigés par les Frères des Écoles chrétiennes. Il vit se

---

1894, le R. P. Garaud, dominicain ; — 1895, le R. P. Janvier, dominicain ; — 1896, le R. P. Farjon, de la Compagnie de Jésus.

1. V. *L'Église des Jacobins et les Facultés*, par M. Félix Lacointa, Toulouse, 1854.

fonder des maisons de Carmes, de Pères de l'Assomption, de
Maristes, de Lazaristes. Son meilleur appui ne fit défaut à aucun de
ces Ordres religieux, parce qu'il y voyait le plus sûr moyen d'assurer
la saine direction de l'enseignement, la prédication de l'Evangile, et
de prodiguer au malheur d'utiles secours, d'abondantes consolations.
Les efforts de Monseigneur dans ce but occupèrent une large part
de son temps : un complet récit, en révélant l'un des beaux aspects
de son apostolat, mettrait en relief les entraves, les obstacles dont
triompha son zèle, l'activité, parfois la patience, qui lui furent
nécessaires. Lorsqu'il était aux prises, — ce qui est presque inévitable
dans les meilleures œuvres humaines, — avec des difficultés touchant
aux personnes, son cœur d'évêque, s'élevant bien au-dessus des
préoccupations de ce genre, sans se laisser jamais gagner par l'amertume, s'attachait quand même et encore plus, s'il est possible, au
succès, impersonnel, de ses saintes entreprises. Ses visites dans les
couvents, ses exhortations, la sagesse de ses solutions ou de ses conseils, retrempaient les courages et suscitaient la confiance, aux
heures d'abattement.

IV.

Ses relations incessantes avec les membres de son Conseil, avec
les pasteurs, placés à la tête des paroisses, avec les communautés
religieuses, se lient étroitement à l'infatigable et précieux patronage
que Monseigneur accorda aux œuvres de piété ou de bienfaisance.
Nous ne saurions omettre de les mentionner, au risque de nous
exposer à d'inévitables lacunes.

Sa foi forte et suave éprouva une vive satisfaction, lorsqu'il établit
dans le diocèse, à dater du 1er janvier 1861, comme nous l'avons
déjà rappelé, l'*Adoration perpétuelle du Très-Saint Sacrement.*

Partout, Monseigneur avait montré l'exceptionnelle importance
qu'il attachait à l'enseignement du catéchisme. « Le salut de la
Société, aimait-il à dire, est dans le *Catéchisme.* » Aussi, — quelques
années après l'époque à laquelle nous sommes parvenu, dans l'imparfait récit de sa carrière, — le 17 août 1879, Monseigneur fonda-t-il,
pour les dix paroisses de Toulouse *(intra muros)*, un *concours général*
annuel, auquel sont admis, pour chaque paroisse, dix garçons et dix
filles ; deux compositions écrites ont pour objet, l'une le texte même

du catéchisme, l'autre une question se rattachant à cet enseignement et un sujet tiré de l'Histoire sainte (1). Pour venir en aide aux efforts du clergé, des catéchistes volontaires se dévouent à l'instruction religieuse de l'enfance.

Par ordonnance du 1er mai 1887, Monseigneur a institué un *jury d'examen*, composé d'ecclésiastiques et de laïques, en vue de la délivrance de certificats d'études (*brevets simples* et *brevets supérieurs*) pour l'enseignement primaire. Le jury siège à Toulouse ; des commissions coopèrent à sa tâche, à Saint-Gaudens et à Revel. Les brevets officiels étant destinés à encourager une instruction acquise en dehors de l'idée religieuse, Monseigneur voulut, avec raison, que les familles chrétiennes pussent envier, pour leurs enfants, l'attestation d'études, de labeurs intellectuels, poursuivis sous le regard de DIEU (2).

Ce n'était pas assez, aux yeux du vigilant Prélat. On s'occupe beaucoup des enfants qui fréquentent les écoles primaires ; mais ceux qui suivent les cours d'enseignement secondaire et laïque, sont-ils moins dignes d'intérêt ? Leur influence, dans l'avenir, sera d'autant plus saine qu'ils auront reçu une formation plus chrétienne. Pour le plus grand nombre, la date de la première Communion est comme un point d'arrêt dans l'étude de la religion. On leur laisse ignorer la science divine, la plus nécessaire, celle qui devrait être le fondement de toutes les autres. Le grand mal dont souffre notre pays est la conséquence de cette lamentable lacune. Lacordaire n'a-t-il pas dit : « La France meurt de l'ignorance de la religion et du droit » ? parole prophétique, à la réalisation de laquelle nous avons la douleur d'assister. Mgr Besson, se faisant l'organe de l'épiscopat,

---

1. Des récompenses sont décernées, dans une séance annuelle, où est lu le rapport sur les concours, séance que Monseigneur tenait à présider. Ces récompenses consistent en une médaille de vermeil, — quatre prix d'honneur, représentés par des livres, — et quarante diplômes (vingt pour les garçons et vingt pour les filles). On est heureux de constater un zèle soutenu, une réelle émulation, des résultats fort dignes d'éloge. (V. lettre de Monseigneur à MM. les Curés de la ville de Toulouse, en date du 27 avril 1879 (n° 181 bis.)

2. Le jury délivre même des certificats spéciaux, distincts de ceux dont nous parlons (brevets simples et brevets supérieurs), pour *l'instruction religieuse seulement*. — Ayant désiré ne pas réserver, pour la dernière partie de notre tâche, le tableau des œuvres soutenues ou créées par Monseigneur, et, d'un autre côté, ne croyant pas devoir en morceler l'ensemble, nous nous trouvons ainsi amené, quant à cet objet de notre étude, à devancer les années, auxquelles nous ne sommes pas, dans notre récit, encore parvenu.

s'est écrié : « Le plus grand fléau du jour, c'est l'ignorance du christianisme, et cette ignorance, je l'appelle, avec un grand Pape, *un second péché originel...* » — Mgr Dupanloup a écrit, de son côté : «... Dans le monde, on se fait de nos dogmes fondamentaux les idées les plus bizarres ; on arrive, par ignorance, à prêter, de bonne foi, à l'Église des singularités, jusqu'à des absurdités qui, de près ou de loin, n'ont absolument rien de commun avec nos croyances. » — « Notre jeunesse, au sortir de l'école, ajoute un appréciateur autorisé, n'est pas armée contre les assauts de l'impiété. La plupart des jeunes gens, à leur entrée dans le monde, ne possèdent, en fait d'instruction religieuse, que des notions superficielles. Aussi trop souvent la première raillerie qui les surprend, dans une conversation, les fait rougir ; la première objection qu'ils rencontrent, dans un salon, les confond ; le premier sophisme qu'ils trouvent, dans un journal, les déconcerte ; le premier mensonge historique qu'ils lisent, dans une revue, les déroute. Ils ne savent pas être fiers et forts d'avoir derrière eux dix-neuf siècles de christianisme. Eh ! comment le seraient-ils, s'ils ne les connaissent pas ? »

C'est pour donner satisfaction à un souhait de si haute importance, que Mgr Desprez créa, au mois de mars 1892, une œuvre qui répond excellemment à ce but, — à la fois, *catéchisme de persévérance,* sur le modèle de celui de Saint-Sulpice, à Paris, et bienveillant *patronage,* comme dans plusieurs autres villes de France. Cet enseignement a reçu le nom de *Cours saint-Louis-d'Anjou ;* Monseigneur a voulu le placer sous les auspices de l'angélique mémoire de l'Évêque de Toulouse qui, au moyen-âge, exerça sur la jeunesse un ascendant privilégié, comme celui qu'exerce, à si juste titre, depuis trois siècles, saint-Louis-de-Gonzague. Ce Cours, confié à un groupe de prêtres, connaissant et aimant la jeunesse, obtient un succès croissant (1).

Le zèle de Monseigneur pour la prédication de la vérité, lui fit prendre l'initiative de nombreuses missions dans le diocèse, spécialement des *missions générales,* prêchées à Toulouse, en 1865 et

---

1. A la mi-juillet, des récompenses sont distribuées : les distinctions consistent en un prix d'honneur, médaille de vermeil, que Monseigneur tenait à offrir, et en livres choisis entre les meilleurs ouvrages des apologistes et des hagiographes. Cette œuvre, inspirée par son cœur d'apôtre, a été notamment recommandée par une circulaire touchante de Monseigneur, en date du 6 décembre 1894.

1885. Dans ses derniers jours, il préparait la nouvelle mission qui a produit, cette année même, dans la ville archiépiscopale, de consolants résultats.

Les *Confréries* pieuses paraissaient à Monseigneur de précieux éléments de force pour l'Église. Aussi les encouragea-t-il, de tout son pouvoir. Dans la ville de Toulouse, dont le passé surtout révèle une vie religieuse très-intense, où chaque paroisse possède des institutions, de date, soit ancienne, soit récente, dont les fidèles sont justement jaloux, l'élan de la prière continue à se manifester, sous les formes les plus variées ; véritable efflorescence qui procurait au pieux pontife, — que de témoignages n'en a-t-il pas donnés ! — d'intimes consolations. Aussi l'*Apostolat de la Prière* obtint-il son plus sympathique suffrage. — Il était personnellement membre de diverses confréries ; en dépouillant ses papiers, nous avons trouvé, soigneusement placé dans une enveloppe, le diplôme de son affiliation à la Confrérie *du Rosaire*.

Nous avons déjà parlé de sa sollicitude pour la musique sacrée, pour le chant religieux. La maîtrise de sa Métropole a reçu bien des marques de son paternel intérêt. En 1890, MM. les Curés de Toulouse eurent l'heureuse inspiration de fonder une *école de plain-chant ;* guidés par l'initiative du Souverain Pontife, ils conçurent le dessein de parvenir, en dépit des obstacles, à ce que les belles mélodies de l'antiphonaire, qui sont l'âme même de la primitive Église, finissent par l'emporter. Sous une très-intelligente direction, cette école a déjà formé des chantres d'un réel mérite, en même temps qu'elle s'efforce de mettre en honneur la musique vraiment religieuse, si désirée par l'Église et qui est comme l'éclosion naturelle du chant grégorien, et, suivant une délicate expression, « comme la fleur dont le plain-chant est la tige. » Monseigneur encouragea cette nouvelle institution. Le succès de cette école a suscité la formation d'une *société de chanteurs toulousains, la Cæcilia,* qui a entrepris, non sans avoir déjà montré sa valeur, de substituer, dans les églises, aux molles et sensuelles cadences, une musique austère, de ramener le peuple chrétien vers les pieuses cantilènes qui firent les délices de nos ancêtres.

Les grandes associations qui concourent efficacement, la première et sous ce titre même, si connu et si respecté, à la *Propagation de la Foi* (1), au dehors ; la seconde, au même but, au dedans, sous le patronage de *Saint-François de Sales* (2), trouvaient en Monseigneur le meilleur appui. Il eût voulu en décupler les ressources, de même que celles de l'Œuvre, non moins bénie, de la *Sainte-Enfance.*

Sa protection était également acquise à l'*Association pour la sanctification du Dimanche* (3), aux *Cercles catholiques d'ouvriers* et à la *Société de Saint-François-Régis,* qui a facilité, à Toulouse notamment, la régularisation de tant d'unions immorales, la légitimation d'un si grand nombre d'enfants. Combien d'autres œuvres, fort utiles aussi, n'ont-elles pas été, comme celles que nous mentionnons, secondées par Monseigneur, spécialement la *Bibliothèque des Bons livres,* dont l'extension le réjouissait et qui est d'un si grand secours, de même que l'*Association de Saint-Michel,* dans la lutte contre le mensonge, contre les mauvaises passions, dans la propagation du bien ! — L'assistance spéciale, donnée, depuis 1849, aux soldats, par des prêtres et des laïques dévoués qui leur facilitent la conservation de la foi et le libre accomplissement de leurs devoirs religieux, était, on ne peut plus, encouragée, bénie par Monseigneur (4).

La chapelle de l'Archevêché était ouverte à tous ceux qui auraient reçu moins facilement, dans un autre oratoire, dans une église, le sacrement de Confirmation. Combien d'adultes y ont été accueillis, de personnes de nationalités étrangères (des nègres, des Arabes), de saltimbanques, de bohémiens, d'hommes, de femmes, dans les situations les plus diverses, et parfois de l'âge le plus avancé, — de convertis ! Combien de soldats, d'officiers, en tel cas, d'un rang élevé, ne sont-ils pas, dans le même but, venus vers Monseigneur ! L'hôpital et la prison militaires, les prisons civiles l'ont vu souvent remplir

---

1. V. notamment la L. past. du 3 avril 1872 (n° 129).

2 V. la L. past. du 24 septembre 1865 (n° 67 bis).

3. V. le Mandement du 19 mars 1879 (n° 182), rappelant et maintenant l'ordonnance de S. Em. le Cardinal d'Astros, pour l'*Œuvre du Dimanche.* — Mentionnons aussi l'*Œuvre des Tabernacles,* les associations des *Mères chrétiennes,* des *Enfants de Marie,* etc.

4. Voir ci-dessous (à l'appendice), une très-belle allocution de Monseigneur, dans une cérémonie religieuse, en présence des généraux, de nombreux officiers et d'une affluence considérable de soldats. Cette allocution se termine ainsi :

« Continuez, Messieurs, votre noble attitude, en face du devoir chrétien ; n'oubliez pas que le plus glorieux, pour Bayard, ne fut pas d'être *sans peur,* ce fut d'être *sans reproche ;* ce ne fut pas de tomber, l'épée à la main, mais de porter, en tombant, la croix de cette épée à ses lèvres, pour baiser, à la fois, avant de rendre le dernier soupir, l'instrument de la défense de son pays et le signe du salut éternel. »

son ministère sacré, à l'égard, quelquefois, de grands coupables, régénérés par le repentir et ramenés à de bonnes dispositions. Durant tout le cours de sa laborieuse carrière, Sa Grandeur a exactement noté, sur deux carnets qui sont sous nos yeux, avec les dates précises et l'indication du nombre d'enfants ou d'adultes, les églises, les chapelles, les couvents, les établissements de tout ordre où Elle a conféré le sacrement de Confirmation. C'est le tableau scrupuleusement fidèle de cette partie de sa mission épiscopale ; on y trouve, souvent mentionnées, des particularités qui révèlent, soit sa spéciale tendresse, soit, sans commentaire, par la seule énonciation du fait, des résultats parfois inespérés, de notables conversions. Il n'y a pas, croyons-nous, une lacune jusqu'à la fin de 1894. Plus de trois cent-cinquante mille personnes ont reçu ce sacrement de sa main, dans les diocèses de Cambrai, de Saint-Denis, de Limoges, de Paris et de Toulouse (1).

V.

Si Monseigneur a secondé toutes les associations, toutes les œuvres destinées à sauvegarder le bien des âmes, ou même a suscité la fondation de plusieurs, il n'est pas de sollicitude qui lui parût supérieure à celle que motive l'affermissement croissant des membres du Clergé dans la fidélité aux vertus et aux devoirs de leur état. Aussi les *retraites ecclésiastiques* étaient-elles, à ses yeux, de la plus haute importance. Sa lettre pastorale de chaque année, à ce sujet, attestait le prix qu'il attachait à ces retraites, pour atteindre, le mieux possible, le résultat cher à son cœur. Il faudrait retranscrire ses paternelles et pieuses exhortations, pour bien exprimer les sentiments qui remplissaient son âme. Il tenait à assister ponctuellement aux deux retraites annuelles, à participer à tous les exercices, à vivre en pleine communauté d'aspirations et de pensées avec ses prêtres qu'il s'applaudissait de voir, nombreux, autour de lui. Il passait, au grand séminaire, ce temps de recueillement (il n'y manquait jamais), au

---

1. Une note de Monseigneur (récapitulation des relevés précis de chaque année), constate que, pour le diocèse de Toulouse, le nombre des confirmations qu'il a données était, au 31 décembre 1893, de 286,029 ; le chiffre fut, en 1894, de 5,573 ; le total est donc, pour ce diocèse, de 291,602.

grand séminaire qui ne possédait pas, à cette époque de l'année, les élèves ecclésiastiques ; il n'en sortait pas, se faisant une règle de suivre exactement toutes les prescriptions. Il se retrouvait, avec satisfaction, dans la remarquable chapelle de cet établissement, ancienne église des Carmélites, dont la première pierre fut posée, le 1er juillet 1622, par Louis XIII et Anne d'Autriche (1).

Monseigneur aimait à se retremper lui-même, dans la solitude et les pieux exercices de la retraite annuelle. « Dans le monde, il y a, disait-il, pour le prêtre, comme pour tout chrétien, des lassitudes, des accablements. La retraite refait l'âme et la retrempe : elle prend son essor pour s'envoler au cœur de DIEU, vrai milieu des esprits... *Quis dabit in solitudine diversorium viatorum ?* C'est nous-même, chers coopérateurs, ajoutait-il, qui, chargé par le Pasteur suprême de vous offrir l'aliment spirituel, sommes heureux de remplir ce devoir, puisque vous, qui êtes nos fils et nos frères, vous y puisez la vie pour la transmettre ensuite aux fidèles dont le salut vous est confié... » Aussi, la retraite ecclésiastique fut-elle constamment l'objet des vives sollicitudes de Monseigneur.

Le recrutement du clergé était aussi l'une de ses constantes préoccupations. Il désirait ne rien ignorer de ce qui concernait la préparation des jeunes Clercs au sacerdoce et leur témoignait, à eux et à leurs vénérés maîtres de la communauté de Saint-Sulpice, un constant intérêt, la plus sincère affection. Il se lamentait, en constatant, dans les dernières années, une diminution dans le nombre des vocations, diminution qu'il attribuait aux progrès croissants de la perversion des âmes, et en même temps, à certaines causes particulières. La mortalité, dans les rangs du clergé diocésain, étant, en moyenne, chaque année, d'environ 26, 27, c'est, au moins, un nombre égal de jeunes prêtres qu'il eût désiré pouvoir ordonner. L'arrondissement même de Saint-Gaudens, — pépinière principale, grâce à de salutaires traditions, — ne se signalait plus au même degré que dans le passé. — Mais, les vocations ecclésiastiques ne pouvant jamais être trop éprouvées, les admissions trop rigoureusement délibérées, Monseigneur ne cessa d'adhérer aux fermes résolutions

---

1. V. le beau livre consacré à « *la Chapelle du grand Séminaire de Toulouse;* » *notice historique et descriptive*, par un *prêtre de Saint-Sulpice* (Privat, imp., Toulouse), M. l'abbé Pagny, que nous ne pouvons nommer, sans le remercier de l'obligeance avec laquelle il a bien voulu cataloguer et parfois analyser succinctement les Mandements de Mgr Desprez.

qui écartent du sacerdoce, même les bons sujets, lorsque leur avenir peut susciter, à raison de telles ou telles circonstances, de telles ou telles remarques, la plus lointaine appréhension. Les grands séminaires sont, pour l'Église, un creuset d'ordre supérieur (1).

VI.

Dans l'exercice de sa charité, Monseigneur veillait sur les âmes, sans négliger les secours temporels nécessaires à l'indigence. C'est ainsi que, secondé par de généreuses libéralités, il fonda deux orphelinats, à Toulouse même, (de garçons, à la *Grande Allée* ; de filles, *orphelinat Sainte-Germaine*, à la *rue des Bûchers*) et un asile, à *Blancotte*, près Cazères : un comité de patronage concourt à la prospérité de ces œuvres bienfaisantes.

La maison du *Refuge*, dirigée, à Toulouse, comme les autres établissements charitables, par des religieuses animées d'un ardent dévouement pour les pauvres, et patronnée aussi par une association de dames, dont le zèle est à la hauteur de cette mission, se consacre à la préservation des jeunes filles exposées à sombrer et au relèvement de celles qui sont tombées. Il est peu d'établissements aussi nécessaires ; le bien réalisé est immense ; les ressources ne suffisent pas. Monseigneur témoignait son particulier intérêt à cette maison, si chère aux cœurs chrétiens.

Quelle sollicitude ne ressentait-il pas pour tous les asiles destinés, soit aux vieillards ou aux infirmes, soit à l'enfance, à la jeunesse,

---

1. *Nombre de prêtres*, ordonnés par Mgr Desprez, *dans le diocèse de Toulouse*. (Ce nombre comprend, pour une très-petite part, des prêtres de diocèses voisins, ou rattachés à des Ordres religieux.)

1859, 5. — 1860, 19. — 1861, 23. — 1862, 18. — 1863, 37. — 1864, 15. — 1865, 19. — 1866, 26. — 1867, 33. — 1868, 22. — 1869, 20. — 1870, 62. — 1871, 26. — 1872, 22. — 1873, 20. — 1874, 22. — 1875, 36. — 1876, 31. — 1877, 30. — 1878, 33. — 1879, 25. — 1880, 32. — 1881, 29. — 1882, 22. — 1883, 24. — 1884, 24. — 1885, 26. — 1886, 23. — 1887, 25. — 1888, 23. — 1889, 20. — 1890, 18. — 1891, 25. — 1892, 25. — 1893, 18. — 1894, 17.

Total : 895 prêtres.

Nous aurions à citer beaucoup de lettres pastorales de Monseigneur concernant les petits et le grand séminaires ; il ne se lassait pas d'appeler, sur ce grave sujet, l'attention des fidèles. Le recrutement de bons prêtres n'est-il pas l'une des questions majeures pour la religion ?

spécialement à *l'orphelinat de la rue des Récollets*, dont l'existence fut si menacée ! Il suivit et encouragea, au milieu de pénibles vicissitudes, la défense, finalement couronnée de succès, de cette antique fondation, qui, éloignée, par suite du percement d'une voie nouvelle, du quartier où elle avait longtemps subsisté, s'est heureusement reconstituée dans son installation actuelle (1).

L'institut des jeunes aveugles a dû beaucoup aussi à Monseigneur (2), qui fut, d'un autre côté, le dévoué protecteur de l'établissement des *sourds-muets*.

VII.

Diverses créations charitables, notamment *l'association pour le soulagement et la garde des malades pauvres, affiliée aux Sœurs de l'Espérance de Toulouse* (3), — celle de *sainte Blandine*, pour les servantes, — une association de jeunes filles animées d'une touchante charité envers les *vieillards*, s'honoraient des encouragements de Monseigneur.

Deux œuvres, l'une locale, l'autre qui embrasse le monde, dans son admirable extension, ont reçu de Sa Grandeur des témoignages que nous ne saurions omettre.

Il y a quarante-trois ans, fut fondée, à Toulouse, sur la paroisse Saint-Sernin, une petite réunion qui s'assembla, dès l'origine, dans la chapelle de la Sainte-Épine, où se perpétue une pieuse confrérie

---

1. Le 7 juillet 1887, Monseigneur écrivait à un ami : « ...... Hier, j'ai eu la satisfaction, très-grande, de bénir l'établissement et la chapelle de l'orphelinat qui remplace celui de la rue Lafayette. Après bien des hésitations, des contestations, des subtilités, l'administration a reconnu l'obligation d'un établissement distinct, ayant une direction particulière. Elle a construit, rue des Récollets, une maison spacieuse, largement distribuée. C'est à vous, cher ami, que nous devons, en grande partie, un aussi heureux résultat. Votre mémoire net et ferme répondait à toutes les objections ; les dispositions hostiles ont dû céder...... »

2. V. Lettre past. du 16 juillet 1866 (no 74).

3. « ... Le Cardinal Desprez était le père de notre œuvre ; il en était le protecteur, l'inspirateur, *spes nostra firma*, la plus ferme espérance. Mais pourquoi parler du passé ? Père vénéré, étendez sur nous, comme deux ailes, votre sollicitude et défendez-nous. *Sub umbrâ alarum tuarum protege me...* » (Rapport de M. le Chanoine Valentin, directeur de l'œuvre. Toulouse, imp. Viaelle et Perry, 1896, p. 6.) (*Spes nostra firma*, devise de l'éminent fondateur de cette excellente institution.)

d'hommes, puis, et jusqu'à ce jour, au petit séminaire de l'Esquile. Cette réunion, placée sous le vocable de la *Sainte-Famille*, fut créée, avec le concours de la Conférence de Saint-Vincent de Paul (de cette paroisse), par plusieurs prêtres et laïques, spécialement, entre ces derniers, par celui qui la dirige, depuis cette époque, sans que son dévouement, sans que son zèle aient un seul jour faibli. L'an passé, l'*Académie des Jeux-Floraux* a inauguré la distribution de prix de vertus, en récompensant un tel mérite. Dès les commencements, des réunions semblables s'étaient formées, en d'autres paroisses de la ville : celle de Saint-Sernin survit dans d'heureuses conditions.

Le but est d'assembler, à des dates déterminées, le dimanche, de nombreux indigents, de leur adresser de salutaires allocutions, de les convier à des chants pieux, de leur ménager une ou deux heures de bienfaisante satisfaction, en élevant leurs âmes, du spectacle des misères terrestres, aux surnaturelles consolations. Les pauvres goûtent beaucoup ces aimables réunions, auxquelles l'élan, la charmante familiarité de leur fidèle ami communique un particulier entrain.

Monseigneur prisait beaucoup et soutenait cette œuvre modeste, placée sous le céleste patronage de saint Vincent-de-Paul et de saint Benoît-Labre ; il daigna, plusieurs fois, assister aux réunions. Certaines fêtes célébrées dans l'insigne Basilique, notamment le 19 juillet, sont vraiment les fêtes des pauvres. Monseigneur leur avait apporté, de Rome, un beau reliquaire, accompagné d'une inscription qui, en attestant la paternelle sollicitude de leur premier pasteur, signale plus directement à leur vénération l'humble et glorieux pèlerin, dont le diocèse d'Arras s'enorgueillit.

Dans un des principaux hôtels de Toulouse, un disciple de Michel-Ange, un sculpteur dont le nom est resté célèbre, Bachelier, cédant aux inspirations de la foi et aux élans généreux de son cœur, gravait, sur la pierre, il y a plus de trois siècles, cette sublime inscription qu'on y retrouve encore aujourd'hui : *Charitas nunquàm excidit* (1), *la charité ne finira jamais*. — Quelques années plus tard, apparaissait l'apôtre qui, par des prodiges de vertu, porta la charité au-delà des limites assignées à la faiblesse humaine et a laissé au monde, à côté du type éternel de la charité incarnée dans un Dieu,

---

1. Saint Paul, 1re Ep. aux Corinth., ch. XIII, 8.

le plus exquis modèle de la charité personnifiée dans un homme : Vincent-de-Paul était donné à notre terre de France, pour la couvrir de bienfaits et répandre sur Toulouse le parfum des fortes années de sa jeunesse. Toulouse saluait donc, en quelque sorte, la prochaine venue de ce saint homme, lorsqu'elle gravait, sur ses murs, par la main de son plus grand artiste, ces éloquentes paroles : *Charitas nunquàm excidit.*

En 1833, huit jeunes hommes d'élite, entre autres, Frédéric Ozanam, enflammés de l'amour de DIEU, de l'Église et des pauvres, fondèrent, à Paris, la Conférence que, dans leur humilité, ils ne prévoyaient pas devoir embrasser le monde, comme les deux autres associations, placées déjà sous les auspices de l'insigne bienfaiteur des malheureux. La *Société de Saint-Vincent-de-Paul* s'est implantée dans les deux hémisphères ; aussi utile aux membres qui la composent qu'aux indigents qu'elle assiste, elle console les âmes et distribue, dans les visites à domicile, des secours matériels de plus en plus abondants. Sur l'initiative de M. Léonce Cailhava, une conférence de Saint-Vincent-de-Paul fut établie, à Toulouse, en 1837 ; la première séance eut lieu, le 29 mai, dans la chambre de ce jeune étudiant en droit, rue des Lois, 15. Les pauvres, la jeunesse studieuse, les vertus déjà mûres et ne dédaignant pas un appui, ont largement bénéficié de cette charitable institution ; venue en aide à de nombreuses infortunes, elle a visiblement protégé ceux qui l'ont aimée. Durant de longues années, bien que le nombre des étudiants en droit, entrés dans ces conférences, fût restreint, eu égard à l'ensemble, c'est ce petit nombre qui mérita la principale part des palmes conquises, à la suite des concours juridiques, de même qu'on a eu la joie de constater que, lors de la terrible inondation de 1875, les noms des soldats qui fréquentaient l'œuvre militaire, patronnée par la Société, « de braves jeunes hommes qui, suivant l'expression du comte de Maistre, croient en DIEU et n'ont pas peur du canon, » figurèrent, dans une proportion notablement importante, sur la liste des décorations et des médailles décernées à la garnison, pour actes de dévouement.

Monseigneur affectionnait les vaillants auxiliaires de sa charité. Il aimait à présider, presque chaque année, l'assemblée générale de la Société. Il y prenait toujours la parole ; ses allocutions étaient dictées par le cœur. Nous avons sous les yeux le résumé de toutes celles qu'il a prononcées ; on y trouve les preuves géminées d'une profonde prédilection.

Le 5 mars 1860, il bénit, pour la première fois, l'assemblée annuelle. «...Il y a dix ans, dit-il, placé à la tête du diocèse de Saint-Denis (1), où il s'agissait de faire rentrer dans la société chrétienne quatre-vingt-dix-sept mille hommes, je trouvais, pour m'aider, dans cette œuvre de régénération et de salut, un appui dévoué chez de simples laïques. Dans ce même diocèse, une Conférence de saint Vincent-de-Paul détruisit le respect humain, qui régnait en despote parmi les hommes de la race blanche. Je n'aurai garde aussi d'oublier que, pendant mon administration de l'Église de Limoges, vos Confrères de cette ville m'ont toujours secondé, de leur zèle et de leur concours.— Ce que furent vos frères, à Saint-Denis et à Limoges, vous le serez, à votre tour, j'en ai l'intime confiance ; attachez-vous, chaque jour plus fortement, à votre œuvre. Restez fidèles à votre drapeau, où le seul mot de *charité* est inscrit ; épanchez, avec douceur et profusion, les bienfaits dont cette vertu divine est la source inépuisable, et vous ouvrant mon cœur de père, je serai heureux de vous aider, de mes prières, de mes ressources, de mon entière sympathie. *Ignem veni mittere in terram, et quid volo nisi ut accendatur ?* (St Luc, XII, 49.) Ce feu céleste n'est autre que la vertu de charité qui doit embraser tous les cœurs.... »

«... Ne laissons pas abattre notre courage, disait Monseigneur, le 25 février 1861, mais veillons et prions ; c'est le devoir de tous les fidèles ; c'est surtout celui d'un membre des Conférences de Saint-Vincent-de-Paul. Veillez, d'abord, sur vous-mêmes, afin que le poison de l'erreur, déguisé avec tant d'artifice, de perfidie, ne parvienne jamais à vous séduire ; veillez aussi sur vos pauvres, pour garantir leurs âmes de l'influence des mauvais écrits, des livres impies. Prions, en outre, tous ensemble ; prions beaucoup, et la prière touchera le cœur de DIEU. Que d'autres mettent leur espérance en des secours étrangers ; pour nous, nous invoquerons le nom du Seigneur, et nous serons sauvés : *Hi in curribus et hi in*

---

1. C'est sous l'inspiration de Monseigneur que la première Conférence, qu'ait possédée le diocèse de Saint-Denis, fut fondée, en 1855, dans cette ville. Sa Grandeur prononça, le 9 décembre de cette même année, en présidant une réunion de la Conférence, un discours développé, dont le texte manuscrit est sous nos yeux.

equis ; nos autem in nomine Domini Dei nostri invocabimus. »
(Ps. XIX, v. 8).

Le 9 avril 1862 : «.... La charité ne vit pas des passions de ce monde ; si elle descend vers elles, c'est pour les calmer, non pour les subir. ....Nous ne sommes pas seulement l'apôtre de quelques-uns, mais l'apôtre de tous, et votre œuvre, qui n'exclut personne, peut compter sur le dévouement de votre évêque ; un évêque, comme son divin Maître, apporte la lumière à tout homme venant en ce monde ; sans s'inquiéter des agitations de la terre, il montre à tous le Ciel.— C'est pour vous donner une nouvelle preuve de ma sympathie, que je me propose de vous faire une demande. Jusqu'à présent, dans la cérémonie du Jeudi-Saint,c'étaient des enfants que l'on amenait auprès de nous, pour qu'à l'exemple de notre divin Sauveur, nous pussions laver et baiser leurs pieds. Cette tradition était touchante, sans doute, parce qu'elle tenait compte de l'affection particulière de Notre-Seigneur JÉSUS-CHRIST pour les enfants. Toutefois, à côté de cette tendance, son cœur en renfermait une autre, non moins grande, l'amour des pauvres. J'ai donc pensé que, chaque année, à l'avenir, dans la touchante cérémonie du lavement des pieds, vous voudriez bien me céder, pour quelques instants, treize des pauvres que vous visitez. Grâce à votre action salutaire sur les âmes, ce sera encore l'innocence ; ce sera, de plus, la pauvreté. » Jusqu'à la fin de l'épiscopat de Monseigneur, la Société de Saint-Vincent-de-Paul a eu l'honneur de faciliter la réalisation d'une si délicate pensée.

Les années suivantes, Monseigneur prononça, en traitant d'importants sujets, des allocutions développées, que nous ne pouvons reproduire intégralement et qu'il ne conviendrait pas de scinder. Toutefois nous citerons encore ces paroles (15 avril 1867), qui expriment, on ne peut mieux, les sentiments dont Monseigneur était animé : « J'affectionne votre Société, comme une de nos gloires catholiques. Les Conférences de Toulouse sont des plus anciennes, des plus fécondes : quand je songe au nombre de larmes essuyées, de détresses soulagées, de bons exemples noblement donnés, de vertus assurées et de saintes réparations, pendant les trente premières années de votre Œuvre, j'éprouve pour elle une sympathie, mêlée de reconnaissance. Pasteur de ce troupeau, *je regarde*, ainsi que l'a dit le Prince des Pasteurs, *comme fait à moi-même tout ce* que vous faites pour le plus petit d'entre les miens (St Matthieu, XXV, 40). Soyez donc remerciés, au nom des indigents de mon bercail, que vous avez secourus, des affligés que vous avez consolés, des pécheurs que vous avez édifiés. De tout mon cœur, je demande à la Bonté divine de vous rendre, au centuple, le bien que vous avez fait ; quant à moi-même, je me déclare insolvable à votre égard.... »

Lorsqu'il revenait de Rome, Monseigneur ne manquait jamais d'apporter aux Conférences, établies à Toulouse, à Saint-Gaudens, à Bagnères-de-Luchon, à Revel, à Verfeil, à Montgiscard, avec la bénédiction du Saint-Père, l'assurance de sa paternelle tendresse.

Le 11 juin 1883, à l'assemblée générale tenue à l'occasion du cinquantième anniversaire de la fondation de la première Conférence, à Paris, Monseigneur émut le cœur de tous, en annonçant que, sur son initiative, Sa Sainteté avait conféré une haute distinction honorifique à celui qui était, depuis 1838, à Toulouse, le président-général de la Société. Récompense ne fut jamais plus méritée. Les pauvres, les Conférences, la jeunesse, dont il fut le guide et comme le père, ne sauraient assez affirmer ce qu'a été pour eux le regretté Firmin Boutan. Dévouement sans bornes et de tous les jours, — sollicitude constamment en éveil, — ponctuelle exactitude en toutes choses, — générosité incessante et d'une ampleur peu commune, — conseils exquis et, sous des dehors froids en apparence, bonté indicible, tels avaient été les dons départis par DIEU au noble chrétien que Mgr Desprez avait si justement désigné au suffrage du Souverain-Pontife et qui, par-delà le tombeau, demeure, avec d'autres modèles de charité, de vertu, l'honneur des Conférences de Toulouse.

CHAPITRE X.

LES visites pastorales dans leurs diocèses exigent une large
part du temps et de la sollicitude des évêques. Mgr Desprez
s'acquittait, avec grand soin, de cette tâche.

La Haute-Garonne est beaucoup au dessous, par le chiffre de sa
population, des diocèses, par exemple, de Cambrai et de Lyon.
Néanmoins les tournées pastorales y sont très-laborieuses. On y
compte cinq cent-cinquante paroisses et sur le chiffre total des
habitants (500,000 environ) (1), près de 320,000 forment un certain
nombre de petites villes et surtout de communes rurales. Les voies
ferrées permettent maintenant une rapide locomotion, du nord au
midi, de l'est à l'ouest ; mais, pour parcourir un vaste territoire, particulièrement dans la partie méridionale, où s'élèvent les Pyrénées,
bien des jours sont nécessaires.

Chaque année, Monseigneur visitait l'un des quatre archiprêtrés
de Toulouse, de Villefranche-de-Lauraguais, de Muret ou de Saint-
Gaudens ; il ne cessa d'observer la régulière rotation qu'il avait
adoptée.

Accompagné parfois de l'un de ses vicaires-généraux, toujours
de son secrétaire, Monseigneur entreprenait sa visite, — sauf de
rares nécessités d'ajournement,— une ou deux semaines après la fête
de Pâques. Rien n'échappait à son examen ; l'attention qu'il apportait dans la visite des communautés religieuses, il la témoignait
aussi dans les églises, où il formulait d'utiles remarques, de précieuses recommandations. Il parlait aux populations la langue qui
leur convient, langue faite de foi, de sympathie, d'aimable simplicité ; ses exhortations gagnaient les cœurs.

Un peu froid, en apparence, réservé, il s'épanchait dans les presbytères, au milieu de ses prêtres ; c'est là que beaucoup de ses

---

1. Le dernier recensement a donné lieu de constater une notable diminution.

collaborateurs, tant aimés, ont appris à le bien connaître. Que de traits charmants dont le souvenir y est gardé ! Il tenait à ce que tout fût simple, à ce que les repas présentassent un caractère apostolique, à ce que la ponctualité ne fût jamais en défaut : aussi ses longs itinéraires ne subissaient-ils, pour l'heure des arrivées, des cérémonies, des départs, aucune infraction. Monseigneur était comme une personnification de la règle tracée ; on le savait, et chacun était jaloux de l'imiter.

Il retrouvait, avec bonheur, des lieux particulièrement bénis. Nous en mentionnerons quelques-uns, tout en nous exposant à des omissions qui n'atténueront, en aucune manière, la fidélité du culte dont est l'objet tel ou tel autre sanctuaire. Il est peu de paroisses, du reste, qui ne s'honorent d'une dévotion spéciale, témoignage de la foi des ancêtres et de pieuses traditions, conservées même en nos temps de deuil.

I.

Dans l'archiprêtré de Toulouse, Pibrac était le principal joyau de ces religieux trésors. Quel attrait avaient pour Monseigneur le berceau et les précieux ossements de l'angélique Bergère !

Aux portes mêmes de Toulouse, à Pouvourville, *Notre-Dame des Anges* est l'objet d'une particulière vénération.

A Bruguières, la Vierge miraculeuse de *Notre-Dame-de-Grâce* (1) voit, depuis sept siècles, les fidèles accourir dans son sanctuaire.

Non loin de Bruguières, dans le même canton de Fronton, Saint-Jory rappelle de touchants souvenirs. Arrêté, le 6 juillet 1809, Pie VII était encore captif, lorsque, le 23 janvier 1814, sous le poids des événements, Napoléon donna l'ordre de lui faire quitter Fontainebleau. Au lieu de suivre la route directe qui, de cette ville, se dirige vers l'Italie, on opta pour un long détour, à travers le centre et le midi de la France. Le 1er février, Pie VII passait la nuit, à Grisolles, et le lendemain, fête de N.-D. de la Chandeleur, il célébrait

---

1. Voir le poème, sous ce titre : *Virgo Burgueriana, sive Diva gratiæ conciliatrix*, par le R. P. Aubery, Toulouse, 1641, in-4°. — *Histoire de N.-D. de Grâce de Bruguières*, par Etienne Molinier, Toulouse, 1644. — *Monumenta conventûs Tolosani FF. Prædicatorum*, par le R. P. Percin, Toulouse, 1693, pp. 249-257. — *Histoire de N.-D. de Grâce de Bruguières*, par le R. P. Carles, Toulouse, 1874.

la Messe à Saint-Jory (1). En dépit du temps, qui était affreux, les directeurs et les élèves du grand séminaire de Toulouse, sous la conduite de leurs supérieurs, MM. d'Arbou et Izac, secrètement avertis, s'étaient rendus, à pied, durant la nuit, à Saint-Jory, pour recevoir la bénédiction de l'illustre Pontife, qui s'écria : « *Quanta fides in Galliâ !* » Mais l'officier, chargé de l'escorte, hâtait le voyage. Pie VII eût vivement désiré faire un pieux pèlerinage aux insignes reliques de la basilique Saint-Sernin ; il ne lui fut point permis de séjourner, un seul instant, à Toulouse. (Sa voiture était fermée à clé.) En traversant, — pour gagner, de la route de Paris, celle de Montpellier, — un quartier voisin de la basilique, la Porte-Neuve (aujourd'hui place Lafayette), Sa Sainteté en aperçut le clocher, se recueillit aussitôt et adressa une invocation aux célestes gardiens de la Cité : « *S.S. Basilica Tolosana, salve ! Quoties te, quoties Sanctos Apostolos, quoties ossa Beati Barnabæ salutare cupivi ! Domine, non mea voluntas, sed tua fiat..* » (Très-sainte Basilique de Toulouse, salut ! Combien de fois j'ai désiré vénérer ton sanctuaire, tes reliques des Apôtres et surtout les ossements de saint-Barnabé ! (Pie VII se nommait Barnabé Chiaramonte ;) mais, Seigneur, que votre volonté s'accomplisse, non la mienne (2).)

Dans le canton de Montastruc, voisin de celui de Fronton, à Buzet, Mgr Desprez retrouvait les traces bénies de saint-Vincent-de-Paul, qui séjourna, dans ce bourg, en qualité de précepteur. Sur la rive opposée du Tarn, au diocèse d'Albi, dans un lieu, boisé autrefois et d'un aspect sauvage, en un site élevé, existe une chapelle, placée sous le vocable de *Notre-Dame-de-Grâce*, où l'apôtre de la charité allait souvent prier. Ordonné prêtre, en 1600, il voulut y célébrer sa première messe : c'est la croyance générale de la contrée, et le 19 juillet, jour de la fête du Saint, de même que le 8 septembre, fête de la Nativité de la Sainte-Vierge, les pèlerins y accourent en foule.

Sur un autre point de l'archiprêtré de Toulouse, en la paroisse

1. A Saint-Jory appartient une famille particulièrement respectée, de laquelle sont issus six frères, tous appelés au sacerdoce. C'est l'un d'eux, l'abbé Dominique Sire, qui a publié la traduction, en toutes les langues de la terre, de la Bulle *Ineffabilis*, par laquelle a été proclamée l'*Immaculée-Conception* de la Très-Sainte-Vierge.

2. Dans ce pénible voyage, Pie VII fit une courte halte, à Pezens (Aude). Le crayon d'une personne amie de notre famille traça son portrait, pendant que le Souverain-Pontife était en prières, agenouillé. Nous conservons pieusement ce précieux souvenir.

de Montaigut-sur-Save, canton de Grenade, un sanctuaire, dédié à la Mère de DIEU, sous l'appellation de *Notre-Dame d'Alet*, attire aussi de nombreux visiteurs. Ce sanctuaire, qui date du XIe siècle, fut fréquenté par saint-Dominique ; c'est là, suivant la tradition, qu'il aurait été gratifié du céleste appel, le conviant à établir l'institution du *Rosaire*. Cette chapelle a été restaurée, avec autant de richesse que de goût, sous l'impulsion et avec l'appui de Mgr Desprez. Le 16 juin 1863, en vertu d'un bref de Pie IX, en date du 27 février précédent, et en son nom, Monseigneur déposa, sur la statue de la Vierge, honorée dans ce sanctuaire, une belle couronne, transmise de Rome et bénite par le Saint-Père (1).

Près Toulouse, au territoire de la paroisse de Blagnac, a été édifié un couvent de Religieuses Trappistines, que Monseigneur est allé souvent conseiller et bénir.— Au canton de Cadours, paroisse de Bellegarde, avait été fondé, quelques années, avant la préconisation de Monseigneur à l'Archevêché de Toulouse, un monastère important de Trappistes, qui ont comblé le pays de leurs bienfaits. La pensée de cette fondation (8 septembre 1849), remonte au R. P. Avignon, prêtre de la maison du Calvaire de Toulouse, et au curé de Garac, M. l'abbé Albouy, avec le très-efficace concours de M. l'abbé Cayrol, qui était, à cette époque, curé de la Réole, dans le même canton. C'est dans l'antique chapelle de *Sainte-Marie-du-Désert*, au cours d'une retraite qu'il était venu y prêcher, que le P. Avignon exprima ce vœu. Vaste solitude, qui convenait à l'établissement d'un monastère de ce genre. Tout manquait cependant : matériaux, ressources ; on ne possédait aucun des éléments terrestres de succès. Mais la bénédiction de DIEU devait assurer la réalisation de ce dessein, en dépit de toutes les difficultés, de tous les obstacles (2).

La prospérité fut telle, qu'en février 1861, un indult du Saint-Père érigeait le couvent en abbaye.

---

1. V. Lettre circ. de Monseigneur, du 26 avril 1863. — Voir aussi Lettre circ. du 19 août 1873 (n° 137).

2. Dans un manuscrit composé, en 1861, et communiqué à quelques personnes, nous avons raconté l'histoire des premières années de ce monastère. — Il y a deux ans, un opuscule, que nous ne connaissions pas, intitulé : « *Les cercles catholiques d'ouvriers de Toulouse, en pèlerinage à Sainte-Marie-du-Désert, le 13 août 1874* » (*Imp. Douladoure, 1874)*, a été placé sous nos yeux ; nous y avons lu un certain nombre de pages de notre manuscrit.

Dès le 18 août 1860, Mgr Desprez visita les dignes religieux, auxquels son regretté prédécesseur avait témoigné déjà son affectueuse sollicitude. Monseigneur a donné la bénédiction canonique aux trois Abbés qui se sont succédé, à Sainte-Marie-du-Désert, et y ont accompli un bien immense. Le monastère est dirigé, depuis quinze ans, par un moine éminent, qui a été honoré de la particulière affection du R^{ime} Père Dom Marie-Jean, décédé, l'an dernier, à Fontfroide, en odeur de sainteté ; en 1893, son Ordre le choisit comme définiteur général. Mgr Desprez était très-attaché aux religieux de Sainte-Marie et au R^{ime} P. Dom Candide, leur vénéré chef. On avait tout spécialement réservé, dans l'abbaye, pour Monseigneur, un appartement qu'il se plaisait à appeler son *petit archevêché ;* il s'y retrouvait avec bonheur.

L'ancienne chapelle restaurée, — une magnifique église achevée, — un vaste monastère complètement édifié, — des exploitations agricoles, on ne peut mieux organisées et qui sont pour le pays, à la fois, un stimulant et un modèle, — par dessus tout, de continuels exemples de foi et de charité, ont fait de *Sainte-Marie du-Désert* un lieu béni, dont le rayonnement se répand au loin. « *Qui seminant in lacrymis, in exultatione metent.* »

II.

L'archiprêtré de Villefranche-de-Lauraguais, — le moins étendu des quatre archiprêtrés du diocèse, — offre également des lieux privilégiés, autour desquels la piété des fidèles a créé une véritable notoriété.

A peu de distance des limites du diocèse de Carcassonne, l'église d'Avignonet vénère la mémoire des religieux de l'Ordre de Saint-Dominique, massacrés, les uns dans le château de cette localité, les autres dans cette église même, durant la nuit du 28 mai 1242, — religieux qui ont succombé pour la défense de la foi et sont invoqués comme des martyrs (1).

Baziège, Cessales sont aussi des lieux de pèlerinage.

Dans l'église de Baziège, une pierre de voie romaine est l'objet

---

1. *Notre-Dame des Miracles et les martyrs d'Avignonet,* Toulouse, 1862, A. Souyeux, quai de Brienne, 2.

de la plus antique vénération, en souvenir de chrétiens martyrisés sur cette *pierre milliaire*.

La dévotion à *Notre-Dame de Clary*, à Cessales, remonte au XIᵉ siècle. Chacun de ces sanctuaires choisis possède, dans ses archives, des documents pleins d'intérêt : un indult de Pie IX a renouvelé quelques-uns des privilèges antérieurement concédés.

Il est un sanctuaire auquel la tradition religieuse du pays donne une renommée encore plus grande. A proximité de Montgiscard, sur les hauteurs qui dominent la voie ferrée se dirigeant de Toulouse vers Cette, s'élève la chapelle de *Notre-Dame de Roqueville*, plusieurs fois reconstruite depuis le XIᵉ siècle, édifiée, en dernier lieu, vers 1822, agrandie et décorée, en 1855, et qui a reconquis, depuis 1862, l'antique statue, perdue à la suite des excès de la Révolution, heureusement retrouvée dans le sol où elle avait été enfouie, à quelques pas de la chapelle actuelle (1).

Que de pieuses et chères étapes, pour Monseigneur, au cours de ses visites pastorales !

III.

L'archiprêtré de Muret, dont le nom rappelle la bataille du 12 septembre 1213, où fut tué le roi d'Aragon, possède, au chef-lieu, une église qui est l'un des édifices religieux les plus vastes et les plus anciens du pays, embelli par un magnifique sanctuaire (2).

Notre-Dame de l'Aouach, en face du village du Fauga, attire, depuis des siècles, la piété des fidèles. — L'église de Martres-Tolosane, l'antique *Angonia*, dédiée à saint Vidian, sur un sol où l'on ne cesse d'accomplir des découvertes chères à l'archéologie, conserve fidèlement une religieuse et chevaleresque légende. — Venerque possède la relique de saint Phébade. — A proximité d'Auterive, le domaine du Secourrieu, où a fini ses jours le maréchal Clauzel, rappelle l'un des poètes latins des temps modernes, le Père Vanière, qui composa, sous ses beaux ombrages, la plus belle part

---

1. V. L. circulaire du 19 août 1873 (n° 137).

2. On y conserve la Croix de *Bomarsund*, offerte à l'église de son lieu natal par un de nos glorieux compatriotes, le maréchal Niel, qui a été inhumé au cimetière de cette ville, le 18 août 1869, sous la bénédiction de Monseigneur.

de son *Prædium rusticum.* — A quelque distance de Cintegabelle, on ne retrouve guère plus les ruines des célèbres abbayes cisterciennes de Bolbonne et de Calers, dont le passé est inséparable de l'histoire même de la France méridionale. Bolbonne a donné à l'Église un Pape, Benoît XII, issu d'une humble famille de Saverdun, et qui, enfant, gardait les troupeaux près de l'antique oratoire d'Ampouillac, où s'est agenouillé Simon de Montfort.

En visitant l'archiprêtré de Muret, Monseigneur retrouvait, à Rieux, l'ancienne Cathédrale de l'un des deux diocèses, réunis, il y a un siècle, au diocèse de Toulouse. Depuis son érection jusqu'en 1791, époque à laquelle il fut supprimé, l'évêché de Rieux, établi, en 1317, par le Pape Jean XXII, avait été gouverné par trente-trois prélats, plusieurs très-notables, spécialement Jean IV de Pins, ambassadeur de Louis XII auprès du Saint-Siège et de la République de Venise, et qui fut cité par d'éminents contemporains comme l'un des hommes les plus savants de son siècle. — L'ancienne Cathédrale de *Notre-Dame* est le seul de ses anciens édifices religieux que Rieux ait conservé : une inscription évoque le souvenir des évêques qui s'y sont succédé.

IV.

L'archiprêtré de Saint-Gaudens est, de beaucoup, le plus étendu. La visite pastorale d'environ deux cent-trente paroisses exige de longues semaines. Monseigneur y a fait, en dehors de Toulouse, les séjours les plus fréquents, les plus prolongés (1).

On ne peut vivre quelques années dans un pays, prendre une part active à ses affaires, s'identifier, un certain temps, avec ses principaux intérêts, sans en emporter, lorsqu'on le quitte, un ineffaçable souvenir. Aussi, lorsqu'on s'éloigne, on ne part pas tout entier ; on laisse, dans le pays aimé, jusqu'à des fibres mêmes du cœur... On peut avoir cédé, en même temps, aux séductions qui environnent les contrées baignées, entre toutes, d'eau, d'air et de lumière : le regard a été fasciné ; un suffrage sympathique s'est échappé spontanément du fond de nous-même ; le cri de l'admiration est-il jamais refusé à

---

1. V. L. circulaire du 7 mars 1871 (n° 117 bis).

la pure et vraie beauté ?... L'œil se mouille, à l'heure de la séparation, pour mieux dire, du déchirement.

Quoique indigne, à tous égards, de souffrir autant, nous endurâmes une peine trop réelle, quand le moment vint pour nous de quitter la direction du parquet de Saint-Gaudens ; il y a déjà plus de vingt-neuf ans, et notre intime émotion ne s'est pas amoindrie...

Monseigneur avait subi le même attrait. Nous le voyons encore, contemplant, plus d'une fois, de nos fenêtres, — d'où son regard embrassait de vastes horizons, — un splendide panorama. Il apercevait l'humble oratoire de *Notre-Dame du Bout-du-Puy*, but de pieux pèlerinages et qui domine les trois paroisses de Saint-Gaudens, de Valentine et de Miramont (1). Non loin de là, sur les bords de la Garonne, le sanctuaire de *Notre-Dame-de-Cabanac*, voisin de Pointis-de-Rivière, est fréquemment visité.

La remarquable église du chef-lieu et la chapelle restaurée, il y a quarante ans, sur l'initiative d'un infatigable et populaire apôtre, en l'honneur de saint Gaudens, évoquent la légende, chère à la contrée, du jeune martyr dont cette ville porte le nom.

Au territoire de Gourdan, Monseigneur aimait à visiter le *petit séminaire de Polignan*, où commence l'éducation des prêtres de cet arrondissement, et qu'il ne séparait pas, dans sa profonde affection, du *petit séminaire de l'Esquile*, à Toulouse, et de la *Communauté des Clercs de la Métropole*.

Bagnères-de-Luchon, où il se plaisait à goûter quelque repos, après d'accablantes fatigues, l'attirait aussi. — A une courte distance, la mémoire de saint Aventin, de *l'apôtre de la contrée*, au commencement du IXe siècle, est spécialement honorée ; deux petits monuments lui ont été élevés et existent encore, l'un, au lieu même de son martyre, au point de jonction des vallées d'Oueil et de Larboust, l'autre, à l'endroit où l'on trouva son corps mutilé. L'église paroissiale du village qui porte son nom a été édifiée, sur l'emplacement de la maison où est né saint Aventin, vers l'an 778.

Au doyenné de l'Isle-en-Dodon, Monseigneur trouvait vivant le

---

1. V. L. circulaire du 19 août 1873 (n° 137). — Mentionnons aussi le pèlerinage de *Notre-Dame-du-Château*, à Saint-Béat. — La confrérie des *Pénitents-Bleus* de Montréjeau, fondée en 1714, a été dotée de pieux privilèges par les bulles d'Innocent XIII (1er décembre 1772) et de Pie VI (1er mars 1777 et 30 avril 1780).

culte de saint Frajou, le jeune et vaillant chrétien qui mourut pour la défense de la foi, durant l'invasion des Sarrasins ; — à Saint-Martory, la mémoire vénérée du bienheureux moine vers lequel s'élèvent de pieuses invocations.

Montastruc-de-Salies garde le sanctuaire de Ste Philomène.

Dans cet archiprêtré, Monseigneur admirait l'antique Cathédrale d'un autre diocèse, supprimé en 1791 et réuni, ensuite, à celui de Toulouse ; on l'aperçoit de loin, comme un géant couché sur la croupe des montagnes.

La Cathédrale s'élève, en effet, sur le point culminant d'une haute colline, l'un des premiers échelons de la grande chaîne. Là où l'on ne voit plus qu'une petite localité, existait autrefois une importante cité, *Lugdunum Convenarum, Lyon de Comminges*; 72 ans avant J.-C., Pompée y réunit les débris des légions vaincues de Sertorius, en témoignage de l'estime du vainqueur pour leur bravoure. Cette ville compta une durée de cinq siècles, après laquelle les Vandales, les Bourguignons, les Sarrasins la livrèrent à la dévastation et au pillage (2).

Elle avait reçu les enseignements du premier Évêque de Toulouse, saint Saturnin, l'apôtre de ces contrées.

Lorsqu'au XIme siècle, saint Bertrand, dix-neuvième titulaire, connu, du siège épiscopal de Comminges, vint en prendre possession, il trouva la ville complètement détruite. Ses prédécesseurs avaient dû s'établir dans la basilique de Saint-Just, édifiée, à Valcabrère, avec les splendides débris de la cité romaine. Durant son long épiscopat, saint Bertrand donna tous ses soins à la reconstruction de la Cathédrale, autour de laquelle se forma bientôt une nouvelle ville.

Le 36me évêque fut Bertrand de Goth (1295-1300) ; témoin de l'affluence des pèlerins au tombeau de son saint devancier, il voulut honorer sa mémoire par la construction d'une église plus vaste, dont

---

2. V. *Notre-Dame de Comminges*, par le baron Louis de Fiancette d'Agos, 2me éd., St-Gaudens, Abadie, impr., 1876. V. aussi la *Vie de saint Bertrand*, par M. l'abbé Bouche, 1895. — Par une délicate pensée, des reliques de St Bertrand, de St Martory, de St Aventin, de St Frajou, patrons des paroisses de l'arrondissement de Saint-Gaudens, en même temps que de St Phébade, protecteur de Venerque, — reliques offertes à la Basilique Saint-Sernin, y furent solennellement reçues, le 11 mai 1879, par Mgr Desprez, entouré d'un nombreux clergé.

il posa, en 1307, la première pierre ; élevé au trône pontifical, sous le nom de Clément V, il vint présider lui-même la translation des reliques de l'illustre patron du Comminges et accorda, dans cette circonstance, d'insignes privilèges, qui ont été tour à tour confirmés par Jean XXII, Benoît XII, Léon X et Grégoire XVI.

Le nouveau temple fut achevé, en 1352 ; ainsi disparut la basilique édifiée par saint Bertrand et dont il ne reste aujourd'hui que la porte, la tour, avec les deux piliers qui la soutiennent à l'intérieur, et des murs percés de petites fenêtres. La ville redevenue prospère, dotée d'établissements religieux, scolaires, hospitaliers, eut à souffrir des guerres intestines du XVIme siècle : le siège épiscopal fut supprimé, en 1891 ; mais elle conserve sa magnifique église, avec les reliques de son saint bien-aimé et d'autres immortels possesseurs de la gloire céleste.

Nous ne saurions décrire ici les beautés de cette église, qui a cependant beaucoup souffert des dévastations de 1893 : sa superbe nef, ses chapelles, le jubé, le chœur, le sanctuaire mériteraient d'amples développements.

Les populations des Pyrénées continuent à affluer vers le tombeau de saint Bertrand, au jour de sa fête, lors des solennités célébrées en l'honneur de la Sainte Vierge, à laquelle l'église est dédiée, et au temps du jubilé spécial de cette église. Mgr Desprez y conviait les fidèles (1). Son appel était entendu ; il faut avoir vu ces foules, pleines de foi, ces pèlerins qui ont franchi de grandes distances, ces touchantes démonstrations catholiques pour comprendre l'ascendant que ne cessent d'exercer sur les âmes le souvenir béni de saint Bertrand et les antiques traditions du culte dont il est l'objet. Monseigneur était fier, à juste titre, de sa seconde Cathédrale, surtout de cet élan, de cette fermeté dans la foi.

Sa Grandeur avait tenu à présider elle-même, au commencement du mois de mai de l'année 1861, les fêtes du premier jubilé célébré depuis sa préconisation au siège archiépiscopal de Toulouse.

La belle église exigeait d'importants travaux de restauration. Monseigneur exprima, dans ce but, au gouvernement, de vives ins-

---

1. Lorsque la fête de l'invention de la Sainte-Croix coïncide avec un vendredi. — V. notamment L. pastorales des 15 mars 1861 (n° 20), — 25 mars 1867 (n° 81), — 19 mars 1872 (n° 128), — 17 avril 1878 (n° 171 *bis*).

tances et provoqua les démarches d'un ami, qu'il savait heureux, à la fois, de lui donner ce témoignage de dévouement et de seconder le succès de son dessein. La cause fut gagnée : Monseigneur en éprouva une satisfaction qui lui dicta une lettre vraiment exquise (1).

Il aimait tous ses prêtres et se plaisait sous leur toit. Il nous est permis de dire que son particulier attachement était acquis au Doyen de Saint-Bertrand, esprit et cœur d'élite, passionné pour son église, et qui s'est endormi dans la paix éternelle, quelques jours avant son vénérable Archevêque, en laissant, par de-là le tombeau, de précieux gages d'affection à ceux qu'il avait aimés.

Monseigneur nous savait si profondément attaché à l'arrondissement de Saint-Gaudens, que, dans la suite de sa carrière, il ne manquait pas, au cours de ses visites pastorales, de nous écrire plusieurs fois, datant ses lettres, — par une délicate attention, — des localités dont il savait que le souvenir était le plus vivant en nous, — notamment de ces paroisses du canton d'Aspet, vers lesquelles nous font si souvent revenir, en dépit d'un intervalle de plus de trente-deux années, d'ineffaçables impressions...

Oublierions-nous la journée du 19 mai 1866, où, dans une autre partie de l'arrondissement, à Ponlat-Taillebourg, appelé, en ce lieu et en la commune voisine du Cuing, par les rigoureux devoirs de notre ministère, nous nous rencontrâmes, de la manière la plus inattendue, avec Monseigneur, sur le point de présider une cérémonie religieuse? Cette rencontre, qui ne dura qu'un instant, fit

---

1. « Saint-Bertrand, le 11 mai 1880.

» Mon cher Ami,

» J'étais impatient d'arriver à Saint-Bertrand, et mon premier cri, en gravissant les degrés de la vieille Cathédrale, a été : « Notre chère église est sauvée. »

» Et c'est à vous, bien cher ami, que nous devons sa conservation. Sans vos démarches actives et pressantes, le dossier, les recommandations qui l'accompagnent, dormiraient encore dans les cartons, en attendant qu'ils fussent relégués aux oubliettes. Je ne puis vous dire la joie que j'ai éprouvée, en voyant les préparatifs de l'échafaudage destiné à la tour. Demain, je dirai la sainte Messe dans cette église; je la dirai en l'honneur de saint Bertrand, et mon cœur le sommera, en retour de ce que vous avez fait dans l'intérêt de son temple, d'obtenir pour vous, pour votre digne compagne et vos chers enfants, une santé solide. Cette prière, au saint autel, sera, cher ami, un cri poussé par la reconnaissance, et la bonté divine l'exaucera.

» L'excellent M. Maubé est de moitié dans les sentiments que je vous exprime... »

jaillir de nos cœurs, frappés de la coïncidence, ces paroles double-
ment vraies : « *Justitia et pax osculatæ sunt...* »

Son cher diocèse, Monseigneur le possédait entièrement. Personnes, localités, distances, état matériel des églises, situation morale
des paroisses, influences favorables ou nuisibles au bien des âmes,
aptitudes, mérites de chacun de ses collaborateurs, difficultés que
rencontrait l'exercice de leur ministère, Monseigneur n'ignorait
rien : sa mémoire fidèle lui représentait exactement tout ce qu'il
avait vu, apprécié. On était parfois surpris du souvenir qu'il gardait
de circonstances, que l'on eût pu supposer lui avoir échappé. Son
esprit appliqué, méditatif, en même temps que pratique, lui faisait
retirer, au point de vue de la direction générale du diocèse, un
grand fruit de ses visites pastorales. Il en revenait très éclairé sur
les questions soumises à son examen, ou que sa sollicitude faisait
surgir. L'Évêque, le Pasteur, le Père s'affirmait en toutes choses.

CHAPITRE XI.

(1876-1879.)

Vingt-cinquième anniversaire de la consécration épiscopale de Monseigneur, 5 janvier 1876. — Synode diocésain, 2 septembre 1876. — Huitième voyage à Rome,
avril-mai 1876. — Inauguration et bénédiction d'une
statue de sainte Germaine, sur l'une des places de Toulouse, 29 juillet 1877. — Liberté de l'enseignement supérieur (Loi du 12 juillet 1875) : Fondation de l'Université catholique, 7 mars-30 juillet 1877. — Mort de S. S
Pie IX, 7 février 1878. — S. S. Léon XIII lui succède,
20 février 1878. — Élévation de Monseigneur au Cardinalat, 7 février-12 mai 1879. — Neuvième et dixième
voyages à Rome, février et septembre 1879. — Cinquantième anniversaire de l'ordination sacerdotale de Mon
seigneur, 19 décembre 1879.

Nous avons résumé tout ce qui méritait le plus d'être signalé
jusqu'à la fin de l'année 1875.

I.

Les premiers jours de 1876 allaient être marqués par une fête
qui fut bien douce au cœur du Pasteur, au clergé, aux fidèles. Le
5 janvier, le vénérable Chapitre célébra solennellement, dans l'église
métropolitaine, le vingt-cinquième anniversaire de la consécration
épiscopale de Monseigneur (1). Au banquet de famille, dans l'une
des salles du grand séminaire, Sa Grandeur montra la plus char-

---

1. Ce jour même, Monseigneur adressait au diocèse une instruction pastorale sur *les
leçons de la Providence dans nos récentes calamités* et son mandement pour le Carême de
cette année (n° 135).

mante aménité. Au moment où l'un de MM. les directeurs demandait sa bénédiction pour lire, suivant l'usage, un passage de la Bible, Monseigneur l'arrêta en disant : « J'espère que vous me permettrez, Messieurs, de reprendre pour aujourd'hui mes anciennes fonctions de lecteur : *Libri psalmorum, versus unicus. Ecce quàm bonum et quàm jucundum habitare fratres in unum ! Deo gratias.* » Ces paroles furent couvertes d'applaudissements.

A l'office des Vêpres, le R. P. Caussette, Vicaire-général, Supérieur des prêtres du Sacré-Cœur, prononça un très-remarquable discours ; il avait pris pour sujet : « *l'Évêque catholique.*» Ne pouvant reproduire l'ensemble de ces pages magistrales, détachons-en, du moins, l'expression des vœux adressés à Monseigneur : « Quand Pie IX, hier, par une délicate surprise, est venu joindre les félicitations de sa paternité aux nôtres, sa dépêche nous a semblé, en même temps qu'une preuve de sa haute estime, un remerciement de son cœur... Saint François de Sales recommandait à un évêque la dévotion envers l'Ange Gardien de son diocèse. Daigne l'Ange du diocèse de Toulouse vous rendre, ce soir, Monseigneur, toutes les bénédictions que nous vous devons, et faire tomber, sans compter, sur votre front, les fleurs qui composent notre bouquet de fête, c'est à-dire beaucoup d'années. *Ad multos annos.*

» Oui, beaucoup d'années, de la part de cette Église de Bourbon, dont vous fûtes le Saturnin, c'est-à-dire le fondateur aimé, fécond. Beaucoup d'années, de la part de ces dix mille noirs que vous avez alors baptisés, et de tout ce peuple qui pleura votre départ, comme pleuraient les Milétiens embrassant, sur le rivage, les genoux de saint Paul. Beaucoup d'années, de la part de cette population de confirmands dont vous avez touché le front, fortifié l'âme et si bien catéchisé l'ignorance. Beaucoup d'années, de la part de cette légion de prêtres, à qui vous donnâtes pour apanage l'autorité sur le corps matériel de JÉSUS-CHRIST, par les pouvoirs d'ordination, l'autorité sur son corps mystique, par les pouvoirs de juridiction. Beaucoup d'années, de la part de ces trois diocèses, par vous si souvent parcourus, si bien travaillés, si pieusement édifiés. Beaucoup d'années, de la part de ces divers clergés dont vous fîtes l'éducation romaine et de cette Chaire éternelle dont vous avez si bien servi l'éminente principauté. Beaucoup d'années, de la part de ces campagnes, que vous avez tant réjouies par les charmes de votre présence et de votre enseignement populaire. Beaucoup d'années, de la part de ces inondés à qui vous rendîtes du pain et de l'espérance, de ces familles religieuses dont vous fûtes le soutien, de ces fidèles pour lesquels vous vous êtes si libéralement dépensé. Beaucoup d'années, de la part de cette Église de Toulouse dont les saints évêques et les saints prêtres furent toujours si dignes les uns des autres. Beaucoup d'années, aussi, de la part de ce Chef héroïque de la France et de sa noble compagne, qui ont daigné s'associer officiellement à notre allégresse de ce jour, avec le même cœur qui leur fit partager nos deuils récents...

» Puissent, Monseigneur, les années éternelles, s'ajoutant à celles que nous vous souhaitons, devenir, pour vous et pour nous, une prolongation incessante de cette fête, et la bonté de DIEU, acquittant alors toutes nos dettes à votre égard, vous couronner de béatitudes proportionnées à vos mérites et à notre amour... »

Le soir, il y eut réception dans les salons de l'archevêché. Les chœurs du séminaire et des cercles d'ouvriers alternaient avec la musique militaire pour faire entendre leurs plus beaux morceaux. Tous les clochers de la ville, la façade de la Métropole et la cour de l'archevêché étaient illuminés.

Monseigneur avait voulu que les pauvres eussent leur part de la joie commune (1).

II.

Cette même année 1876 lui réservait deux immenses consolations.

Le 18 avril, dès l'aube, la petite cité des Pyrénées, à jamais illustrée par les apparitions de la Vierge sans tache, voyait arriver, sous la

---

1. Sa Grandeur avait publié les dispositions suivantes :

« Tous les matelas engagés à ce jour au Mont-de-Piété de Toulouse pourront être retirés gratuitement, dès le mercredi, 5 janvier.

» A partir de la même date, toutes les couvertures déposées au Prêt gratuit et tous les objets y engagés pour une somme n'excédant pas dix francs, pourront être retirés sans aucun débours. »

Monseigneur renouvelait ainsi les largesses qu'il avait *personnellement* faites, au lendemain de l'inondation.

direction de Monseigneur, onze mille hommes de son diocèse, et le nombre eût été presque double, si l'on avait pu accueillir toutes les demandes ; manifestation dont l'importance n'a pas été dépassée. Quel spectacle que cette multitude recueillie autour de la grotte, mêlant ses prières à celles que, du haut de l'autel, le vénérable Archevêque faisait monter vers le trône de DIEU, pour attirer les célestes bénédictions sur le troupeau commis à la garde d'un tel pasteur! Combien Monseigneur aimait le sanctuaire béni de Lourdes, à courte distance de l'arrondissement de Saint-Gaudens et que Sa Grandeur était heureuse de visiter, presque chaque année !

A ce pèlerinage en succéda un autre, quelques jours après. A la tête d'une députation de trois cents de ses diocésains, Monseigneur alla déposer aux pieds de Pie IX les plus dévoués hommages. Tous ensemble, Prélat, prêtres et laïques, baisèrent, de basilique en basilique, les traces des martyrs et contemplèrent les splendides monuments que la foi érigea sur leurs tombeaux. La Basilique Vaticane, — Saint-Jean de Latran, — Sainte-Croix de Jérusalem, — Sainte-Marie-Majeure, furent, tour à tour, témoins du recueillement des pieux pèlerins.

Le 30 avril, après avoir célébré la messe devant la Chaire de Saint-Pierre, Monseigneur présenta ses diocésains au Saint-Père. Il s'exprima en ces termes :

« ..... Avec les prêtres d'élite et les fidèles si dévoués qui m'entourent, tout le troupeau dont je suis le pasteur, agenouillé, en ce moment, devant votre personne sacrée, vous dit par ma voix :

» Pontife de l'Immaculée-Conception, soyez remercié d'avoir donné à l'univers une sauvegarde dont la puissance égale nos malheurs, dans cette protectrice *Notre-Dame de Lourdes*, descendue du Ciel pour servir de justification à votre infaillible parole et que je priais naguère, à la tête de onze mille hommes de mon diocèse, pour l'Église et pour son Auguste Chef.

» Pontife de l'infaillibilité, soyez remercié d'avoir allumé un phare, au milieu de nos ténèbres, et, dans ces temps où les assemblées parlementaires ont commis tant de coupables erreurs, où le monde est régi par cette souveraineté du nombre que vous avez si bien nommée: *mensonge universel*, d'avoir placé la vérité divine au-dessus de l'autorité capricieuse des majorités.

» Pontife du *Syllabus*, soyez remercié d'avoir restitué la vérité totale à une époque abusée par des vérités diminuées, et jeté, devant les débordements révolutionnaires du présent, une digue qui excitera une admiration reconnaisante dans l'avenir.

» Monarque détrôné, nous sommes les courtisans pieux de votre sceptre brisé, de votre couronne d'épines, heureux de constater que plus on a voulu vous faire descendre, plus vous avez grandi dans le respect du monde ; que, dépossédé de la royauté temporelle, vous régnez mieux que jamais sur les cœurs, et que la majesté sainte de votre droit violé efface l'éclat de tous les diadèmes portés par ceux qui vous ont délaissé.

» Vénérable captif, nos cœurs habitent avec vous. Du sein de votre prison, comme JÉSUS du haut de sa Croix, vous attirez à vous le monde entier. En vain on impose des chaînes à votre vieillesse ; les siècles diront que votre parole n'en porta point.

» .... Cette Ville reste pour nous, tant qu'elle vous possède, et qu'avec vous, *Dieu est au milieu d'elle*, l'objet de la passion sacrée que Tertullien appelait, dans sa langue créatrice : *Romanitas.* Sans rien abjurer de nos devoirs de Français, nous nous déclarons donc des Romains de cette patrie universelle..

» ....Vous représentez, au vif, l'image du Rédempteur, en sa vie et en son Calvaire. Mais ce Calvaire est, en même temps, votre Thabor, Très-Saint Père ; car il est le spectacle sublime, autant que l'espérance de cette génération. Aussi, à genoux, au pied de votre croix, sommes-nous heureux de redire au successeur de Pierre cette parole de Pierre à son Maître : « *Quand il nous faudrait mourir avec vous, nous ne vous abandonnerons pas...* »

Sa Sainteté répondit :

« Tandis que votre présence, bien-aimés Fils, me console par la belle et gracieuse couronne que vous êtes venus former autour de moi, et dont votre vénérable premier Pasteur est la première fleur, vous me faites souvenir, en même temps, et de votre Cité, et des saintes reliques qu'on y vénère et qui sont votre protection et votre soutien. Parmi ces reliques, je me rappelle surtout que vous possédez le corps de l'angélique Docteur saint Thomas d'Aquin, l'honneur de l'Italie, la gloire de son Ordre, un esprit vraiment choisi de DIEU....

» .... A l'heure présente, tous les bons catholiques se rapprochent de cette Chaire de vérité ; vous-mêmes, vous en donnez un très-bel exemple, lorsque, quittant le pays qui vous a vus naître, vous êtes venus à Rome, au prix de bien des fatigues, faire auprès de moi une si noble couronne, dans ce coin béni de DIEU, où la prudence et la nécessité m'obligent à vivre et à résider. Je vous bénis et je prie avec vous et pour vous, déplorant la triste situation que les ennemis de JÉSUS-CHRIST ont faite à son Eglise : ici, je prie avec vous, me servant de la manière de prier que le patriarche saint Dominique nous a laissée. Si maintenant nous pleurons, avec les Filles de Jérusalem, sur l'Eglise meurtrie de coups, devenue le point de mire de la colère des sectes, nous devons espérer qu'aux larmes de la douleur succéderont les cris de l'allégresse, et ces cris précéderont les chants de gloire qui retentiront, en leur temps, dans les tabernacles éternels.

» .... En attendant, je vous bénis, bien-aimés Fils, et avec vous, je bénis la France ; je la bénis dans toutes ses familles, je bénis ses cités, ses provinces.

» ... Je lève ma faible main pour vous bénir, au Nom de DIEU le Père Tout-Puissant, afin qu'il vous donne la victoire sur les passions et vous rende toujours les maîtres de votre âme ; — au Nom de DIEU le Fils, Sagesse éternelle, le priant de vous éclairer, afin que vous puissiez marcher toujours dans le chemin de la justice et de la vérité ; — au Nom du Saint-Esprit, pour qu'il vous donne l'esprit de charité, d'amour ; que l'amour et la charité vous accompagnent en la vie et jusqu'à la mort ; qu'ils soient enfin le sujet éternel de vos chants dans les cieux, après que vous aurez remis vos âmes entre les mains de DIEU... »

A l'issue de la séance, le Saint-Père, très réservé, d'ordinaire, en semblables circonstances, exprima hautement, devant les Prélats de sa Maison, la satisfaction que lui avait causée l'adresse de Monseigneur l'Archevêque.

Le 4 mai, jour de la fête de saint Florian, patron de Monseigneur, après avoir assisté à la messe, devant le corps de sainte Monique, les pèlerins suivirent leur vénérable Pasteur à la sacristie, où M. le chanoine Castillon, archiprêtre de la Métropole de Toulouse, le complimenta, en des termes très-délicats.

Le lendemain, était célébrée la fête de Pie IX : la députation Toulousaine fut admise à l'audience du pèlerinage national français. Mgr Desprez avait été invité à prendre place avec la Cour pontificale.

En répondant aux délégués de Paris, le Saint-Père tint à réserver la plus aimable allusion aux représentants des catholiques Toulousains.

« Lourdes, Rome, grand jubilé, vingt-cinquième anniversaire de notre consécration épiscopale ! Délicieuses solennités, s'est écrié Monseigneur (1), vous avez resserré plus que jamais les liens qui nous unissent à ce beau diocèse de Toulouse ! Doux souvenirs de l'an de grâce 1876, vous vivrez dans notre mémoire, comme la date la plus belle de notre épiscopat !... »

III.

Les synodes contribuent au maintien de l'unité, de l'intégrité de la vie religieuse. Ce que, dans la visite pastorale, l'évêque n'a pu exécuter est mis en pratique, lorsque, réunis en synode, les efforts tendent au même but. Là se traitent les questions qui concernent la foi, la piété, le culte divin, les mœurs, la discipline, tout ce qui est utile pour assurer la dignité de la vie chrétienne.

Monseigneur avait, en 1868, terminé les travaux préparatoires, nécessaires au succès de cette salutaire entreprise. Au moment où il se disposait à adresser au clergé ses lettres de convocation, le Souverain-Pontife avait appelé les Évêques du monde entier au Concile du Vatican. Puis des malheurs, des entraves sans nombre avaient empêché la réalisation de ce projet. Par une lettre circulaire et un mandement du 29 juin 1876 (n° 758), Monseigneur annonça, pour le 2 septembre suivant, l'ouverture du *Synode diocésain*, qui fut tenu sous sa présidence. L'année suivante (2), Monseigneur publia les statuts synodaux, destinés à accroître les honneurs dus au

---

1. Lettre circulaire du 16 mai 1876 (n° 157).

2. Lettre circulaire du 8 décembre 1877 (n° 168), concernant les *Expositions, Bénédictions et Processions du Très-Saint Sacrement.* — Le 5 janvier 1877, Monseigneur avait adressé une instruction pastorale sur *les dangers de la Presse périodique* et son mandement pour le Carême de 1877 (n° 162). Il avait présenté un tableau saisissant de ces dangers, des ravages causés par la mauvaise presse, qui a si puissamment concouru à la démoralisation calculée du pays, à la corruption des âmes. « Malheur à ceux par qui vient le scandale ! *Mieux vaudrait*, disait autrefois le Sauveur à ses disciples, *qu'on leur suspendît une pierre au cou et qu'on les précipitât au fond de la mer* (S. Matth. XVIII, 6)...» — On se demanderait comment de tels malfaiteurs intellectuels peuvent être écoutés, si l'on ne savait que l'ignorance, la crédulité, la sottise humaine sont insondables....

Très-Saint Sacrement de l'Autel ; sa foi, son cœur s'épanchent, avec une onction débordante, dans les pages qu'il consacre à ce grave sujet.

Saint Thomas d'Aquin, qui l'a traité avec une incomparable profondeur, a reçu de Monseigneur des marques répétées de vénération. La châsse qui renferme son corps, n'ayant point paru suffisamment belle, Monseigneur provoqua une souscription, dans tous les séminaires et les collèges catholiques de France. Il ajouta aux sommes recueillies une superbe offrande et dota ainsi l'église Saint-Sernin de la châsse magnifique, où reposent, depuis 1878, les ossements sacrés de l'Ange de l'École. La translation solennelle eut lieu, en présence de plusieurs Évêques, du Maître général des Dominicains et des représentants de la municipalité de Toulouse. Mgr de Cabrières, évêque de Montpellier, prononça un beau discours.

IV.

La loi du 12 juillet 1875, — dont les dispositions devaient être, hélas ! si promptement amoindries, — venait de proclamer la liberté de l'enseignement supérieur. Dès le 15 août de cette même année, Mgr Desprez écrivait aux Archevêques et aux Évêques des provinces ecclésiastiques du Midi :

« Comme Archevêque d'une ville qui fut le siège d'une célèbre Université et qui est restée un centre de haute culture littéraire et scientifique, je me crois obligé de procurer aux diocèses du Sud-Ouest les bienfaits de la loi sur l'enseignement supérieur. Mais la fondation d'une Université libre, si opportune qu'elle soit dans nos contrées méridionales, présente des difficultés sérieuses, et je n'oserais compter sur le succès, si mes vénérés collègues dans l'épiscopat ne m'assistaient de leurs lumières et de leur concours.

» Je viens donc, Monseigneur, vous prier de vouloir bien me communiquer vos vues sur l'usage que vous vous proposez de faire de la nouvelle liberté, dans votre diocèse, et sur l'organisation des Universités libres, en général....

» Quand votre pensée et vos projets me seront connus, je m'occuperai des moyens les plus efficaces pour arriver à une bonne exécution.... J'aurai l'honneur de vous soumettre un plan définitif, en sollicitant, à la fois, vos observations et votre appui.

» Croyez, Monseigneur, que je sens vivement le besoin d'entreprendre cette œuvre, de concert avec Nosseigneurs les Évêques, non seulement pour avoir de meilleures garanties de succès, mais pour ménager des lumières à mon insuffisance et pour alléger ma responsabilité devant l'Église (1).... »

Quelques semaines après, — le 26 septembre 1875, — une seconde lettre de Monseigneur Desprez montra le chemin déjà fait et précisa les résolutions à prendre pour atteindre le but.

Quatorze Évêques répondirent affirmativement ; à la suite de réunions tenues, les 8 décembre 1875 et 7 mars 1876, la fondation de l'Université catholique de Toulouse fut décidée. Paris, Lyon, Lille, Angers s'étaient déjà mis en mesure de bénéficier de la liberté nouvelle. Toulouse, dont l'ancienne Université a eu, non seulement en France, mais encore dans l'Europe entière, une grande renommée et qui est le centre principal du mouvement intellectuel d'une quinzaine de nos départements, ne pouvait ne pas restaurer, dans ses murs, le haut enseignement chrétien.

Avec l'appui de ses vénérés collègues, Monseigneur entreprit et mena à bonne fin cette lourde tâche, dont le beau résultat fait un si grand honneur à son administration épiscopale, à sa vaillante énergie. Quoique avancé en âge et accablé de labeurs, bien que sa pénétrante pensée appréhendât un redoublement d'épreuves, il ne recula devant aucun obstacle. Un comité central fut chargé par Nosseigneurs les Évêques des études préliminaires, de la préparation des statuts, de la constitution d'une société civile ; une association de propagande et de protection exerça son influence dans chaque diocèse. Le succès rapide, inespéré, de la souscription, qui atteignit un chiffre très-élevé, l'entrain, l'élan des adhésions, de la part tant du clergé que des laïques, attestèrent que le but serait atteint. Le 30 juillet 1877, les Évêques assemblés arrêtèrent l'organisation complète de l'œuvre.

---

1. Voir l'exposé de M. le chanoine Duilhé de Saint-Projet, Recteur (Bulletin de l'*Institut catholique*, février 1895), sous ce titre : « A la mémoire du Cardinal Desprez, l'Institut catholique de Toulouse. » — Voir aussi, à ce sujet, la Lettre pastorale, du 8 mars 1877, de Nosseigneurs les Archevêques de Toulouse, d'Auch et d'Albi, et de Nosseigneurs les Évêques de Bayonne, Pamiers, Cahors, Montauban, Rodez, Aire, Perpignan, Carcassonne, Agen, Tarbes et Mende. — Voir encore les Lettres pastorales de Monseigneur Desprez, du même jour, 8 mars 1877 (n° 163), — du 29 juin 1878 (n° 173), etc.

L'inauguration solennelle des cours eut lieu, le 15 novembre, dans l'immense salle de l'ancienne *Fonderie*, dont les vastes bâtiments avaient été acquis pour l'Université catholique. Au milieu d'un magnifique auditoire, Mgr Desprez prit la parole : « ... Dieu sourit, dit-il, à tous les berceaux, qu'ils abritent un faible enfant ou qu'ils portent une institution naissante... S'il en est qui doivent servir à la réalisation de ses vœux les plus chers, il les enveloppe de merveilles, de prodiges : témoin le berceau du Précurseur et... le berceau de notre Université. Écoutez :

» A la vue de l'Ange Gabriel, Zacharie se trouble ; mais le messager céleste le rassure et lui annonce « la naissance d'un enfant qui comblera sa vieillesse de joie, de ravissement ; il sera le sujet de l'allégresse commune ;... il ne boira rien de ce qui peut enivrer ; il sera rempli du Saint-Esprit, dès le sein de sa mère ; il convertira plusieurs des enfants d'Israël au Seigneur, leur Dieu ; il marchera devant lui... pour préparer un peuple parfait... »

» A ces traits burinés par l'Évangile, qui pouvons-nous reconnaître, le Précurseur ou notre Université ? Des deux côtés, les situations, les devoirs, les destinées sont les mêmes. Dieu seul a pu faire ces choses qui nous comblent de joie, d'admiration et de reconnaissance...

» C'est pourquoi nous avons parlé nous-même, nous avons agi, et tout a prospéré. Autour de l'Ange de l'Église de Rome, se sont rangés, avec nous, les Anges préposés aux Églises de notre région ; ils se sont avancés dans une vigoureuse unité. Entraînés par leurs Évêques, les prêtres les ont suivis. A eux la gloire d'avoir posé les premières assises d'un édifice auquel leur foi donnera l'accroissement... Bientôt, sont venus à nous les pères de famille dont nous avions entrepris de protéger les droits les plus chers... Grâce à tous ces concours, nos vœux sont accomplis... Notre Université naissante est, sous nos yeux, pleine de vie et d'avenir... »

Monseigneur n'était pas effrayé par « les épreuves qui ne manqueraient pas à son œuvre. » Le fondateur principal de l'Université libre de Toulouse entrevoyait, avec le calme de la foi, le moment où elle recevrait le sceau divin de toute œuvre catholique, de toute œuvre de l'Église militante. Il nous disait, un jour (1) : « Vous devez

---

1. A écrit M. Duilhé de Saint-Projet, article précité.

être forts, non seulement contre les adversaires, mais contre les décep-
tions que la Providence vous ménagera, au cours de la lutte. Les
épreuves que le CHRIST inflige à ses soldats, quand il veut tremper
leur courage, ne sont jamais définitives. Au moment où l'on serait
tenté de désespérer, il se produit un de ces coups de la droite du
Très-Haut, qui changent la face des choses, et tandis que l'homme
recule, DIEU triomphe, continuant, par son Église, toujours persécutée et toujours victorieuse, un règne qui n'aura pas de fin... »

La nouvelle Université, par suite de développements successifs,
se composa d'une Faculté de droit, d'une Faculté des lettres, d'un
enseignement supérieur des sciences, puis d'une Faculté de théologie, constituée en 1879 (1), sous les bénédictions de Léon XIII,
avec ses deux sections de droit canonique et de philosophie.

La Faculté de droit ne vécut malheureusement que quelques
années. Des maîtres de haut savoir étaient très-appréciés de la
jeunesse. Mais il est trop vrai que bien des familles catholiques,
d'une part, ne sentent pas suffisamment l'importance de l'affirmation des vrais principes, en toutes choses, de l'autre, ne con-
sentent pas, pour valoir à leurs enfants cet inestimable avantage, à
ce qu'ils soient exposés à des difficultés, à des échecs, voire même
à de moindres épreuves. Le haut personnel de l'Université officielle
compte assurément bon nombre de professeurs animés de l'esprit
chrétien et formellement opposés aux insanités, devenues en faveur ;
il y a toutefois des hommes qui osent expérimenter, au détriment
de leur auditoire, l'enseignement de l'erreur, et il n'est pas de plus
funeste dommage qui puisse être causé, surtout à des jeunes gens.
Cette observation est tellement juste qu'elle rend superflue toute
démonstration ; avec quelle force, d'ailleurs, avec quelle lumineuse
clarté, des voix éloquentes, celle principalement de Mgr d'Hulst,
n'ont-elles pas fait ressortir l'influence exercée, sur la vie entière,
par la parole des maîtres, la nécessité de faire, de l'enseignement
supérieur, le foyer des vérités fondamentales qui, de là, se répandent

---

1. Voir ci-dessous, à l'*appendice*, l'allocution prononcée par Monseigneur, le 25 novembre 1879, à l'inauguration de cette Faculté. — Trois ans avant, le 25 octobre 1876, il
avait, lors de la bénédiction de la nouvelle École normale de Toulouse et de la chapelle
de cet établissement (maintenant, hélas ! supprimée), fermement insisté sur le caractère
religieux, indispensable à toutes les branches de l'enseignement, notamment à l'enseignement primaire. (V. ci-dessous, *appendice*.)

dans l'instruction secondaire et primaire! Clé de voûte de l'organisation sociale et chrétienne, sollicitude de premier ordre, dont nul catholique, ayant reçu une culture intellectuelle, ne peut se désintéresser.

Mais si le résultat, quant à la Faculté de droit, a été douloureux, en dépit des plus généreux efforts, les autres branches du haut enseignement n'ont cessé de prospérer. Plusieurs disciples de la nouvelle Université ont conquis le grade de docteur, dans les divers ordres d'études ; un grand nombre, des diplômes de licenciés. C'est ainsi que, dans la région, les établissements religieux d'enseignement secondaire sont largement pourvus de maîtres munis de ces titres. — D'un autre côté, une légion d'élite est également sortie des cours de la Faculté de théologie, instituée par le Souverain-Pontife, et qui s'applique, pour le plus grand profit de l'enseignement dans les grands séminaires, à servir la science sacrée, en maintenant, à un niveau digne d'elle, les programmes et la collation des grades.

Le premier délégué général ou Recteur de l'Université naissante fut le R. P. Caussette, Vicaire-général de Mgr Desprez, orateur chrétien d'un talent insigne, et qu'une mort soudaine enleva, trois ans après, au milieu de la consternation générale.

Nosseigneurs les Évêques lui donnèrent pour successeur Mgr A. Lamothe-Tenet, esprit lettré, on ne peut plus orné, qui, pendant quatorze ans, consacra aux devoirs de sa charge un zèle constamment en éveil, secondé par les dispositions les plus généreuses. Trahi par l'état de ses forces physiques, il offrit, à deux reprises, sa démission, chaque fois refusée, et qui dut, finalement, sur ses nouvelles instances, être acceptée. Les prélats lui décernèrent le titre de Recteur honoraire.

En décembre 1894, Mgr Lamothe-Tenet fut remplacé par l'un de ceux qui avaient le mieux concouru à la fondation de l'Université, M. le chanoine Duilhé de Saint-Projet, ancien secrétaire du Comité central d'organisation, professeur d'*apologétique* et de *patrologie*, doyen de la Faculté de Théologie, et dont les savants travaux, notamment l'*Apologie scientifique de la Foi chrétienne*, sont si hautement appréciés.

Mgr Desprez ressentit, en toutes circonstances, la joie du succès, la tristesse des épreuves, la vive sollicitude des préoccupations continuelles suscitées par une œuvre, une administration, qui réclame des soins, des labeurs, des efforts multiples. Il faudrait de longues pages, si les limites que nous impose l'ampleur du sujet n'y faisaient obstacle, pour présenter, d'une manière suffisante, l'historique de l'Université libre, fondée par Monseigneur l'Archevêque, avec le concours de ses vénérés collègues, presque tous endormis avant lui dans la paix éternelle. Le bien déjà réalisé est considérable ; c'est un des plus beaux fleurons de la couronne d'honneur que la reconnaissance publique a déposée sur son front.

V.

Après les incomparables fêtes des 28, 29, 30 juillet 1867, au lendemain de la canonisation de sainte Germaine, Monseigneur disait : « .... Nous attestons, sur notre parole d'historien et d'évêque, qu'il vient de se passer, dans nos murs, un fait immense, un épisode unique dans les annales de l'Église de Toulouse, et, pourquoi ne l'ajouterions-nous pas, un frappant miracle de Germaine, qui s'impose par son évidence...

» .... Gloire, félicitations et remerciements à vous, fidèles de la ville métropolitaine, qui avez opéré des prodiges de générosité, de zèle et de pieuse industrie, pour exprimer vos sentiments chrétiens. Les étrangers, venus ici, ont eu une véritable vision de Toulouse *la sainte*, transfigurée à leurs yeux, avec toute sa foi du moyen-âge et toute son intelligence des temps modernes... »

L'enthousiasme de ces fêtes fit naître dans les âmes une louable pensée. On voulut que Toulouse consacrât, par un monument digne de ce qu'elle avait senti, une des pages les plus belles de son histoire. Un comité avait été formé, dans ce but, sous la présidence d'honneur de l'Archevêque. L'œuvre fut confiée à M. A. Falguière, statuaire, et à M. Pujol, architecte, chargé du piédestal. — Le 20 juillet 1875, les cahiers, renfermant la liste de plus de soixante-dix mille souscripteurs, furent déposés au centre du monument.

Les travaux étant parvenus à leur terme, et la statue, voilée, ayant pris place sous le baldaquin destiné à l'abriter, Monseigneur avait annoncé, par une Lettre pastorale, du 24 juin 1877 (n° 165), qu'il donnerait à l'œuvre, ainsi achevée, sa bénédiction solennelle.

La veille du jour de la réunion décisive, dans laquelle les évêques de la région avaient définitivement statué sur l'organisation de l'Université, le 29 juillet, — au milieu d'une assistance d'élite, Monseigneur, entouré de plusieurs prélats, venait bénir le monument élevé sur la place Saint-Georges ; là, où, durant plusieurs siècles, avaient été exécutées le plus grand nombre des sentences capitales émanées du second Parlement de France, apparaissait, par un touchant contraste, le symbole de la douceur, de la mansuétude, de la charité chrétienne.

Sa Grandeur fut reçue par le Comité, dont M. le Conseiller Caussé, président, se fit l'organe : « ... Bénissez ce monument, Monseigneur, dit-il en terminant la harangue adressée à l'Archevêque, afin qu'il résiste aux injures du temps, qu'il demeure l'indestructible honneur de la cité, qu'il la maintienne à la hauteur morale où elle s'est élevée, et qu'il transmette aux générations à venir le témoignage de notre inébranlable croyance à un ordre surnaturel, dont la sainteté est le rayonnement et sainte Germaine une pure et gracieuse personnification... »

Monseigneur répondit :

« Je suis heureux de saluer et de remercier, au pied de ce monument, les hommes de foi qui en ont conçu et réalisé la pensée. L'œuvre que vous venez d'achever est, tout à la fois, un acte de bon catholique et de vrai citoyen français. Aussi, Messieurs, la religion et la cité, confondues dans une même joie, vous offrent l'expression de leur vive reconnaissance.

» En élevant cette statue, vous êtes entrés dans les desseins de Dieu, qui, ayant fait les nations guérissables, leur envoie le remède, en temps opportun...

» Quel siècle fut plus malade que le nôtre d'orgueil et de sensualisme ? Quel siècle eut, de l'or et des jouissances, une soif plus dévorante ?

» Pour nous corriger et nous guérir, Dieu nous ramène les reliques d'un Saint (1) qui vécut avec nos pères et leur donna la parole de vie ; il glorifie et nous donne Germaine. Ils sont partis des points extrêmes de la société, pour arriver, par le même chemin, au même terme. L'un est né dans le palais des rois, l'autre est née sous le chaume ; l'un est descendu du trône pour accourir vers la pauvreté,

---

1. Saint Louis, évêque de Toulouse.

l'autre l'a trouvée dans son berceau et l'a conservée, toute sa vie, comme un précieux trésor. Tous deux, sous la bure du Franciscain ou sous les habits d'une paysanne, crient à notre siècle de dédaigner les choses qui passent, pour ne rechercher que celles qui doivent durer toujours.

» Du haut de ce monument, notre chère Germaine ne cessera de nous redire ces maximes qui furent sa force : *Bienheureux les pauvres ; bienheureux ceux qui souffrent ; bienheureux ceux qui ont faim et soif de la justice.* Ces paroles couleront, comme un baume, sur des âmes souffrantes, sur des cœurs blessés, qui vous feront, Messieurs, une part dans leur reconnaissance et dans leurs bénédictions. »

Le voile de la statue tomba, au milieu de l'allégresse générale ; la belle œuvre apparut à tous les yeux (1) ; Monseigneur bénit le monument, — en gravit ensuite les degrés et prononça un discours justement remarqué (2), dont voici les dernières paroles : « ... Régnez à jamais sur nous, glorieuse et sainte Bergère, du haut de ce trône où vous a portée une population joyeuse et fière ; protégez ce peuple qui met en vous sa confiance ; protégez cette cité chrétienne ; proté-

---

1. Le monument, de forme triangulaire, à trois faces, d'une hauteur de dix-neuf mètres au-dessus du sol, était en pierre blanche (il a été, hélas ! détruit) ; le soubassement était formé de trois escaliers égaux, montant vers la statue. Trois colonnes élégantes, disposées aussi en triangle, se dressaient sur cette base et soutenaient la riche coupole, sous laquelle était posée la statue ; par-dessus la coupole, un clocheton hardi et gracieux élevait la croix dans les airs... L'ornementation était simple et délicate... Sous les clochetons d'angle, trois statuettes, bien détachées et très sobres d'exécution, personnifiaient les vertus théologales. La statue, de marbre blanc, conservée, représente la Sainte dans l'attitude de la prière, qui lui était habituelle. A ses pieds, un agneau couché symbolise sa vie rustique ; des nuages la soutiennent. Les trois bas-reliefs du monument achevaient d'en préciser le sens commémoratif, le souvenir des fêtes de 1867. — Reproduisons l'inscription lapidaire :

Germanæ. Covsin. Pibracensis.
De. Humili. Ovili.
Ad. Cœlitum. Splendores. Nuper. Evectæ.
Adamatam. Effigiem.
Tolosates.
Memorandis. Solemniis. Per. Triduum. Actis.
Hic. Ære. Collatitio.
Poni. Curaverunt.
MDCCCLXXVII.

2. *Inauguration et bénédiction de la statue de sainte Germaine, érigée, à Toulouse,* 29 juillet 1877. — Toulouse, P. Privat, impr., 1877.

gez ses défenseurs, ses magistrats ; protégez ses prêtres qui furent toujours empressés à étendre votre nom et votre culte.

» ... Répandez, de vos grâces, les meilleures sur ces Pasteurs des peuples, qui sont venus de loin pour ajouter à l'éclat de vos fêtes...

» ... Daignez enfin abaisser un regard de bienveillance sur le plus humble de vos serviteurs, qui compte parmi les plus rares bonheurs de son épiscopat, celui d'avoir consommé l'œuvre de votre glorification, commencée par ses vénérables prédécesseurs. Si nos efforts ne vous paraissent pas indignes de récompense, obtenez-nous de marcher, avec tout le peuple confié à notre sollicitude, vers la bienheureuse patrie où, sous la houlette du Prince des Pasteurs, il n'y aura plus qu'un bercail et un troupeau... »

Tous les prélats montèrent alors sur les marches du monument et levèrent leurs mains sacrées pour bénir l'immense assemblée.

De beaux chants, et, dès le crépuscule, de superbes illuminations rehaussèrent l'éclat de cette délicieuse journée, qui devait être, avant longtemps, suivie d'un odieux outrage envers l'angélique vierge de Pibrac et envers la foi, dont l'immense majorité des habitants de Toulouse venait, une fois de plus, d'attester la profondeur.

La santé de Monseigneur fut fréquemment atteinte, à la suite d'excès de fatigue. En 1877, une grave pneumonie mit ses jours en danger. Mais sa féconde carrière était encore loin du terme. Ses forces se relevèrent si complètement qu'il eut la joie de donner, dans la basilique Saint-Sernin, le 14 novembre, la consécration épiscopale à l'un des prêtres les plus estimés et les plus instruits du diocèse, Curé-doyen de cette paroisse : Mgr Goux avait été préconisé, le 21 septembre, Évêque de Versailles.

VI.

Le monde chrétien avait célébré, le 3 juin 1877, le Jubilé épiscopal de l'illustre Pontife, dont la carrière demeure un impérissable sujet d'orgueil pour l'Église catholique (1). Quelle destinée que la

---

1. Voir Lettre circulaire de Monseigneur, du 11 avril 1877 (n° 164). — Les mois de mai et de juin furent comme le calendrier liturgique des fêtes de famille de ce Pape tant aimé : — 5 mai, fête de saint Pie V, son patron ; — 13 mai, anniversaire de sa naissance ; — 21 mai, anniversaire de sa préconisation épiscopale ; — 3 juin, anniversaire de sa consé-

sienne ! La liberté de parole qu'aucune puissance terrestre ne peut enchaîner faisait, pour lui, du Vatican un Thabor où, à travers la poussière de tous les écroulements, de toutes les négations, les âmes fidèles ont appris à contempler la perpétuelle affirmation de la vérité... Figure admirable, l'une des plus belles que montre l'histoire de la Papauté.

Une année ne s'était pas encore écoulée, depuis cette solennité, que DIEU rappelait à lui le Chef visible de son Église. Pie IX s'éteignait, le 7 février ; on venait de recueillir, sur ses lèvres, ces paroles si justifiées : « *In domum Domini ibimus,* » — de l'entendre prononcer lui-même, pour faire cesser l'hésitation, si naturelle, du Cardinal grand pénitencier, ce premier mot de la recommandation de l'âme : « *Proficiscere, (anima christiana, ex hoc mundo),* » mot qu'il est dur, malgré les plus consolantes certitudes, d'adresser à un Père bien-aimé. « Notre amour eût voulu, s'écria Mgr Desprez, avec tout l'élan de son cœur, prolonger, même aux dépens de la nôtre, sa précieuse vie.... DIEU en a décidé autrement... DIEU a jugé qu'après avoir si bien rempli sa mission, *il était temps, pour le grand Pontife, de retourner à Celui qui l'avait envoyé* (Tob., XII, 20) ; DIEU a voulu qu'après *avoir combattu le grand combat, consommé sa course, gardé la foi, Pie IX allât recevoir la couronne.* (Tim., IV, 7-8) (1). » Quel Pontificat a été plus fécond en grandes œuvres que celui de Pie IX ?

La douleur des catholiques, dans le monde entier, fut profonde. Ils perdaient le Chef, le guide qui les avait dirigés, au milieu de tant d'épreuves, avec une mansuétude, une fermeté, une sagesse inspirées d'en haut. Cette douleur fut tempérée par la nouvelle que le Conclave avait, le 20 février, donné pour successeur au glorieux

cration épiscopale ; — 17 juin, anniversaire de son élection au Souverain Pontificat ; — 21 juin, anniversaire de son couronnement.

Quel souvenir nous gardons de ses audiences, de son indulgente bonté, de l'accueil dont, en 1875, il daigna nous gratifier, deux de nos meilleurs collègues, une personne qui nous est étroitement unie et nous-même ! Entretien du 6 octobre, plein de grâce et d'abandon, dans lequel Sa Sainteté parla de Monseigneur Desprez, en termes exquis, — rappelant, avec sûreté, les titres de gloire de Toulouse, de Montpellier,— et déposa entre nos mains des témoignages, pieusement conservés, de sa paternelle bénédiction !

1. Voir Lettre circulaire de Monseigneur, du 10 février 1878 (nᵒ 171).— Le 5 janvier 1878 (5 janvier, date qu'il affectionnait, comme étant celle de sa consécration épiscopale), Monseigneur avait adressé à son diocèse une instruction pastorale sur *l'ignorance de la religion* — (ignorance, hélas ! si générale et si profonde, l'une des principales causes de nos maux), et son mandement pour le Carême de l'année (nᵒ 170.)

Pontife le Cardinal Pecci, Archevêque de Pérouse. Des travaux d'insigne valeur avaient appelé déjà sur ce Prince de l'Église l'attention des esprits que séduisent les nobles labeurs de l'étude. En l'auguste personne de Léon XIII, une très-haute intelligence était appelée au suprême Pontificat (1).

Les derniers jours de l'année 1878 furent marqués par une tristesse que ressentit vivement Monseigneur. Le 17e corps d'armée était commandé par le général de Salignac-Fénelon, que ses sentiments sincèrement chrétiens avaient, dès son arrivée à Toulouse, attiré vers Monseigneur ; une étroite affection les unissait. Le 16 décembre, le général mourait, en exprimant sa foi, sa confiance en la bonté de DIEU, en édifiant par la grandeur religieuse et morale de sa fin ceux qui l'entouraient (2). Aux obsèques, Monseigneur rendit hommage à la mémoire du si regretté défunt et le proposa comme exemple ; il termina, en ces termes, son allocution : « Si vous voulez, Messieurs,— vous dirai-je, avec Bossuet, dont j'emprunte les paroles, prononcées aux funérailles d'un grand capitaine, — si vous voulez trouver, à la mort, quelques restes de vos travaux et ne pas arriver sans ressources à votre éternelle demeure, avec le Souverain de la terre, il faut servir le Roi du Ciel. Servez donc ce Roi immortel et si plein de miséricorde, qui vous comptera un soupir, un verre d'eau donné en son nom, plus que tous les autres ne feront jamais de tout votre sang répandu ; commencez à compter vos services, du jour où vous vous serez donné à un Maître si bienfaisant.... »

VII.

S'inspirant de la première Encyclique du Successeur de Pie IX sur les maux dont souffre la société actuelle et notamment les désordres qui troublent la famille, Monseigneur consacra au *mariage chrétien* l'instruction pastorale, jointe à son mandement pour l'année 1879 (3). Il exposa les devoirs des époux, en des pages qui

---

1. Voir le mandement de Monseigneur, du 16 mai 1878 (n° 172), publiant l'Encyclique du Saint-Père « *Inscrutabili Dei* », — en date du 21 avril précédent.

2. A la dernière heure, le général avait confié sa famille à Monseigneur, qui la combla des bontés d'un père !

3. V. instr. et mand. du 5 janvier 1879 (n° 179). — Le 25 du même mois (n° 180), Monseigneur publiait l'Encyclique pontificale *Quod apostolici muneris*, du 28 décembre

méritent d'être méditées : «..... La charité, déclare-t-il, est comme le ciment merveilleux qui doit lier les époux. Nous disons la *charité* et non pas seulement *l'amour*, parce que l'amour peut n'être que naturel et participer, par là, de la fragilité de l'humaine nature, tandis que la charité qu'inspire l'éternelle beauté de DIEU, aperçue au flambeau de la foi, sous le voile d'une chair mortelle, rattache les cœurs par un lien surnaturel que les coups du temps n'atteignent jamais... »

Cette année devait procurer à l'Eglise de Toulouse une bien légitime satisfaction. Les labeurs de vingt-huit ans d'épiscopat, — une vie mise entièrement au service de la Religion et du pays, — le succès d'œuvres nombreuses, — des épreuves courageusement supportées, — des mérites, des vertus, objet du respect, de la vénération de tous et dont DIEU seul cependant connaissait l'étendue et le prix, désignaient Mgr Desprez aux honneurs de la pourpre romaine. Léon XIII réalisa le dessein de son illustre devancier, en faisant entrer dans le Sacré-Collège, en même temps que l'un des plus renommés défenseurs de l'Église, Mgr Pie, Evêque de Poitiers, le sage et infatigable Archevêque de Toulouse. Le 7 février, jour anniversaire de la mort de Pie IX, Monseigneur recevait l'avis officiel de sa promotion au Cardinalat. Grande fut la joie de la ville et du diocèse. Un quinzième Cardinal était donné au siège de Toulouse (1). Le nouveau Prince de l'Église reçut la nouvelle, en toute humilité. A un estimable publiciste, qui lui exprimait la crainte, qu'il avait éprouvée, de voir le Gouvernement susciter des entraves, à cause de l'attitude si indépendante, si ferme, de Monseigneur, le digne Prélat répondit : « Il importait médiocrement que je fusse Cardinal ; il importait fort, au contraire, que je fisse mon devoir d'évêque... »

Monseigneur se hâta de visiter le Saint-Père, qu'il n'avait pas encore vu. Parti de Toulouse, le 17 février, il parvint à Rome, le

---

1878, qui a pour objet la douloureuse désorganisation de la société moderne et qui insiste, de nouveau, sur la *famille* et le *mariage*, dont Monseigneur venait de faire lui-même l'objet de sa plus récente instruction pastorale. — Le 22 février (n° 181), de Rome, hors la porte Flaminienne, Monseigneur publiait aussi l'Encyclique « *Pontifices maximi*, » du 15 février, par laquelle, à raison de son avènement, Léon XIII accordait un *jubilé universel*.

1. A l'instant même où Monseigneur reçut la communication, il voulut bien nous la transmettre télégraphiquement. Une lettre suivait le télégramme, lettre bien digne de l'humble serviteur de DIEU.

surlendemain, et fut immédiatement, le jour même, reçu par Léon XIII, qui l'honora d'un accueil particulièrement sympathique. A peine, en effet, descendu de wagon, il fut avisé par un envoyé du Souverain-Pontife que Sa Grandeur était attendue, au Vatican. Les membres du Sacré-Collège voulurent que Monseigneur, bien qu'il n'eût pas encore été préconisé, prît place dans leurs rangs, quand ils allèrent offrir leurs hommages au Saint-Père, le 20 février, premier anniversaire de son élection pontificale.

Au Consistoire du 12 mai, eut lieu la préconisation. Le 16, arrivait à Toulouse le Comte Carpegna, garde-noble de Sa Sainteté, chargé d'apporter à Monseigneur, avec le bref du Saint-Père et une dépêche du Cardinal Secrétaire d'État, la calotte rouge, premier insigne de la nouvelle dignité. Le garde-noble remplit sa mission, dans la cérémonie solennelle, préparée à l'Archevêché et qui réunit, avec Mgr l'Évêque de Montauban et les représentants du clergé diocésain, les principales autorités. Répondant aux compliments de M. le Comte Carpegna, Son Éminence s'exprima en ces termes :

« Je le dis, sans fausse modestie : ce n'est pas mon humble personne, ce sont les souvenirs d'une église baptisée dans le sang de saint Saturnin et gouvernée, depuis l'origine, par tant de pieux et illustres Prélats, c'est l'Université naissante de Toulouse, que le Souverain-Pontife a voulu honorer, en me revêtant de la pourpre cardinalice.

»...... Une grande tempête se déchaîne, en ce moment, contre la barque de Pierre. Mais un nocher intrépide n'a pas hésité, selon l'ordre de Dieu, à saisir le gouvernail, au plus fort de la tourmente, et vous savez déjà avec quelle main vigoureuse il lutte contre le flot montant de l'impiété. Aussi, tous ensemble, dans une commune effusion de gratitude et d'amour filial, demandons au Ciel qu'il bénisse les efforts du pilote qui nous conduit ; que Léon XIII puisse guider heureusement l'arche sainte, à travers les agitations de ce siècle, et que le triomphe définitif de l'Église et du Saint-Siège immortalise un pontificat si glorieusement inauguré.

»..... Monsieur le Comte, vous justifiez, par votre noblesse et votre caractère, l'honneur d'être aujourd'hui le délégué du successeur de Pierre auprès de l'humble successeur de saint-Saturnin. Recevez mes félicitations, en même temps que mes remerciements, et, quand vous serez de retour dans la Ville Éternelle, n'oubliez pas que vous avez procuration pour déposer aux pieds de Sa Sainteté, avec l'hommage de ma, gratitude, les vœux que je viens d'exprimer, en mon nom et au nom du Clergé et des fidèles du diocèse de Toulouse. »

A l'issue de la cérémonie, M. le Prévôt du Chapitre offrit à Son Éminence la *Cappa magna,* don du Clergé diocésain. — Monseigneur faisait distribuer aux pauvres, par les soins des Sœurs de Saint Vincent-de-Paul, une très-large aumône.

Dès la première nouvelle de l'élévation de Monseigneur au Cardinalat, les témoignages de satisfaction, de joie, les respectueuses félicitations avaient afflué vers le Palais archiépiscopal de Toulouse. Ces démonstrations se renouvelèrent, avec plus d'ampleur encore, après le Consistoire du 12 mai et la cérémonie dont nous venons de parler. Des pays où il avait vécu, de tous les points du diocèse de Toulouse, des contrées les plus diverses, parvint l'expression d'une réelle allégresse. L'épiscopat de France, d'Espagne, d'Italie, de Belgique, et d'autres Etats de l'Europe, combla Monseigneur de ses suffrages. Tous ces messages sont réunis devant nous. De courts extraits peuvent seuls être cités ici.

Le vénérable Cardinal Régnier, qui avait donné à Mgr Desprez la consécration épiscopale, lui écrivit, dès le 10 février :

> « Très-cher Seigneur, et bientôt, s'il plaît à DIEU, très chère Eminence,

» Rien ne pouvait m'être plus agréable que la nouvelle de votre prochaine élévation au Cardinalat. Je m'en réjouis, à cause de vous, sans doute, mais surtout à cause de l'Eglise. DIEU soit béni. Si de pareils choix peuvent encore se faire, tout n'est pas perdu. »

D'Alger, Mgr Lavigerie avait envoyé une lettre ainsi conçue :

> « EMINENTISSIME SEIGNEUR,

» L'Afrique se souvient que Votre Eminence a été l'un de ses évêques et, en vous voyant élevé à la pourpre, elle mêle ses applaudissements et ses félicitations à ceux de la France et de l'Europe. Je me permets de les porter, en son nom, jusqu'à vos pieds, espérant qu'ils vous seront agréables, parce qu'ils vous rappelleront les travaux et les succès de votre premier apostolat.

» C'est pour moi un bonheur que de compter sur votre bienveillant souvenir, et de me dire, avec une respectueuse vénération, votre serviteur très-humble et très-dévoué... »

Mgr de Cabrières s'exprimait ainsi, le 18 février :

« Les journaux font pressentir un événement qui serait pour vous, pour votre siège, pour l'Eglise de France, un grand honneur. On annonce que le Souverain-Pontife va, dans le prochain Consistoire, vous revêtir de la pourpre. Voulez-vous me permettre, Monseigneur, de vous dire, dès aujourd'hui, que je me réjouirai fort sincèrement de vous voir récompensé par cette haute dignité des longs et fidèles services que vous avez rendus à l'Eglise de Dieu ? Pas un évêque français ne l'a aimée plus sincèrement et n'a voulu conformer plus exactement sa conduite aux saintes règles qu'elle a tracées. .

» Vous nous donnerez, Monseigneur, comme Cardinal, avec plus d'autorité, mais non pas avec plus de zèle que vous ne l'avez fait comme Archevêque, l'exemple du dévouement aux intérêts des âmes et à la défense des droits du Saint-Siège. Et nous essaierons, Monseigneur, en marchant sur vos traces, d'être obéissants et généreux, *usque ad effusionem sanguinis*, si Dieu le demandait... (1). »

De la Martinique, Mgr Carmené adressait à Mgr Desprez l'hommage le plus ému : « ... Je vous conjure de me conserver toujours votre paternelle affection ; j'y tiens, comme l'avare à son trésor.. »

M. Hubert-Delisle avait écrit à Monseigneur, le 11 février :

« La nouvelle venue de Rome émeut l'ancien gouverneur de l'Ile de la Réunion, touche le cœur de l'ami et comble de joie le chrétien.

» Plus une situation est élevée, plus aussi elle se mesure à votre taille, et plus vous pourrez faire le bien... »

Le 18 mai, Son Eminence s'épanchait dans une circulaire (2) adressée à son diocèse : « N. S. Père le Pape Léon XIII a daigné, disait-il, abaisser ses regards jusqu'à nous, le plus humble de ses Fils. Il nous a appelé à une sublime dignité ; il veut que désormais nous prenions place parmi les princes de son peuple, dans cet auguste Sénat qui partage, avec lui, le gouvernement de l'Eglise universelle.

---

1. Plus tard, Mgr de Cabrières, que le Cardinal affectionnait beaucoup, a écrit : «.. J'étais profondément touché de sa bienveillance, et je ne me retirais jamais d'auprès de lui, sans emporter de sa conversation et de ses conseils une impression qui augmentait mon désir d'imiter de loin les grands exemples qu'il donnait avec tant de simplicité et de naturelle élévation,.. »

2. N° 183.

» De nouveaux liens vont donc nous attacher à la Chaire de saint Pierre, depuis notre enfance, la première de nos affections. Sainte Eglise de Rome, notre regard se tournait sans cesse vers toi, comme autrefois celui des Israélites vers la montagne de Sion ! De toi, nous attendons les clartés de la vérité céleste et la loi destinée à guider nos pas dans le désert de cette vie...

» ....En contractant avec l'Eglise de Rome une plus étroite alliance, nous ne rompons pas, Sainte Eglise de Toulouse, les liens qui nous unissent à toi. La dignité qui nous est conférée ne fera, au contraire, que les resserrer ; car c'est à toi, nous aimons à le redire bien haut, que nous devons les honneurs qui couronnent notre vieillesse épiscopale.... Et nous, quels titres avons-nous à présenter pour justifier l'honneur qui nous est fait? Bien plus justement que saint Paul, nous pourrions dire : « *Je suis le dernier des apôtres et indigne de porter ce nom* (I Cor., XV, 9). Pourquoi donc le Pontife romain nous a-t-il distingué et choisi, de préférence à tant d'autres de nos Frères dans l'épiscopat, qui font la gloire de notre illustre Eglise de France ? N'est-ce pas toi, Eglise bien-aimée de Toulouse, qu'il a voulu honorer dans la personne de ton premier pasteur ? »

Après avoir remercié prêtres et fidèles de tant de témoignages d'attachement, Monseigneur disait, en terminant : « .... Que le Père de toute bonté exauce nos vœux et vous rende, au centuple, le bonheur et les consolations dont vous nous avez comblé, durant les années de notre épiscopat. Cette prière montera vers le Ciel, tous les jours de notre vie. Et quand il aura plu au Seigneur de rompre les liens de notre mortalité, si, grâce à sa miséricorde, nous sommes appelé au bonheur des élus, nous vous promettons, comme le promettait aux premiers chrétiens le Prince des Apôtres (II Petr., I, 15), de nous souvenir de vous, après notre mort, d'intercéder pour vous devant le trône de DIEU, afin que vous vous rappeliez et que vous mettiez en pratique les enseignements que nous n'avons cessé de vous donner, durant notre passage au milieu de vous. »

C'est le Chef de l'Etat qui remet aux Cardinaux nouvellement nommés la barrette cardinalice. La cérémonie ayant été fixée au lundi, 26 mai, Monseigneur partit pour Paris, où il arriva le 19. Il y devint, dès le lendemain, si souffrant, que la cérémonie sembla devoir être ajournée. On l'a dit avec raison : il a fallu à Mgr Desprez une santé de fer pour résister, durant de longues années, à d'incessantes

fatigues.... Aussi était-il fréquemment atteint ; mais il se relevait....
Nous le voyons encore, au séminaire des Pères du Saint-Esprit, rue
Lhomond, dans l'appréhension de retarder la cérémonie, à laquelle
le Cardinal Pie était aussi convié. La respiration était gênée, la voix
notablement voilée. Son Eminence ne pouvait célébrer la messe.
Dans les intervalles de nos visites, ses lettres se succédaient cependant pour que rien ne souffrît de sa pénible indisposition, pour nous
désigner (et dans l'ordre qu'il avait le soin de préciser) les personnes
amies dont il désirait la présence. Nous retrouvons ces lettres, ces
notes.... Le cher diocèse de Saint-Denis n'était pas oublié. Sur quatorze noms, six étaient ceux de Bourbonniens ; le premier désigné,
entre ceux-ci, était, on ne saurait en être surpris, M. Hubert-Delisle.

Une amélioration se déclara. Monseigneur, qui n'en avait point
désespéré, s'était refusé à demander un ajournement. Le 26 mai,
à 10 h. 1/2, les deux Cardinaux étaient reçus dans les salons de
l'Elysée.

Mgr Cataldi, maître des cérémonies pontificales, — le prélat que
Pie IX avait délégué, en 1876, pour les fêtes du couronnement de
la Vierge et de la consécration de l'église de Lourdes, — avait
été désigné pour apporter à Paris la barrette destinée à Mgr Desprez.

La cérémonie eut lieu, non dans la chapelle et après la célébration
de la messe, suivant la coutume, mais dans le salon des ambassa-
deurs.

Mgr Desprez et, après lui, Mgr Pie, s'exprimèrent dans les termes
les plus dignes, devant le Chef de l'Etat, assisté des Ministres des
affaires étrangères et des cultes.

Voici l'allocution de Mgr Desprez :

« MONSIEUR LE PRÉSIDENT,

» Il est facile à un Prince de l'Eglise d'être modeste, en revêtant
la pourpre, quand il est obligé, comme moi, d'y voir une décoration
donnée au siège qu'il occupe et à ses longues années d'épiscopat,
plutôt qu'à son mérite personnel. Comment me défendre néanmoins
d'un légitime orgueil, aujourd'hui, en pensant que cette distinction
m'est accordée par la bienveillance de l'un des plus illustres pilotes
qui aient gouverné la barque de Pierre, en ses orageuses traversées ?
Veuillez croire, Monsieur le Président, que j'associe, dans ma recon-

naissance, les deux pouvoirs qui concoururent à mon élévation. Il n'en coûte pas aux évêques de se proclamer les débiteurs de leur pays, soit parce que l'homme s'honore, en reconnaissant ses dettes de fils, soit parce que nous avons conscience d'acquitter les nôtres envers la France, par des services moraux qu'il sera difficile d'effacer de son cœur et de son histoire.

» Il y a plus : comme c'est la grandeur même des peuples catholiques de n'être point sujets de la même autorité, au spirituel et au temporel, ils aiment d'autant plus la patrie qu'elle se montre, à leur égard, plus délicatement mère, en s'interdisant de toucher à leur conscience, et « *cette religion de la seconde majesté,* » comme parle Tertullien, s'accroît de toutes les déférences du pouvoir séculier envers l'Eglise, parce qu'à ce prix, est fondée la vraie garantie de la dignité et de la liberté des âmes.

» Nous sommes heureux, Monsieur le Président, de voir un ordre de choses si respectable placé sous la sauvegarde des vertus civiques qui distinguent le premier magistrat de la République, au moment où les plus grands problèmes se discutent, au sein de notre société. Le Pape saint Grégoire écrivait à l'empereur Maurice ces remarquables paroles : « Sachez que la souveraine puissance vous est communiquée d'en haut, afin que la vertu soit aidée, que les voies du ciel soient élargies et que l'empire de la terre serve l'empire du ciel. »

» Je trahirais un grand devoir, si j'hésitais à réclamer, dans les limites constitutionnelles, l'intervention de votre autorité pour le redressement de toute tendance contraire à l'esprit de cette législation divine : un serment, prêté naguère au pied de l'autel, m'oblige à défendre, s'il le fallait, au péril de ma vie, les droits imprescriptibles de l'Eglise, et le vrai patriotisme ne saurait contredire à la prière que je vous adresse ; car, si l'on ne peut dénombrer les peuples qui furent immortalisés par la religion, on n'en compte pas un seul qui ait prospéré sans elle. »

Cette allocution, si digne et si ferme, ne surprit aucun de ceux qui connaissaient le Cardinal. Dans toutes les circonstances, où son devoir d'évêque lui a commandé d'élever la voix, il a défendu, sans faiblir, la vérité, la liberté de l'Eglise, avec une énergie peu commune. Tel il s'était montré, à plusieurs reprises, vis-à-vis de l'Empire, tel il s'affirma, sous le nouveau régime, jusqu'au terme de sa carrière.

De nombreuses lettres lui parvinrent pour le remercier ou le féliciter. Citons, entre toutes, la lettre suivante de Mgr Perraud :

« *Autun, le 30 mai 1879.*

» Eminentissime Seigneur,

» Permettez-moi de vous offrir mes très-sincères félicitations et de vous dire combien j'ai applaudi, du fond du cœur, au langage si noble, si élevé, si ferme, que Votre Eminence a tenu, en face du premier magistrat de la République, dans la cérémonie de la remise solennelle de la Barrette cardinalice.

» Je ne doute pas que mes sentiments ne soient partagés par tout l'épiscopat français, heureux de voir ses propres pensées si bien exprimées par le vénérable métropolitain de la province de Toulouse.

» J'ai l'honneur, etc.

» † Adolphe-Louis,
» Evêque d'Autun. »

A sa rentrée à Toulouse, le cher Cardinal fut l'objet d'une réception triomphale, qui rappelait, en l'accentuant, l'accueil du 29 novembre 1859. Que ne reproduisons-nous le récit de toutes les circonstances qui signalèrent ce jour de fête !...

VIII.

Monseigneur, accompagné à Rome par un beau cortège de membres de son clergé et de prêtres du diocèse de Cambrai, ainsi que de laïques dévoués, reçut l'anneau et le chapeau, dans le Consistoire du 22 septembre 1879, en même temps que Mgr Pie et trois autres Cardinaux. A l'issue de la cérémonie, M. le chanoine Castillon, archiprêtre de la métropole de Toulouse, le complimenta, au nom de son diocèse.— Le 25, Son Eminence prit solennellement possession de l'église des saints martyrs Pierre et Marcellin, dont le titre avait été attaché à sa dignité cardinalice. Mgr Franchi, en qualité de Vicaire du Cardinal Doyen, protecteur de l'Eglise et du monastère des Carmélites, attenant, lut une élégante adresse, conçue en langue latine et à laquelle Mgr Desprez répondit, dans la même langue, en termes excellents. Sa touchante humilité lui inspira ces paroles :

«.... Quibus omnibus cum ipse nequaquam virtute nec doctrinâ nec pietate sim comparandus, summopere timeo ne conspicuæ hujus ecclesiæ decus et gloria, hæreditario quodam jure in dies amplificata, meâ culpâ quid detrimenti capiat. Allaborabo tamen et, vestris precibus fretus, omnem operam, studium et industriam conferam ad commune omnium bonum procurandum, ecclesiamque mihi creditam sancte pro viribus honorandam (1).... »

Le Cardinal Desprez visita et bénit les Carmélites ; à ces religieuses, spoliées, comme presque toutes les communautés de Rome, il laissa une large offrande, accrue par le don spontané qu'une charitable personne du diocèse de Cambrai l'avait prié d'y ajouter. Monseigneur mit le comble à leur joie, en leur remettant une relique de sainte Germaine et en distribuant à chacune d'elles une belle image de Notre-Dame-de-Lourdes.

Le 27 septembre, le Saint-Père accordait une audience aux prêtres et aux fidèles des diocèses de Toulouse et de Poitiers ; dans le

---

1. «... Ne pouvant me comparer à ceux qui m'ont précédé, n'ayant ni leur vertu, ni leur science, ni leur piété, je crains beaucoup que la beauté et la gloire de cette église remarquable, gloire et beauté qui ont, comme par une sorte de droit héréditaire, grandi en elle de jour en jour, n'éprouvent, par ma faute, une certaine décadence. Je lui consacrerai cependant tous mes efforts ; soutenu du concours de vos prières, je mettrai tous mes soins, mon zèle et mon industrie, soit à procurer le bien de l'Eglise universelle, soit à honorer, pieusement et selon mes forces, l'Église particulière qui vient de m'être confiée... »

L'église Saint-Pierre et Saint-Marcellin, au mont Cœlius, est située à deux cents mètres environ de la Basilique de Latran, sur la *via Merulana*, qui part de la place du Baptistère de Constantin et se dirige vers le Colisée ; c'est celle dont il est fait mention, au *martyrologe romain*, comme étant placée *inter duos lauros* (entre deux petits bois de lauriers), sur la *via Lavicana*, en dehors et à quelque distance de la *Porte majeure*, au lieu appelé *Signattara* et où se trouvaient les potiers de terre, au moyen-âge. C'est dans cette église célèbre que Constantin avait fait bâtir le tombeau de sainte Hélène, sa mère, transféré, depuis, au sanctuaire de l'*Ara Cæli*, près du Capitole.

Nous ne saurions ne pas faire remarquer que, sous la *Confession* de cette église, se trouve une partie des reliques de sainte Félicité, patronne de la mère de Mgr Desprez, et des sept enfants de la Sainte, martyrs avec elle ; ces reliques ont été données à cette église par le Pape saint Léon IX, lorsque les corps furent retirés du cimetière de la *via Salaria*.

L'édifice, tel qu'il est aujourd'hui, a été construit, sous le Pontificat de Benoît XIV, qui avait été Cardinal de ce titre. Le style est celui de la Renaissance. L'intérieur est en forme de croix grecque.

Il est de règle, depuis des siècles, que le haut protectorat de cette église appartient au Cardinal-Doyen. Aussi, malgré son grand âge, l'Éminentissime *di Pietro* s'y était-il rendu pour y recevoir Mgr Desprez, à sa première visite, avant la prise de possession. Durant son Cardinalat, Pie IX avait été titulaire de cette église.

discours que prononça le Souverain-Pontife, en réponse à l'adresse lue par M. l'Archiprêtre Castillon, le plus délicat hommage était rendu aux mérites et aux vertus des deux nouveaux Cardinaux français.

Au retour de Monseigneur Desprez, les démonstrations du plus sympathique respect se renouvelèrent, à Toulouse : Son Eminence en fut émue.

IX.

Au moment où se préparait la fête du cinquantième anniversaire de l'ordination sacerdotale de Monseigneur, son cœur était attristé par la mort de l'un de ses plus chers collaborateurs, M. le Vicaire général de Pous ; il s'éteignait, le 4 décembre, après avoir vécu, en ce monde, comme un étranger à tout ce qui ne se référait point au culte divin, à l'accomplissement du devoir, à l'exercice de la plus suave charité.

Le 19 décembre 1879, s'achevait la cinquantième année écoulée depuis l'ordination de Monseigneur. Il annonça, « en toute simplicité, » cet anniversaire au diocèse, en sollicitant des prières (1) : « .... N'est-ce pas, dit-il, le cas, N. T. C. F., de m'écrier, avec le Roi-Prophète : *Que rendrai-je au Seigneur pour toutes les faveurs dont il m'a comblé ?* Dans ce long intervalle de temps, plus de dix-huit mille fois, j'ai pris, à l'autel, le calice du salut et offert le Sacrifice par excellence. Où trouver des sentiments et des accents de reconnaissance, en rapport avec ces innombrables bienfaits ?

».... Nous avons été, nous sommes chargé d'un fardeau dont le poids est si lourd que, d'après les saints Docteurs, il ferait ployer les épaules des Anges eux-mêmes. Il ne s'agit pas, pour un évêque, dit saint Jean-Chrysostôme, de gouverner un royaume, de conduire une armée à la victoire, mais de conduire tout un peuple à la conquête du royaume de DIEU.

» Aussi, que le calme de la nuit est parfois terrible pour nous, lorsque nous repassons, dans notre esprit, nos devoirs en toute leur étendue ! Notre main doit soutenir le faible ; notre œil doit veiller

1. Voir Lettre du 8 décembre 1879 (nº 188). Le 19 décembre était la date de l'anniversaire ; mais les fêtes de Noël et d'autres circonstances firent ajourner la solennité au 6 janvier 1880.

constamment pour empêcher l'homme ennemi de semer l'ivraie dans le champ confié à nos soins ; notre voix doit vous instruire, vous encourager, vous reprendre ; nos pieds doivent être toujours prêts à courir après la brebis qui s'égare ; nos bras, toujours tendus pour recevoir les pécheurs, et notre cœur doit être un asile ouvert aux infortunes et aux douleurs...

» Demandez au Seigneur qu'il nous donne, de plus en plus, la simplicité qui touche, la lumière qui éclaire, l'onction qui gagne la confiance, la force qui résiste puissamment au mal et la douceur qui fait goûter le bien. Demandez pour nous un amour plus grand encore, s'il est possible, de cette justice et de cette impartialité qui font aimer l'autorité ; par-dessus tout, obtenez-nous la miséricorde pour les pécheurs, afin qu'à notre dernière heure, nous puissions espérer que le Souverain Juge nous accordera la couronne promise aux pasteurs fidèles. »

Entouré des membres du Chapitre, des Curés de la ville et de nombreux ecclésiastiques, accourus des paroisses de la cité et de beaucoup de localités du diocèse, spécialement assisté par six prêtres ordonnés aussi, en 1829, Monseigneur célébra pontificalement la messe, dans son église métropolitaine. Il recueillit des consolations qui allaient le fortifier pour soutenir, avec plus de courage, la cause de la justice et de la religion, durant les douloureuses années qui se préparaient.

CHAPITRE XII.

(1880-1884.)

Décrets du 29 mars 1880. — Mesures illégales contre les
Ordres religieux, à Toulouse, 29 juin, 16 octobre, 3 novembre 1880. — Violence contre le Cardinal Desprez,
3 novembre 1880. — Processions interdites, à Toulouse,
avril 1881. — Profanation et enlèvement de la statue de
sainte Germaine, à Toulouse, 8 juillet 1881. — Onzième
voyage à Rome, novembre-décembre 1881. — Préparation,
à Toulouse, du Congrès des œuvres Eucharistiques, avril-
juillet 1884. — Le choléra, août-octobre 1884 : ajournement du Congrès. — Publication d'un nouveau Catéchisme. — Vingt-cinquième anniversaire de la prise de
possession de son siège métropolitain, par Son Eminence,
27 novembre 1884.

L'ÉNERGIE de Monseigneur ne fut jamais abattue, au cours des
épreuves réservées, à partir surtout de cette époque, à l'Église
de France. Il avait déjà protesté contre les premiers projets injustes,
élaborés par le Ministère de l'Instruction publique. L'imminence du
péril lui fit consacrer son instruction pastorale, pour le carême de
1880 (1), à l'immense dommage qui résulterait des *« écoles sans Dieu.»*
« De toutes les menaces que l'impiété, disait-il, ne cesse de vomir,
chaque jour, dans les feuilles publiques, contre DIEU et son Église,
il en est une qui nous émeut profondément : c'est celle qui vise l'âme
de l'enfance. Le mot d'ordre est donné : c'est contre les écoles chrétiennes que l'enfer tourne aujourd'hui ses efforts, dans la guerre
contre l'Église de JÉSUS-CHRIST..... » Monseigneur prédisait en-

---

1. Inst. pastorale et mandement du 5 janvier 1880 (n° 190). — Le 11 mars 1880 (n° 193),
Monseigneur publiait l'Encyclique du Souverain-Pontife, du 10 février précédent, *Arca-
num divinæ sapientiæ,* — *sur le mariage.*

suite, avec une saisissante exactitude, les désastres que devaient entraîner de tels desseins ! Sujet d'une importance capitale, qui fut, dans ses différents diocèses, maintes fois signalé par Monseigneur à l'attention de tous et qui, à partir de 1880, laissait entrevoir de prochaines calamités.!

I.

Les catholiques avaient presque seuls usé de la liberté proclamée par la loi du 12 juillet 1875, quant à *l'enseignement supérieur ;* aussi se hâta-t-on de la restreindre. Le 18 mars 1880, le titre d'*Universités* fut enlevé aux nouveaux établissements, et, — atteinte de la plus haute gravité,— on supprima les jurys mixtes, en écartant ainsi le corps professoral des Instituts catholiques de toute participation au jugement des épreuves, subies par les élèves de ces Instituts.

La conséquence de cette mesure a été funeste : beaucoup de familles redoutèrent, depuis cette époque, pour leurs enfants, le prétendu dommage que pourrait leur causer le caractère de leurs maîtres, — dommage toutefois incertain et d'ailleurs secondaire, en regard de l'inestimable prix d'un enseignement ne laissant place à aucune éventualité d'erreur, sur les questions fondamentales.

Dès la première élaboration, en 1879, de la loi, votée le 18 mars 1880, on avait cherché à enlever aux membres des congrégations non autorisées, — ce qui n'est dénié à aucune catégorie de citoyens, — le droit d'enseigner. Les persécuteurs considéraient cette interdiction comme essentielle, l'œuvre de perversion devant être singulièrement entravée, si l'on laissait subsister beaucoup d'écoles, d'où l'idée de DIEU ne serait point bannie. L'art. 7 du projet formulait cette exclusion ; dès que ce dessein fut connu, Mgr Desprez avait, de concert avec ses Suffragants, formulé une énergique protestation (1). Voté, en 1879, à la Chambre des députés, par 334 voix sur 499, le texte de l'art. 7 fut repoussé, le 13 mars 1880, par le Sénat... Dès le 16, la Chambre invitait le Gouvernement à faire exécuter contre les Congrégations les *lois existantes.*

---

1. V. l'Adresse de NN. SS. les Évêques de la Province ecclésiastique de Toulouse au Sénat et à la Chambre des Députés.

Le 29 mars, étaient publiés les décrets qui, malgré la décision du Sénat, enlevaient aux Congrégations non reconnues, — plus même que le *droit d'enseigner,*— le *droit même d'exister, en fait.* Ces mesures, dont l'illégalité a été surabondamment démontrée, provoquèrent une véritable stupeur, non seulement chez les catholiques, mais aussi dans tous les milieux, où est respectée la notion du droit.

Le lendemain, 30 mars, le Cardinal posait et bénissait la première pierre d'une nouvelle église que les RR. PP. Dominicains faisaient construire, à Toulouse. En réponse à la harangue que lui adressa le R. P. Provincial, Son Éminence fit entendre des accents dans lesquels on sentait palpiter une âme de pontife et de père ; Monseigneur dit en quelle estime il tenait les Ordres religieux : « Ce matin, s'écria-t-il, en terminant, ont paru les décrets que nous redoutions ; ils frappent des fils dévoués de l'Eglise. Demandons à la Vierge Marie, qui est la Reine de la France, d'éclairer nos ennemis... »

A partir de cette date, de sombres jours allaient se succéder, accumulant les iniquités, au détriment de la religion, de la justice et de la liberté. Il est, hélas ! aisé de suivre le développement de la trame odieuse, ourdie contre ces trois nobles causes, dont l'honneur est de s'être trouvées, en toutes circonstances, indissolublement unies.

Quelques semaines après ces dispositions arbitraires et agressives, Son Eminence perdait l'un de ses plus distingués collaborateurs, — la chaire chrétienne, un orateur justement renommé, — l'Institut catholique, le chef qui consacrait, depuis trois ans, au nouvel établissement universitaire, une large part de sa féconde activité : le R. P. Caussette, Vicaire-général, était le 12 mai 1880, rapidement enlevé par la mort.

II

Le 30 juin, il était procédé à l'exécution des décrets, dont une consultation célèbre, suivie d'adhésions aussi autorisées que nombreuses, a démontré la flagrante illégalité. Les agents du pouvoir violèrent impunément, à Paris, en même temps qu'en bien d'autres lieux, les lois protectrices de la liberté individuelle et de la propriété.

A Toulouse, comme ailleurs, la Compagnie de Jésus eut l'honneur de la première agression. Quelques hommes de cœur veillaient, avec les Pères, à leur *résidence* de la rue des Fleurs (1). Au lever du jour, les agents ordonnent l'expulsion ; les religieux déclarent qu'ils ne céderont qu'à la force ; les portes sont enfoncées... La foule acclame les Pères, contraints de sortir, et leurs défenseurs. Les gendarmes portent instinctivement les armes devant un vénérable religieux, âgé de quatre-vingt-deux ans, aumônier des prisons durant de longues années, modèle de science et de vertu, le P. Guzzi, sur la poitrine duquel brille la croix de la Légion d'honneur. — Au *Noviciat*, à la Côte-pavée Montaudran, mêmes violences, mêmes protestations indignées.

Ce spectacle remplit de tristesse les cœurs les plus étrangers aux mesquines divisions des partis, les hommes qui les dominent tous, dans la sérénité de leur âme, dans l'amour de la justice et du pays. Sous l'impression de ces sentiments, des centaines de magistrats du parquet quittèrent leur carrière bien-aimée, brisèrent leur vie terrestre, pour se soustraire à des instructions

---

1. V. le *Livre d'or des proscrits*, par le R. P. Marie-Antoine, Toulouse, impr. Privat, 1880. — A un magistrat qui, dès le lendemain des décrets, avait écrit sa lettre de démission pour l'envoyer au ministre, à la première nouvelle d'une violation des lois, Mgr Desprez écrivait, le jour même, 30 juin : « Mon cher ami,... La nuit blanche que je viens de passer a fait voyager mes pensées, de Toulouse, rue des Fleurs, à Paris, rue ..

» J'ai eu des nouvelles, vers sept heures, de l'exécution perpétrée chez les Pères, à quatre heures du matin. Le commissaire les a suppliés de céder à la violence morale qui leur était faite. Ils ont déclaré qu'ils n'ouvriraient pas la porte canonique, dite de *clôture ;* elle a été enfoncée !.. La foule, composée de personnes de toutes classes, s'est découverte, à la sortie des religieux ; on se mettait à genoux, pour recevoir leur bénédiction ou baiser leurs vêtements ; il y avait des larmes dans tous les yeux. Les gendarmes, postés à distance, ont porté les armes, au passage du vénérable Père Guzzi, décoré de la Légion d'honneur.

» Hier matin, à huit heures, j'étais allé dire la messe, au *Jésus*, en présence de deux mille hommes, groupés autour du premier pasteur ; beaucoup d'entre eux ont communié. — A neuf heures, messe pour la réunion des dames ; même foule et communions nombreuses.

» Il faut prévoir maintenant la dispersion des autres Ordres d'hommes, puis des communautés de femmes, enfin la séparation de l'Eglise et de l'Etat : tel est le programme des loges maçonniques ; ce n'est plus qu'une question d'*opportunité !*

» Je vous embrasse, avec effusion.

» Votre dévoué ami,

» † Florian, Card. DESPREZ, arch. de Toulouse. »

déshonorantes, ou, comme le déclara l'un d'eux qui n'avait aucun ordre à recevoir, pour fuir tout contact avec de tels détenteurs du pouvoir. Pendant que des citoyens français, atteints dans leurs droits les plus indéniables, réclamaient des juges, *forum et jus*, le gouvernement se méfia de la magistrature, au point de faire opposer partout l'exception d'incompétence. Les actes accomplis constituaient des faits énormes ; en contester l'examen à la justice ordinaire, au juge par excellence de toute question de·ce genre, ce fut un acte plus énorme encore ; c'était, — honteuse réaction, — nous faire reculer bien loin en arrière. Ce qui ne s'était jamais vu, un ordre pur et simple, méconnaissant l'indépendance native du ministère public, à l'audience, dicta ses conclusions, subordonna même les officiers du parquet à la·direction des préfets, qui ne sauraient avoir sur eux l'autorité la plus lointaine ! Les décisions du tribunal des conflits assurèrent l'impunité de tous les méfaits.

Devançant le jugement de l'histoire, les esprits les plus élevés, en France et au dehors, ont stigmatisé ces entreprises oppressives. C'était l'abus sans contre-poids, — l'autocratie des derniers siècles et au-delà, sans les remontrances possibles de nos vieux parlements, — l'absorption du pouvoir judiciaire par le pouvoir exécutif, — l'arbitraire substitué au règne des lois ; c'était la Bastille, dont on fêtait, non la destruction, mais le relèvement... Le pays ne comprit pas, hélas ! qu'en même temps que d'autres causes, de cette cynique violation des lois, de la désorganisation judiciaire, devait résulter l'effondrement social ; il était cependant trop aisé de prévoir les lamentables conséquences qui se déroulent sous nos yeux (1).

---

1. Pendant que ces violences étaient exercées contre la religion, l'œuvre, dite *législative*, concourait à la démoralisation du pays ! Le 18 juillet 1880, licence sans bornes était concédée, par rapport à l'ouverture des *cabarets*, qui sont, pour tant d'hommes, l'antichambre de l'hôpital ou de la prison. — Le 30 juin 1881, la liberté des réunions publiques était proclamée ; là, notamment, à l'abri de poursuites, tout frein étant écarté, on peut impunément bafouer les principes sacrés sur lesquels repose l'existence même de la société. — Le 29 juillet suivant, pleine latitude était accordée aux journaux, aux publications de toutes sortes, pour dénigrer, insulter quotidiennement la religion. — Le 14 novembre 1881, l'art. 15 du décret du 23 prairial an XII était abrogé ; le cimetière cessait d'être, pour les catholiques, un lieu saint ; on le déclarait commun à tous, juifs, chrétiens, incroyants, athées, etc. ! !

III.

Au milieu du mois de septembre 1880, Monseigneur alla se retremper, à la source des vivifiants souvenirs de son enfance, de sa jeunesse, dans son village natal, dans les localités, témoins des premiers labeurs de sa carrière. Ostricourt, — Cuincy, — Pont-à-Marcq, — Templeuve, — Roubaix, le revoyaient ; il y épanchait son indicible douleur, en mêlant à ses bénédictions, à l'exercice de son haut ministère, la tendresse dont son âme débordait (1).

C'est à Cuincy qu'il arrivait tout d'abord, le 17 septembre. Avec quelle émotion ne retrouvait-il pas le presbytère de son vénérable oncle, l'hospitalière mansarde de son adolescence ! Il venait consacrer l'église, agrandie et restaurée, cérémonie dont l'inscription, gravée sur une plaque de marbre, perpétue le souvenir (2).

Son Eminence avait donné à cette chère église, dans un reliquaire en or, un précieux fragment du corps de saint Martin, patron de la paroisse : un vol sacrilège en a dépouillé Cuincy, au cours de l'année 1884.

Le cœur de Monseigneur ne fut, — on peut l'affirmer, — jamais en défaut. Les Sœurs de la Providence, de la communauté si longtemps dirigée par sa digne tante, Pélagie Turbelin, furent brutalement expulsées de leur immeuble de la rue Fortier, à Douai, en récompense de leur zèle pour l'instruction des enfants. Les catholiques douaisiens firent construire, pour abriter ces dévouées

---

1. Que ne pouvons-nous relater ici les réceptions dont Monseigneur fut l'objet, de la part de ces chères paroisses ! On acclama le Prince de l'Eglise, impatiemment attendu; depuis son élévation au Cardinalat; les procès-verbaux ou le résumé de ces réceptions sont sous nos yeux ; il y eut un élan, une joie, que constate notamment, de la manière la plus heureuse, le récit concernant la visite de Templeuve.

2.
> *MDCCCLXXX Die XVII septembris,*
> *Eminentissimus Cardinalis Desprez, Archiepiscopus*
> *Tolosanus, consecravit ecclesiam hanc,*
> *Altare majus, et inclusit*
> *in eo reliquias*
> *S. S. M. M.*
> *Juliani, Floriani ac Felicis*
> *Et indulgentias prout in Pontificali concessit.*

éducatrices des pauvres, le nouvel établissement de la rue du Cau-
teleux. Monseigneur, nous le constaterons bientôt, tint à le bénir,
considérant qu'il acquittait ainsi comme une dette de reconnaissance ;
rien ne contribua davantage à consoler les dignes religieuses, de
l'ingratitude, dont on les avait rendues victimes.

IV.

Monseigneur avait hâte de revenir dans son diocèse, où il appré-
hendait l'accomplissement de nouvelles violences.

Bientôt, les élèves du *Collège Sainte-Marie*, dirigé, place Saint-
Sernin, à Toulouse, par les Pères de la *Compagnie de Jésus*, étaient
brutalement expulsés. — On renouvelait, le 16 octobre, dans la
maison conventuelle des *Carmes*, les scènes du 30 juin. — Le 3
novembre, dès cinq heures du matin, le couvent d'autres bienfaiteurs des pauvres, des Pères Capucins, était cerné. A la suite
d'inutiles sommations, le premier coup de hache retentit ; après
quarante minutes d'efforts, la porte est ouverte... Pendant ce temps,
les Pères, escortés de vaillants défenseurs, transportent processionnellement le Saint-Sacrement, à travers les longs corridors du
cloître, pour le soustraire aux profanations des envahisseurs. Le
P. Marie-Antoine donne lecture d'une énergique protestation, que
corrobore la ferme parole de M. de Belcastel, du P. Fulgence et du
P. Antonin. Les religieux, qui sortent sous l'action de la force, sont
salués par les acclamations de la foule ; c'est comme une marche
triomphale. — Les Pères Maristes étaient l'objet des mêmes violences et des mêmes ovations.

La police pénétrait aussi dans la maison du *Calvaire*, résidence
des prêtres du *Sacré-Cœur*, Missionnaires du diocèse, et qui appartient,
depuis 1822, aux Archevêques de Toulouse.

Son Eminence se trouvait, au milieu de ses prêtres, pour protester
Elle-même contre l'iniquité. Le commissaire répondit qu'il n'avait
pas qualité pour écouter ses plaintes et que, « tous, Cardinal et prêtres,
devaient sortir. » Le Cardinal-Archevêque s'est alors assis dans son
fauteuil et, regardant en face, avec une vraie noblesse, le mandataire
des persécuteurs : « *Je proteste*, dit-il ; *je ne céderai qu'à la force...* »

Le commissaire appelle deux agents qui, à la vue du Pontife, demeurent interdits ; l'infortuné représentant de la police s'approche et, levant la main, la pose sur l'épaule du Prince de l'Église. Monseigneur conserve tout son calme; à quelques pas de Son Eminence, était renfermé dans une urne funéraire le cœur du Cardinal d'Astros ; cette grande mémoire accroissait l'indomptable énergie de son vénéré successeur.

Victime de la violence, Son Eminence se leva, chassée, avec ses missionnaires, d'une maison qui lui appartenait (1). Leurs confrères de la petite rue Nazareth, de Pibrac et de Notre-Dame d'Alet, étaient expulsés, en même temps.

Le jour même, Monseigneur adressait au Ministre de l'Intérieur et des Cultes une protestation ainsi conçue :

« ... Il est de mon devoir de vous signaler un des actes les plus révoltants, auxquels a donné lieu l'exécution des décrets du 29 mars dernier.

» Ce matin, je consolais, au moment de l'épreuve, quelques prêtres auxiliaires soumis à ma juridiction, quand un agent de police, s'autorisant d'un prétendu mandat, n'a pas craint de m'expulser, en portant la main sur moi, d'un établissement qui est la propriété du diocèse.

» Vous n'en doutez pas, M. le Ministre, c'est à l'épiscopat tout entier, c'est à l'Église et à DIEU que s'adresse l'outrage dirigé contre ma personne : aussi je le dénonce à la justice des pouvoirs publics, et si ce recours devenait, comme tant d'autres fois, inutile, j'aurais le droit de penser et de dire qu'après en avoir fini avec les religieux, on commence à travailler à anéantir la religion elle-même.

» J'espère que vous ne me réduirez pas à une extrémité, dans laquelle vos déclarations d'abus ne pourraient m'empêcher de remplir un devoir de ma conscience épiscopale.... »

Méfait qui eût exigé un châtiment immédiat, et qui n'est pas moins, — est-il nécessaire de le dire ? — comme les autres attentats, demeuré impuni !

« Dès que se répandit, dans notre ville, — nous empruntons ces

---

1. Monseigneur nous écrivait aussitôt : « .... En même temps que ma lettre, vous lirez dans les journaux le récit de l'attentat dont je viens d'être l'objet et les protestations que j'ai immédiatement adressées au Ministre des Cultes...... »

lignes à la *Semaine catholique* de Toulouse, — la nouvelle de l'acte sacrilège, commis, le 3 novembre, sur la personne de notre vénérable Archevêque, l'émotion fut grande, et les catholiques accoururent, de toutes parts, pour exprimer leur profonde affliction au premier Pasteur du diocèse.

» Le Clergé sentait particulièrement le besoin d'une réparation solennelle. Aussi, le Chapitre métropolitain s'est-il, le soir même, rendu, en corps, à l'Archevêché, avec MM. les Curés, aumôniers et vicaires, pour dire à Monseigneur, par l'organe de M. le Vicaire-général Dencausse, la douleur que causera longtemps aux prêtres et aux fidèles, le souvenir de l'attentat.

» Monseigneur, profondément touché de cette manifestation, en a témoigné sa reconnaissance, en termes émus. Il a retracé, en quelques mots, la douloureuse scène dont il fut victime, dans sa maison du Calvaire, et, après avoir montré la folie des hommes qui méditent la ruine de l'Église, tant de fois persécutée, mais toujours victorieuse de ses ennemis, il nous a exhortés à prier pour eux, tout en restant attachés invinciblement à nos évêques, comme nos évêques le sont eux-mêmes au roc inébranlable qui porte le siège du Vicaire de JÉSUS-CHRIST. »

V.

La perversité des temps suscitait à Son Éminence d'incessantes épreuves (1).

La mémoire de l'angélique Bergère de Pibrac, — mémoire particulièrement chère à Monseigneur, — glorifiée, à Rome, et honorée, à Toulouse, d'inoubliables témoignages, allait être, dans cette ville même, où tant d'âmes chrétiennes s'enorgueillissent de son culte, l'objet d'une odieuse profanation.

Nous avons raconté les fêtes ; voici l'ombre après la lumière, la

---

1. Le 5 janvier 1881, date presque toujours choisie comme étant celle de sa consécration épiscopale, Monseigneur adressait son instruction pastorale et son mandement pour le Carême de cette année (n° 196) : « *Sobrii estote — et vigilate ; — resistite fortes in fide...* » — Le 25 mars, Monseigneur publiait (n° 198) l'Encyclique *Militans Jesu-Christi Ecclesiæ*, par laquelle S. S. le Pape Léon XIII annonçait un jubilé extraordinaire.

douleur après la joie, l'outrage après le triomphe, et à un intervalle de quatre années à peine!

Un arrêté municipal venait d'interdire les processions, entourées d'ordinaire, à Toulouse, d'un remarquable éclat : procession des Saintes Reliques, à la fête de la Pentecôte, — procession du Très-Saint-Sacrement. Les protestations de Monseigneur avaient été vaines. Ne voulut-on pas essayer même de faire condamner comme délictueux le fait de porter, avec le concours d'un pieux cortège, le saint-Viatique aux infirmes, aux malades ? L'impiété devenait maîtresse de la cité de Saturnin.

Des attaques furent dirigées, par certains organes de la presse, contre la statue de sainte Germaine (1). La défense du monument, présentée par des publicistes catholiques et, dans un mémoire, par des membres du Comité de fondation, fut soutenue, avec chaleur d'âme et fermeté, par Son Eminence, qui écrivit au préfet pour le conjurer de ne pas donner son approbation à l'arrêté municipal, que l'on annonçait comme prescrivant l'enlèvement de la statue. Sa lettre résumait toutes les considérations. Le plus haut représentant de la religion ne pouvait taire ses alarmes et accepter, comme Son Eminence le disait si justement, « la responsabilité du silence, » la plus grande, dans nos temps de deuil, après celle de la complicité.

Quelques jours après, le maire de Toulouse informait *Monsieur* le Cardinal-Archevêque de la décision prise en Conseil municipal, et osait offrir au Prélat la statue de sainte Germaine ! Monseigneur répondit à cette étrange proposition :

« Toulouse, le 30 juin 1881.

» Monsieur le Maire,

» Je ne puis vous dissimuler la profonde tristesse que me cause le projet de démolition du monument de sainte Germaine. Permettez-moi d'espérer encore que le vote émis par le Conseil municipal ne sera pas son dernier mot sur cette grave question. En exécutant une semblable mesure, vous agiriez contre les droits des catholiques, et peut-être donneriez-vous lieu à des conflits.

» Dans le cas où l'autorité municipale persisterait dans ses des-

---

1. Voir *Sainte Germaine et le peuple de Toulouse*, par G. Maisonneuve, Toulouse, Douladoure-Privat, imp., 1881.

seins, je ne saurais accepter l'offre que vous me faites, par votre lettre du 29 courant. Au point de vue de la simple délicatesse, il me répugnerait aussi de profiter, à un titre quelconque, d'une démolition qui affligerait toutes les consciences catholiques de la ville, du diocèse, de la France entière... »

Le vendredi, 8 juillet 1881, l'odieuse mesure fut exécutée. On mit sur pied, dans la crainte d'un soulèvement populaire, plus d'agents de police, plus de gendarmes, plus de soldats qu'il n'en aurait fallu pour comprimer une insurrection ; la circulation était interdite, depuis trois heures du matin, dans les rues avoisinant la place Saint-Georges, défendue comme une forteresse. On offensait l'armée, en recourant à elle, dans une telle occurrence. Au milieu des ricanements de quelques forcenés, la belle œuvre de Falguière fut mutilée ; les démolisseurs, accrochés aux épaules de la statue, frappèrent, à coups redoublés, pour déboulonner les bras étendus dans la pose de la prière, de l'extase : douloureuse scène, sur laquelle planait, en quelque sorte, l'horreur des jours de la Révolution... La statue, couchée sur un camion, garrottée avec des cordes, plus que ne l'eût été une condamnée qu'on mène au supplice, fut transportée, précédée et suivie de gendarmes, le sabre au poing, le visage triste et soucieux ; mutilée, elle souriait encore et semblait implorer le pardon céleste pour les persécuteurs.. L'image bénie de sainte Germaine Cousin fut enfouie dans les caves du musée de Toulouse !

En relatant les tristesses de cette sombre journée, rappelons le suffrage de notre vénéré maître, Aimé Rodière, estimé pour ses vertus, autant que pour sa science ; lorsque fut émise la première idée d'un monument à élever, il avait écrit : « ... Si le prix d'une statue devait se mesurer par la reconnaissance, la bergère de Pibrac devrait avoir, à Toulouse, non une statue de marbre, comme Riquet, ou de bronze, comme Cujas, mais une statue d'or... Souscrire pour la statue de la Sainte, c'est donc faire un acte de patriotisme, autant que de foi et d'amour, la France ne pouvant demeurer la première nation du monde qu'à la condition de se montrer résolument et énergiquement la plus catholique... »

Quelle cruelle humiliation cette âme si chrétienne eût ressentie, le 5 juillet 1881, avec tous ceux qu'animent les mêmes convictions !

La douleur de Monseigneur fut poignante. Sa foi le soutint, en tempérant sa violente amertume ; s'il ne se fût fortifié, à cette source

des inépuisables consolations, il se serait, après les rudes labeurs de
sa carrière, senti brisé, en présence de la profanation commise envers
la Sainte protectrice de son diocèse, de son épiscopat! Son Eminence
exprima sa douleur dans la communication suivante (1) :

« Nos Très Chers Frères,

» Mon âme est remplie de tristesse, et je ne puis laisser ce jour
s'écouler, sans en épancher mon cœur dans les vôtres. Vous êtes
vous-mêmes affligés, et la douleur qui l'accable, vous la partagez avec
votre père. Pouvait-il en être autrement, au milieu des événements
qui s'accomplissent? Ils ramènent dans notre mémoire les splendeurs
des fêtes que Rome consacra à notre sainte Germaine, les fêtes
incomparables de Toulouse, dans le même mois de juillet, en 1867, les
fêtes si gracieuses et si pures qui réjouirent alors jusqu'aux plus
petits hameaux de notre cher diocèse.

» Nous nous souvenons, en particulier, du jour solennel où nous
avions pu bénir, au milieu de vos rangs nombreux et pressés, sur
une des places de la ville métropolitaine, un monument dédié à
l'aimable bergère, œuvre d'art et de piété, témoignage éclatant de
votre foi, douce consolation pour le pauvre, le malheureux, leçon éloquente et persuasive pour tous...

» Combien les temps sont changés, N. T. C. F. ! La Sainte si
populaire dont vous possédez l'image pour la baiser avec respect, la
placer sur votre cœur et l'invoquer avec confiance ; la Sainte dont
vous chantiez les louanges avec transport ; la Sainte qui vit plusieurs
fois la ville de Toulouse remplie de fleurs et de lumières et vos
cœurs plus embaumés encore et plus ardents, vient d'être soustraite
à vos regards, à vos hommages publics. Tout ce que vous aviez fait
pour elle a été détruit dans un jour ; dans un jour, on a ravi à votre
Sainte ce que votre foi et votre amour lui avaient donné. A ce cortège
d'honneur qui autrefois promena ses reliques et son image, à travers
les rues et les places, avec les magnificences dont furent capables
toutes les forces réunies de la grande cité, on a substitué aujourd'hui
un cortège que je n'essaierai pas de décrire.... (2). »

1. Circulaire du 8 juillet 1881 (n° 199), qui prescrivait un salut solennel de réparation,
en l'honneur de sainte Germaine, dans toutes les églises et chapelles du diocèse.

2. Le même jour, Monseigneur nous écrivait : «...... Ma tristesse est d'autant plus

Quelques semaines avant la profanation de la statue de sainte Germaine, les processions, si chères aux Toulousains et constamment organisées avec zèle, avec succès, étaient interdites : ce fut un deuil pour la cité, qui subit ainsi la violation du libre exercice du culte. Monseigneur formula, de nouveau, ses protestations.

Sous le coup de ces douleurs et des hardiesses croissantes de la persécution religieuse, le Clergé du diocèse, réuni, au grand séminaire, pour la Retraite annuelle, fit parvenir, en termes émus, une adresse au Souverain-Pontife, qui exprima, le 17 octobre, ses remerciements (1).

Peu après, désireuse de conférer avec le Souverain-Pontife, Son Éminence se rendait à Rome. Le 29 novembre 1881, jour de la fête de saint Saturnin, chaque année, à pareille date, il venait, à l'insigne Basilique de Toulouse, célébrer la messe, en souvenir de la prise de possession de son siège archiépiscopal. Monseigneur officiait sur le tombeau de saint Pierre.

VI.

La *gratuité* de l'enseignement primaire avait été votée, le 16 juin 1881, dans la pensée de rendre plus difficile l'organisation des écoles libres qui ne vivent que de charitables subsides, tandis que les écoles publiques sont entretenues, à l'aide des impôts payés par les contribuables, et dès lors avec une excessive prodigalité. Pour attirer, par tous les moyens, les enfants vers les seuls instituteurs publics (résultat qui, grâce à DIEU, n'a pas été obtenu, autant que le souhaitaient les persécuteurs), la loi du 28 mars 1882 imposa *l'obligation* de l'enseignement primaire, et, par suite, dans les milliers de communes, où des écoles libres n'ont pu être fondées, la nécessité de se soumettre à la *laïcité du programme*.

Les lois de 1833 et 1850 avaient respecté la liberté des consciences ; la loi de 1882 l'a violée. Les parents catholiques sont contraints,

---

grande que je considère ce chagrin comme le précurseur d'épreuves plus douloureuses encore, s'il est possible, pour l'Église et pour la France. Je me tiens prêt et je compte sur la bonté de DIEU pour me fortifier, en toute occasion, dans la lutte... »

1. Voir la Circulaire de Monseigneur, du 6 novembre 1881 (n° 203), transmettant au Clergé la réponse du Saint-Père.

partout où il n'existe pas d'école libre, d'envoyer leurs enfants dans des écoles, d'où l'idée divine est bannie. En interdisant tout enseignement religieux, en méconnaissant une inamissible liberté, la loi de 1882 (art. 2) s'est placée en dehors de l'ensemble des législations scolaires dans le monde.

De Villefranche-de-Lauraguais, en cours de visites pastorales, Monseigneur se hâta d'adresser des instructions expresses, pour atténuer le plus possible les funestes conséquences de cet attentat contre la liberté des pères de famille, contre l'âme des enfants (1). Son Éminence suggéra aussitôt la création de l'*œuvre du sou des écoles libres et chrétiennes* et, dans chaque paroisse, d'une *association*, dite des *catéchistes volontaires.*

Peu après, Monseigneur provoquait l'organisation de l'œuvre ayant pour but d'établir des écoles catholiques libres et de les subventionner, — en même temps que d'ériger et de soutenir des catéchismes spéciaux, dans les paroisses où l'établissement d'écoles libres ne serait pas possible (2). Avec un comité départemental devaient correspondre les comités d'arrondissement; avec ceux-ci, des comités locaux. Des listes de souscriptions étaient ouvertes. Monseigneur concourut largement, à Toulouse et dans plusieurs localités du diocèse, aux frais d'établissement ou d'entretien des écoles chrétiennes, asiles sacrés de la liberté des âmes.

Une petite ville du diocèse, Aspet (arr^t de Saint-Gaudens), donnait, en 1882, à l'épiscopat le plus distingué de ses enfants, qui, à peine âgé de vingt-cinq ans, avait révélé, dans la chaire de l'église métropolitaine, un remarquable talent. Le R. P. Sourrieu, — (maintenant Archevêque de Rouen,) — était préconisé, le 25 septembre, Évêque de Châlons.

Le 5 avril 1882, s'éteignait, à Paris, un homme, redouté des sophistes, avide de la vérité, animé d'un ardent amour, d'une pitié indicible pour sa patrie souffrante ; Frédéric Le Play nous était ravi, après avoir mis, pendant plus de cinquante ans, au service de l'humanité, une science profonde, l'expérience la plus saine, de formidables labeurs et un dévouement dont les témoins de sa car-

---

1. V. Circ. du 23 avril 1882 (n° 206). Le 15 janvier, Monseigneur avait adressé, avec son mandement pour le Carême de 1882, une instruction pastorale (n° 205) sur « *la nécessité de propager l'instruction religieuse.* »

2. V. L. circ. du 28 juillet 1882 (n° 208).

rière peuvent seuls raconter les prodiges. Il avait eu le bonheur
d'apercevoir la vérité religieuse surgissant, lumineuse, de l'étude des
institutions terrestres et descendant aussi du Ciel sur sa tête, comme
une bénédiction divine, comme le suave embrassement de la science
et de la foi (1).

Au lendemain de la mort de l'illustre maître, l'*École de la Paix
Sociale* attesta le ferme dessein de poursuivre l'œuvre entreprise, de
ne négliger aucun effort pour la soutenir et l'étendre. Répondant à
notre souhait, le Cardinal Desprez exprima son adhésion, dans une
belle lettre, qui est l'un des plus précieux hommages rendus à la
mémoire de F. Le Play et à ses enseignements, fondés sur l'observation du *Décalogue.*

VII.

Le 27 février 1883, Monseigneur perdait son premier Vicaire
général, le vénérable M. Roger, grand vicaire depuis 1839, collaborateur de haut mérite ; pénible deuil que ressentit très-vivement le
Cardinal (2).

Lourdes le revoyait, présidant une magnifique solennité. Il
bénissait la première pierre de l'église du *Rosaire.* — Paris l'attirait
ensuite : son cœur venait donner à de respectueux amis de nouveaux
témoignages de tendresse, qui resserraient les liens du plus étroit
attachement.

Le 30 août, la désorganisation judiciaire était aggravée par la
violation du principe de l'inamovibilité, garantie essentielle qui avait
survécu à toutes les révolutions : tristesse profonde pour tous les
amis de la justice, pour Mgr Desprez, qui voyait brutalement arracher
de leurs sièges beaucoup de magistrats des plus estimés.

Monseigneur avait promis de consacrer la nouvelle église de
Templeuve. Malgré ses amertumes, Son Éminence tint fidèlement sa
promesse. Le 24 septembre, assisté des Évêques originaires de la

---

1. V. notre notice du 19 avril 1882, sur *F. le Play* (*Le Correspondant*, T. 91ᵐᵉ, livr. du
25 avril 1882, pp. 215-238).

2. V. sa Lettre circulaire du 1ᵉʳ mars 1883, nᵒ 214. — Le 14 janvier précédent (nᵒ 212),
Monseigneur avait adressé une instruction pastorale *sur la dévotion au Crucifix* et son
mandement pour le carême de 1883.

région, NN. SS. de Grenoble, de Lydda, d'Aire et de Beauvais, le
Cardinal présida cette imposante cérémonie, à laquelle fut donné,
de toutes manières, un exceptionnel éclat. Son Eminence, spécialement désignée par le Souverain-Pontife, donna la bénédiction papale,
à la fin de la messe (1). Monseigneur, qui avait assisté à tant de
solennités splendides, ne put contenir son admiration, en présence
de tout ce qu'avaient réalisé l'esprit de foi, le zèle de la population
et du clergé. La nouvelle église est remarquable, à tous les points de
vue ; ainsi était exaucé, par la généreuse piété de ses successeurs et
des fidèles, le vœu de l'ancien doyen, demeuré si fermement attaché
à Templeuve, à la contrée, fière du bien-aimé Cardinal et des Prélats
qui l'assistaient.

Les dignes Sœurs de la *Providence*, à Douai, exclues par une
mesure, dite de *laïcisation*, de la maison où elles s'étaient montrées
depuis le commencement du siècle, les dévouées bienfaitrices de la
population, furent installées dans un nouvel établissement, béni par
Monseigneur, le 10 de ce même mois ; son émotion impressionna
l'assistance (2).

VIII.

Au mois d'avril 1884, Son Eminence annonçait (3) la prochaine
réunion du *Congrès des Œuvres Eucharistiques*, à Toulouse. Trois
assemblées semblables avaient déjà été tenues : la première, à Lille ;
la deuxième, à Avignon ; la troisième, à Liège. « C'est à Toulouse,

---

1. Une notice développée (Lille, 1883, A. Béhague, imp.) permet de se rendre compte
de cette belle fête, du *Triduum solennel* qui fut célébré. — D'Ostricourt, le 15 septembre
(n° 217), Monseigneur publiait la Lettre-Encyclique du Souverain-Pontife, qui *ordonne de
consacrer le mois d'octobre à la Reine du Rosaire ;* le 13 janvier suivant, il adressa une
autre Lettre-circulaire (n° 219) sur le même sujet.

2. Voir ci-dessous (à l'*appendice*), l'allocution que prononça Son Eminence.

3. V. circulaire n° 221. — Le 20 janvier précédent, Monseigneur avait adressé, avec son
mandement pour le carême de 1884, une instruction pastorale sur « *le devoir chrétien* ».
— Le 19 avril, Son Eminence publiait (L. circulaire n° 222) la *nouvelle édition du Propre
diocésain*. — Le 29 juin, une Lettre pastorale de son Eminence (n° 223) entretenait le
clergé et les fidèles de l'Encyclique de Sa Sainteté sur la « *franc-maçonnerie.* » « Les doctrines maçonniques ne laissent subsister ni la religion, ni l'autorité, ni la justice, et quand
cette triple base fait défaut, l'impiété triomphe, l'anarchie devient maîtresse, la force prime
le droit ; c'est la ruine de tout l'ordre social... »

faisait connaître Monseigneur, qu'aura lieu le prochain Congrès. Dépositaire des précieux restes et du chef auguste de saint Thomas d'Aquin, Toulouse était digne de ce privilège. Ceux qui veulent parler ou écrire sur l'Eucharistie, où pourraient-ils mieux s'inspirer qu'auprès des reliques du Saint, qui, au témoignage de JÉSUS-CHRIST même, parla si bien de lui ? — Un Institut catholique a trouvé la vie près de son tombeau et s'y nourrit de sa doctrine ; le Congrès des Œuvres Eucharistiques y puisera, espérons-le, une énergie marquée au coin de l'immortelle vitalité du *Docteur angélique...* »

Une épidémie cholérique entraîna l'ajournement de la tenue du Congrès. Le 20 août, Monseigneur adressait ses exhortations et ses conseils (1), dans ces douloureuses circonstances. Le généreux Prélat ne faisait aucune mention des terribles épreuves qu'il avait courageusement traversées, à Cambrai, en 1832 ; nulle allusion à ces sombres jours. Mais l'héroïsme qu'il avait montré donnait un prix singulier à ses conseils, notamment à ce ferme langage : « ... Nous vous demandons, N. T. C. F., un accroissement de zèle et de charité pour le temps que durera l'épidémie. Nous devons aimer notre prochain comme nous-mêmes et faire aux autres, quand ils sont dans le malheur, ce que nous voudrions pour nous, si la Providence nous condamnait à partager leur infortune. Arrière donc les calculs égoïstes, les craintes pusillanimes qui nous empêcheraient de courir, en toute hâte, vers les malheureux, auprès desquels nous avons à remplir un devoir de religion ou de bienfaisance. Quand on meurt au service des malades, on meurt pour le Chef Auguste dont ils sont les membres, on meurt pour JÉSUS-CHRIST, et cette mort n'est pas une perte, mais un gain. Le DIEU que nous aurons aimé jusqu'au sacrifice de la vie, nous la rendra mille fois plus riche et plus heureuse dans la gloire dont il couronne, au Ciel, les martyrs de la charité... » Nobles accents, dont Son Éminence allait accroître l'autorité par son empressement auprès des malades atteints du fléau ; la durée de l'épidémie fut de quelques semaines.

Les douleurs publiques, celles qui résultent de la subversion des principes sur lesquels repose l'existence même de la société, douleurs plus cruelles que les épidémies meurtrières, se succédaient sans

---

1. Lettre pastorale nº.227.

relâche. Pour creuser plus profondément l'abîme, pour soustraire la famille, en la désorganisant, à l'ascendant des lois divines et, en même temps, satisfaire les passions d'un grand nombre de ceux qui oppriment la France, le *divorce* avait été autorisé, le 27 juillet 1884. Le but principal était de contredire, sur un point essentiel, fondamental, aux yeux des populations, l'enseignement de l'Eglise. Le Cardinal ressentit très-vivement cette nouvelle blessure. Le mal, accompli déjà, est immense ; le mariage, au regard de la loi civile, n'est plus qu'un bail, sans détermination de durée. Ce bail cesse, à vrai dire, dès que l'un des époux le désire, les demandes étant accueillies, dans l'incroyable proportion de 93 à 96 p. 100 ! Il n'est pas aussi aisé de mettre fin à la location d'appartements, de meubles, d'objets matériels ! C'est un attentat contre le foyer, les vertus domestiques, le respect filial ; à la place du principe de la fidélité conjugale, c'est l'encensement de l'adultère, une *polygamie déguisée*.

La défense de la vérité morale et religieuse s'impose, d'autant plus, dans de telles conjonctures, aux ministres de DIEU. L'importance qu'il avait, durant tout le cours de sa carrière, attaché à l'enseignement du *Catéchisme*, avait déterminé Monseigneur à préparer une révision du texte adopté dans le diocèse. Il exposa sincèrement, d'une part, les motifs qui l'avaient retenu dans l'accomplissement de cette tâche, tant était louable la rédaction du *Catéchisme* en vigueur, de l'autre, son vif désir de rendre cette rédaction « des plus simples, des plus claires, des plus attachantes. » Secondé par sa longue expérience, par les avis des curés-doyens, auxquels le projet avait été communiqué, par le concours de ses collaborateurs, l'approbation de savants théologiens, Monseigneur publia un *nouveau Catéchisme* (1) : « ...Ce livre, N. T. C. F., disait le Cardinal, n'est pas celui des ignorants, mais, au contraire, le livre de ceux qui veulent cesser de l'être. S'il est rayé d'autres programmes, qu'il se trouve en tête du vôtre, avec les honneurs du premier rang qui est le sien... » Monseigneur n'avait-il pas été appelé, à juste titre, dès son épiscopat à Saint-Denis, l'*Apôtre du Catéchisme ?*

---

1. V. Lettre pastorale du 4 novembre 1884 (n° 230).

IX.

Le vénérable Chapitre métropolitain voulut célébrer, le 27 novembre 1884, par un office solennel, le vingt-cinquième anniversaire de la prise de possession, par Monseigneur, de son siège archiépiscopal. Au milieu de tant d'épreuves, n'était-ce pas une excellente pensée de tempérer, dans le cœur du Cardinal, de poignantes douleurs, par les consolations inséparables de la prière et de témoignages de dévouement, de vénération ? Monseigneur exprima la joie qu'il en éprouvait et sollicita les ferventes supplications des prêtres et des fidèles, pour que DIEU ne cessât de le soutenir, sous le poids de sa lourde charge, pour que sa redoutable responsabilité fût, en quelque sorte, allégée, tant il était « effrayé du compte qu'il aurait à rendre » au Souverain-Maître (1). « ...Église de Toulouse, qui faites notre gloire et notre consolation, s'écriait Monseigneur, il y a vingt-cinq ans que, nous unifiant à vous, nous vous jurâmes un inviolable attachement. En interrogeant, aujourd'hui, notre cœur, nous le trouvons fidèle à cette promesse ; pénétré des mêmes sentiments qui l'animaient alors, et qui n'ont fait que croître en intimité, en ardeur, nous nous plaisons à saisir cette occasion de renouveler notre promesse et de vous dire : Église bien-aimée, tant que DIEU conservera notre existence, nous la consacrerons toujours, entièrement, à votre service, « voulant vous réserver jusqu'à la dernière parcelle de nos forces, jusqu'à la dernière étincelle de notre vie (2). »

La solennité fut splendide. L'office pontifical fut célébré par Son Eminence, entourée de NN. SS. les Évêques de Grenoble, d'Aire, de Limoges, de Versailles, de Carcassonne, de Pamiers, de Montauban, de Saint-Denis de la Réunion et du R^{ime} P. Dom Candide, Abbé de la Trappe de Sainte Marie-du-Désert. Le curé d'Ostricourt était présent.

Par une touchante pensée, qui donna un caractère évangélique et populaire à la solennité de ce jour, cent pauvres, choisis parmi les

---

1. V. Lettre Circulaire du même jour, 4 novembre 1884 (n° 229).
2. II *Corinth.*, VII, 3-4.

plus malheureux et les plus âgés des indigents, secourus par les Conférences de Saint-Vincent-de-Paul, prirent part, au petit séminaires de l'Esquile, à un banquet que leur offrit Son Éminence. La statue de leur saint Patron présidait ces agapes de la charité. Le moins âgé des convives avait soixante ans ; le doyen était un vieillard presque centenaire ; six aveugles étaient assis, à ses côtés. Le service fut fait avec plus d'honneur qu'à la table archiépiscopale ; car des aumôniers, des vicaires de la ville, des séminaristes, des membres des Conférences de Saint-Vincent-de-Paul s'acquittèrent de cet office.

A onze heures et demie, en sortant de l'église métropolitaine, tous les Évêques se rendirent à l'Esquile, pour y bénir la magnifique table de la charité pastorale. Son Éminence fit entendre, à ses chers invités, de nobles paroles sur la dignité des pauvres dans l'Église de Dieu. Voici quels furent ses derniers mots : « Mes bons amis, croyez-le bien, si je n'étais obligé, à la même heure, de présider une autre réunion, vous me verriez jaloux de ces jeunes prêtres qui vont vous servir ; je ceindrais, avec bonheur, leur tablier blanc et je circulerais, comme eux, pour remplir, auprès de vous, l'office dont notre Sauveur nous a donné l'exemple envers ses disciples. » Les applaudissements répondirent à ce cri d'un cœur d'apôtre ; les dix Prélats firent ensemble descendre leurs bénédictions sur le banquet et sur les convives. Pendant ce temps, les cloches de l'Insigne Basilique chantaient, en quelque sorte, l'hymne des Pontifes et le cantique à saint Benoît-Labre. — Les Petites-Sœurs des Pauvres, l'Orphelinat de la Grande-Allée et l'Orphelinat Sainte-Germaine recevaient, au même moment, les largesses de Son Éminence.

Au Grand Séminaire, tous les Prélats et de nombreux membres du clergé, cent quarante invités, prenaient place autour du Cardinal. Les élèves de l'établissement firent entendre, avec une émotion communicative, une cantate composée par l'un d'eux : chacune des strophes enleva d'unanimes bravos ; citons-en quelques-unes :

> ... Pour vous fêter, en ce jour, Eminence,
> Saint Sulpice a permis que l'on vous fît des vers.
>
> . . . .
> . . . .
> . . . .

Germier, Sylve, Honorat, Erembert, Exupère,
O vous, Pontifes saints, dans le Ciel triomphants,
En ce jour solennel, bénissez notre père
Et bénissez aussi tous vos petits enfants.

Ce père fit monter la Sainte toulousaine
Sur l'autel, où l'Eglise entière l'honora.
La vierge de Pibrac, Chevalier, de Germaine,
A couronné Pie IX et vous couronnera.

La cantate continuait par de délicats hommages envers chacun des Prélats réunis autour du Cardinal.

Mgr Lamothe-Tenet, Recteur de l'Institut catholique, lut une poésie, d'une réelle distinction. C'est Saturnin qui parle :

. . . .

. . . .

Voici qu'un gracieux sourire
Epanouit ses traits. « O Ciel, je viens de lire,
» Dit-il, dans les secrets d'un lointain avenir,
» Un nom qu'avec respect conservera l'histoire,
» Et que de vos enfants la fidèle mémoire
    » A jamais devra retenir.

» C'est le nom d'un Pontife aimé, pieux, modeste,
» Tel que vous, Papulus, et tel que vous, Honeste (1) ;
» Nous le distinguerons parmi nos successeurs.
» Son nom est *Fleur-des-Prés*. Ce nom porte un symbole.
» Germaine, un jour, des Saints recevra l'auréole,
» Et pour orner son front, Toulouse aura des fleurs.

» Pasteur doux et clément, autant qu'ami fidèle,
» Pour mieux guider son peuple, il s'en fait le modèle.
» Il ne règne sur tous qu'en se faisant aimer.
» Aux petits, il est bon ; aux pauvres, secourable,
» Et je le trouve enfin, dans sa douceur aimable,
    » Tel que j'aurais pu le rêver.

» Enfant, lévite, évêque, il est toujours le même.
» Dès que l'épiscopat lui donne un diadème,

─────────

1. Premiers compagnons de saint-Saturnin.

> » Son sceptre paternel est un sceptre de paix ;
> » Et des âmes, pourtant, conquérant pacifique,
> » Jusqu'aux lointains pays, de la foi catholique,
> » Missionnaire intrépide, il porte les bienfaits.

. . . .

> » Aux Universités il rend leur vieille gloire ;
> » Ses efforts généreux font prendre acte à l'histoire
> » De leurs anciens travaux parmi nous relevés.
> » Qu'à Toulouse, longtemps, il occupe mon trône.
> » Soyez heureux, vous tous, qui formez sa couronne,
> » J'ajoute de longs jours à ceux qu'il a coulés. »

. . . .
. . . .

Le cher Recteur, formulant ses vœux personnels, s'exprimait en ces termes :

. . . .

Visiblement, sous son égide,
Dieu vous conserve... S'il vous guide,
Que vous fait la marche du temps ?

Loin de vieillir, en vous tout rajeunit encore ;
Vous cueillez, en hiver, les roses du printemps,
Et votre soir est une aurore.
Que vous fait la marche du temps ?

Des célestes trésors vous avez l'abondance ;
Le printemps et ses fleurs ne sont qu'une espérance ;
La saison des plus beaux présents,
C'est l'automne, avec sa richesse.
Vous avez autrefois semé dans la sagesse ;
Vous moissonnez dans l'allégresse.
Que vous fait la marche du temps ?

De tous les biens que Dieu vous donne,
De la gloire qui vous couronne,
Puissiez-vous jouir bien longtemps !
Seigneur, entendez ma prière.
Je voudrais, près de ce bon Père,

> Revenir encor, dans vingt ans,
> Et pouvoir dire au centenaire :
> Que vous fait la marche du temps ?
> Que vous fait la marche du temps ?

A l'issue des Vêpres, répondant à l'appel du Chapitre métropolitain, Mgr Billard prononça un remarquable discours, dans lequel il résuma la carrière du Cardinal : que ne pouvons-nous reproduire intégralement cet éloquent hommage ! « ... Depuis vingt-cinq ans, N. T. C. F., que votre Archevêque est au milieu de vous, dit Mgr l'Évêque de Carcassonne, pas une journée ne s'est écoulée, où il n'ait pu vous dire, avec saint Augustin : « Nous ne sommes pas évêque pour nous-même, mais pour vous. A l'exemple de l'apôtre saint Paul, qui avait la sollicitude de toutes les Eglises, il n'a cessé d'embrasser dans son cœur toutes les paroisses de son vaste diocèse, et de porter tout son peuple au fond de son âme : « *Porta eum in sinu tuo, sicut nutrix infantulum suum...* » Il s'est fait tout à tous, tout aux enfants pour préserver leur foi, en ces jours douloureux ; tout aux parents pour leur rappeler et leurs droits et leurs devoirs ; tout à ceux qui tombent pour les relever ; tout aux justes pour les soutenir ; tout aux affligés pour les consoler ; tout aux pauvres pour leur prêter secours... »

Au milieu des difficultés, des épreuves, « sous le poids des croix vivantes qui pèsent sur les épaules » des évêques, le Cardinal n'a pas faibli : « Ne peut-on pas dire de lui, ajoutait Mgr Billard, ce que Pierre de Blois disait d'un des évêques de son temps : « Ses conseils » sont marqués au coin de la sagesse : *in consiliis providus.* — Il » est toujours modéré dans l'exercice de l'autorité : *in jubendo* » *discretus.* — Son zèle est plein de dévouement et de circonspec- » tion : *in zelo temperans et circonspectus.* — Aussi son ministère » est-il rempli de bénédictions : *sapiens implebitur benedictionibus.* » Que de difficultés il a écartées par sa prudence ! Que de ruses il a déjouées ! Que d'œuvres il a créées, entretenues, fécondées !... »

Après le salut solennel, retentirent les acclamations suivantes, que nous tenons à consigner, comme ayant été l'heureux couronnement de cette belle journée :

Sanctissimæ Trinitati, Patri, et Filio, et Spiritui Sancto, Deo Omnipotenti, qui, ut suam in nos magnificaret lætitiam, hanc hodie, gloriosis-

simi tolosanæ Ecclesiæ Pontificis, spiritualium nuptiarum felicem memoriam nobis celebrandam reservavit : honor et virtus et gloria et gratiarum actio in secula seculorum ;

Illustrissimo ergo et Reverendissimo Antistiti nostro Floriano, quem diù miratæ desiderârunt insulæ, quem ex piè præclarèque gestis melius probatum Tolosana tenet et amat civitas ;

Benignissimo Patri, omnimodis spiritualis familiæ necessitatibus sollicitè invigilanti ;

Optimo Pastori, se suaque pro commisso grege impendenti : gratia, benedictio et æterna memoria !!

Custodi fidei integerrimo, indefesso et acerrimo Ecclesiæ juris et disciplinæ Defensori, in christiano agone Duci glorioso et intrepido, atque semper Sanctæ Sedi addictissimo, Eminentissimo Pontifici, quem tantâ virtute commendatum, præclara et ipsa romanorum principum commendat purpura, plausus et voces, virtus et victoria !

Dominus Ill^{mi} longam præstet salutem, vires addat, annos multiplicet. Diù, commissas oves, aut regat dociles, aut revocet errantes, aut revisat reduces ; omnibus bonorum operum meritis ditatus augeatur, et apostolicis adornetur virtutibus, dignus qui æterno Pastorum Principi coronandus præsentetur !

Sit pius ille fidelium grex Pastori gaudium et corona ! Sit ille sacerdotum cœtus Pontifici argumentum honoris et lætitiæ canticum ! Sit et ille copiosus Levitarum numerus flos spei et sertum exsultationis ! Et itâ nunc omnium nostrûm relliquiæ cogitationis diem festum agant illi, cui sit : salus et felicitas, laus, reverentia et amor perpetuus !

Ad multos annos ! Ad multos annos !

Cette journée laissa au cœur du bien-aimé Cardinal une ineffaçable impression (1) ; elle fut comme une halte, à travers les rudes labeurs,

---

1. Monseigneur nous écrivit aussitôt : «..... Je respire ; je profite d'un moment libre pour accourir vers vous..... La fête a été vraiment belle, émouvante. Les Évêques sont partis, enthousiasmés de tout ce qu'ils avaient vu et entendu..... Le cher Évêque de Carcassonne m'a tenu, pendant trois quarts d'heure, sur un gril ardent..... » — Dans une autre lettre du mois de décembre, Monseigneur nous parlait encore de cette fête : «..... Pour la bien apprécier, disait-il, il fallait en être témoin..... Dans les tristes jours que nous traversons, cette religieuse manifestation a été bien consolante.... »

les tristesses de nos temps. Son âme, calme et forte, se sentit retrempée, plus que jamais, prête aux souffrances, aux sacrifices pour la cause sacrée, à la défense de laquelle il appartenait, sans réserve depuis sa jeunesse.

CHAPITRE XIII.

(1885-1891).

Douzième voyage à Rome, mars 1885. — Congrès des œuvres
Eucharistiques, projeté depuis 1884 : — incident, juin 1886.
— Treizième voyage à Rome, pèlerinage « ad limina, » à
l'occasion du jubilé sacerdotal de Sa Sainteté Léon XIII,
décembre 1887—janvier 1888.— Protestation contre la loi
du 15 juillet 1889, qui astreint les élèves ecclésiastiques au
service militaire. — Allocution adressée, à Toulouse, au
Président de la République, 20 mai 1891. — Témoignage
d'adhésion, transmis à Mgr l'Archevêque d'Aix, lors des
poursuites dirigées contre ce Prélat, 25 octobre 1891.

I.

L A perversion croissante, dont il était le témoin attristé, portait
Monseigneur à redoubler d'efforts, de sollicitudes, en faveur
des Séminaires, où sont élevés les futurs ministres des autels, ceux
dont la mission est de se consacrer au salut des âmes. Que de communications le diocèse avait déjà reçues de Son Éminence, au sujet des
vocations sacerdotales, notamment dans ses lettres annuelles rela-
tives aux retraites ecclésiastiques ! Monseigneur crut devoir insister
encore (1)... «..... Préparer des prêtres... des prêtres, c'est-à-dire
des hommes qui, revêtus du caractère sacré, se sont voués entièrement et irrévocablement à DIEU pour le faire connaître, aimer et

---

1. V. *Inst. pastorale*, du 25 janvier 1885, sur l'*Œuvre des Séminaires* (n° 232) et mandement pour le Carême de 1885. — Cette instruction fut suivie, le 7 mars (n° 233), d'un
règlement concernant l'*Œuvre des Séminaires,* instituée dans le diocèse : un comité diocésain et des comités paroissiaux étaient organisés pour obtenir le succès de cette œuvre. —
(Voir aussi la circulaire (n° 236 *bis*) de M. le Vicaire-général Dencausse, au nom du
comité diocésain; — une autre (n° 237 *bis*), au nom du même comité, etc.)

servir ; qui, ayant rempli leur âme de tous les trésors spirituels, cherchent ensuite à les déverser dans l'âme de leurs semblables ; qui se dépensent, sans réserve, au service du troupeau à eux confié, instruisant et guidant l'enfance, conseillant et retenant la jeunesse, fixant dans le droit chemin l'âge mûr, et consolant la vieillesse, à laquelle ils montrent le Ciel, pour la rassurer contre le voisinage de la tombe, près de s'entr'ouvrir ; qui, en un mot, à tous les instants de leur existence, sont préoccupés des intérêts les plus élevés de leurs frères, même dans leurs prières solitaires et surtout, le jour du Seigneur, alors que, par des instructions nourries et paternelles, ils invitent leur peuple à oublier momentanément les soucis du temps pour ne songer qu'à l'Éternité... »

Aussi Monseigneur excitait-il le zèle de tous pour faire éclore les vocations ecclésiastiques, les soutenir et assurer la prospérité des séminaires. La pénétrante onction de ses accents a touché bien des cœurs. « L'œuvre des Séminaires, faisait-il remarquer, est la première de toutes ; elle l'emporte même sur celle de la Propagation de la Foi, car c'est de nos séminaires que partent les généreux missionnaires qui vont annoncer au loin la bonne nouvelle. Les autres œuvres sont nécessaires, et il faut les soutenir ; l'œuvre des Séminaires est plus nécessaire encore, parce qu'elle en est l'âme ; sans sacerdoce, en effet, elles tomberaient, et il n'y aurait pas de sacerdoce sans séminaires... »

II.

Le digne archiprêtre de la Métropole, M. l'abbé Castillon, ancien secrétaire de Monseigneur, fut nommé Évêque de Dijon ; c'est ainsi qu'en peu d'années, trois prêtres du diocèse étaient appelés à l'épiscopat. Monseigneur nous écrivait, le 4 mars (1) :

« Nous avons eu un mois de février splendide et doux ; j'en ai employé une partie à faire la visite *canonique* de plusieurs communautés de femmes. Cette visite, d'une utilité incontestable, est

1. Si nous ne craignions de citer trop d'extraits de la correspondance, à nous adressée, nous y recourrions souvent ; car, le Cardinal ayant la coutume de nous faire de fréquentes communications, la reproduction de ses lettres (tous les passages confidentiels retranchés suffirait à résumer une grande partie de sa vie.

longue ; car j'entends toutes les Sœurs, chacune en particulier ; on m'y rend compte de tout....

» Je compte partir pour Rome, avec M. Castillon, dans la nuit de dimanche à lundi.. Mon absence, voyage compris, ne dépassera pas, je pense, dix-huit jours.

» Je vous embrasse et bénis tous, etc... »

Le cher Cardinal désirait présenter lui-même M. Castillon au Souverain-Pontife, qui attacha le plus grand prix au suffrage de Monseigneur ; de Rome, Son Eminence nous faisait part des circonstances de nature à nous intéresser : « Le Consistoire restait toujours incertain, nous disait-il, le 24 mars, parce que l'on attendait des dossiers, d'Espagne. Le Pape s'est décidé à le fixer à vendredi, et comme il savait que nous devions partir hier, il m'envoya un exprès pour m'informer de son désir de me voir rester pour assister au Consistoire ; nous ne partirons donc que vendredi, dans la nuit. La santé de M. Castillon exigeant, vous le savez, des ménagements, nous voyagerons, à petites journées, et nous ne pourrons arriver à Toulouse que le mardi saint, à 11 heures et demie du soir.

« Le Saint-Père m'a comblé de bontés ; mais la joie complète n'existe guère en ce monde. Notre frère est très-gravement malade : le médecin avait annoncé sa fin prochaine ; une dépêche récente m'apprend qu'un mieux sensible s'est prononcé. »

L'amélioration, hélas ! n'avait été qu'apparente. De Toulouse, le 1er avril, Monseigneur nous écrivait : « .... Je suis rentré, à 11 h. de la nuit, en ramenant Mgr Castillon dans de meilleures conditions de santé. A Grenoble, j'ai appris, hélas ! la mort de mon excellent frère (1).

» Je n'avais pu revenir, par Gênes, parce qu'un éboulement a intercepté la voie ferrée ; j'ai dû prendre la route de Turin et du Mont-Cenis. N'ayant pu indiquer mes étapes et encore moins les hôtels où je passerais les nuits, les télégrammes et les lettres, m'annonçant le douloureux événement, n'ont pu me saisir, au passage. Une grande consolation pour moi, c'est que mon bon frère a toujours mené une vie chrétienne, édifiante même, comme M. le Curé

---

1. M. Louis Desprez, né à Ostricourt, le 26 décembre 1808, y décédé le 25 mars 1885.

d'Ostricourt me l'a écrit. Ma sœur, prévenue à temps, a pu voir le cher malade, pendant deux jours, et assister au moment suprême...

» Je vous embrasse tous, etc... »

Dans l'église métropolitaine de Toulouse, le 25 juillet, le Cardinal donnait à Monseigneur Castillon la consécration épiscopale. Le vénérable Archiprêtre était le douzième Évêque que Son Eminence sacrait : le dernier devait être Mgr Cazet, Vicaire-apostolique de Madagascar (1).

Avant de quitter Toulouse, Mgr Castillon avait dit : « Si je ne puis rien faire, à Dijon, j'y ferai, du moins, le sacrifice de ma vie. » Ce pressentiment se réalisa promptement ; à peine arrivé à son siège épiscopal, il rendit sa belle âme à DIEU. Peu après le retour de Rome, sa faiblesse était devenue telle que Son Eminence avait craint de ne pouvoir répandre sur sa tête et sur ses mains l'huile des Pontifes. Mgr Desprez épancha sa douleur en termes les plus émus, les plus touchants, dans une lettre adressée au diocèse (2).

L'année 1885 réservait encore à son cœur et au nôtre un profond déchirement. M. Victor Hamille, ancien Directeur de l'administration des Cultes, devenu sénateur du Pas-de-Calais, mourait, à Douai, le 20 novembre, presque subitement. L'affection la plus vive l'unissait,

---

1. Ces Prélats sont :

NN. SS. Dubreuil (Vannes, Avignon).— Legain (Montauban), 25 janvier 1871.— Fava (Martinique, Grenoble), 25 juillet 1871. — Delannoy (Saint-Denis de la Réunion, Aire,) 1872.— Blanger (Limoges).— Un évêque des Missions de Guinée.— Carmené (Martinique), 1876.— Goux (Versailles), 14 novembre 1877.— Soulé (Saint-Denis de la Réunion).— Camilli (Jassy, Moldavie), 1881.— Fiard (Montauban), 25 janvier 1882.— Castillon (Dijon), 25 juillet 1885.— Cazet (Madagascar). (a)

Monseigneur a donné la bénédiction abbatiale aux trois Abbés qui, du 25 mai 1861 jusqu'à ce jour, ont dirigé la Trappe de Sainte-Marie du Désert, diocèse de Toulouse,—aux RR^{mes} PP. Dom Marie Daverat, dans l'église de Lévignac-sur-Save, le 26 mai 1861,— Dom Etienne Salasc, dans l'église des Trappistines de Blagnac, le 13 novembre 1867, — et Dom Candide Albalat y Puigcerver, actuellement en charge, dans l'église même de Sainte-Marie, le 28 octobre 1881.

(a) Copie, quant à la liste des consécrations épiscopales, d'une note, de la main même de Son Eminence le nom de l'évêque des missions n'y est pas indiqué.— Après qu'il eut quitté Saint-Denis, Monseigneur fut, pendant une quinzaine d'années, appelé à exprimer son avis sur les nominations épiscopales intéressant les colonies françaises, notamment la Réunion ; plusieurs ratifièrent ses propres désignations.

2. Lettre-circulaire du 11 novembre 1885 (n° 236).

depuis près de cinquante ans, au Cardinal ; aussi, Son Eminence éprouva-t-elle une vraie tristesse. De Douai, nous avions transmis les informations les plus complètes à Monseigneur, qui nous répondit aussitôt : « ...Combien je vous suis reconnaissant des détails contenus dans votre lettre ! Il me serait difficile de vous exprimer l'émotion que la douloureuse nouvelle m'a causée. Le mot *subitement* m'avait laissé dans une profonde inquiétude. Notre ami avait de la foi... Tenace dans l'amitié, serviable sans mesure, il a fait beaucoup de bien, dans sa longue carrière administrative. Un verre d'eau donné en mon nom, a dit le divin Maître, ne restera pas sans récompense. J'ai donc confiance ; le cher ami a reçu l'absolution. Pendant de longues années, j'ai pratiqué mon ministère auprès des malades ; plusieurs, après leur rétablissement, m'ont dit : « Je paraissais sans connaissance, mais je vous entendais, et j'avais compris.. » J'ai dit, sans retard, une messe de *Requiem* pour notre commun ami, et depuis ce moment, chaque jour, je le nomme, au Saint-Sacrifice.

» Cher ami, croyez-le, vous n'avez pas de cœur qui vous soit plus dévoué que le mien. »

L'Épiscopat s'était hautement loué de la droiture, de la sagesse du regretté défunt, dont l'action fut très-bienfaisante. Son nom est attaché aux grands travaux accomplis, à Notre-Dame de Paris et dans plusieurs autres des principales églises de France, de même qu'à la construction de la Cathédrale de Marseille, objet de sa particulière sollicitude.

Les évêques avaient en lui une confiance absolue. Le vénéré Cardinal Guibert, qui l'affectionnait beaucoup, aimait à provoquer ses avis, même après que M. Hamille eut quitté la direction des Cultes. Nous fûmes, un jour, convié à assister à l'un de ces entretiens concernant une question importante. Nous n'oublierons pas cette entrevue. Après avoir traité de l'affaire dont il s'agissait, le Cardinal fut amené à évoquer, à grands traits, en présence du digne témoin de sa longue carrière, les principaux souvenirs de son administration épiscopale, à Viviers et à Tours ; un mot lui suffisait pour être compris de son interlocuteur ; à la fin de cet épanchement développé, nous entendîmes le Cardinal prononcer des paroles, à jamais gravées dans notre mémoire, paroles qui, proférées en toute simplicité et sorties d'une telle bouche, sont vraiment saisissantes : « Je ne me souviens pas d'avoir été, une seule fois, guidé par des vues humaines.... »

III.

Quels que soient les mérites, les vertus de l'ensemble des membres du Clergé, l'infirmité humaine ne permet point que les évêques soient affranchis de toute tristesse, du côté de leurs collaborateurs. Ils gardent, autant que possible, au fond de leurs cœurs, l'amertume qu'ils subissent. Mais il arrive que des circonstances se produisent avec éclat ; c'est ce qui advint, en 1885, par le fait d'un curé du diocèse de Toulouse, en pleine révolte contre l'autorité de son Archevêque. La résistance fut obstinée ; il ne voulait ni obéir aux injonctions canoniques, ni remettre à son successeur l'administration de la paroisse. Une instance judiciaire, accompagnée de tous les commentaires de la presse, fut portée jusqu'à la Cour d'appel, dont la décision fut contraire au prêtre rebelle. Souffrance de longue durée, qui causa un mal profond au Cardinal : aucune épreuve ne lui a été épargnée, au cours de sa laborieuse carrière. Si ses lettres ne trahissaient une émotion tellement intime que l'expression en est comme sacrée, nous les reproduirions ; on y trouve le témoignage de l'indicible douleur que les torts d'un fils ont infligée au meilleur des pères.

Durant cinq ans, le Cardinal ne cessa de prier pour ce prêtre égaré, qui avait été frappé des censures ecclésiastiques. Ses prières furent exaucées, et le paternel Prélat en éprouva une céleste consolation. Le 30 janvier 1890, dans la chapelle de l'archevêché, après quelques paroles attendries de Son Eminence, et la récitation du *Miserere*, l'enfant prodigue, revêtu encore des habits séculiers, lut, à genoux, d'une voix entrecoupée par l'émotion, un acte de rétractation. En vertu des pouvoirs conférés par un Indult du Saint-Père, le Cardinal releva l'ecclésiastique repentant de l'excommunication qu'il avait encourue. Après avoir brûlé tout ce qu'il avait écrit, durant ses années d'égarement, et avoir remis un dossier que Monseigneur conserva secret, par mansuétude, alors que la divulgation eût pu mettre en lumière les excitations de certaines gens, le prêtre se réfugia dans un monastère.

Déférant au désir de Monseigneur, il fit parvenir à ses anciens paroissiens, une lettre spéciale de rétractation, qui leur fut lue, par le Curé-doyen, le jour de l'Adoration perpétuelle, au moment même où les fidèles, agenouillés, allaient recevoir la bénédiction du Très-Saint-Sacrement : cette lettre n'a laissé insensible aucun de ceux qui ont entendu ce cri déchirant de douleur, de remords, de supplication... Jusqu'à sa mort, le vénéré Cardinal n'a cessé de veiller sur cette âme revenue à DIEU.

IV.

Le *Congrès des œuvres Eucharistiques* devait être tenu, à Toulouse, en 1884. L'épidémie cholérique, d'abord, puis d'autres circonstances l'avaient fait ajourner en 1886. L'ouverture de la session fut annoncée pour le dimanche, 20 juin (1). Fribourg en avait été le siège, l'année précédente.

L'ignorance, en ce qui touche la religion, est telle, qu'une communication quelconque réussit à faire admettre par le gouvernement que ce Congrès serait un Concile ! Dès lors, défense, signifiée, de se réunir. Une note anonyme, dénaturant absolument le but de l'assemblée, avait été adressée au ministère. Fort de son droit, le Cardinal résolut de passer outre ; Son Eminence protesta, en ces termes, d'une fière dignité :

« MONSIEUR LE MINISTRE,

» L'exemplaire du *fac-simile* que vous avez bien voulu me communiquer est évidemment l'œuvre d'un faussaire, qui a cherché à vous rendre victime d'une mystification. Le seul horaire vrai est celui que j'ai eu l'honneur de vous adresser, avec ma lettre du 10 juin.

» Vous ne serez donc pas surpris, si nous nous y conformons, sous mon entière responsabilité.

» Veuillez agréer, etc... »

---

1. Voir Lettre circulaire du 29 mars 1886 (n° 237 ter). — Le 25 janvier, Monseigneur avait publié les Lettres apostoliques *Quod auctoritate*, en date du 22 décembre 1885, accordant un Jubilé extraordinaire au monde catholique, — et adressé, avec son mandement pour l'année 1886, une instruction pastorale, à ce sujet (n° 237).

En dépit de l'inhibition, sans fondement aucun, la pieuse assemblée tint ses séances, avec une régularité, un ordre parfaits (1). En 1894, le Congrès s'est réuni, à Jérusalem, sous la présidence de l'un de nos plus éminents Prélats, Légat du Saint-Siège. On sait quelle en fut l'importance, quels horizons il nous a révélés, quelles espérances il a permis, à l'univers chrétien, de concevoir.

Peu de jours après, l'Église de France perdait le Cardinal Guibert, de si pure et si vénérée mémoire. Mgr Desprez, entouré d'un magnifique cortège d'Évêques, présida les obsèques, à Notre-Dame. Sa vaillance le faisait soutenir allègrement le poids des ans. On sait avec quelle aisance, quelle dignité, quelle fidélité scrupuleuse au cérémonial, il s'acquittait des hautes fonctions de son ministère. Aussi, l'invitait-on avec autant d'empressement qu'il y mettait lui-même de bon vouloir. C'est ainsi qu'il a présidé les funérailles de nombreux membres de l'Épiscopat. En venant à Paris, au mois de juillet 1886, il tint spécialement à marquer la haute et affectueuse estime qui l'animait envers l'illustre défunt, les regrets profonds que lui causait une telle perte.

Pendant ce temps, l'œuvre antireligieuse continuait à s'élaborer. Pour réaliser le plan adopté, contre l'âme des enfants et la liberté des pères de famille, les lois de 1881 et de 1882 furent complétées, le 30 octobre 1886 et le 18 janvier 1887 : une nouvelle loi et un décret réglementaire exclurent formellement le prêtre de l'enseignement primaire, à ses divers degrés. Il fut édicté que les maîtres congréganistes seraient, dans le délai de cinq ans, éloignés de toutes les écoles publiques, sans qu'il y eût à tenir aucun compte, soit de l'avis des conseils municipaux, soit du suffrage des parents. — Il fut interdit aux instituteurs de concourir, à un titre quelconque, aux cérémonies du culte. — La dispense du service militaire, maintenue

---

1. Le 29 juin, Monseigneur nous écrivait : « …Le ministre a voulu l'humiliation qui l'a atteint ; je dirai même qu'il s'est obstiné à la vouloir ; car, par un télégramme, je l'avais informé que la publication de sa lettre allait révéler une mystification. Ici, cher ami, tout s'est passé dans le calme le plus complet et la plus édifiante piété. Dans les réunions générales ou de sections, pas un mot répréhensible n'a été prononcé. J'ai parlé, à l'ouverture de la première assemblée générale. Les circonstances m'imposaient un ferme langage… » — Pour couronner, dans son diocèse, l'œuvre du Congrès, Monseigneur consacra, au « devoir Eucharistique; » son instruction pastorale du 25 janvier suivant (n° 240), accompagnée de son mandement pour le Carême de 1887.

en faveur des maîtres laïques, fut formellement refusée aux instituteurs congréganistes.

Des conquérants, devenus par les armes dominateurs d'un pays,
n'oseraient pas, dans notre siècle, traiter les vaincus, ainsi que se
comportent, chez nous, envers les catholiques, les détenteurs actuels
du pouvoir. Monseigneur s'efforça, de toutes manières, de secouer
la torpeur des victimes de tels attentats ; il multiplia ses communications, ses encouragements en faveur des écoles chrétiennes
et de l'enseignement religieux ; ses propres largesses montraient, à
Toulouse et sur plusieurs autres points du diocèse, l'importance, à
ses yeux, de l'œuvre à laquelle il conviait tous les amis de la
liberté des consciences, tous les cœurs soucieux de l'avenir du
pays.

L'odieuse persécution ne s'est jamais ralentie depuis 1879. La loi
du 15 novembre 1887, complétée par le décret du 27 avril 1889,
reconnut à toute personne majeure, même au mineur émancipé, la
faculté d'exclure, par ses dispositions, de la cérémonie des funérailles, la bénédiction religieuse et tout concours des ministres du
culte. L'*enterrement civil* fut réglementé, comme une institution
nouvelle! Les sectaires vont jusqu'à violenter les familles pour donner,
aussi souvent que possible, ce lamentable spectacle !

V.

Le 31 décembre 1887 allait évoquer le cinquantième anniversaire
de l'ordination de Léon XIII ; les fêtes de ce jubilé sacerdotal, pré-
parées avec tant de soin, avec le concours de tous les peuples de la
terre, des souverains, étrangers même à la religion catholique,
devaient faire hautement ressortir, au milieu de nos temps troublés,
l'incomparable prestige de la Papauté.

Monseigneur ne se borna pas à convier le diocèse aux prières,
aux solennités souhaitées par la Commission promotrice de Rome (1).
Malgré son grand âge, il désira se rendre auprès du Souverain-Pontife, apporter lui-même à Sa Sainteté ses félicitations et ses vœux,
se faire l'organe de ses prêtres et des fidèles confiés à leur sollici-

---

1. V. Lettre pastorale de Son Eminence, du 25 mars 1887 (n° 241.)

tude (1). Monseigneur quitta Toulouse, au milieu de décembre ; une délégation de . membres du Clergé l'accompagnait. Il fut ravi des fêtes du Vatican, charmé de l'accueil que lui réserva Léon XIII, heureux d'avoir pu assister, dans les rangs du Sacré-Collège, à la messe jubilaire célébrée par le Souverain-Pontife. Il exprima sa joie, les consolations qu'il avait goûtées et rendit compte au diocèse de son pèlerinage « *ad limina* », dans une lettre pastorale, où débordent son filial attachement au Siège apostolique et son dévouement au troupeau remis à sa vigilance (2). Monseigneur avait pu prendre part aux réunions cardinalices, aux Consistoires, dans lesquels Sa Sainteté fut suppliée de décerner les honneurs des autels aux fondateurs de l'Ordre des Servites et aux bienheureux Pierre Claver, Jean Berchmans et Alphonse Rodriguez, de la Compagnie de Jésus, peu de jours après, proclamés saints.

Plus qu'octogénaire, le Cardinal avait voulu se rapprocher de Léon XIII, dans ces solennelles circonstances, se retremper dans les vivifiants souvenirs de Rome, célébrer encore le Saint-Sacrifice, sur le tombeau de saint Pierre. Quel attrait avait pour son cœur cette Ville Eternelle, qu'il avait si fréquemment visitée, qu'il ne devait plus revoir, à laquelle, du fond de l'âme, il adressa un suprême adieu, lorsqu'en janvier 1888, il s'en éloigna ! N'était-elle pas, en ce monde, comme la porte du Ciel, *janua Cæli*, de patrie immortelle, promise à cet infatigable, à ce noble défenseur de l'Eglise de Dieu (3) ?

---

1. V. Lettre circulaire du 21 novembre 1887 (n° 243).

2. Lettre pastorale du 29 janvier 1888 (n° 244) et mandement pour le Carême de cette année.

3. Les fêtes, les occupations nombreuses ne pouvaient faire oublier à Monseigneur ses amis. Le 29 décembre 1887, il écrivait : « ... Je ne vois pas une seule fois le Saint-Père, je ne reçois pas de lui une seule bénédiction, sans que vous, et toute votre chère famille, ne soyez à mes côtés. Je pense, en particulier, à la chère V..., qui voit s'ouvrir devant elle une des grandes années de sa vie... Son livre sera prêt, au moment voulu. Les bénédictions de Léon XIII et mes vœux forment le bouquet que mon cœur vous envoie.

» Nous avons eu un temps affreux ; mais rassurez-vous : je sors peu et je me réserve uniquement pour les réunions où ma présence est marquée. Quelle manifestation ! Jamais rien de pareil ne s'est vu. Quoi qu'on fasse, l'exposition des offrandes ne pourra être complète que vers la fin de février. Je tiens de bonne source que 71 wagons attendent, à la gare, qu'on puisse les décharger. Plus de 60 autres sont encore annoncés... Voilà le vrai suffrage universel, libre de toute pression.

Monseigneur reprit, à son retour, ses occupations habituelles ; il commença, au printemps, avec son invariable ponctualité, ses visites pastorales, cette année, dans l'archiprêtré de Saint-Gaudens ; mais, le 30 avril, saisi, à Montréjeau, d'un malaise, conséquence d'un excès de fatigue, il dut rentrer précipitamment à Toulouse. La robuste constitution de Son Eminence lui permit encore de triompher promptement de cette nouvelle secousse.

VI.

Le 19 avril 1888, mourait, à Brest, le R. P. de Plas, le cher commandant auquel le Cardinal était si attaché. Son dévouement aux œuvres religieuses, charitables, avait été digne de son âme virile, trempée aux eaux vives de la foi. Sa correspondance avec Mgr Desprez offre un réel intérêt ; de concert, ils avaient réussi à ramener à la vérité religieuse un ancien collègue, un ami du commandant ; cet ami, fort estimé dans le diocèse de Toulouse, y était décédé en 1878. L'amiral de Cuverville prononça une éloquente allocution, sur la tombe du Père de Plas ; il termina, en ces termes, ses touchants adieux : « .... Ne le pleurons pas ; disons, pleins d'espérance, avec le Cardinal Desprez : La Compagnie de Jésus, en perdant le P. de Plas, compte un saint de plus au Ciel... (1) » Pour leur commune consolation, DIEU avait étroitement uni, dans une double traversée de l'Océan, deux âmes si dignes de confondre leurs aspirations, leur zèle au service des meilleures causes (2).

» On me trouve si bien portant que personne ne veut croire à mes... bientôt quatre-vingt-un ans.

» Je vous embrasse tous, etc. »

Ce n'était pas assez. Au même, Monseigneur écrivait :

« Dans l'audience d'adieu, que le Saint-Père a bien voulu m'accorder, j'ai demandé, pour vous, bien cher ami, votre chère F... et vos enfants, une bénédiction particulière. Voici la réponse *textuelle* de Sa Sainteté : « *Dites à la famille... à laquelle vous portez tant d'affection, que le Pape lui envoie sa meilleure bénédiction ; je souhaite qu'elle procure à chacun de ses membres tout le bonheur désirable...* » Avec joie, cher ami, je m'acquitte de cette précieuse mission... »

1. *Marin et Jésuite*, vie du P. de Plas, ouvr. déjà cité, t. II, p. 479.

2. Au cours de cette année, Monseigneur adressa une Lettre-circulaire, du 19 juillet 1888 (nº 245), annonçant le service funèbre prescrit par Sa Sainteté Léon XIII pour les âmes que la justice divine retient captives dans les flammes expiatrices ; — une autre Lettre-circulaire, du 29 novembre suivant (nº 247), réglait les prières qui devaient clôturer l'année jubilaire.

Le 8 avril 1888, s'était ouvert, à Paris, sous la présidence de Son Eminence le Cardinal Richard et de Mgr Perraud, le premier *Congrès scientifique international des catholiques*, qui, dans la suite, s'est réuni, de nouveau, à Paris, en 1891, — puis à Bruxelles, en 1894, et qui doit s'assembler, à Fribourg (Suisse), l'an prochain. Ces congrès réalisent une pensée excellente, qui a déjà produit d'importants résultats : affirmer l'alliance de la science et de la foi, montrer que les savants catholiques occupent un rang considérable, entre tous ceux qui se distinguent dans la haute culture de l'esprit. Le projet fut conçu, au Congrès de l'*Union catholique de Normandie*, en décembre 1885, sur l'initiative de M. le chanoine Duilhé de Saint-Projet. Le cardinal Desprez avait applaudi, l'un des premiers, à l'exécution de ce dessein ; il avait, dans une lettre justement remarquée, formulé son adhésion au but poursuivi, aux efforts entrepris et vaillamment continués, sous la haute direction de Mgr d'Hulst, l'éminent Recteur de l'Institut catholique de Paris.

La loi du 15 juillet 1889, en astreignant les séminaristes à une période de service actif dans l'armée et à des exercices subséquents, attrista profondément les membres de l'épiscopat. Monseigneur formula une protestation, à la fois concise et énergique, qui obtint l'adhésion d'un grand nombre de prélats. Pour le recrutement du clergé, le service des paroisses, l'œuvre sacerdotale entière, on a pu apprécier déjà l'immensité du dommage causé. S'il est des âmes d'élite qui grandissent, au contact d'hommes, parfois grossiers, impies, libertins, il est des natures moins bien trempées qui sombrent dans ce milieu, où, en dépit des parfaites dispositions, presque toujours exprimées par les chefs, tant d'épreuves les attendent. Tel est le but des sectaires ; aussi cette disposition nouvelle fait-elle essentiellement partie des mesures antireligieuses qui, à ce titre, sont, bien entendu, déclarées *intangibles !* (1)

Cette même année, le 4 août, Son Éminence le Cardinal Richard, qui se rendait à Lourdes, visita Mgr Desprez, comme l'avait fait, treize ans auparavant, son illustre prédécesseur. Au nom du Chapitre

---

1. Le 20 janvier 1889, Monseigneur avait adressé, avec son mandement pour cette année, une Lettre pastorale (n° 248), publiant l'Encyclique du Saint-Père, du jour de Noël 1888 ; — le 17 juin 1889, une Lettre (n° 250), pour recommander la célébration de la fête du Sacré-Cœur de Jésus ; — le 8 septembre 1889, une nouvelle Lettre (n° 252), publiant l'Encyclique *Quamquam pluries*, du 15 août précédent.

métropolitain et des curés de la ville, M. le Vicaire-général Andrieu complimenta l'Archevêque de Paris dans les termes les plus heureux, les plus délicats : «... Profitez, avait-il dit, Monseigneur, de votre séjour auprès de la Vierge qui a illuminé de son sourire les roches de Massabielle et qui aime tant à les illustrer de ses faveurs. Profitez des saints colloques que vous aurez, dans ce lieu béni, avec la Reine du Clergé pour lui parler de l'auguste Vieillard qui occupe le siège de saint Saturnin, pour la prier de nous le conserver longtemps ou plutôt de nous le conserver toujours. La divine Providence trouve quelquefois le secret de rendre les Évêques immortels (1).. »

Le Cardinal Desprez avait cru devoir se retirer, après avoir présenté son clergé au vénérable Métropolitain de Paris, qui répondit : « Je regrette, Messieurs, que votre saint Archevêque se soit dérobé trop modestement à ma réponse. Il a loué vos mérites ; mais il a feint d'ignorer que, selon le mot d'un Père de l'Eglise, les vertus d'un clergé découlent ordinairement de celles du Pontife, comme un ruisseau de sa source.— Il y a longtemps que j'aime et vénère votre premier pasteur ; aussi est-ce tout d'abord vers lui que ma pensée se porta, lorsque j'eus à procurer les derniers honneurs à notre regretté Cardinal Guibert, et c'est avec joie que j'ai saisi l'occasion de lui rendre ma visite, dès que les fêtes de Lourdes m'ont appelé dans votre région... Demandons à DIEU qu'il préserve votre cher diocèse de tout malheur et qu'il prolonge bien longtemps la belle vieillesse du Pasteur qui vous a été donné. Ce sera l'objet de mes plus ferventes supplications, aux pieds de la Vierge de Massabielle. »

1. Allusion, on ne peut mieux exprimée, au souhait de la nomination d'un coadjuteur auprès du Cardinal Desprez. Le bien-aimé Prélat n'avait pas cru pouvoir se prononcer dans ce sens, tant la question lui avait paru complexe et d'une difficile solution. Nous ne pouvons exposer toutes les circonstances, toutes les considérations qui s'y réfèrent. Dans les derniers mois de sa vie, le Cardinal avait adhéré à ce projet ; quelques efforts avaient déjà été tentés, au moment où il fut ravi à son diocèse. Aurait-il réussi à faire agréer un coadjuteur, de son choix ? Si ce résultat avait été obtenu, un long veuvage eût été épargné à l'Église de Toulouse ; mais le Prélat, qui vient d'être appelé au siège archiépiscopal, est le si digne successeur de Mgr Desprez, que la Providence a visiblement béni le diocèse.

VII.

Le Cardinal Desprez publiait, le 2 février 1890, les pages lumineuses de l'Encyclique *Sapientiæ humanæ* (1), d'où la vérité se dégage, pleine, à la fois, de grâce, de force et de mansuétude.

Le Président de la République se trouvait, le 20 mai, à Toulouse ; Monseigneur, en lui présentant le Clergé, prononça l'allocution suivante :

« MONSIEUR LE PRÉSIDENT,

» En vous remerciant d'avoir bien voulu honorer de votre visite ma ville métropolitaine, je suis heureux de vous offrir, au nom des prêtres de ce diocèse et au mien, l'hommage du respect que nous devons à la première magistrature de notre pays.

» Un ancien disait avec raison : « La meilleure république est celle où les citoyens s'interdisent toute querelle, toute sédition et travaillent à qui sera le plus vertueux. »

» Je souhaite, pour le bonheur de la patrie et pour le vôtre, Monsieur le Président, que cette forme d'émulation se propage de plus en plus dans notre société, et, comme la véritable grandeur morale ne subsiste qu'à l'aide des principes de l'Evangile, je vous prie d'user de votre influence, afin que rien n'affaiblisse, parmi nous, celle de l'Apostolat Catholique.

» En servant l'Église, le Clergé n'oublie pas la France, et, aux heures difficiles, il montre jusqu'où le patriotisme s'élève, quand il est soutenu par la religion. Les prêtres de mon diocèse sont de cette école ; ils connaissent l'importance sociale de leur ministère, et ils le

---

1. Avec son mandement pour le Carême de 1890 (n° 254).— Le 15 décembre suivant, il adressait une Lettre circulaire (n° 258), au sujet de la quête annuelle pour l'œuvre de l'*abolition de l'esclavage en Afrique,* œuvre de premier ordre, qui devrait émouvoir, entraîner toutes les âmes, tant le mal est immense, effrayant ! — Le 5 janvier 1891, il adressait, avec son mandement pour le Carême de cette même année, une instruction pastorale (n° 259) *sur le respect humain et l'obéissance due aux commandements de l'Église.* — Le 1er mars suivant, il faisait parvenir aux communautés religieuses le texte d'un Décret de la sainte Congrégation des Évêques et Réguliers, en date du 17 décembre 1890 (n° 259 bis).— Le 7 mars (n° 260), Monseigneur annonçait la publication d'un *grand Catéchisme,* explicatif du catéchisme diocésain.— Le 2 octobre (n° 263), il publiait la nouvelle Encyclique du Saint-Père, en date du 22 septembre, sur *le Rosaire.*

remplissent d'autant mieux qu'en moralisant les peuples, ils rendent moins difficile la mission de les gouverner.

» Dieu et Patrie ! voilà notre devise, et nous tenons à la conserver, non seulement parce qu'elle est un héritage, mais aussi parce qu'elle résume tous nos devoirs et toutes nos espérances. »

Quelques mots de réponse, ne se référant nullement à l'allocution prononcée, ce fut tout, de la part du Président, suivant la coutume, en présence des Évêques. Le nom de Dieu, que l'on ne saurait trop acclamer, il est, en France, depuis dix-sept ans, interdit au Chef de l'Etat et aux fonctionnaires de tout ordre, de le prononcer ; rien ne serait plus compromettant qu'un hommage rendu à la Divinité !

S'il en est ainsi, au dedans du territoire, il ne saurait en être de même dans les relations internationales. Aujourd'hui (ce que l'on ignore trop), comme autrefois, la France ne conclut aucun traité qui ne soit placé sous cette invocation : « *Au nom de Dieu Tout-Puissant.* »

Il y aurait péril à le constater, s'il s'agissait de notre régime intérieur, abandonné à l'arbitraire ; une injonction, d'où qu'elle vînt, adressée au pouvoir, mettrait fin à une si intolérable tradition... Mais, depuis l'origine du monde, l'idée de Dieu a constamment présidé aux accords intervenus entre les peuples, et un Évêque, parlant au Chef de l'Etat, pourrait l'en féliciter, sans craindre qu'aucune atteinte ne fût portée à cet universel hommage. S'il advenait, en effet, qu'un gouvernement exprimât le dessein de s'y soustraire, il mettrait l'État, par lui représenté, hors du concert des nations. Il y a donc là une barrière que l'athéisme est impuissant à renverser ; dans les actes les plus solennels, tous les gouvernants, ici-bas, seraient-ils athées, sont contraints d'affirmer leur croyance en la Divinité.

On peut, abusant de la prostration des âmes, créer et entretenir des écoles sans Dieu ; ce nom sacré ne demeure pas moins, d'une manière indestructible, au frontispice de tous les traités que signent les plénipotentiaires de la France.

VIII.

Des violences furent exercées, à Rome, au mois d'octobre 1891, on sait dans quelles circonstances, contre des membres de Pèlerinages des *ouvriers français*, placés sous la haute direction du Cardinal Langénieux. Le ministre des Cultes transmit, le 4 octobre, à l'Épiscopat une circulaire ainsi conçue :

« Monsieur l'Évêque,

» Vous connaissez les regrettables incidents qui viennent de se produire, à Rome, au cours des pèlerinages, dits « des ouvriers français. »

» Vous avez trop le sentiment des intérêts de la nation, pour ne pas penser, comme moi, que toutes les autorités du pays doivent éviter d'être compromises dans des manifestations qui peuvent perdre facilement leur caractère religieux.

» J'ai, en conséquence, l'honneur de vous inviter à vous abstenir, pour le moment, de toute participation à ces pèlerinages.... »

Cette circulaire émut de nombreux membres de l'Épiscopat. Plusieurs exprimèrent leurs doléances au Ministre, notamment l'un de ceux qui portent le plus haut le sentiment de la dignité épiscopale, l'un des Prélats dont les catholiques de France sont le plus fiers, l'Archevêque d'Aix. De la réponse que, dès le 8 octobre, il adressa au Ministre, nous citerons quelques passages :

« ... Les manifestations ont toujours gardé leur caractère religieux et ne l'ont jamais perdu par la faute des pèlerins. Nous n'avions besoin de votre invitation, ni pour le passé, ni pour le présent, ni pour l'avenir ; du reste, nous savons nous conduire.....

» Nous sommes humiliés des lamentables événements qui se passent, en Italie et en France, où les maîtres du jour ne manquent aucune occasion d'attaquer et d'insulter cette religion catholique qui a fait l'Italie et la France. La paix est quelquefois sur vos lèvres ; la haine et la persécution percent toujours dans les actes, parce que la franc-maçonnerie, cette fille aînée de Satan, gouverne et commande ; mille fois aveugle volontaire qui ne le voit pas.

» Je fais les parts : Pour les Italiens, c'était, avant tout, des Français à insulter ; pour la république des francs-maçons, c'était des catholiques et des cléricaux à laisser insulter.

» Quant à moi, je suis vivement blessé dans ma dignité de Français, de Catholique et d'Évêque. »

Fier langage, qui valut à l'Archevêque d'Aix les félicitations de plusieurs de ses Collègues. Le Souverain-Pontife lui fit même parvenir un témoignage des plus explicites.

Mgr Gouthe-Soulard fut assigné correctionnellement devant la première chambre de la Cour de Paris, comme prévenu d'outrages envers le Ministre. Cette poursuite fut, pour lui, l'occasion d'un vrai triomphe ; à sa ferme parole s'ajouta celle de son éminent défenseur, l'un des hommes qui ont le plus mérité, dans nos temps de deuil, d'être éloignés, par les sectaires, des hauts sièges judiciaires qu'honoraient leur talent, leur indépendance, leur indomptable droiture. A l'issue de l'audience du 24 novembre, Monseigneur adressa au Secrétaire d'État de Sa Sainteté le télégramme suivant : « Veuillez dire au Saint-Père qu'aujourd'hui, devant les juges, JÉSUS-CHRIST, la Papauté, les libertés de l'Eglise ont été victorieusement défendus. J'ai eu l'honneur d'être condamné à une amende.»

De même qu'il avait adressé, sous l'Empire, sa cordiale adhésion à Mgr Pie, en semblable occurrence, de même Mgr Desprez, dans son inébranlable fermeté, s'empressa-t-il, à la nouvelle de l'action correctionnelle dirigée contre Mgr Gouthe-Soulard, de lui transmettre un suffrage, qui produisit sur l'Archevêque d'Aix la plus vive impression, ainsi que Sa Grandeur l'a rappelé, le 23 janvier 1895, en écrivant à M. le Directeur de la *Semaine Catholique de Toulouse :* « Je n'oublierai jamais la superbe lettre que le Cardinal Desprez m'écrivit, au sujet de mon procès ; c'est un des meilleurs souvenirs de ma vie. » Voici cette lettre :

« Toulouse, le 25 octobre 1891.

» MONSEIGNEUR,

» Je ne croyais pas que, dans ce pays, où l'on se pique de tenir encore aux grandes et saintes choses, il fût possible de commettre un délit, en faisant acte de religion et de patriotisme. L'amour de l'Eglise et celui de la France ont seuls inspiré votre réponse à M. le Ministre des Cultes. Les maîtres du jour ont vu, dans cette lettre tout apostolique, un outrage, au lieu d'un service, et ils requièrent des peines pour un écrit, à l'occasion duquel ils devraient vous octroyer des remerciements. Votre courage épiscopal ne laisse pas de provoquer ailleurs les sentiments qu'il mérite, depuis que vous êtes poursuivi pour avoir soutenu les droits de la conscience catholique et de la dignité française. D'un bout à l'autre du pays, les prêtres et les fidèles en sont fiers, comme d'une gloire qui leur est propre. On dirait que vous êtes devenu l'Évêque de tous les diocèses de France. Aussi votre sort inspire-t-il à vos collègues dans l'Épiscopat une jalousie que je n'ai pas la force de tenir secrète, et en attendant le jour, peut-être prochain, où il nous sera donné de vous suivre, je regarde comme un devoir, de vous apporter, Monseigneur, l'expression bien sincère de ma cordiale sympathie.

» Veuillez, en même temps, Monseigneur, agréer l'assurance de mon respectueux dévouement.

» † Fl. Card. Desprez, Archev. de Toulouse. »

CHAPITRE XIV.

Qualités personnelles du Cardinal. — Son caractère. — Ses
vertus. — Sa vie intime.

SI féconde qu'ait été la carrière dont nous présentons l'exposé,
notre récit ne ferait pas suffisamment connaître le vénéré Prélat, si nous ne le considérions pas lui-même, d'une manière plus
directe, plus intime.

I.

Son existence était d'une régularité absolue. Levé (1) avant
l'aurore, qu'il devançait souvent, il s'absorbait, aussitôt et longtemps,
dans la prière (2). « Puis il se disposait par une fervente préparation
à célébrer les saints mystères. C'est surtout dans cette action, —
comme l'ont dit si justement MM. les Vicaires Capitulaires, — la
plus auguste de notre religion, que sa foi se révélait et devenait
éclatante, à tous les yeux. Car Notre-Seigneur, dans son adorable
sacrement, fut le premier et le plus constant objet de sa sollicitude.
Avec quelle piété il prolongeait son action de grâces, qu'il ne lui
arriva jamais d'omettre, ou seulement d'abréger ! Avec quel profond
respect il pénétrait dans les églises ! Quel maintien religieux, quelle
majesté grave et recueillie !.....La foi, force merveilleuse, dont l'Apôtre a dit qu'avec elle, on pourrait transporter les montagnes, apparaissait dans toute sa personne, lui donnant l'attitude si digne qui

---

1. Même souffrant, il ne recourait à l'assistance d'un serviteur, ni à son lever, ni à son
coucher. Lorsqu'il se dévêtit, pour la dernière fois, quelques heures avant sa mort, il ne
dérogea pas à cette coutume ; il enleva ses vêtements, debout, tout siège écarté.

2. Il récitait, d'abord, son bréviaire et se consacrait tout entier à ses pieux devoirs. Il
célébrait la messe, à sept heures. Au cours de la journée, la prière revenait sur ses lèvres,
dès qu'il pouvait disposer de quelques instants. Soit le jour, soit la nuit, la récitation du
Rosaire était, pour Mgr Desprez, quotidienne.

ne s'explique bien que par le sentiment habituel de la présence de DIEU et qui faisait de lui, comme elle avait fait de l'illustre Cardinal d'Astros, « un Évêque, de la tête aux pieds. » Il était vraiment embrasé de l'amour céleste ; sa vie s'écoulait, par l'élan du cœur, la méditation, par le surnaturel attrait d'une âme prédestinée, en présence de Celui qui est la force, la justice, la bonté infinies ..

On l'admirait dans les grandes cérémonies de la Métropole, lorsqu'il officiait pontificalement ; on accourait pour voir l'auguste Prélat, si beau à l'autel et sur son trône, accomplir les rites sacrés, avec le pieux recueillement, la dignité majestueuse, que rehaussait sa remarquable prestance ; on n'a pu, — nous exprimons un sentiment unanime, — voir Monseigneur présider une cérémonie, sans emporter une profonde impression. Lors de ces solennités, l'enceinte sacrée était littéralement envahie : spectacle d'édification, dont la foule des fidèles était avide. Dans tous les rangs de la société, plus d'un, entre ceux que son aspect imposant a saisis, le font certainement revivre, par la pensée ; peut-être, à la dernière heure, évoqueront-ils le souvenir de cette grande figure, en bénéficiant, devant le Juge suprême, des incessantes supplications du Pontife, qui a tant prié pour son troupeau.

L'amour de DIEU l'avait enflammé d'un zèle, d'un dévouement sans bornes pour l'Eglise, à la défense de laquelle il eût fait, sans hésitation, avec bonheur, — il n'a pu s'abstenir de l'affirmer, — le sacrifice de sa vie. Il était bien de la race, à laquelle ont, dans tous les temps, appartenu les martyrs, par sa foi débordante, son indomptable fermeté, par la passion du salut des âmes et son irrésistible attrait vers la Patrie qu'il convoitait.

Le Saint-Siège ne pouvait compter sur un cœur plus dévoué. Pie IX l'avait ravi, dès le premier jour ; aussi gardait-il à la mémoire de ce doux et vaillant successeur de Pierre un culte inviolable. Monseigneur avait reporté sur Léon XIII, qui l'honorait d'une particulière estime, ses sentiments de filiale vénération. Durant sa longue carrière, Rome le vit venir maintes fois dans ses murs ; il y apportait, sous la forme de dons magnifiques, le tribut de la générosité des fidèles et de la sienne envers le gouvernement de l'Eglise universelle ; il revoyait les sanctuaires bénis qui lui étaient si chers ; il se retrempait, au tombeau des apôtres, dans les plus vivifiants souvenirs du christianisme, et, en dépit de l'éclat de la pourpre, dans les sublimes renoncements de l'humilité.

Si Rome était le vestibule sacré de sa vraie patrie, *la patrie de l'éternité*, la France, sa patrie terrestre, était, de Monseigneur, tendrement aimée. Tous les actes de sa carrière, de son épiscopat, tous les témoignages, que nous avons rappelés, de son persévérant dévouement, disent bien haut à quel degré il lui avait donné son cœur. Il sut, dans des circonstances souvent bien difficiles, montrer que l'amour de l'Eglise et l'amour de la France se confondaient, pour le guider, en un sentiment unique, qui fait si ardemment désirer aux âmes chrétiennes, à travers les plus navrantes vicissitudes, la pleine entente que nous ne verrons peut-être pas, mais qui réjouira nos descendants, entre la société religieuse et la société civile. Aspirations des plus grandes intelligences qui, par-delà les épreuves, ont entrevu le triomphe... Avec Bossuet, avec Leibnitz, avec Lacordaire, ne devons-nous pas, en effet, nous fortifier, quels que soient les obstacles et les luttes, dans la ferme assurance de la réconciliation future des esprits dans la paix de DIEU ?

II.

Dans la vie de Monseigneur, l'emploi du temps était réglé avec un soin parfait. Ses pieux devoirs remplis, il se mettait au travail, vers huit heures. Pour sa correspondance personnelle, il ne recourut jamais à aucune collaboration ; c'est ainsi qu'il écrivait, chaque jour, une vingtaine de lettres, dans un style clair, précis, et, quand cette satisfaction lui était permise, onctueux. Il eût, avec raison, considéré comme une inconvenance, le défaut de réponse ; les âmes élevées ne se croient affranchies d'aucun devoir ; la bienséance s'imposant à tous, il jugeait que sa haute dignité ne pouvait qu'en rehausser le bon ton et la courtoisie. — Aux derniers jours de l'année, il ne reculait pas devant le fardeau. Jusqu'au mois qui précéda son décès, il ne manqua pas de répondre, par lui-même, sans nul concours, aux mille, douze cents hommages, dont, sous des formes diverses, la poste lui apportait l'expression ; il se montrait constamment fidèle à sa règle et témoignait, par ses propres égards, du plaisir avec lequel il accueillait tant de marques de respectueuse vénération.

L'amour de l'ordre était un de ses traits dominants. Si, à la fin de sa carrière, l'un des objets de sa sollicitude s'est trouvé en souffrance, c'est que, dans sa conviction d'une parfaite régularité, en même temps que d'un contrôle assidu, rien n'avait provoqué, de sa part, une intervention personnelle.

Il tenait tellement à la ponctualité que nous ne supposons pas qu'on ait pu jamais constater un retard provenant de son fait. « L'exactitude, dit-on, est la politesse des rois. » En ce qui concerne le Cardinal, elle était proverbiale. Dès son séjour à l'Ile de la Réunion, prêtres et fidèles en avaient été frappés : un fait le prouvera ; il aimait à le citer, en souriant. Durant l'une de ses tournées pastorales, il devait s'arrêter, à trois heures de l'après-midi, dans une maison située au sommet d'une côte, et y faire une halte. Or il y arriva, non à trois heures, mais à deux heures et demie. Le cadran d'une horloge était appendu au mur de la salle où il entra. Un nègre se hissa aussitôt sur une chaise ; l'aiguille marquant, en effet, deux heures et demie, il la fit avancer : trois heures sonnèrent. Comme on lui faisait remarquer son erreur, qu'il n'était réellement que deux heures et demie, le serviteur répondit naïvement : « Monseigneur a fait annoncer qu'il arriverait ici, à trois heures ; or, Monseigneur est entré dans la maison : il est donc trois heures... » Entre la prévision de Sa Grandeur et l'indication de la pendule, le nègre n'avait pas hésité ; la ponctualité de Monseigneur ne pouvait ne pas être absolue : plaisante flatterie qui exprime l'idée que l'on avait de son exactitude en toutes choses...

Après ses occupations ininterrompues, Monseigneur quittait son cabinet, à la chute du jour ; depuis son épiscopat de Saint-Denis, sa vue exigeait des ménagements. Il se rendait alors dans la chapelle de l'archevêché (1) ; il y demeurait quelque temps dans la prière.— Puis il retrouvait la digne sœur, qui vécut, sous son toit, durant tout

---

1. Cette chapelle, absolument insuffisante, est éclairée, du côté du Nord ; la température y est froide, parfois glaciale en hiver ; la santé de Monseigneur y subit plusieurs fois des atteintes. — Ce vaillant serviteur du pays ne put jamais obtenir qu'une chapelle convenable, commencée dès longtemps, fût achevée. Il ne devait, hélas ! en prendre possession qu'au lendemain de sa mort, pour y recevoir les hommages émus d'une famille, d'une cité, d'un diocèse en deuil !

le cours de sa carrière. — Après le repas du soir, quelques intimes entraient dans son salon, d'où il sortait, à neuf heures, pour se retirer dans son appartement. — Tel était, au Palais archiépiscopal de Toulouse, l'emploi de son temps, dans toute sa régularité.

III.

Au grand séminaire de Cambrai, l'ensemble de ses mérites, notamment l'amour de l'étude, l'avait fait remarquer et lui avait valu de notables suffrages. Les labeurs de son ministère ne l'empêchèrent jamais de se nourrir de la science sacrée : les saintes Ecritures furent son continuel aliment ; il ne pouvait se lasser d'une lecture qui le ravissait ; toutefois il réussissait si bien à voiler cette solide érudition qu'elle n'apparaissait pas ; mais, lorsqu'un ami abordait devant lui une question religieuse, son intelligence nette, précise, ornée, indiquait la vraie solution, en termes excellents.

A Toulouse, on ne put apprécier, en lui, l'orateur. Humble, se défiant de ses mérites, il était vaincu par une timidité qui explique la froideur apparente de son attitude ; la timidité n'a-t-elle pas souvent paralysé les forces d'autres hommes éminents ? L'onction de sa parole fut cependant remarquée dans maintes circonstances. Avec les années, la timidité céda peu à peu, et lorsque Monseigneur se sentit de plus en plus environné d'une universelle vénération, il rompit les liens qui, involontairement, le retenaient ; des prêtres, des laïques distingués nous ont dit que, dans les derniers temps, sa parole, devenue pleinement libre, maîtresse d'elle-même, s'était fait entendre avec un réel succès. Des diverses paroisses, qui l'ont aimé, dans le diocèse de Cambrai, de même que de Saint-Denis, nous sont venus, du reste, — sans que nous les ayons provoqués, — des témoignages indéniables de l'heureuse influence de ses prédications. Il parlait avec une simplicité telle, un sentiment si profond, une émotion si intime, que les âmes étaient saisies. On accourait à ses prônes... Si la timidité, qui était au fond de ce cœur d'élite, l'emporta, quand il atteignit les sommets de la hiérarchie, ce fut la preuve manifeste de l'humilité du Pontife, pénétré, avec excès, de l'élévation et des difficultés de sa charge. Les paroisses du diocèse de Toulouse, en le voyant, de plus en plus, triompher de sa propre défiance, ont entendu, pendant plus de trente-cinq ans, d'excellentes homélies. Que de discours, que d'allocutions n'a-t-il pas composés ! (1) Leur substance n'était autre que la moelle même des textes sacrés, la vérité sainte, développée par l'une des âmes les plus droites, les plus généreuses, les plus aimantes qui aient suivi, en ce monde, les traces laissées par le divin Sauveur.

Dès que les affaires ne l'occupaient plus, il s'absorbait dans la méditation : quelque confiance qu'il eût en sa santé, il pensait, sans cesse, à la mort et s'y préparait, nulle préoccupation ne pouvant l'emporter sur celle de la dernière heure, dans l'esprit de ceux pour qui la terre n'est qu'un lieu de passage et qui aspirent vers la Cité céleste. Par la réflexion, il approfondissait les difficultés qu'il avait à résoudre ; il demandait à Dieu de l'éclairer ; il pesait toutes choses, à la lumière des divins enseignements ; il a pu se tromper, comme il l'a dit lui-même, mais quelle sincérité dans la recherche du meilleur parti à prendre ! Quelle bonne foi ! Son regard ne pouvant s'écarter des horizons éternels, c'est après s'être toujours posé intimement cette question, si digne de sa belle âme : « *Quid ad æternitatem ?* » qu'il fixait son sentiment sur les difficultés d'ici-bas.

---

1. Nous avons sous les yeux les manuscrits d'un grand nombre de ses discours, de ses allocutions; les ratures, les remaniements attestent le soin avec lequel Monseigneur les préparait. Nous en choisissons quelques-uns, prononcés dans les diocèses de Cambrai, de Saint-Denis, de Port-Louis (Ile Maurice), de Limoges, de Toulouse, pour les insérer dans l'appendice qui suivra nos pages. Avec ses instructions pastorales (*quarante-huit*, à Saint-Denis, — *trente*, à Limoges, — *trois cent-quinze*, à Toulouse), l'œuvre de Monseigneur constitue un ensemble considérable.

Le vénérable curé de Raches (diocèse de Cambrai), M. l'abbé Ch. Gadenne, âgé de 90 ans, écrivait, le 20 février dernier : « ... Mgr Desprez a été très-estimé et très-aimé, au séminaire et pendant qu'il était vicaire à la Cathédrale; Mgr Belmas en faisait grand éloge... Je l'ai beaucoup connu, lorsqu'il était curé de Pont-à-Marcq. Depuis lors et jusqu'à son dernier soupir, j'ai admiré en lui l'homme de Dieu, *vir Dei*, accomplissant partout des merveilles, qui défient les plus exceptionnels éloges. Il était richement doté d'esprit et de tact. — Mon frère et moi, nous avons eu le bonheur de l'entendre prononcer, à l'improviste, de beaux discours... »

IV.

Esprit sagace et mesuré, plein de tact, d'un rare bon sens, il était servi par deux qualités de premier ordre, la plus heureuse mémoire et une attention constamment en éveil.

La mémoire, comme toutes ses autres facultés, il la conserva intacte jusqu'au dernier jour. Il ne pouvait rien oublier de ce qu'il avait appris sur les personnes ou les choses, sur tout ce qui concernait ses différents diocèses, sa famille et ceux qu'il honorait de son affection. On était surpris de la précision de ses souvenirs, parfois quant à des circonstances qui auraient pu lui échapper. Il ne ressemblait certes pas à ceux dont la mémoire, dédaigneuse, ne retient pas ou paraît ne point retenir des faits étrangers à leurs préoccupations personnelles. Si on l'interrogeait sur un point quelconque intéressant l'un de ses prêtres ou l'une de ses paroisses d'autrefois ou du temps de l'entretien, il s'expliquait avec une sûreté dont on était étonné. S'il s'agissait d'un monument, d'une contrée, d'une ville, il décrivait ce qu'il avait vu, comme si ses yeux voyaient encore l'église, le site, dont il était dès longtemps éloigné. A 87 ans, sa mémoire n'avait pas subi la moindre défaillance ; c'est, il faut le dire, qu'elle était le plus souvent secondée par le cœur, gardien par excellence de ce qu'il y a de meilleur dans l'homme. Les prêtres, comme les fidèles, pouvaient être assurés qu'il n'oubliait rien de leurs communications, ravivées par sa pensée, tant que persistaient les circonstances qui les avaient motivées, ou que la solution nécessaire n'était pas intervenue. Au niveau des grandes choses, mais également capable des petites, tout dans l'exercice de sa haute charge avait pour lui la dignité d'un devoir. Les préoccupations de l'ordre le plus élevé ne pouvaient le distraire de l'ensemble de ses sollicitudes, et il donnait la mesure de sa valeur quand, l'esprit rempli des plus graves questions, il demeurait tellement attaché à sa mission générale de vigilance, qu'il ne laissait point en oubli la moindre affaire.

Une autre faculté, en intime rapport avec la première, l'aidait singulièrement dans l'exercice de son ministère. L'application de son esprit était constante ; à aucun moment, sa pensée n'était inactive ; elle était toujours fixée sur un objet précis, et cette incessante méditation explique l'extraordinaire diversité des œuvres qu'il a entreprises, l'étendue des résultats qu'il lui a été permis d'obtenir. « Mgr Desprez, a écrit, avec raison, Mgr Fava, avait reçu du Ciel un don précieux chez un administrateur : l'attention. Jamais on ne vit homme plus attentif. — Il prévoyait, longtemps d'avance, ce qu'il avait à faire, ce qu'il fallait dire ; il étudiait hommes et choses et savait gagner les cœurs. — Là où des génies par l'intelligence eussent échoué, il triomphait par l'attention envers tous, et ce fut là *son génie à lui*, qui l'éleva si haut, sous la bénédiction de DIEU... »

Aussi ne s'alarmait-il pas des difficultés ; lorsqu'il ne les avait point prévues, il excellait à les résoudre ; sa prudence ne laissait rien au hasard, à la précipitation ; les membres si éclairés de son Conseil ont pu apprécier les qualités éminentes de ce Prélat, dont l'esprit, si heureusement équilibré, ne subissait pas d'emportement, ne cessait d'être calme, réfléchi, n'était point subjugué par la vivacité des impressions, mais avait pour guide cette fermeté bienveillante, qui ne s'abaisse point à amoindrir l'autorité, mais sait discerner la juste mesure, la limite jusqu'où, soit la conciliation, soit l'indulgence, peut arriver, sans devenir de la faiblesse ; esprit pondéré entre tous et dont l'admirable sérénité affirmait la sagesse ; les événements, les circonstances les plus inattendus n'en altéraient qu'un instant la superficie ; il se ressaisissait presque aussitôt et, sans s'abstraire des choses terrestres qui motivaient son suffrage ou ses efforts, il échappait au trouble par l'énergie d'une âme que la méditation, les labeurs et les vertus avaient portée et maintenaient sur les sommets du vrai, du beau et du bien.

V.

Etranger aux partis, Monseigneur n'obéissait qu'au sentiment de la justice, n'était inspiré que par son dévouement envers l'Eglise et le pays. Sa voix s'élevait pour protester contre tout ce qui nuisait à la France, ou l'humiliait. Qui a plus souffert des abaissements, de l'ignominie de nos temps ! Sous l'Empire, comme sous le régime qui lui a succédé, son inflexible droiture lui fit adresser au pouvoir de justes remontrances ; il n'y manqua jamais.

Il n'avait pas moins avec les fonctionnaires, qui lui témoignaient presque tous un profond respect, de courtoises relations. Son attitude, pleine de convenance, attestait la modération de son caractère, et ses égards envers les personnes n'impliquaient, certes, — on ne l'ignorait point, — la moindre concession, quant aux erreurs, aux iniquités.

Pouvait-on, du reste, le connaître, sans s'incliner devant les vertus de l'homme, du prêtre, de l'évêque? Ces vertus, il les possédait, à un point suréminent. « Ne montrait-il pas à tous,— comme on l'a dit en toute vérité, — à quel degré d'élévation morale peut atteindre et se maintenir celui dont le regard demeure fixé sur la colonne mystique, d'où viendra le salut et d'où descendent la constance, la fermeté, la douceur? » Si l'on considère attentivement tous les actes de sa carrière, on constate une impartialité qui ne s'est pas démentie, et, en dehors des formes dont il ne se départit point envers les personnes, une attitude inflexible, dans la persécution entreprise, au détriment du pays, contre la liberté des âmes. Il méritait qu'on lui appliquât ces paroles, déjà rappelées, sorties du cœur de saint Augustin : « *Occidere errorem, diligere errantem.* »

Fidèle à la discrétion, dont nous ne saurions nous écarter, ne pouvant soulever des voiles, derrière lesquels nous avons admiré les merveilleux effets de son zèle épiscopal, nous ne parlerons pas des consciences émues de son apostolique ardeur, jusque dans les rangs de ceux que leurs fonctions semblent parfois priver de leur liberté morale, des retours vers DIEU, dus à sa paternelle action, de la joie qu'il a ainsi procurée à des familles rattachées par leurs chefs au monde officiel : secrètes et suaves consolations qui tempéraient ses amertumes, et que, du reste, dans les milieux les plus divers, il a souvent goûtées. Une large part de la correspondance, par lui reçue et détruite, renfermait, soit des épanchements précurseurs de la réconciliation enviée, soit des témoignages de religieuse gratitude.

La confiance en l'efficacité des prières de Monseigneur était telle qu'on a, dans plusieurs familles, attribué des guérisons à ses pieuses intercessions.

Lors de l'une des visites du Prélat, à Pont-à-Marcq, — raconte M. le curé de cette paroisse, — une jeune fille malade, dont les médecins désespéraient, paraissait devoir mourir bientôt. Elle apprend que Monseigneur est venu donner la confirmation à ses compagnes ; elle sollicite la visite de Sa Grandeur qui accourt auprès d'elle, console les parents affligés et les bénit, en même temps que l'enfant. Depuis ce jour, l'état de la jeune malade s'améliora progressivement ; la guérison devint complète. La santé de celle que l'on croyait irrévocablement perdue n'a cessé d'être bonne ; elle ne prononce qu'avec un sentiment de profonde reconnaissance le nom du vénéré Prélat qu'elle appelle son bienfaiteur.

Monseigneur était allé visiter, à Angers, Mgr Freppel, auquel l'unissait un sincère attachement. Un estimable magistrat, qui vit l'archevêque, au Palais épiscopal, l'entretint, avec émotion, de l'état de sa fille, malade, et sollicita ses prières. Monseigneur célébra le Saint-Sacrifice, à cette intention. La guérison se produisit, peu après, et, dans une lettre, échappée, par mégarde, aux lacérations, le père remercie, avec effusion, Monseigneur d'avoir imploré la Bonté divine.

Ces traits et plusieurs faits analogues expriment, plus éloquemment que toute parole, la vénération dont le pieux Prélat était l'objet.

VI.

Presque chaque année, il visitait ses Suffragants, NN. SS. les Évêques de Carcassonne, de Pamiers, de Montauban. Il aimait à dire : « Nous formons une vraie famille, modèle d'union et de cordialité. » — Fin juillet, il se rendait à Bagnères-de-Luchon ; il se fortifiait, à l'air des montagnes ; l'hospitalité lui était donnée, dans un pavillon dépendant de la maison des Sœurs de l'Espérance ; ce pavillon, séparé de l'établissement par un cours d'eau, se trouvait sur le territoire de la paroisse de Saint-Mamet, dont les confins, au sommet des Pyrénées, sont les limites mêmes du sol français. Dans notre correspondance, à cette époque de l'année, nous nous permettions d'appeler Monseigneur : « *paroissien de Saint-Mamet.* » Cette appellation lui plaisait : le bon curé de la paroisse ne perdra pas le souvenir de la douce familiarité de son vénérable Archevêque.

Le repos de Son Éminence n'était même pas complet, dans cette retraite aimée. Il répondait aux souhaits de M. le doyen de Luchon, en présidant des cérémonies ; des paroisses voisines l'attiraient aussi ; il allait parfois procéder à des ordinations, dans son cher séminaire de Polignan, ou gravissait les hauteurs de Saint-Bertrand ; il se rendait au sanctuaire de Lourdes et à l'évêché d'Aire, puis revenait goûter quelques derniers jours de calme dans le pavillon luchonnais. Il le quittait avec regret et, avant la reprise de ses labeurs annuels, il se retrouvait fréquemment, soit au sanctuaire de Prouille, le jour de la fête du Rosaire, — soit dans la cathédrale de Pamiers, où il présida des offices solennels en l'honneur de saint Antonin, — soit dans la cathédrale de Montauban, siège épiscopal, successivement occupé par deux prélats qu'il avait sacrés.

Puis il reprenait le cours de ses labeurs, avec la même vaillance. Le poids des années n'avait pu faire fléchir ses épaules ; sa haute taille, qui bravait l'action du temps, se maintint, jusqu'au terme, à l'abri de toute atteinte (1). Comme nous l'avons dit, ses forces physiques lui inspiraient pleine confiance ; quoique souvent altérée, sa santé se relevait vite, et il éprouvait alors une sorte de rajeunissement. Dans combien de lettres ne nous a-t-il point fait part de cette impression ? A nos persévérants conseils de ménagements, il répondit, un jour, d'Aspet : « On m'a laissé partir, avec le programme suivant, que j'ai promis d'observer fidèlement : la messe, à sept heures, presque *incognito ;* ne point parler, à la cérémonie, et ne m'y rendre que pour la confirmation ; ce programme, je l'accomplis, à la lettre.... Mais vous pouvez m'en croire !... Je suis tellement rétabli que j'ai honte de dire que je dois prendre des ménagements. A Juzet-d'Izaut, j'ai entendu aujourd'hui une femme s'écrier : « Zest !... Il est comme il y a huit ans... »

Le Palais archiépiscopal recevait fréquemment la visite de prélats français ou étrangers. L'insigne Basilique Saint-Sernin et l'itinéraire à suivre vers Lourdes, en accroissaient le nombre, principalement en septembre et octobre. Témoin, souvent, de l'accueil que Son Eminence faisait à ces prélats, nous avons pu juger de l'agréable impression qu'ils éprouvaient, en la compagnie d'un hôte si véné-

---

1. Des chutes très-graves, notamment à Sainte-Marie-du-Désert et, en 1893, au Palais archiépiscopal, ne lui avaient point, — circonstances extraordinaires, — été funestes : il avait même échappé à toute lésion.

rable et si gracieux. Modeste jusqu'à l'effacement, il voilait, d'ordinaire, le charme et la vivacité de son esprit fin, délicat (1). Alors
aussi, sa sincère humilité, la timidité de sa nature empêchaient
qu'on ne pût l'apprécier tout entier ; mais chaque visiteur s'éloignait
de lui, avec un surcroît de vénération.

VII.

Les ressources pécuniaires de Monseigneur étaient médiocres, en
ce qui le concernait personnellement et eu égard aux multiples
exigences de sa situation ; pendant que le budget de l'Etat s'accroissait au-delà de toute mesure, la part due au clergé s'amoindrissait
de plus en plus ; les évêques se sont ainsi vus privés d'une portion
de fonds réellement indispensables (2). Comme l'a écrit Monseigneur, « DIEU lui avait fait la grâce de ne point s'embarrasser des
biens de la fortune. » A son décès, sa famille devait certes le constater. Mais des cœurs généreux mirent fréquemment à sa disposition des sommes importantes, qu'il consacra, sans réserve, aux institutions bienfaisantes ou religieuses. Lorsque notamment, réalisant
toutes ses appréhensions, *l'école sans Dieu*, cette funeste énormité,

---

1. « M. Delpech, curé du Taur, — nous écrivait Monseigneur, le 17 avril 1881, — est
cité devant le Tribunal de simple police pour avoir, le dimanche des Rameaux, fait sortir
sa procession ; il est poursuivi, bien que, d'une porte à l'autre, le parcours n'ait guère été
que de trois fois la longueur de l'écharpe de M. le Maire... » — Sortant d'une séance, à
laquelle Monseigneur avait entendu des éloges surprenants, il nous écrivait : « Nous devons
craindre qu'il ne reste pas d'encens pour nos cérémonies de dimanche... » — Nos respectueuses remontrances, dans les dernières années, le faisaient nous rassurer sur sa santé, le
soir même ou au lendemain des grandes solennités, qu'il tenait à présider, à Pâques ou à
Noël ; en 1894, il nous disait : « Ne soyez pas inquiet, j'ai officié, non comme à vingt-cinq
ans, mais comme à vingt-six... » — Son âme, si confiante dans les décisions de l'Eglise,
après de scrupuleuses enquêtes, mais des plus réservées, apprenait avec peine les excès
d'imagination ; il lui arrivait, dans cet ordre d'idées, des communications, dont il fut, en
certaines circonstances, stupéfait. Un prêtre, par exemple, vint lui raconter que la Très-
Sainte Vierge lui avait apporté une prière, dont il offrit le texte à Monseigneur : le bon
Cardinal rendit aussitôt cette page, qu'il accompagna de ces simples paroles : « Monsieur
l'abbé, je préfère l'*Ave Maria*... »

2. Le mobilier de l'archevêché était, en certaines parties, des plus défectueux : les
fonds, si prodigués dans d'autres services, manquaient toujours pour les plus indispensables réfections.

déclarée *intangible*, vint (puisse ce péril être conjuré !) hâter l'effondrement de notre chère France, le Cardinal fit une large part, dans ses discrètes subventions, aux écoles où, soit à Toulouse, soit dans d'autres localités du diocèse, les catholiques essaient de sauvegarder l'éducation de l'enfance.

La charité de Monseigneur a dû l'élever bien haut, sous le regard de DIEU. Il n'est pas une infortune qui ait fait appel en vain à sa commisération. L'exercice de la charité signalait ses jours de tristesse pour en tempérer la douleur, ses jours heureux pour que sa joie fût divine. Menacé même de se trouver, en faisant un nouveau don, sans ressources, il n'accueillait pas moins la requête, dans la mesure du possible. Si l'on pouvait raconter, si l'on savait (malgré sa prodigieuse mémoire, s'en souvenait-il lui-même ?) tout ce qu'il a fait pour les œuvres et pour les malheurs privés, une autre biographie, un récit spécial serait nécessaire ; mais l'entière vérité est connue dans le monde invisible, où l'immortelle couronne attendait le généreux bienfaiteur, le vaillant athlète.

Appartenir à une paroisse, à un diocèse qu'il avait dirigé ou à la tête duquel il vivait, c'était parfois un titre suffisant pour motiver sa bienveillance (1). Les courriers lui apportaient fidèlement des nouvelles de toutes les contrées aimées ; il ne fallait pas que la correspondance s'attardât ; son amitié était exigeante, nous le savons : « Je n'ai pas de nouvelles, écrivait-il ; j'en demande de tous côtés, on ne m'en donne point ; il m'en faut ; de grâce, quelques mots, ne serait-ce que sur une carte... » De l'île Bourbon, les communications furent longtemps mensuelles ; les vides causés par la mort purent seuls les amoindrir. Combien n'en souffrait-il pas !

Cette terre lointaine, à laquelle il avait consacré les prémices de son dévouement d'évêque, se rappela plusieurs fois à lui, sous une forme autre que la forme épistolaire. Si un nègre de la Réunion était rejeté par la tempête sur quelque côte africaine et qu'il fût ramené en France, pour être ultérieurement rapatrié, son désir, en touchant le sol français, était d'accourir vers le palais archiépiscopal, où il savait trouver celui que le diocèse de Saint-Denis salue

---

1. Parlant spécialement de son lieu natal, il a dit : « Ostricourt a toujours été l'objet de mes pensées les plus chères. Je ne crois pas avoir passé un seul jour, ni célébré une seule fois la messe, sans lui avoir donné un *memento*... »

du nom de *Père*. Un jour que nous conversions avec Monseigneur, on vint lui dire qu'un nègre de Bourbon arrivait, dans un complet dénuement : « Offrez-lui aussitôt de la nourriture, répondit le bien-aimé Prélat ; faites-le habiller convenablement. Aussitôt après, vous me l'amènerez... » Ses bras étaient ouverts pour le recevoir ; il questionnait ce fils inconnu de l'île chérie sur tout ce qu'il pouvait apprendre de sa bouche, lui ménageait quelques jours de repos, et le voyait repartir, comblé des marques de sa bienveillance, pour le pays, où il allait redire, avec des larmes, que les enfants de la Réunion avaient, à l'archevêché de Toulouse, comme un lieu d'asile. — L'un de ces nègres ne voulut pas reprendre la route de l'Océan Indien ; Monseigneur l'y invita vainement ; il ressentait un vrai culte pour le Cardinal, auquel, en dépit de toutes les observations, il ne voulut jamais parler qu'à genoux. On a pu le voir, durant huit années, au palais archiépiscopal, — huit années pendant lesquelles Monseigneur l'avait inutilement pressé de rejoindre sa famille. Il y serait resté jusqu'à la mort de son bienfaiteur, si des circonstances spéciales n'avaient déterminé son départ.

VIII.

La profonde humilité du Cardinal, humilité que ses discours (1), ses instructions pastorales ont si souvent exprimée, ressortait notamment de la simplicité de ses habitudes, de toute sa vie. On n'avait point à lui demander une audience. Présent à l'archevêché, il était constamment accessible à tous : prêtres, laïques étaient accueillis, sans délai, dès que les visiteurs, arrivés les premiers, avaient quitté son cabinet. Il interrompait ses travaux personnels pour s'entretenir avec ceux qui se présentaient, quels qu'ils fussent.

Il écoutait, avec l'attention qui le caractérisait, l'exposé des faits,

---

1. Voir, par exemple, (ci-dessous, à l'*appendice*,) le discours qu'il prononça, en prenant possession, à Rome, de son église cardinalice. Délicat en toutes choses, il ne voulut point, — il convient de le remarquer, — à raison de sa vénération envers ses parents, s'appliquer les paroles de l'Écriture : *et de stercore erigens pauperem*, etc. ; mais il dit : « ... *qui me egenum à terrâ suscitavit, ut*, etc...» — Monseigneur, parlant à l'un de ses neveux, qui en conserve le vivant souvenir, lui adressa cette recommandation : « N'oublie jamais que nous sommes fils de paysans... »

les doléances, les requêtes ; son esprit était trop droit, sa conscience trop scrupuleuse pour n'y prêter, — comme il advient fréquemment à la médiocrité morale, — qu'une oreille distraite, ou pour traiter les questions avec indifférence : on pouvait compter sur un examen réfléchi.

A certaines heures, de préférence, se présentaient les visiteurs désireux, — en dehors de toute affaire, — de lui offrir leurs hommages. Dans les dernières années, le nombre avait diminué (1), et il l'avait remarqué... Le soleil couchant n'a pas, pour tous, le même attrait... Mais des amis fidèles réjouissaient son cœur ; ils goûtèrent, jusqu'à la fin, le charme d'un tel commerce, d'une telle affection.

« Dans ses rapports quotidiens avec les prêtres, il n'oubliait jamais le caractère sacré dont ils étaient revêtus. Les prêtres ! qui dira ce qu'il a été pour eux ? Il les recevait, à toute heure et toujours, avec une sorte de respect, les faisant asseoir, à ses côtés, les accueillant avec bienveillance, les relevant et les encourageant par des paroles empruntées, d'ordinaire, aux Livres saints, les reconduisant avec honneur, et ne les laissant jamais s'éloigner, sans avoir mis dans leurs cœurs, non pas des consolations banales, mais une douce et chrétienne résignation, l'acceptation surnaturelle des épreuves, souvent même l'amour des croix (2). Rarement il s'abandonnait avec eux ; ce n'était guère que lorsqu'il arrivait, le soir, dans les presbytères, au cours de ses visites pastorales. A ce moment, presque seul

1. Si remarquable que fût la conservation de l'ensemble de ses facultés, un amoindrissement de l'ouïe, — d'un côté seulement, — gênait un peu l'entretien, dans les derniers temps : c'est à cette circonstance surtout que ce fait doit être attribué.

2. Monseigneur savait unir la clémence à la fermeté, nous l'avons déjà constaté. Les prêtres qu'il avait pu frapper de mesures disciplinaires ne cessaient d'être l'objet de ses anxieuses préoccupations. Il en est qui reçurent de lui, par des voies détournées et sans qu'ils pussent en deviner l'origine, des secours destinés à les prémunir contre des fautes plus graves... Quelques jours avant sa mort, il adressait à l'un de MM. les archiprêtres une lettre, bien digne de Son Eminence, au sujet d'un prêtre sous le coup d'un affaiblissement qui l'avait exposé à causer de la peine au vénéré Cardinal : Son Eminence priait M. l'archiprêtre « de payer, d'abord, le loyer, — d'acquitter ensuite les petites dettes. Vous me ferez connaître, ajoutait-il, ce qui restera de la somme que vous recevrez, et volontiers je viendrai en aide à ce pauvre malade, qui est un prêtre de JÉSUS-CHRIST. Je compte, pour ces soins, sur votre charitable sollicitude... » Que de traits, attestant son exquise générosité envers des membres de son clergé, — malheureux, malades, ou même répréhensibles, — pourraient être cités !

avec le curé, il devenait causeur, rappelant agréablement ses souvenirs de Bourbon ou les impressions de ses longs voyages. Les nombreuses réunions le rendaient réservé, quelquefois silencieux ; mais,
sous cette réserve et ce silence, on sentait le cœur du Père (1)... »
Aussi, lorsqu'il le laissait s'épancher, qu'il triomphait de sa retenue,
ceux qui l'entouraient emportaient-ils une délicieuse impression.

Quand Monseigneur revenait dans ses chères paroisses du diocèse
de Cambrai et qu'il se retrouvait, au milieu de ses anciens et bons
confrères, — peu à peu décimés par la mort, — son attitude, son
affabilité les charmaient. Un jour, au presbytère de Pont-à-Marcq,
dans une assez nombreuse réunion, le curé d'Ennevelin, son condisciple au grand séminaire et son ancien collègue, en qualité de
curé d'une paroisse voisine, lui dit tout-à-coup : « Qu'est-ce que
vous pensez, Eminence, de vos anciens voisins, restés modestes
curés de village ?... » « Mais, répondit le Cardinal, rien n'est changé ;
je m'honore de mon ministère de curé, de même que de l'affection
de mes anciens confrères. Je pense que vous me gardez les sentiments dont vous étiez autrefois animés pour moi... » Après quelques instants d'une conversation familière, amicale, sur le même
ton qu'au temps passé, le bon curé d'Ennevelin, ravi de constater
que son condisciple était bien resté pour lui, tel qu'il le souhaitait,
dit naïvement : « Je suis on ne peut plus content de vous ; que vous
êtes digne des honneurs ! Veuillez me donner votre meilleure bénédiction... » Et le vieux curé, à cheveux blancs, se mit à genoux, au
milieu du salon, avec une simplicité, un mouvement de foi, de respect, qui émurent le Cardinal et toute l'assistance.

IX.

Si le Cardinal était froid, en apparence, très-contenu, très-réservé,
on voit cependant avec quelle grâce il savait s'épancher.

Ce que nous avons dit ne suffit pas encore à donner une idée
complète de ce grand cœur. Lorsque, ni les préoccupations, ni la
gravité de son caractère, ni sa nature timide ne le dominaient point,

1. Lettre de MM. les Vicaires Capitulaires de Toulouse, du 12 février 1895.

qu'il pouvait se livrer tout entier aux amis, leur prodiguer son amabilité, sa tendresse, nous ne supposons pas qu'on pût éprouver une
plus intime satisfaction. Son humeur était gaie alors, enjouée
même ; c'est lui, le vénéré Ami, qui provoquait l'expansion, qui
jetait dans l'entretien ces paroles, ces réparties charmantes
gravées dans la mémoire des cœurs : il communiquait à son affection, à sa simplicité, un ravissant attrait. Le Cardinal goûtait alors,
— on en était frappé, — et faisait goûter à ceux qui avaient le
bonheur de l'entourer, d'heureux moments. Il en est qui ont reçu
de lui, dans une indicible mesure, des marques d'une tendresse
inexprimable. Sollicitude constamment en éveil et qui se manifestait
jusque dans les moindres incidents de la vie ; — si l'on était éloigné,
désir de nouvelles, désir qu'il ne pouvait comprimer ; — questions,
jamais assurément indiscrètes, mais qui montraient à quel point il lui
paraissait indispensable d'être tenu au courant de tous les faits, de
toutes les circonstances intéressant ses amis ; — s'il arrivait que, par
mégarde, on eût négligé une réponse, question renouvelée, en des
termes dont on ne pouvait ne pas être ému ; — pensée affectueuse
qui le suivait partout, et dont rien ne pouvait le distraire, qu'il se
trouvât à Toulouse ou en tournée pastorale, à Ostricourt ou à Rome ;
— dates, ineffaçables dans son cœur, des douloureux anniversaires
et des jours de fête de ceux qu'il chérissait, dates que nulle vicis-
situde ne lui faisait perdre de vue, son paternel embrassement ne
faisant jamais défaut, à l'heure marquée ; — exactitude vraiment
surprenante, car elle s'affirmait même envers un enfant, la veille du
jour où l'Église honore la mémoire d'un bienheureux patron ; —
exquise bonté qui pénétrait son âme si généreuse du sentiment de
l'anxiété des amis, quand sa propre santé était atteinte ou qu'il
était aux prises avec de graves difficultés ; bonté qui le faisait transmettre lui-même des nouvelles dont le but était invariablement de
modérer l'inquiétude ; — amitié ingénieuse qui s'appliquait sans
cesse à relever dans le présent ou à évoquer, dans un passé souvent
lointain, le moindre fait de nature à montrer, jusqu'au fond de ses
souvenirs, la vivacité de son affection ; — et quand on avait la joie
de se retrouver réunis, parfois après une longue séparation, épanchement, émotion de ce cœur de père qui eût voulu, dans un entretien, hélas ! trop court, toucher, sans rien omettre, à l'ensemble des
circonstances concernant ses amis ou le concernant lui-même ; —

intimes et mutuelles confidences, scellant de plus en plus l'alliance, la parenté des âmes ; — espérerions-nous pouvoir exprimer ce que le cœur garde comme un incommunicable trésor? — Lorsqu'il venait inopinément s'asseoir, à la table d'une famille amie, c'est auprès de l'un des plus jeunes enfants qu'il marquait sa place, afin de mieux affirmer son affection pour tous. Si l'un de ceux qu'il aimait était malade, dans une ville éloignée de lui, lettres et télégrammes affluaient vers ceux-là mêmes qu'il ne connaissait pas, mais qu'il savait exactement informés, pour obtenir d'eux des nouvelles sûres ; il s'attribuait la mission de les transmettre aux êtres les plus chers, en les accommodant avec une grâce, dont la tendresse d'un père a seule le secret ; la maladie continuant, il arrivait lui-même, afin de réconforter, par sa présence, sa sollicitude, l'ami vers lequel il accourait... Son cœur avait des inspirations qu'il eût été impossible de pressentir, de deviner. — Avant de se rendre à Paris, pour présider les obsèques du Cardinal Guibert, il avait été avisé qu'un ami, qu'il ne manquait pas de visiter aussitôt, serait absent. Le lendemain de la cérémonie, si accablante qu'elle eût été, en juillet, pour ses forces, il se faisait conduire devant la maison amie : « Vous ne pouviez, dit-il ensuite, m'empêcher d'aller, rue ...., pour vous bénir, absents, pour bénir, une fois de plus, votre demeure... » Quand l'affection atteint ce degré, que la certitude de la plus excessive indulgence ne pouvait assurément faire pressentir, elle déconcerte, ou plutôt elle élève la gratitude si haut, que DIEU seul peut acquitter la dette des cœurs. Il y avait, au fond de son âme, un inépuisable élan qui ne parvenait jamais, cependant, à procurer à sa bonté une entière satisfaction...

Les enfants, il les comblait... Quelques jours avant une naissance attendue, il venait demander aux parents de baptiser l'être qui allait venir au monde et de lui donner son prénom.— Il exprimait le désir de présider à la première Communion et à la Confirmation d'un autre enfant, résidant à Paris, et comme on exprimait le regret de ne pouvoir, à la date voulue, l'amener à Toulouse, il répondait : « Mais j'irai à Paris... » Il y venait, en effet, à l'âge de 76 ans, procurant ainsi un vrai bonheur (1). Il adressait aux enfants des

1. Dans trois lettres successives, le Cardinal demandait que l'on se pourvût, pour lui, à Paris, des autorisations nécessaires. Il avait réitéré ses instances, dans ce but, jusqu'à ce qu'on l'eût avisé qu'elles lui étaient accordées. Quel modèle d'ordre, d'humble régularité !

lettres charmantes : une petite fille, sur le point de recevoir la première Communion, était tombée malade ; il lui écrivait, quoique malade lui-même, — ce qui doublait le prix d'une telle condescendance : « ... C'est auprès de votre lit de souffrance que j'accours, ma chère V..., pour vous donner la plus affectueuse bénédiction de l'ami de la famille. Deux lignes de votre excellent père ne tarderont pas à me fixer sur l'état de votre santé et à m'apporter l'heureuse nouvelle que vous êtes entrée dans la voie de la convalescence... J'ai dû abandonner ma tournée pastorale et, dimanche soir, je suis précipitamment rentré à Toulouse, après avoir perdu l'appétit et le sommeil, les pieds enflés et avec la fièvre... Le docteur m'a permis de me lever pour quelques heures... Les pieds sont tellement enflés que je ne saurais me tenir debout ; à plus forte raison, ne pourrais-je monter à l'autel... » Quelle bonté d'âme révèle cette lettre !

Monseigneur correspondait fréquemment avec un jeune élève du collège Stanislas, à Paris. « Mon cher F..., je commence par t'embrasser sur les deux joues. Si tu connaissais l'affection que j'ai pour toi, tu n'aurais aucune crainte pour m'écrire ; tu m'écrirais tout simplement, comme tu le fais envers ton père. Tes succès me font autant de plaisir qu'à tes parents ; car, avec eux, je pense à ton avenir ; avec eux, je fais des vœux pour ta santé... Au cours de tes classes, n'oublie pas, cher enfant, ce mot de l'Apôtre : *La piété est utile à tout ;* j'ajoute : même pour apprendre une leçon difficile ou faire un devoir embrouillé...... Je t'embrasse, de nouveau, mon cher F..., et à ce témoignage d'affection je joins ma meilleure bénédiction... » Cette correspondance, dont chaque lettre renferme trois, quatre pages, mériterait d'être reproduite pour faire encore mieux ressortir la simplicité, la condescendance, la douce bonté du Prélat. Il avait parlé ainsi à l'enfant : « Ecris-moi souvent ; si ma réponse ne t'arrive point, dans les trois jours, tu diras : le Cardinal est malade... »

Le jeune élève se permit, une année, de lui adresser ses vœux en vers latins (1). Monseigneur lui répondit ; « Mon cher F..., j'ai

---

1.   Eminentissimo Domino Desprez,
           Sanctæ Romanæ Ecclesiæ Cardinali,
                Archiepiscopo Tolosano.

      Accipe, sancte Parens, antistes maxime, vota

reçu, avec le plus grand plaisir, tes souhaits exprimés en bons vers. Cette lecture m'a rajeuni de plus de soixante ans, en me reportant à ces jours heureux de mon adolescence, où, comme toi, je m'essayais dans la belle langue de Virgile et d'Horace. J'ai eu la pensée, même le vif désir de te répondre, sous la même forme. C'était, à mon âge, une témérité ; car je me suis bien vite aperçu que mon Pégase était fourbu... — Le jour du renouvellement de l'année, lorsqu'à l'autel, je formulais mes vœux pour tes excellents parents, j'ai demandé, pour toi, une bonne santé, afin qu'il n'y ait aucune interruption dans tes études et que le cœur de ta mère soit affranchi de toute préoccupation ; — les plus solides progrès dans les lettres et les sciences, pour que tu puisses parcourir, avec honneur, la carrière que tu auras choisie ; — j'ai bien demandé aussi le don précieux de la piété. Voilà, cher enfant, les vœux que je t'ai réservés et qu'il me tardait de te redire. — Après ton père et ta mère, personne plus que moi ne désire ton bonheur. Que le Ciel te comble donc de ses plus

Quæ tibi parvus adhuc facit infirmusque poeta ;
Suscipit ille tamen primos componere versus
Afflatos animo grato et pietate parentis.
Ecce dies veneranda tibi, quâ indutus amictu
Pastoris, doctumque sacro caput unctus olivo,
A Domino delectus, aves agnosque gubernas :
Per multos studio tu, factus episcopus, annos,
Littus Erythræum Christo sociare laboras ;
Lemovici deinceps, fugientis in urbe Viennæ ;
Ast aliis non invideat, dilecta Tolosa !
Pectora cuncta foves, cunctis pro patre putaris.
Ipsius oblitum, quoties tu tempore morbi
Curantem ægrotos te juvit adire pericla !
Officiisque tuis, humilis, Germana, puella,
Quæ, pecudes pascens, ignota, in rure Tolosæ,
A cunctis vexata, Deo virtute placebat,
Cœlicolūm numero, jure, est inserta beato.
Purpureæ vestis nunc exornaris honore,
Digno virtutis pretio tantique laboris.
Quæ tibi, sancte Pater, quæ nunc ego munera tradam ?
Quippe, animo repetens, iterumque iterumque revolvens,
Hæc benefacta, Deum precor ut bona maxima donet,
Et longos annos tibi felicesque precabor.
Felicis sincera tui crede omnia vota :
Semper erit gratus, nec tanto indignus amore.

                                        F......

ardentes bénédictions. Qu'ils se réalisent, pour toi, les souhaits qu'un grand penseur appelait *les trois S : Santé, Science et Sainteté....* Transmets à ta chère famille mes plus tendres amitiés. Je t'embrasse, cher F...., et te bénis. — Crois-moi — Tout à toi,

» Fl., Card. DESPREZ, Arch. de Toulouse. »

Ainsi parlait à un enfant ce cœur de père ! (1) Comme on comprend qu'il aimât, dans ses homélies, à developper, avec effusion, les douces paroles du divin Maître : « *Sinite parvulos venire ad me !* »

Froid, en apparence, qu'il était affectueux, dès qu'il cessait de contenir sa touchante cordialité ! Celui qui a goûté le charme d'un tel commerce, en rend grâces comme d'une céleste bénédiction. Monseigneur a fait la joie ou la consolation des amis qu'il a comblés des témoignages de son dévouement ; ils continuent à le voir, se survivant à lui-même, partout où ils avaient le bonheur de le visiter, de le recevoir, de le rencontrer ; puis ils le suivent, au-dessus des tristesses et des ombres de la terre, au séjour de l'éternelle paix, dans la resplendissante lumière, d'où il semble les considérer affectueusement, d'où il les bénit, comme durant sa vie d'ici-bas, en trempant sa religieuse tendresse aux ineffables sources de l'immortelle vie. Les amis, de même que le peuple, lui avaient donné son vrai nom : « *le bon Cardinal ;* » oui, tellement bon, qu'il faut se résigner à l'impuissance d'exprimer ce que sent le cœur...

N'avons-nous pas trop imparfaitement dessiné les traits de cette grande et belle figure ? Foi débordante, piété d'une inépuisable expansion, — existence constamment laborieuse et d'une singulière régularité, — méditation continue, mémoire et attention portées au degré le plus élevé, — esprit rempli de tact et de mesure, — fermeté, non certes exclusive de la bienveillance, mais qui ne fit jamais place à la faiblesse, — inflexible énergie, en face du pouvoir civil, à toutes les époques de sa carrière, — vertus privées, vertus du prêtre, de l'évêque, objet d'un universel respect, — charité qui réalisa des prodiges, — simplicité sincère, exquise en toutes choses, si imposant que fût l'aspect de sa personne, — timidité difficilement vaincue, mais dont la bonté triomphait, bonté jamais contente d'elle-même, et

---

1. Nous citerions bien des traits de la plus aimable simplicité, si nous ne craignions d'amoindrir, en quelque sorte, par la divulgation, les plus ingénieuses délicatesses.

qui cherchait sans cesse à se surpasser:— tels étaient les principaux mérites du Prélat vénéré, dont quatre diocèses ont admiré les œuvres fécondes et l'inaltérable sérénité.

CHAPITRE XV.

(1892-1894.)

Mort, à Toulouse, de Mademoiselle Desprez, 23 novembre 1892. — Bénédiction de l'église Sainte-Germaine, à Toulouse, 15 juin 1893. — Décret et instruction ministérielle, sur la comptabilité des fabriques : Lettres et circulaire de Son Eminence, 2 août, 29 septembre, 27 décembre 1893.

I.

CONTINUONS le récit de cette belle carrière.

Monseigneur consacra aux enseignements de l'Encyclique *Rerum Novarum*, qui renferme un si remarquable exposé des difficultés se rattachant à la question sociale, son instruction pour le Carême de 1892 (1).

Le 30 mai, le Cardinal eut la consolation de conduire à Lourdes, au sanctuaire béni qu'il aima si souvent à visiter, un très-nombreux pèlerinage de prêtres et d'hommes du diocèse (2).

Malgré son grand âge, Monseigneur n'avait ni suspendu, ni ralenti ses courses apostoliques. Dans le diocèse, deux paroisses seulement

---

1. Instruction pastorale du 2 février 1892 (n° 264), avec le mandement pour le Carême de cette année. — Le 19 mars 1892, il publiait (n° 265) l'Encyclique du Saint-Père, du 16 février précédent, aux archevêques, aux évêques, au clergé et à tous les catholiques de France. Monseigneur avait signé, au mois de janvier 1892, avec les autres Cardinaux français, une déclaration collective sur le sujet même traité par cette Encyclique.

2. V. Lettre circulaire du 3 avril 1892 (n° 266). « Pie IX, le Pontife de l'*Immaculée-Conception*, avait couronné la Vierge de Lourdes. Léon XIII, le Pontife du *Rosaire*, vient de permettre de célébrer, avec un office propre, la fête commémorative des *Apparitions* et d'accorder une indulgence, en forme de jubilé, aux pèlerins qui, à des époques déterminées, visiteraient la basilique de Lourdes... » — Le 19 septembre (n° 267), Monseigneur publiait une nouvelle Encyclique du Saint-Père sur le *Rosaire*.

n'avaient pas encore été visitées par Son Eminence, celles de Melles et de Lège, toutes deux, sur des pics élevés des Pyrénées. A quatre-vingt-cinq ans, Monseigneur ne recula pas devant le dessein d'atteindre ces hauteurs.

Le 10 octobre 1892, il faisait vers la paroisse de Melles (doyenné de Saint-Béat) l'ascension depuis longtemps projetée. Huit à dix porteurs, choisis parmi les plus robustes et les plus agiles, descendaient, vers trois heures, au pied de la montagne et attendaient, avec les notabilités du pays, l'auguste visiteur (1). Un gracieux brancard formait, avec le fauteuil qui le surmontait, une sorte de trône de couleur cardinalice.

En toute confiance, Monseigneur occupa le siège qui lui était destiné. Les vigoureux montagnards soulevèrent doucement le précieux fardeau, l'appuyèrent sur leurs épaules et s'avancèrent, d'un pas sûr et mesuré. De quel merveilleux effet sont les masses imposantes, incommensurables, de marbre et de granit, étagées à droite et à gauche, les sommets qui se dressent et se présentent parfois, sous forme de dômes, avec leurs sombres bois de pins et leurs neiges étincelantes !

Dès que le cortège est annoncé, les cloches de Melles sonnent à toute volée ; des décharges d'armes à feu, parties des hauteurs voisines, signalent l'arrivée du Prélat et répercutent la bonne nouvelle jusqu'au fond des vallées. Le village est transformé en un vaste jardin, dont la rue principale est une allée. Son Eminence met pied à terre et la suit, à l'ombre des arbres verts, sous les couronnes et les arcs de triomphe, vingt fois répétés. Monseigneur parvient devant l'église, nouvellement édifiée sous son haut patronage et avec son puissant concours, à la place de celle qu'un incendie avait détruite ; il regarde, avec étonnement, la belle façade et la haute tour, et ne peut s'empêcher de dire qu'avoir terminé, en quelques mois, une telle œuvre, c'est chose merveilleuse, presque un miracle. « Oui, Eminence, déclare le Maire, avec un charmant à-propos, cette nouvelle église est un prodige, un vrai miracle ; ce miracle, c'est vous qui l'avez fait. Merci, Monseigneur, au nom de tous mes administrés, mille fois merci, en même temps, pour l'honneur que vous nous faites, en venant nous visiter. » Peu après, suivi des conseillers muni-

---

1. V. la *Semaine Catholique de Toulouse*, livr. du 16 octobre, 1892.

cipaux, M. le Maire se rendait auprès du Cardinal et, organe de tous les habitants, lui demandait la faveur, à laquelle ils attachaient le plus grand prix, de donner saint Florian pour titulaire à la nouvelle église.

Le lendemain, elle fut bénite, sous ce vocable. Quelques jours avant, Monseigneur, avisé du souhait dont il allait entendre l'expression, avait déposé, pour l'église de Melles, dans un riche reliquaire, qui fut placé sous l'autel, un fragment des os du saint martyr, son patron. Le Cardinal aura ainsi laissé tout spécialement son souvenir, sur l'un de ces sommets, voisins des neiges éternelles, dont la blancheur immaculée, qui défie toute souillure, s'harmonise si heureusement avec l'âme, la vie entière du bien-aimé Prélat.

Après les cérémonies religieuses et un sermon fort apprécié, Son Eminence prit la parole, en ouvrant son cœur à la population assemblée autour d'elle. « Le vieux Jacob, dit Monseigneur, voulut, avant de mourir, voir son fils et constater les merveilles opérées par lui. Dans ce but, il s'astreignit à un long et pénible voyage. J'ai voulu visiter mes enfants de Melles et voir, de mes yeux, les merveilles que l'on me racontait de leur religion, de leur zèle, de leur générosité ; je suis venu, malgré le poids des années, et j'ai vu ce que vous avez fait pour le représentant de JÉSUS-CHRIST. Combien je vous remercie ! Honneur à tous les habitants de Melles, à ces braves chrétiens qui ne rougissent pas de leur DIEU, et de ses ministres ! J'ai vu, j'ai admiré cette église, et je sais que, si elle est finie, vous le devez à votre premier magistrat. Honneur à M. le Maire ! Honneur aussi au pieux et intelligent pasteur...; honneur à M. le Curé ! Mais, avant tout, mes Frères, et par-dessus tout, honneur à Celui qui doit habiter cette maison, destinée à être, en même temps, la sienne et la vôtre. Honneur à Notre-Seigneur JÉSUS-CHRIST ! »

II.

Monseigneur était sur le point de subir une amère tristesse, une poignante séparation. Dans la soirée du 23 novembre 1892, presque subitement, Mlle Justine Desprez, sa sœur, lui était ravie (1). Bien que sa santé eût été plusieurs fois ébranlée, depuis 1891, aucun symptôme n'avait permis de pressentir la soudaineté de ce coup.

Dès que son frère Florian devint prêtre et fut attaché, en qualité de vicaire, à l'église cathédrale de Cambrai, Mlle Desprez le suivit, pour ne le plus quitter ; c'est ainsi que, durant soixante-trois ans, sur notre sol et loin du territoire continental de la France, elle avait consacré sa vie à celui qui lui était si cher.

Avec Monseigneur, elle avait accompli, à deux reprises, la longue et pénible traversée d'Europe à l'île Bourbon. Mlle Desprez subit, dans sa santé, en affrontant le climat de cette île, une rude atteinte.

La place choisie qu'elle occupait dans les affections de son frère, le vigilant concours qui faisait, dans l'ordre des choses privées, tout reposer sur elle, l'appui que procurait sa seule présence, permettent d'entrevoir ce que fut le vide causé par sa mort. La fermeté d'âme de Monseigneur, le jour des obsèques, suscita une respectueuse admiration ; mais Son Eminence ne put accompagner les restes mortels de sa sœur que par l'effusion et l'élan du cœur, vers la sépulture, où elle a rejoint de bien chers défunts, à l'ombre de l'église d'Ostricourt.

L'attitude d'un membre de la famille, d'une mère, d'une sœur, dans la demeure d'un prêtre, d'un évêque, exige infiniment de mesure et de tact. Rien, dans la tenue, dans la conversation, ne doit se ressentir des frivolités, des banales préoccupations du dehors. Celle qui a l'honneur de vivre, sous le toit d'un ministre de DIEU, ne saurait appartenir à des coteries, s'intéresser à ce qui est vain, aux préférences ou aux dissentiments sans valeur, familiers à la médiocrité. Elle se considère comme absolument étrangère à ce qui ne relève que de la mission sacerdotale. Son âme doit garder la paix, la simplicité, inséparables de l'élévation morale. Sans rigorisme morose, déplacé, sans humeur chagrine, — car la religion procure la sérénité et donne au commerce quotidien de la vie son meilleur charme, — la mère, la sœur de l'ecclésiastique, du prélat, doit se montrer, en toutes choses, digne du milieu qui l'environne.

---

1. Née à Ostricourt, le 20 avril 1812. — Dès la douloureuse séparation, Monseigneur nous l'annonça, en ces termes : « Pleurez avec moi ; j'ai perdu ma sœur, frappée d'une apoplexie presque foudroyante ! Elle a pu cependant recevoir, avec toute sa connaissance, l'absolution et l'Extrême-Onction. »

Si l'on ne peut comprendre autrement la représentation de la famille auprès d'hommes investis d'un caractère sacré, il est permis d'affirmer que Mlle Desprez offrit le modèle des qualités qu'exigeait sa situation. Modeste jusqu'à la timidité, réfléchie, d'une sincère mansuétude, d'une extrême délicatesse de sentiment, elle ne fut jamais au-dessous d'elle-même. Auprès du vicaire de Cambrai, du curé de Pont-à-Marcq, de Templeuve, de Roubaix, de l'évêque de Saint-Denis, de Limoges, de l'archevêque de Toulouse, elle conserva l'attitude judicieuse, réservée, qui, dans aucune circonstance, ne fut en défaut. D'une intelligence pénétrante, d'un jugement très-sûr, capable de saisir des questions, en apparence peu connues d'elle, et qui cependant pouvaient motiver, de sa part, d'utiles remarques, Mlle Desprez contenait l'expression de sa pensée, ou ne s'épanchait que dans un cercle intime, montrant alors tout ce que valait son esprit méditatif. Quant aux affaires d'administration ecclésiastique, dont inévitablement elle recueillait souvent les échos, elle s'était fait une règle de n'en point parler. Si l'accueil que l'on recevait d'elle révélait aussitôt une nature d'élite, elle avait pu néanmoins passer inaperçue de beaucoup, tant elle avait été jalouse de n'appeler, d'aucune manière, l'attention sur sa personne.

Mais, dans la pénombre qu'elle recherchait, elle n'avait pas réussi à voiler, aux yeux de ceux qui l'avaient bien connue, les rares vertus dont elle était douée.

Son existence paisible et austère avait été vivifiée par trois éléments de force : tout d'abord par une foi profonde, une piété très éclairée, retrempées presque quotidiennement à leur vraie source et qui, à sa dernière heure, lui valurent le privilège de donner toute sa pensée au salut éternel de son âme, en dépit de la plus accablante et plus imprévue défaillance du corps.

Elle était, en outre, incessamment réconfortée par la charité qui l'animait, par le bien qu'elle ne cessait de faire, en qualité d'excellente auxiliaire, avec le meilleur discernement et une discrétion achevée. — Tout attestait sa bonté ; il suffisait, pour en être pénétré, de l'observer dans la direction du personnel attaché au service de l'archevêché.

Ce qui l'avait énergiquement soutenue aussi, ce fut son attachement pour les siens, sa respectueuse affection pour le frère qui eut la douleur de lui survivre. Ce frère avait toujours été l'objet de ses principales sollicitudes, sa joie, sa consolation, son saint orgueil. Elle l'avait vu témoigner, dès l'enfance, son attrait vers le sanctuaire, poursuivre sa préparation ecclésiastique, arriver au sacerdoce et réaliser bien vite tout ce qu'avait promis sa jeunesse.

Frappée inopinément d'une atteinte mortelle, Mlle Desprez s'éteignit, sous les yeux de son Eminence. Avant la dernière et sainte onction que le vénéré confident de son âme, promptement accouru, lui avait administrée, elle avait reçu, des lèvres mêmes de Monseigneur, l'absolution suprême ; elle avait quitté ce monde, sous la bénédiction fraternelle, récompense enviée du dévouement, du culte de toute sa vie....

Monseigneur montra beaucoup de résignation. Quelques jours après la douloureuse séparation, il nous écrivait : « ... Je tiens à vous donner de mes nouvelles. Je suis toujours dans une profonde tristesse ; mais, cher ami, rassurez-vous ; le calme tend à se rétablir ; le sommeil revient un peu et j'accepte la nourriture avec moins de dégoût. J'ai repris mes occupations, et j'y trouve quelque diversion à mes tristes pensées.... Je vais demander à DIEU de nous accorder, au plus tôt, de l'adoucissement dans la température, la venue anticipée de belles journées, pour que nous puissions passer ensemble le plus de jours qu'il vous sera possible de me donner ; cette consolation, qui en vaudra dix et plus, je la réclame de vous, avec instance ; vous ne me la refuserez pas.... »

III.

La profanation commise, en 1881, sur l'une des places de Toulouse, avait intimement blessé le Cardinal. Bien qu'elle eût, de nouveau, honoré Germaine, dans sa ville archiépiscopale, en assurant, sous les auspices de l'humble bergère, un abri à de pauvres orphelins, Son Eminence ne jugeait pas encore suffisamment acquittée la pieuse dette de Toulouse envers cette radieuse protectrice. Le zèle à toute épreuve du digne curé de Saint-Exupère, de dévoués concours, la générosité des fidèles, permirent à Monseigneur de voir s'accomplir, dans sa cité métropolitaine, en l'honneur de la Vierge de Pibrac, une nouvelle et éclatante réparation. Il seconda, de ses meilleurs encouragements, de ses libéralités, les efforts entrepris.

Depuis surtout la fermeture de la Chapelle du Calvaire, — le jour même de l'attentat perpétré sur la personne de Son Éminence, — la partie de la paroisse Saint-Exupère, la plus éloignée de l'église, était, en quelque sorte, privée des enseignements et des secours de la religion. L'érection d'une autre église, sous le vocable de Sainte-Germaine, fut décidée. Les travaux, commencés le 29 novembre 1890, étaient (sauf la construction du clocher) achevés, en juin 1893.

Le 15 juin, jour de la fête de la Sainte, Monseigneur eut la consolation de bénir la belle église édifiée dans le quartier Sainte-Agne et qui est dédiée à l'angélique Bergère (1). Il retrouva les émotions de 1867 ; il rayonnait d'une joie sainte ; il accomplit toutes les prescriptions liturgiques, avec l'activité grave que l'âge n'avait pu diminuer. Ni sa voix ni son allure n'avaient faibli : *renovabitur ut aquilæ juventus sua.* Il célébra la messe, à l'issue de laquelle le R. P. Gaudeau, de la Compagnie de Jésus, prononça un discours qui conquit les auditeurs d'élite et de nombreux fidèles « ... Les grandes phases du culte de sainte Germaine, dit le sympathique orateur, marquent, Eminence, les glorieuses étapes de votre épiscopat toulousain. Toutes ces choses sont votre ouvrage. Durant sa vie terrestre, Germaine n'eut point, comme sa sœur Geneviève, un évêque illustre et saint pour protecteur. DIEU y pourvoit, durant sa vie glorifiée, et la vénération, de plus en plus tendre, qui s'attache à Votre Eminence, sans oublier ses autres titres, salue en Elle le Germain de la Geneviève du Midi. En retour, votre aimable cliente semble vous avoir communiqué son immortelle jeunesse. Grâce à elle, ce siècle finissant, qui aura brisé tant de grandeurs et abaissé tant d'âmes, a passé tout entier sur Votre Eminence, sans rien courber en elle, ni au dedans, ni au dehors, grâce à la simple et majestueuse dignité d'une attitude qui commande tous les hommages... »

Le soir, après les Vêpres, M. le Chanoine Valentin prononça le panégyrique de la Sainte ; avec quelle grâce, quelle distinction ! « Vous avez, s'écria-t-il, Monsieur le Curé, votre part dans tout le bien

---

1. « La *bénédiction* d'une église, ce sont des fiançailles ; elles promettent un plus grand jour, celui de la *consécration*... » Voir plus loin *(à l'appendice)* la liste des églises *consacrées* par Son Eminence. Cette liste considérable serait bien plus développée encore, si elle contenait également l'indication des églises seulement *bénites*, comme l'église Sainte-Germaine de Toulouse, et d'autres édifices religieux, tant de la ville métropolitaine que d'autres localités du diocèse.

qui s'accomplira ici,et ce bien est incalculable.Ceux qui vous connaissent vous bénissent, et ceux qui ne vous connaîtront pas vous béniront encore... Ils vous remercieront d'avoir si bien réalisé la pensée du Prince de l'Eglise qui vous avait commis à cette tâche exceptionnellement délicate et qui, après avoir béni plus de cent églises, peut, dit-il, chanter son *Nunc dimittis.* Non, vénéré Pontife, l'heure du *Nunc dimittis* n'a pas encore sonné pour votre intrépide vieillesse; il y a encore des combats à livrer, des droits à défendre, des exemples à donner. *Mane nobiscum, Domine, quoniam advesperascit;* la nuit descend sur le monde philosophique, théologique, politique, *Mane nobiscum,* et continuez à être notre lumière, en même temps que notre espoir : « *Spes nostra firma* (1). »

Pour sainte Germaine, Monseigneur voulait plus encore; les hommes de l'art déclarant que l'église de Pibrac n'est pas solide et les pèlerins qui la visitent trouvant ses dimensions insuffisantes, ces reproches, aussi mérités l'un que l'autre, lui parurent imposer aux amis de Germaine un devoir dont l'accomplissement ne pouvait plus être différé. « Il faut, déclara Monseigneur, reconstruire l'église qui abrite la précieuse dépouille de notre Bergère; » il adressa,dans ce but,un chaleureux appel à la générosité chrétienne (1). « ... O Germaine ! a écrit Monseigneur, depuis que nous gouvernons le diocèse qui se glorifie de vous avoir donné le jour, nous avons vu les plus belles fêtes qui aient été célébrées en votre honneur. Ce souvenir rend notre gratitude ambitieuse et vous prépare un nouveau triomphe. Bénissez l'œuvre que nous entreprenons dans ce but. Au milieu des difficultés de l'heure présente, notre dessein peut paraître téméraire ; mais le bras de Celui qui changea le pain en fleurs, dans votre tablier, n'a rien perdu de sa puissance. Nous vous recommandons les chefs de l'entreprise et les pieux fidèles qui doivent, par leurs aumônes, en assurer la réussite... » L'appel a été entendu. Le succès récent de l'érection de son église, à Toulouse, loin de nuire au nouveau projet, en laisse pressentir l'heureuse réalisation. L'initiative, les vœux du bien-aimé Cardinal seront exaucés.

---

1. Devise de Monseigneur.
2. Voir la Circulaire de Son Eminence, du 5 avril 1894 (n° 276).

IV.

Ses travaux, ses occupations quotidiennes, ne se ressentirent en rien de son deuil. On ne cessa de le voir aussi exact, aussi vaillant (1).

Monseigneur, renouvelant une ascension comparable à celle de Melles, voulut se rendre à Lège-Cazaux-Layrisse (Doyenné de Bagnères-de-Luchon), la seule paroisse qu'il n'eût pas encore visitée (2). Il l'avait souvent comprise dans son itinéraire, mais les circonstances n'avaient point favorisé la réalisation de son désir. Avec quel enthousiasme n'accueillit-on pas la nouvelle que Monseigneur était sur le point de visiter les trois églises que renferme cette paroisse !

Le temps était court ; les travaux de la moisson, arriérés dans la vallée pyrénéenne, étaient pressants. On se hâta d'aller chercher, sur les plus hautes montagnes, de beaux pins, de magnifiques bouleaux ; on les rangea, par centaines, en arcs de triomphe reliés entre eux par des guirlandes de verdure et de fleurs. Mais, disait-on aux bons montagnards : « Comment voulez-vous que Monseigneur puisse gravir ces chemins abrupts, bordés de précipices, pour arriver à l'église de Lège, à l'église de Cazaux, perchée, comme un nid d'aigle, sur le pic qui surplombe, de sa hauteur vertigineuse, la vallée de la Pique ? L'âge de notre vénéré Cardinal lui interdit cette rude ascension à pied, et, d'autre part, le moindre écart des chevaux précipiterait sa voiture dans les abîmes. » — « Ne craignez rien, répondit un groupe d'hommes robustes et décidés, nous serons là ; si les chevaux ne font pas leur devoir, nous porterons nous-mêmes la voiture, et, s'il le faut, les chevaux avec... »

C'est, suivi de cette escorte dévouée, que Monseigneur franchit, sans crainte, le 30 juillet 1893, la côte, plus voisine de

---

1. Voir son Instruction pastorale du 2 février 1893 (n° 269) sur *les devoirs des parents, relativement à l'éducation des enfants*, et son mandement pour le Carême de 1893, — ainsi que sa Lettre-circulaire du 7 mars 1893 (n° 270), concernant le *Jubilé épiscopal* de Sa Sainteté Léon XIII.

2. V. la *Semaine Catholique de Toulouse*, liv. du 6 août 1893.

la perpendiculaire que de l'horizontale, par laquelle on monte à l'église de Lège. Il parvint ensuite au faîte de la montagne, où l'église de Cazaux est pittoresquement assise.

Monseigneur prit trois fois la parole : le matin, dans l'église de Lège et dans celle de Cazaux ; le soir, dans l'église de Pont-de-Cazaux. Il laissa épancher tout son cœur. Jamais la pourpre romaine n'avait paru plus vénérable que dans ces effusions de l'âme d'un père, parlant à des enfants qui l'aimaient, sans l'avoir encore vu.

Depuis cinquante ans, Lège-Cazaux-Layrisse n'avait pas reçu la visite d'un archevêque. Cette paroisse était dans le diocèse la seule que le Cardinal ne connût point. Pour l'atteindre, n'avait-il pas comme gravi les degrés qui conduisent aux sommets, où l'on se sent plus près du séjour céleste ? Aussi s'était-il fait précéder, à la pauvre église de Lège, de tout le mobilier, en quelque sorte, qu'elle possède, d'un calice de vermeil, d'un ciboire d'argent, de nombreux ornements d'autel, d'un assortiment de chasubles, parmi lesquelles une de grand prix, brodée par sa vénérable sœur, et dont Monseigneur voulut se revêtir, pour célébrer la messe...: pieux souvenir qui excita l'émotion de tous. Les dévoués magistrats municipaux, le jeune et intelligent curé se firent les interprètes de l'unanime gratitude.

Dans la pure, l'étincelante lumière des hautes cimes, Monseigneur avait comme couronné son apostolique carrière, en unissant étroitement à la bénédiction donnée, de ces sommets, à son diocèse, la mémoire de celle qui, durant plus d'un demi-siècle, lui avait procuré un si affectueux et si fidèle appui.

V.

Mais sa tâche n'était pas achevée. Ouvrier infatigable, ne devait-il pas, sans s'accorder jamais aucun repos, travailler jusqu'aux derniers jours pour la défense de la religion et la gloire de DIEU ?

Les misères terrestres ne cessaient de le contraindre au labeur : la persécution acharnée contre l'Église ne cessait de frapper de nouveaux coups.

Le décret du 30 décembre 1809 a organisé les *fabriques*, qui sont des établissements chargés de veiller à l'entretien et à la conservation des églises ; ce décret avait consacré la solidarité de ces établissements avec les communes.

Ce lien a été rompu par la loi du 5 avril 1884 ; la commune n'a plus à pourvoir aux frais du culte, au cas d'insuffisance des ressources fabriciennes ; il ne reste à sa charge que l'obligation subsidiaire de fournir au curé ou au desservant le presbytère, — à défaut, une indemnité de logement, et de faire face aux grosses réparations des édifices consacrés au culte,. lorsqu'ils sont une propriété communale. Tout en amoindrissant le concours des communes, la loi de 1884 a posé le principe du contrôle permanent des ressources fabriciennes par le conseil municipal.

Ce n'était pas assez. La loi du 26 janvier 1892, suivie du décret du 27 mars 1893, a rendu applicable au contrôle officiel des finances des fabriques l'ensemble des règles de la comptabilité publique.

Molester une fois de plus les catholiques, — entraver les libéralités, — ajouter à l'oppression des âmes une sorte de main-mise sur les biens des églises, menacées de spoliation, sans que, cependant, la confiscation perpétrée, au dernier siècle, ait, certes, en rien, profité au budget de l'État, qui n'en a retiré qu'une aggravation de charges, — tel est manifestement le but poursuivi.

Dans l'immense majorité des paroisses, les règles nouvelles sont d'une application absolument impossible ; il en est, tout aussitôt, résulté un trouble extrême dans des milieux paisibles, chez des hommes honnêtes qui s'alarment maintenant des responsabilités encourues.

Que d'erreurs à relever dans la loi et dans le décret ! Il est une observation capitale, touchant la base même de la réglementation inaugurée : les deniers des fabriques ne sont pas des *deniers publics*, puisqu'au lieu de provenir de l'impôt, unique source des deniers de ce genre, ils sont procurés par des dons, des libéralités entre-vifs ou testamentaires, *absolument libres*, *volontaires*, émanés, non des *contribuables*, mais de catholiques, à titre privé, pour l'entretien de leur culte. Dès lors, illégalité de la réglementation, incompétence des juridictions administratives.

Soit un inspecteur protestant, soit un comptable juif, soit des libres-penseurs quelconques, ne sauraient, — sinon en recourant à l'emploi de la force, — s'immiscer dans l'administration de deniers, d'un caractère essentiellement *confessionnel*.

Au moment où il alla visiter Lège-Cazaux-Layrisse, le Cardinal se livrait, à Luchon, à l'étude approfondie du décret du 27 mars 1893 et des questions qui s'y rattachent. Le 6 août, Monseigneur nous écrivait : «.... Pourquoi ne vous ai-je pas donné, depuis quelques jours, de mes nouvelles ? Parce que je consacre tous mes soins à un travail important sur un sujet dont vous me savez préoccupé.

— Dès l'apparition du décret concernant la comptabilité des fabriques, je m'étais empressé d'envoyer un mémoire au Nonce...... Le Saint-Père en prit connaissance..... Toute réclamation publique fut alors ajournée...... Ici j'ai préparé une protestation que j'ai adressée au ministre des cultes ; je vous en communique le texte (1)...... »
Dans cette protestation, comme dans une nouvelle lettre que Mgr le Nonce reçut, le mois suivant, le Cardinal formula énergiquement les critiques motivées par une réglementation attentatoire aux droits des Evêques et des catholiques de France. Ces pages sont dignes du Prélat qui, depuis 43 ans, n'avait laissé se produire aucune mesure injuste contre l'Eglise, sans élever la voix, sans stigmatiser tout acte, toute disposition inique. C'est toujours la même parole, simple et forte, au service de la conscience et de la vérité.

VI.

Le 21 janvier 1894, le Cardinal envoyait, avec une instruction pastorale sur *la restauration de la famille chrétienne*, son dernier mandement de carême (2).

---

1. Lettre du 2 août 1893, qui a été divulguée depuis cette époque. — Lettre du 29 septembre suivant, transmise à son Exc. le Nonce apostolique. — Le 27 décembre, Monseigneur adressait au diocèse une circulaire (n° 272), communiquant le décret du 27 mars et l'instruction ministérielle, du 15 décembre 1893, *sur la comptabilité des fabriques,* Son Eminence rappelait ses fermes protestations.

2. N° 274. A cette instruction était joint le *Bref du Saint-Père promulguant les statuts de la pieuse Association universelle des familles chrétiennes consacrées à la Sainte Famille de Nazareth.* — Quelques jours avant le 15 janvier, Monseigneur publiait l'Encyclique de Léon XIII sur l'étude de la Sainte-Ecriture ; — le 29 janvier, un décret de la S. Congrégation du Concile concernant les *intentions de messes.*

De Luchon, le 19 juillet, Son Eminence convoquait le clergé aux *retraites pastorales* de 1894 (1). « ..... C'est pour la trente-quatrième fois, disait-il, que nous vous convions aux pieux exercices des retraites pastorales, que nous vous invitons à venir, loin des bruits du monde, remercier DIEU des grâces reçues, lui demander pardon des négligences commises et solliciter de sa miséricorde les secours spirituels dont vous avez besoin, aujourd'hui plus que jamais, pour tenir votre vie à la hauteur de votre ministère... » Bien que sa santé ne fût nullement atteinte, le poids des années lui faisait ajouter, par un intime pressentiment : « .... Venez donc, messieurs et chers coopérateurs, à ce pieux rendez-vous. C'est votre vieil archevêque qui vous y invite, et peut-être pour la dernière fois... Vous ne le priverez pas de la douce consolation de vous voir répondre, tous, à son appel...... »

Il n'est pas d'œuvre qui soit plus digne de sympathie que celle de l'assistance à donner aux prisonniers, que le *patronage des libérés*. Une bête tombe, beaucoup de bras s'avancent pour la relever ; un homme tombe, et l'on passe indifférent, en déclarant, comme pour s'excuser, qu'il ne mérite pas d'intérêt. Oui, il est possible que sa dégradation soit, en quelque sorte, incurable ; mais il est possible aussi, — l'expérience le prouve surabondamment, — qu'il soit tombé par accident, que le mal n'ait été pour lui qu'une surprise ; il est possible que le repentir remplisse son âme, et parce qu'on ne lit pas dans les cœurs, il faudrait croire à l'hypocrisie de tous, confondre toutes ces âmes dans une même réprobation, s'éloigner d'elles, pendant la durée, comme à l'expiration de la peine, refuser à l'homme que le moindre témoignage de bienveillance aurait soutenu et fortifié, l'appui qui pourrait le sauver ! Quand on songe qu'il sort, chaque année, des prisons de France, plus de 160,000 condamnés et qu'un si petit nombre reçoivent une marque d'assistance !

L'Eglise a, dans tous les siècles, montré, par des institutions admirables, sa compassion envers les prisonniers, en recherchant l'alliance, « *le mariage de la justice et de la charité, il connubio della giustizia colla carità...*» «*...Nolo mortem peccatoris, sed ut convertatur et vivat.* » Nous nous sommes fréquemment entretenu de ce grave

---

1. Lettre circulaire (nᵒ 377). Le même jour, 19 juillet, Monseigneur publiait (Circ. nᵒ 278) l'Encyclique *Praclara*, du 20 juin 1894.

sujet avec le Cardinal, qui déplorait, comme nous, que l'assistance religieuse fût si restreinte, alors que les Congrès pénitentiaires ne cessent de répéter qu'elle constitue le meilleur mode de relèvement des condamnés. Dans l'exercice de leur ministère paroissial, les prêtres devraient appeler souvent l'attention des fidèles sur ces êtres déchus qu'on ne saurait abandonner ; il y a là une tâche de premier ordre, dans l'intérêt, tant de la régénération morale des condamnés, que de la sécurité publique.

Comme d'autres villes de France, d'Europe, Toulouse vit se fonder, en 1570, la « *Confrérie,* » le Bureau « *pour le soulagement des pauvres prisonniers,* » association de *Miséricorde,* dont les statuts furent approuvés par le Pape Grégoire XIII, le cinquième des calendes de novembre 1580. L'œuvre subsiste. Ses excellents résultats lui ont valu un exceptionnel honneur : l'ordonnance du 9 avril 1819, qui a établi les *commissions de surveillance des prisons,* dispose que ces commissions seront composées, de *trois à sept* membres. Une dérogation fut édictée pour Toulouse seulement ; c'est le *Bureau* même *de la Miséricorde* qui, sans perdre aucun des siens, devint *Commission de surveillance,* aux termes d'une ordonnance spéciale du 7 avril 1830.

Le *Patronage des libérés* n'était cependant pas organisé, à Toulouse. Sur une généreuse initiative, le *Bureau de la Miséricorde* a formé une société dans ce but, le 6 avril 1894. Le Cardinal donna aussitôt à la nouvelle société, qui comblait une lacune, vivement regrettée de Son Éminence, son plus cordial encouragement (1).

---

1. V. les *statuts* de cette société, avec une *notice,* et le rapport de M. Georges Vidal, président. Toulouse, Lagarde et Sébille, impr., 1894. — V. notre exposé concernant le *Bureau de la Miséricorde, à Toulouse,* — *Bulletin de la Société générale des Prisons,* T. III, pp. 914 et s. — Le grand séminaire de cette ville a possédé, durant quelques années, au cours de son noviciat ecclésiastique, l'un des hommes qui ont consacré le plus ardent dévouement aux prisonniers, l'abbé S. Crozes, d'Albi, le vénérable apôtre des condamnés à mort. (V. notre notice biographique sur le digne Aumônier de la *Grande-Roquette,* — *Bulletin de la Société générale des Prisons,* T. XIII, pp. 15 et suiv.)

VII.

Le bien qu'un Évêque peut accomplir est immense ; mais on n'entrevoit pas jusqu'où peut atteindre son zèle. Monseigneur n'a jamais parlé de cet ordre d'idées ; il ne l'abordait qu'à titre confidentiel, lorsqu'il lui paraissait absolument nécessaire de rechercher un utile concours. On s'adressait à lui, de toutes parts. On le savait si bon !.... Il a reçu la récompense de tous les actes de charité, qu'il a réussi à cacher aux regards humains...

Deux officiers de la marine française furent, on le sait, arrêtés en 1893, sur les côtes de la Baltique et condamnés par les tribunaux allemands, comme ayant opéré des sondages et tenté de surprendre des secrets concernant la défense du territoire prussien. L'un de ces officiers était, par sa famille, rattaché à Toulouse. Le 11 juin 1894, Monseigneur écrivait à un respectueux ami : « ... Cet officier a été, l'année dernière, condamné à une détention de six ans dans une forteresse. Sa mère pleure et sa femme est vivement surexcitée par la douleur. Je me suis adressé au Cardinal de Breslau, qui s'est mis en rapport avec l'aumônier général des militaires catholiques, et les deux prisonniers peuvent assister, de temps en temps, à la célébration de la messe.... Peut-on espérer la remise totale ou partielle de la peine ? A qui s'adresser ? Votre expérience pourrait-elle me renseigner ?... Un mot de réponse me servira.... La famille sait que je cherche la meilleure voie..... »

Il se rencontra que la personne, interrogée par le Cardinal, se trouvait en très-affectueuses relations avec un savant français, qui se livrait, en ce moment, à d'importantes recherches historiques sur l'Allemagne. Ce savant, plein de cœur, eut ainsi connaissance du souhait exprimé par Son Éminence, de tous les développements qui l'accompagnaient. Et alors que le Cardinal n'espérait que les indications préparatoires, qui lui furent aussitôt transmises, son exposé, à l'insu même du respectueux ami qui l'avait reçu, parvenait, le jeudi soir, 28 juin, à l'empereur Guillaume, non sous la forme écrite, mais par l'organe d'un personnage exceptionnellement autorisé, que les investigations historiques du savant français firent providentiellement concourir, dans des conjonctures qu'on ne saurait oublier, à la réalisation du vœu émané de notre bien-aimé Cardinal. Quand il apprit, non seulement le succès (advenu, le 30 juin), mais la part qu'il y avait eue, sans qu'il eût pu le pressentir, il en bénit DIEU. Nous ne pouvons entrer ici dans des détails plus circonstanciés ; nous reproduirons toutefois la lettre adressée alors, par Mgr Desprez, à son ami : « .... Je viens, à mon tour, vous dire ma vive reconnaissance pour la part que vous avez prise, ainsi que l'excellent Monsieur X..., à la libération des prisonniers de Glatz. Je vous avoue, cher ami, que j'ai eu le cœur tout ému, en constatant la délicatesse avec laquelle vous avez agi. Par votre initiative, vous avez été le point de départ de cet heureux résultat... Il était temps ; car ici la douleur était extrême... Encore une fois, merci... »

Ce trait, mentionné comme exemple, suffit à montrer combien était grande et constamment en éveil la généreuse sollicitude du Cardinal. Il ne manqua pas de garder, à cet égard, un silence absolu. A-t-il jamais fait même allusion à une seule de ses nobles actions ? Nous n'avons pu taire celle-ci.

VIII.

L'année 1894, jusqu'au terme, s'écoula, pour Monseigneur, dans l'entier accomplissement des travaux de son ministère. Présidence des solennités, des assemblées religieuses ou charitables, auxquelles il ne faisait jamais défaut, — cérémonies d'ordination, — visites pastorales (cette année, dans l'Archiprêtré de Villefranche-de-Lauraguais) (1), — réceptions multipliées, tout témoignait de la conservation de ses forces ; lui-même ne s'abstenait pas de le constater (2).

---

1. En revenant à Toulouse, après cette dernière tournée pastorale, il nous écrivait : « Je suis rentré, sans me sentir fatigué ; j'ai commencé déjà, en ville, la longue série des confirmations... »

2. « 14 avril 1894... Pour moi, cher ami, — nous avait-il précédemment écrit, — j'en remercie la bonté divine, j'ai pu, après les offices de la Semaine sainte et du saint jour

Il suivit exactement les exercices de la Retraite ecclésiastique, — se retrouva au milieu de ses prêtres, — des élèves de ses séminaires, — applaudit aux succès des lauréats, — entendit le rapport présenté sur les concours de Catéchisme , — prit la parole notamment dans cette circonstance (1), — encouragea toutes les œuvres, dont il honorait de sa présence les réunions annuelles.

« Vers la fin du printemps, les anciens élèves de l'Institut catholique célèbrent, dans cet établissement, une fête de famille (2). Ils accourent, de tous les points de l'horizon universitaire, et viennent retremper, à la source, leur noble passion pour l'étude, leurs vieux souvenirs scolaires, leurs saines et fortifiantes amitiés avec « les camarades de promotion. » Le Père de famille était le plus fidèle à ces rendez-vous ; l'aimable et saint vieillard se mêlait aux anciens, aux plus jeunes, à tous; avec quel abandon ! Au dessert du banquet fraternel, c'est lui qui donnait le signal des toasts. La moindre citation de ce qu'il disait alors suffit pour en faire connaître le ton, à la fois grave et doux, ému et familier : « ... A mon âge, on se dispense facilement de faire de l'esprit, quand l'esprit est à l'ordre du jour, comme dans la fête qui nous rassemble ; on préfère laisser parler le cœur, et j'opte pour cette forme de langage...... Il est impossible que je ne vous sois pas attaché. Les pères aiment davantage les fils dont la vie leur a coûté plus de douleurs et de sollicitudes... Quand les enfants sont dispersés, le père soupire après le bonheur de les revoir, et il tressaille d'allégresse, le jour où ses chers enfants reprennent leur place au foyer paternel... Une ingénieuse institution,

de Pâques, aller présider l'émouvante fête de Montolieu (a) et prendre, cette semaine, une large part au *Triduum*, célébré à la métropole, en l'honneur des martyrs de l'Ordre de Saint-Dominique et de la Compagnie de Jésus, récemment déclarés bienheureux... Ces fêtes, dont je vous envoie le compte-rendu, nous ont rappelé, en quelque manière, celles qui suivirent la canonisation de sainte Germaine... »

a). La vénérable Sœur Lequette, dont le frère, l'ancien et regretté évêque d'Arras, avait été, comme elle, connu, dès l'enfance, du Cardinal, célébra, le 6 avril 1894, ses noces d'or, en présence de l'Archevêque et de Mgr Billard. Elle renouvela ses vœux, après cinquante ans d'une admirable vie, consacrée, sans réserve, au service de Dieu. Supérieure générale, à Paris, des Filles de la Charité, répandues dans le monde entier, elle avait dû, lorsque ses fonctions prirent fin, désigner, suivant la règle de la communauté, la maison qui la recevrait. Dans son humilité, elle avait fait choix d'une pauvre résidence d'Abyssinie.... Vaincue par le climat, elle est venue embaumer de ses vertus la maison de Montolieu et nos contrées... Délicieuse journée du 6 avril qui laissa dans les âmes une douce émotion !

1. Nous avons retrouvé le texte manuscrit de plusieurs des allocutions de Monseigneur, dans les séances solennelles de distribution des récompenses.

2. Notice précitée de M. Duilhé de Saint-Projet.

votre association amicale, vous réunit, tous les ans, dans ce cénacle où vous avez eu votre pentecôte ; car vous en êtes sortis pleins de force et de lumière, capables d'exercer, pour la gloire de DIEU et de l'Eglise, les fonctions pédagogiques ou pastorales qui vous sont confiées.... Puisque je suis en train de faire des confidences, je dois vous dire qu'il se mêle un peu d'orgueil à la joie que j'essaie de traduire. Vous nous rendez fier d'avoir fondé l'Institut dont vous êtes l'honneur... Voilà pourquoi je vous conjure de conserver cette ferme attitude, à l'avant-garde de l'armée du CHRIST. Servez la science, non pas à la façon de ces explorateurs vaniteux ou cupides qui ne recherchent que des honneurs et des honoraires ; servez la science, avec les nobles ambitions qui dominent la vie du chrétien et du prêtre..»

Monseigneur ravivait plus que jamais ses affectueux et profonds souvenirs. Il ne pouvait visiter, de nouveau, ses chères paroisses du Nord ; mais son cœur s'ouvrait constamment de leur côté (1). — Le dernier et inestimable présent qu'ait reçu de lui sa Flandre tant

____

1. M. le Curé d'Ostricourt lui ayant demandé un nouveau don de reliques pour son église, qui en possédait déjà de très-précieuses, offertes par le Cardinal, Son Eminence répondait, le 25 mai 1894, en transmettant des reliques, notamment, de saint Saturnin, de saint Martial, de saint Bernard, de saint Vincent-de-Paul, de sainte Germaine... « Mon cher Curé, vous m'avez demandé des reliques de saints ; je me suis appliqué à vous en procurer... Vous recevrez, en même temps que cette lettre, deux cadres qui les renferment ; le 1er... le 2me... Chacune de ces reliques est accompagnée d'une lettre d'authenticité que vous trouverez dans la caisse... Votre bon goût vous dira la place du sanctuaire, où vous devrez les placer... Puissent ces précieux restes devenir, pour le cher Ostricourt et son pasteur, une source nouvelle d'abondantes bénédictions... »

Au diocèse de Cambrai, comme dans celui de Toulouse, on aimait à le complimenter, au jour de l'anniversaire de sa naissance. Aux félicitations, par exemple, de la commune et de la paroisse d'Ostricourt, en 1892, il avait répondu, le 20 avril : « ... Mon cher Curé, il y a des oublis que les cœurs bien faits sont incapables de commettre. Les dignes représentants de la commune d'Ostricourt m'en ont fourni la preuve, à l'occasion du 85e anniversaire de ma naissance. Je les remercie des félicitations qu'ils m'ont adressées, sous une forme qui leur a donné un grand prix et dont je conserverai le souvenir. — Je les remercie, en particulier, des prières qu'ils veulent bien faire pour moi ; j'en ai un grand besoin ; car je vois approcher le jour où j'aurai à rendre compte à DIEU de ma longue administration, et je ne puis oublier cette parole de la Sainte Écriture : « Le jugement sera dur et sévère pour ceux qui auront commandé... » — A mon tour, je prie l'Auteur de tout bien de maintenir les paroissiens d'Ostricourt dans cet esprit de foi que leur ont légué leurs ancêtres. Plus mes chers compatriotes manifesteront leurs sentiments chrétiens, plus ils resserreront les liens qui m'attachent au petit coin de terre où la Providence m'a fait naître. — Mais ma reconnaissance craint de n'être pas encore assez libérée. Il faut, je le sens, que je bénisse une fois de plus tous ceux qui ont bien voulu se souvenir du 14 avril. — Veuillez, mon cher Curé, recevoir cette bénédiction et la transmettre à tout votre troupeau, comme aimée, a été, pour l'Institut catholique de Lille, un fragment des restes de saint Thomas-d'Aquin.

Durant toute l'année 1894, Monseigneur avait donné un libre cours à son activité habituelle. — A Sorèze, sous notre toit, sa présence nous avait charmés ; nous espérions que DIEU nous permettrait de l'y revoir, l'année suivante, comme il voulait bien le souhaiter... — Le Sanctuaire de Lourdes, l'Évêché d'Aire l'avaient possédé. — Le 3 octobre, nous le retrouvions, au Palais épiscopal de Carcassonne, entouré de vénérés Prélats, des dignitaires du Clergé de ce diocèse, et heureux de goûter, une fois de plus, l'exquise hospitalité de Monseigneur Billard. — Le 9 de ce même mois, malgré des instances pour que Son Éminence se ménageât (1), le Cardinal affrontait le premier refroidissement de la température, dans la région des Pyrénées, en allant, pour tenir une promesse, donner la Confirmation dans l'église de Bagnères-de-Luchon. — A Toulouse, où nous l'attendions, avec quelle amabilité ne nous reprocha-t-il pas, à son retour, nos appréhensions ? Nos conseils, en vue de précautions à prendre, n'étaient guère écoutés ; nous n'y persistions pas moins, tant Monseigneur était exposé, — de fréquentes atteintes l'avaient prouvé, même aux derniers jours de juin, — à subir l'influence des variations de température. — Le 5 novembre, il se rendait à quelques kilomètres de Toulouse, pour faire une visite pastorale, qui devait être, hélas! la dernière...

Le jour de Noël, Monseigneur célébra pontificalement la grand'messe, à la Métropole, et présida l'office du soir. Son état ne trahissait aucune fatigue (2).

---

un gage de ma vive gratitude et de mon inaltérable dévouement en Notre-Seigneur Jésus-Christ... »

(Sous le même pli, était une lettre adressée à M. le Maire d'Ostricourt et accompagnée d'une belle somme pour les pauvres.)

1. Une lettre du 29 septembre, que nous reproduirions, si elle n'était par trop gracieuse, avait principalement pour objet (pouvait-il, le bien-aimé Cardinal, mieux marquer sa tendresse ?) de nous convaincre de la nécessité d'un court séjour à Luchon, et, en même temps, de nous rassurer relativement à sa santé...

2. Il est bien rare de voir un vieillard, de près de quatre-vingt-huit ans, en situation de demeurer à jeun jusqu'à onze heures et demie du matin, même un peu plus tard, quelle que fût la fatigue physique, inévitablement causée par de grandes cérémonies. — Sa bonté se plaisait, dès le lendemain de ces solennités, à nous enlever toute préoccupation. Avec quel plaisir nous recevions les favorables nouvelles : « ... Rassurez-vous ; je ne ressens aucune fatigue... »

Quelques jours avant, le Cardinal, sourd à nos précédentes et respectueuses représentations, devançait encore nos souhaits, en nous adressant les siens (1)...

Dans cette même circonstance, Monseigneur nous entretenait de la très-grave maladie de son premier Vicaire-général : « ... M. Dencausse, disait-il, est entré la vie et la mort. C'est une lampe qui, recevant une goutte d'huile, jette encore une flamme ; mais elle est bien près de s'éteindre. Vous le voyez, cher ami, je traverse encore une douloureuse épreuve.... »

Ces craintes n'étaient que trop fondées. La veille de Noël, M. Dencausse mourait, accompagné des regrets, de l'affection, de l'estime de tous ceux qui l'avaient connu. Malgré la rigueur de la température, Monseigneur tint chapelle et donna l'absoute. Puis il adressa au digne prévôt du Chapitre de touchants adieux, dans la dernière communication que le diocèse ait reçue de son excellent et pieux Archevêque (2) !

Cette pénible séparation avait jeté un voile de tristesse sur la fin de l'année.

---

1. Nous avions écarté de notre manuscrit la copie de cette lettre ; mais nous nous reprocherions de la taire. La voici. Le plus vénéré des Amis y exprime ses souhaits. Notre humble personnalité s'efface absolument pour laisser apparaître ce qu'était ce cœur d'or envers ceux-là mêmes qui n'avaient aucun droit à une si indulgente tendresse :

« *Toulouse, le 18 décembre 1894.*

» Cher ami,

» L'époque, à laquelle les souhaits s'échangent, approche. Je vous envoie les miens, pour vous et pour chacun des membres de votre chère famille. Restez assuré que vous n'en recevrez pas de plus complets, de plus dévoués. Ne me reprenez pas, si je vous les offre le premier.

» Je vous embrasse tous, cher ami ; je vous envoie, à tous, la meilleure bénédiction que le cœur d'un ami puisse formuler.

» Ma santé est excellente.

Tout vôtre, *ex intimo corde.* »

2. V. Lettre circulaire du 29 décembre 1894 (n° 278). M. Dencausse, ancien Supérieur du petit séminaire de Polignan, était devenu Vicaire-général, en 1879, au décès de M. de Pous.

CHAPITRE XVI.

(Janvier 1895).

Le Cardinal devient malade, 16 janvier 1895. — Sa mort,
21 janvier. — Son testament, du 8 décembre 1892. — Ses
obsèques, 26 janvier 1895. — Sa sépulture. — Hommages
rendus à sa mémoire.

I.

DE la fin de décembre aux sept ou huit premiers jours de janvier,
Monseigneur accueillit, avec la bienveillance, la dignité qu'on
admirait en lui, le Clergé, les représentants des Communautés et des
Ordres religieux, les Autorités, ainsi que les nombreuses personnes
qui, à titre privé, avaient coutume de le visiter. Sa santé parut à
tous très-bonne. Comme d'habitude, il tint tête, sans rechercher,
dans ce but, aucun concours, à son immense correspondance de cette
époque de l'année.

M. le chanoine Raynaud, depuis quatorze ans, son aumônier si
actif, si cordialement dévoué, était souvent appelé à coopérer aux
travaux du secrétariat, le grand âge de M. le Secrétaire-général ne
lui permettant guère de remplir ses fonctions et M. le chanoine
Moulins, collaborateur de M. Caujolle, ne pouvant, quelque fût son
zèle, suffire seul à la tâche. Il arrivait ainsi que le Cardinal était privé
parfois de l'assistance de M. Raynaud. En octobre, il était préoccupé
de la pensée de lui adjoindre un jeune prêtre d'Ostricourt, pour
lequel il éprouvait une vive sympathie, M. l'abbé Dubois. Monseigneur prit ce sage parti ; en décembre, il nous exprimait la satisfaction qu'il en ressentait et il ajoutait, en termes qui donnent la
mesure de sa douce et attrayante simplicité : « ... M. Raynaud, que
M. Caujolle aime beaucoup, se rend, avec un tact parfait, très-utile,

au secrétariat. M. Dubois est intelligent, pieux et dévoué. Notre ménage se compose donc de trois ; les repas, les récréations sont plus animés et plus gais. Je me trouve très-heureux de cet arrangement... » Monseigneur se félicitait de voir représentés, dans son intimité, les deux chers diocèses de Cambrai et de Toulouse.

Le Cardinal avait traversé de très-froides journées, sans être atteint (1) ; le mercredi, 16 janvier, il célébra le Saint-Sacrifice de la messe ; ce devait être pour la dernière fois ! Étant trop longtemps demeuré dans une galerie, qui lui tenait lieu de promenoir, il fut saisi par le froid, la journée ayant été particulièrement rude. Une légère bronchite s'étant déclarée, il garda le lit, les deux jours suivants ; mais il put se lever, le dimanche, prendre même quelque nourriture. Les médecins n'étaient pas alarmés ; comme ils avaient constaté un peu de faiblesse dans les mouvements du cœur, ils avaient prescrit, pour les activer, mais sans manifester d'inquiétude, un remède, sous l'action duquel les forces du Cardinal s'étaient relevées ; ayant été très-fréquemment indisposé et, en général, assez promptement remis, il ne manquait pas, d'ordinaire, d'exprimer une grande confiance au retour de la santé. Le dimanche soir, au moment de se coucher, — sans aucun aide, suivant sa règle invariable, — il dit même : « Je ne me suis jamais mieux porté... » Il ajouta quelques paroles à retenir ; car elles ont témoigné de son aimable, de son paternel enjouement jusqu'au dernier jour.

Mais, si les médecins, les secrétaires de Monseigneur n'avaient pas d'appréhensions, si sa douce quiétude semblait contribuer à faire écarter des craintes, les bonnes Sœurs de *l'Espérance*, appelées à veiller auprès du vénéré malade, étaient anxieuses ; aussi prirent-elles des précautions, afin, s'il était nécessaire, d'obtenir du secours.

Avant minuit, se sentant fortement oppressé, le Cardinal s'écria : « J'étouffe. » C'était une première crise dont les symptômes parurent aussitôt très-graves. Immédiatement avertis, MM. Raynaud et Dubois accoururent ; les médecins, peu après.

Monseigneur ne put se méprendre sur l'imminence du danger ; il

1. Le 14 janvier 1895, Monseigneur nous adressait une lettre excellente, la dernière, hélas ! après avoir lu notre notice (*Un ami de Lacordaire*, Sorèze, décembre 1894) sur notre si cher et si regretté Emile Sahuc, que Son Eminence avait honoré de son affectueuse estime.

se vit, sans trouble aucun, si rapide que fût la transition, au seuil de l'éternité. Mais une fin, même subite, n'aurait pu susciter de préoccupations quant aux dispositions d'une si belle âme. Bien qu'il ne crût pas, au milieu de ses actifs labeurs, à une mort prochaine, on savait qu'il n'aurait jamais pu être surpris, sa surnaturelle préparation défiant tout coup imprévu ; il lui était arrivé de dire, en toute simplicité, et certes on ne peut plus justement : « Le bon Dieu peut m'appeler quand il voudra ; je suis prêt... »

M. le Vicaire-général Andrieu fut promptement rendu auprès du Cardinal. Une deuxième crise de suffocation venait de se produire : « Comme ma mère, fit observer l'auguste malade, je mourrai, à la troisième crise. » L'administration du Saint-Viatique précède, d'ordinaire, l'Extrême-Onction ; mais aucune Hostie consacrée n'étant, en ce moment, conservée au palais archiépiscopal (1), M. le Vicaire-général se hâta d'administrer les suprêmes onctions au mourant, qui répondit, avec netteté, à toutes les prières et suggéra même parfois les formules liturgiques au digne prévôt dont le trouble était bien légitime.

M. Andrieu avait demandé au Cardinal s'il n'avait à faire aucune communication importante : « Non, répondit Monseigneur, tout est en règle ; il n'y a que deux petites affaires que j'aurais voulu terminer ; la Providence y pourvoira. » Il désigna un tiroir, où se trouvait une somme qu'il destinait à l'Institut catholique, qui fut ainsi l'objet de l'une de ses dernières et affectueuses pensées. — Il s'était fait remettre un Crucifix, qui avait été récemment indulgencié par le Saint-Père, et le baisa jusqu'à la fin. M. le Vicaire-général lui ayant demandé s'il faisait à Dieu le sacrifice de la vie : « Oui, bien volontiers, » répondit Monseigneur. M. Andrieu ayant ajouté : « Offrez

---

1. Le froid est très grand, l'hiver, dans la chapelle de l'archevêché. Cédant à d'affectueuses instances, Monseigneur, depuis deux ans, n'y célébrait pas la messe, durant la saison la plus rigoureuse. Un autel, — voilé après le Saint-Sacrifice, — était dressé dans son cabinet. Les Saintes Hosties ne pouvaient y être conservées, et Monseigneur ne voulait pas qu'elles fussent déposées dans la chapelle, « parce que, disait-il, il n'était pas convenable qu'elles fussent gardées en un lieu, où le Dieu de l'Eucharistie n'aurait pas été adoré. » C'est ce sentiment si délicat, si religieux qui, en affirmant le devoir de l'adoration envers l'Hôte sacré du tabernacle, aurait pu priver Monseigneur de la Sainte-Communion, à sa dernière heure..... Mais cette privation eût été inséparable du plus touchant hommage de respect.

vos souffrances à Notre-Seigneur JÉSUS-CHRIST, » le Cardinal éleva un peu le Crucifix, en disant : « Voilà mon modèle. »

La cérémonie de l'Extrême-Onction venait de se terminer, lorsque la Sainte-Eucharistie fut apportée par M. le premier vicaire de la Métropole. Monseigneur reçut la communion, dans le calme le plus parfait : on lui demanda s'il avait bien pu avaler la sainte Hostie, « Oui, très bien, » répondit-il... Deux minutes après, à 1 h. 45 du matin, il était en présence du DIEU qui venait de se donner à lui, sous les voiles du sacrement, et qu'il avait si noblement servi...

II.

Dès le point du jour, la foudroyante nouvelle se répandait dans la ville et parvenait, au dehors, à ceux que le Cardinal avait spécialement désignés. La consternation fut générale. On ne pouvait croire, malgré son grand âge, au décès du beau vieillard, dont, quelques jours avant, on admirait encore la verdeur (1).

L'un de ses trois neveux, M. le commandant Florian Desprez, filleul de Son Eminence, arriva, sur-le-champ, de Carcassonne, navré de n'avoir pu fermer les yeux de celui qu'il vénérait comme un second père et qui, de son côté, l'aimait tendrement. Les condoléances des autorités et des personnes de tout rang affluèrent aussitôt.

Le Pontife, revêtu de ses insignes cardinalices, était étendu sur son lit, au pied duquel vinrent, dès le matin, s'agenouiller les dignitaires et les intimes, seuls admis dans la chambre mortuaire.

Il avait indiqué le meuble, où l'on trouverait ses dernières dispositions. Son testament mérite d'être intégralement transcrit :

« Au nom de la Très-Sainte Trinité, Père, Fils et Saint-Esprit, je déclare que le présent écrit est mon testament, que je veux être fidèlement et ponctuellement exécuté, après ma mort.

---

1. Le Cardinal était Sous-Doyen d'âge du Sacré-Collège ; il faisait partie des Congrégation des Évêques et réguliers, de l'Index, des Rites, des Indulgences et des Saintes Reliques. Par l'âge et la date de son sacre, il était le Doyen des Cardinaux, Archevêques et Évêques de France. — Au point de vue du rang assigné par les lois et règlements de notre pays, nul autre que le Chef de l'Etat n'avait qualité pour le devancer.

» Lorsqu'il plaira à DIEU, mon Créateur, de me retirer de ce monde, je le supplie, par les mérites infinis de Notre-Seigneur JÉSUS-CHRIST, par l'intercession de la Très-Sainte Vierge, de mes saints patrons, de sainte Germaine et de tous les Saints, de me pardonner tous mes péchés et de me juger, non selon la rigueur de sa justice, mais avec la clémence d'un Père tendre et miséricordieux.

» Je déclare mourir, au sein de l'Eglise catholique, apostolique et romaine, dans laquelle j'ai eu le bonheur de vivre et de travailler.

» Je demande pardon à toutes les personnes que j'aurais offensées, blessées ou peut-être scandalisées, de quelque manière que ce soit, et je pardonne, de tout mon cœur, à tous ceux qui m'auraient fait quelque peine.

» Je désire être inhumé, dans mon église métropolitaine, à la chapelle de Sainte-Germaine, où, en soulevant quelques dalles, entre le marchepied de l'autel et la balustrade, on trouvera un caveau tout préparé.

» Je veux qu'à mes obsèques et au service de trentaine, il ne soit prononcé, ni éloge funèbre, ni allocution.

» Je demande instamment qu'il en soit de même, à l'Académie des Jeux-Floraux, où cette dérogation au règlement, aux usages a été maintes fois accordée.

» DIEU m'ayant fait la grâce de ne point m'embarrasser des biens de la fortune et de me faire employer aux besoins de l'Eglise, des âmes et des pauvres, les revenus annuels de mes diverses charges, je déclare ne laisser, à l'heure de mon décès, que quelques milliers de francs, de l'argenterie, un peu de mobilier, du linge de table et de chambre, dont on trouvera le détail dans une note explicative.

» J'institue pour mes légataires généraux et universels mes trois neveux : Florian, Germain et Louis Desprez. Dans le cas où l'un d'eux viendrait à prédécéder, j'entends que la part, à lui dévolue, profite à ses enfants.

» Si, après que les frais de mes funérailles auront été acquittés, il reste quelque argent, je veux que le quart de ce reliquat soit employé à faire célébrer, dans le plus bref délai possible, des messes pour le repos de l'âme de ma sœur et de la mienne !

» Je me recommande aux prières de mes parents, de tous les

prêtres de mon diocèse, en particulier, de ceux qui ont reçu, de mes mains, l'ordination sacerdotale, des religieux de tous les Ordres, des religieuses de toutes les communautés, enfin de tous mes diocésains.

» Telles sont mes dernières volontés et recommandations, que j'ai écrites, datées et signées, de ma main, en la fête de l'Immaculée-Conception de la Très-Sainte Vierge, 8 décembre 1892.

» † FL., CARD. DESPREZ,
» Archevêque de Toulouse et de Narbonne. »

Dans des instructions particulières, jointes au testament, tout était prévu et minutieusement réglé (1).

Comme il s'entretenait, un jour, avec son secrétaire, de ce qu'il y aurait à faire après sa mort, celui-ci s'était permis de faire observer que ces préoccupations étaient prématurées et avait essayé d'aborder un autre sujet de conversation. Le Cardinal lui dit alors : « Mais pourquoi donc ? Est-ce que vous craignez la mort, vous ? Moi, je ne la crains pas. J'ai conscience de n'avoir jamais voulu que le bien. J'ai pu, j'ai même dû me tromper souvent ; mais c'était toujours de bonne foi et avec une intention sincère ; DIEU le sait, et je compte sur sa miséricorde... » Dans ces dispositions, il a pu, sans ressentir aucun trouble, régler tous les détails de ses obsèques, de son inhumation, de sa sépulture.

Le Cardinal laissait aussi des indications précises pour désigner les ornements, les objets pieux, les souvenirs qu'il destinait à ses chères églises du diocèse de Cambrai, à la Cathédrale de Saint-Denis de la Réunion, à celle de Limoges, à la Métropole de Toulouse, aux Prélats avec lesquels ses relations avaient été les plus étroites, aux prêtres, aux amis qu'il honorait d'une particulière affection : gages

---

1. On y lit notamment :

« IV. — Notre grade d'officier dans l'ordre de la Légion d'honneur nous donne droit à des honneurs militaires ; mais, puisque le piquet ne doit pas entrer dans l'Eglise, nous déclarons ne pas accepter ces honneurs.

» V. — Nous refusons absolument les couronnes et les bouquets qui pourraient être offerts. Il sera donné avis de cette disposition à nos diocésains. Des prières, des communions, de bonnes œuvres et, par-dessus tout, des messes qui soulagent notre âme, voilà ce que nous demandons instamment à la piété de nos prêtres et de nos fidèles...

. . . . , ...

» VIII. — Nous défendons expressément d'embaumer notre corps... »

touchants de sentiments qui s'affirmaient ainsi par-delà le tombeau et dont l'expression suprême a profondément ému des cœurs, où cette sainte mémoire est l'objet d'un culte inviolable !

Dès l'après-midi du 21 janvier, le Chapitre métropolitain s'assemblait pour rédiger une lettre adressée au diocèse « ... A ses derniers moments, si prompts et si rapides, notre Pontife, disait le Chapitre, s'est retrouvé, tel que nous l'avons connu : calme, paisible, avec cette foi ferme et cette confiance en DIEU, qui ne l'abandonnaient jamais. ... Nous, qui l'avons connu, admiré et aimé si longtemps, nous demeurons tout entiers à notre douleur et à nos prières ; à notre douleur, avant tout : comment, en effet, se dissimuler que cette mort est une catastrophe pour notre diocèse qu'il a administré, pendant trente-cinq ans, avec tant de sagesse et de bonté ? — à nos prières aussi, aux prières que vous devez, N. T. C. F., de concert avec nous, adresser au divin Maître, pour cette âme qui fut si pure et si élevée, sans doute, quand elle était sur la terre, et qui a déjà rendu à DIEU des comptes qui font trembler les saints ; pour que DIEU continue, vis-à-vis de ce cher diocèse les marques de Providence particulière qu'il lui a prodiguées, pendant des siècles, et lui donne un Pasteur digne de celui que nous pleurons... »

Le lendemain matin, le Chapitre, de nouveau réuni, désignait comme Vicaires-Capitulaires, MM. les Vicaires-généraux Andrieu, Bernadot et M. le Chanoine Rouzaud, dont la nomination, en qualité de successeur de M. Dencausse, avait été agréée, l'avant-veille du décès de Monseigneur.

Le corps du vénéré défunt fut transporté dans la chapelle inachevée de l'Archevêché (1), où, entourée de séminaristes et de religieuses de divers Ordres, sa dépouille mortelle reçut, durant plusieurs jours, les pieux hommages d'une multitude de fidèles. On a évalué, de dix à quinze mille personnes, le nombre de ceux qui se sont, chaque jour, succédé devant le Prélat, revêtu de la soutane rouge et du rochet, la tête coiffée de la mitre blanche, la crosse reposant le long du corps. L'attitude de la foule fut constamment des plus recueillies, bien qu'on eût quelquefois stationné, plusieurs heures, devant le Palais archiépiscopal, avant l'ouverture des portes. « On entre, dit l'*Express*

---

1. Monseigneur n'avait jamais pu obtenir que les travaux, commencés dès longtemps, fussent continués.

du Midi, on s'agenouille, on prie, on jette un long regard sur l'expressive physionomie de celui qui n'est plus. On se retire discrètement. Que de larmes ont coulé devant la dépouille du bon Cardinal! Comme on sent bien de quelle profonde affection notre population entourait son premier Pasteur! Pas une voix discordante : l'expression d'un unanime regret et du plus filial respect... Et la foule défile toujours, à rangs pressés, comme un intarissable torrent... ». Toute la semaine, en effet, du matin au soir, une foule immense remplit les rues voisines de l'Archevêché ; la circulation fut absolument interrompue.

A partir du mardi matin, 22 janvier, chacune des paroisses de la ville se rendit, au jour et à l'heure assignés, pour réciter une absoute devant la dépouille du vénéré Père.

III.

Les obsèques furent célébrées, le samedi, 26 janvier. Son Éminence le Cardinal Bourret, Évêque de Rodez, les présida, entouré de Son Ém. le Cardinal Lecot, Archevêque de Bordeaux, de NN. SS. les Évêques de Grenoble, d'Aire, de Montpellier, de Perpignan, de Carcassonne, de Pamiers, de Montauban, d'Agen, de Limoges, de Bayonne, de Mende, du Révérendissime Père Abbé mitré de la Trappe de Sainte-Marie-du-Désert. M. le Chanoine Carlier, Vicaire général de Cambrai, représentait le diocèse natal de l'Archevêque.

MM. les Vicaires-Capitulaires, M. le Commandant Florian Desprez et ses deux frères conduisaient le deuil. Toutes les Autorités assistaient aux funérailles. Le Chapitre métropolitain précédait le Clergé de toutes les paroisses, les Ordres religieux, les nombreuses délégations, l'immense cortège. Sur tout l'itinéraire, les maisons étaient pavoisées, avec des écussons aux armes de l'Éminentissime défunt. On remarquait, le long des rues, plusieurs haies de personnes. Les terrasses, les balcons, les fenêtres, les lucarnes étaient occupés. Ces obsèques triomphales ne furent troublées par aucun désordre, aucun accident.

Dans l'Église Métropolitaine, admirablement préparée, la cérémonie funèbre fut imposante (1). La tristesse des âmes indiquait, mieux que tous les hommages, l'étendue d'une telle perte, le vide que creusait cette cruelle mort. Les cœurs, pénétrés de sentiments religieux, s'unissaient aux prières des Prélats et du Clergé pour répondre au touchant appel du Cardinal, dans ses dernières instructions, si entière que fût la confiance de tous en son bonheur éternel.

Dans l'après-midi, le Chapitre, accompagné du Clergé de la Métropole et des membres de la famille Desprez, se rendit au grand chœur, où était restée la dépouille mortelle. En attendant que l'on pût disposer du caveau de la chapelle Sainte-Germaine, le cercueil fut descendu dans la crypte où reposent, sous le sanctuaire, les Archevêques de Toulouse.

Quelques jours après, le 6 février, en présence notamment du Chapitre et de M. le Commandant Desprez, eut lieu l'inhumation définitive : le corps fut déposé dans le caveau de la chapelle désignée par le Cardinal, qui, après sa mort, comme durant sa vie, avait tenu à se placer sous la spéciale protection de la Sainte, exaltée ici-bas, de toutes manières, par Son Éminence.

Une souscription, ouverte presque immédiatement après le décès, permettra d'élever, dans cette chapelle, un monument, en l'honneur du regretté Prélat. L'œuvre a été confiée à un habile sculpteur de Toulouse, M. Maurette : la statue, en marbre de Carrare, représentera le Cardinal agenouillé, en prière, le regard tourné vers l'angélique Bergère (2).

Des services solennels furent célébrés, non seulement dans toutes les églises du diocèse de Toulouse, mais aussi dans les diverses localités, souvent citées par nous, du diocèse de Cambrai, (dès la nouvelle

1. Nous ne reproduisons pas tous les développements relatifs aux honneurs rendus à la dépouille mortelle et à la mémoire du Cardinal ; la *Semaine Catholique de Toulouse*, (liv. des 27 janvier et 3 février 1895), et les journaux de cette ville, renferment de complètes informations. Tout concourut à attester la douleur publique. — Le service solennel de trentaine eut lieu, à la Métropole, le mercredi, 20 février ; la grand'Messe fut célébrée par Mgr de Cabrières, évêque de Montpellier, assisté de Mgr Billard, évêque de Carcassonne, et du Révérendissime Père Dom Candide, abbé de la Trappe de Sainte-Marie-du-Désert.

2. La taille sera un peu supérieure à la grandeur naturelle. La hauteur totale de l'œuvre atteindra 1 m. 80, du socle au sommet de la tête. — L'autel de la chapelle avait été consacré, en 1876, par Monseigneur.

de sa mort, le glas funèbre y avait annoncé le malheur,) dans les Cathédrales dont Monseigneur avait été le Pontife, et dans chacune de celles de la province ecclésiastique. A Pont-à-Marcq, à Templeuve, à Roubaix, malgré le temps écoulé, l'émotion, l'empressement furent tels que le souvenir de ces hommages suprêmes vivra longtemps dans les cœurs. A Ostricourt, une population en larmes accourut à la cérémonie que présida M. le Vicaire-général Carlier. Après l'office, une nombreuse assistance se trouva réunie, avec la municipalité (1),dans une des salles de la mairie, ornée désormais du beau portrait, en pied, de l'illustre enfant, du généreux bienfaiteur de cette paroisse; le respectable dignitaire de l'Eglise de Cambrai salua, au nom de tous, une si pure mémoire. M. l'abbé Dubois était présent; il distribua de pieux objets, ayant appartenu au Cardinal ou enviés comme ayant eu le contact de son corps, souvenirs bénis dont chaque famille était avide.

IV.

Nous n'essaierons pas de faire connaître tous les témoignages, toutes les doléances reçus par la famille Desprez, par le Chapitre métropolitain et même, — pourquoi ne le dirions-nous pas? — par les respectueux amis du vénéré défunt.

Le Souverain-Pontife exprima aussitôt son bien douloureux et sympathique suffrage, réitéré envers le Chapitre, quelques jours après.

Presque tous les Prélats français, et beaucoup des pays étrangers, tinrent à s'associer à ce concert de regrets. Ces paroles (2) de Mgr l'Archevêque d'Aix sont notables : «... Je prends la plus vive part au deuil de tout votre diocèse et de l'Eglise entière. Nous

---

1. Dès la nouvelle du malheur, le Maire avait adressé, à la famille Desprez, un télégramme ainsi conçu : « Ostricourt prend une large part à la perte irréparable que vous venez d'éprouver et s'associe à votre douleur. Nous prions pour celui qui fut le plus illustre de ses enfants, le restaurateur de son église paroissiale et le bienfaiteur de ses malheureux. »

2. Dans une lettre adressée à M. le Directeur de la *Semaine Catholique de Toulouse*.

perdons notre Doyen et notre modèle. Il fut pieux, courageux, exemplaire... »

MM. les Vicaires-Capitulaires de Toulouse, NN. SS. les Evêques de Saint-Denis de la Réunion, de Limoges, de Carcassonne, de Pamiers, de Montauban, trouvèrent, pour épancher leur douleur, des accents dignes des exceptionnels mérites, des rares vertus qui les inspiraient (1).

Les organes de la presse ont presque unanimement rendu hommage à une si noble vie (2), « à ce caractère d'une fermeté admirable, » — « à ce beau vieillard qui rappelait les anciens patriarches, les grands prêtres des temps hébraïques, » — de la bouche duquel « les gouvernements qui se sont succédé en France ont tous reçu des avis sévères, » — « en la personne de qui les catholiques ont perdu l'un de leurs chefs les plus autorisés et les plus écoutés, » — « parfait modèle de la dignité sacerdotale. » — « *Episcopus ego sum*, Je suis évêque, » disait Mgr Gouthe-Soulard ; « c'était aussi un évêque ; ces mots résument l'éloge de l'illustre vieillard qui vient de mourir. Avec le Cardinal Desprez, disparaît une grande figure de l'épiscopat français. D'autres ont été plus brillants ; il fut, lui, un caractère...»

« Il était entouré d'une estime et d'une affection profondes. Les adversaires eux-mêmes de la foi catholique rendaient hommage à la noblesse de ses sentiments, et les éminentes vertus, vertus de l'homme, du prêtre, de l'évêque, qui, malgré sa grande humilité, brillaient en lui, inspiraient le respect à ceux dont l'anticléricalisme

1. Voir Lettres de MM. les Vicaires-Capitulaires de Toulouse, du 12 février 1895,— de Monseigneur de Saint-Denis, du 25 mars, — de Monseigneur de Limoges, du 29 janvier, — de Monseigneur de Pamiers, du 23 janvier, — de Monseigneur de Carcassonne, du 31 janvier, — de Monseigneur de Montauban, du 29 janvier. Nous regrettons de ne pouvoir reproduire ces Lettres pastorales.

2. Nous avons sous les yeux les extraits de plus de cent journaux. Sauf les erreurs, les réticences, ou l'inexacte appréciation de certains actes du Cardinal, — dans un très petit nombre de feuilles, sans que nulle, d'ailleurs, soit irrespectueuse envers sa mémoire, — on se trouve en présence d'un touchant concert de suffrages élogieux. Citons, par exemple, dans la presse de Paris : la *Gazette de France*, l'*Univers*, la *Vérité*, l'*Autorité*, la *Croix*, le *Soleil*, le *Gaulois*, la *Libre Parole*, etc., etc. ; dans la presse de Toulouse : la *Semaine Catholique*, l'*Express du Midi*, le *Messager de Toulouse*, où sont insérés des articles qui apprécient exactement la carrière et les mérites du regretté défunt ; la *Vraie France* de Lille, l'*Emancipateur* de Cambrai, l'*Echo* de cette ville, etc., etc. Bien d'autres journaux seraient à mentionner ; le ton de tous les articles témoigne de la vénération générale.

fait toute la science et toute la politique. Il fut un grand évêque, un saint prêtre, un de ces hommes qui honorent, à la fois, l'Eglise et la France... » — « C'est une grande figure de l'épiscopat qui disparaît aujourd'hui. En mourant, le Cardinal Desprez laisse au clergé de France un bel exemple et un grand enseignement, à la fois : celui de la fermeté inébranlable du prêtre, en face du pouvoir civil. Avec lui, disparaît l'un des survivants de l'antique race des évêques au cœur d'or et à la croix de bois. »

Constamment penché vers les misères humaines pour les secourir, et vivant, toutefois, par l'élan soutenu de son âme, au-dessus des choses du temps, afin de réchauffer en lui le culte de la divine beauté, — montrant, par son absolu détachement des biens terrestres, que le prêtre, que l'évêque doit, non à sa famille, à ses amis, mais à sa paroisse, à son diocèse, à l'Eglise, aux déshérités de ce monde, les ressources dont il peut disposer, — simple et droit, exact et ferme, patient et sage, attentif et infatigable, le Cardinal a donné, durant presque tout un siècle, par ses généreux labeurs et au milieu d'événements religieux ou nationaux, qui rappelleront toujours son nom, l'exemple achevé de ce que peut, pour le salut des âmes et l'honneur d'un pays, un fécond épiscopat.

Ses dernières années furent remplies d'anxieuses préoccupations, relativement au choix du Pontife qui serait appelé à occuper son siège. Après une longue attente, le diocèse applaudit à la préconisation d'un Prélat, signalé par la distinction de l'esprit, une haute culture intellectuelle et les meilleurs dons du cœur. Sous la bénédiction de DIEU, le digne successeur du bien-aimé Cardinal continuera excellemment les saintes traditions de ses devanciers.

CONCLUSION.

L'ÉGLISE offre souvent, au respect des peuples, des carrières ennoblies par les plus hautes vertus. Dans les douloureuses crises, où les caractères disparaissent, où tant d'âmes ne semblent même plus avoir conscience de leur abaissement, on éprouve un invincible attrait vers les existences qui ont été entièrement vouées au service de la religion et du pays, à la propagation du bien. On est réconforté, en admirant, dans les situations les plus humbles comme les plus élevées, des dévouements d'une persévérance à toute épreuve, des cœurs vaillants, étrangers à la terre, sinon pour y tempérer la douleur et y faire aimer DIEU, uniquement fascinés par les joies célestes, seule récompense vraiment digne de leurs labeurs.

Entre toutes ces existences, qu'elle est belle la vie dont nous venons d'esquisser l'imparfait tableau !

Un enfant d'Ostricourt a grandi, sous une providentielle sauvegarde.

Nul protecteur, notable aux yeux du monde, n'a veillé sur cet enfant ; mais il était droit, pur, studieux, comme marqué du sceau divin, et le regard de son Évêque s'est fixé sur lui, avec prédilection.

Quatre paroisses l'ont vu justifier les plus heureuses espérances, entreprendre des œuvres difficiles, qu'il a terminées, avant de les quitter, ou à l'achèvement desquelles il a fidèlement coopéré, dans la suite de ses années.

Premier Évêque de nos colonies, il a laissé, à Saint-Denis de la Réunion, le souvenir d'un administrateur consommé, du meilleur des pères.

Après avoir gagné la profonde sympathie du diocèse de Limoges, il est venu se livrer, à Toulouse, aux accablants travaux de la plus féconde carrière.

Les épidémies, les malheurs publics ont révélé son courage, à Cambrai, à Roubaix, à Bourbon, à Toulouse ; même auprès des siens, il ne faisait jamais, cependant, la plus lointaine allusion à ses actes magnanimes.

Avant même d'être revêtu de la pourpre romaine, il participa aux faits les plus mémorables de l'Église, en ce siècle ; par le conseil, la correspondance, il était incessamment convié à donner son avis sur les questions les plus graves.

Ses mérites, ses succès, ses épreuves, rien ne provoquait le monde, soit à les bien connaître, soit à les apprécier. Il n'envia jamais que le suffrage divin.

Par l'ascendant supérieur de la vertu, il avait gagné un universel respect et avait conquis, non seulement dans l'Église de France, mais encore au-dehors, la vénération que donnent, non le bruit, l'éclat ou les vains compliments humains, mais une vie austère, une charité sans bornes, une rare sagesse et le trésor d'exquise bonté, voilé, comme tous ses dons.

Son indomptable fermeté, dans la défense des vrais principes, de la liberté de l'Église et des âmes, l'avait élevé bien haut. Il lui appartenait certes de dire, avec saint Anselme : « *Episcopus fui, sum et ero.* » Avec quelle ardeur ne souhaitait-il pas, pour la France, un Corps épiscopal toujours entièrement animé d'une inébranlable indépendance ! C'était l'une de ses plus constantes préoccupations.

L'humble Bergère, à laquelle il fit décerner les honneurs des autels, fut la protectrice, la radieuse vision de son Épiscopat. Aussi a-t-il voulu dormir son dernier sommeil, dans son Église Métropolitaine, sous la sainte garde de la Vierge de Pibrac.

L'attrait des meilleures prospérités terrestres s'effaçait, pour lui, à la pensée de l'immortelle patrie. N'a-t-il pas dit, par exemple, en parlant de Bourbon : «...L'éclat du ciel, les magnificences de la végétation, le grandiose de la nature se réunissaient, il est vrai, en cette île lointaine... Mais, comme le missionnaire perdu dans les forêts vierges du Nouveau-Monde, ou égaré à travers les sables brûlants du désert, l'Évêque de l'Ile africaine ne regardait qu'en passant les splendeurs qu'il avait sous les yeux ; sa seule poésie, à lui, était le salut des âmes... » Partout, en effet, ce qu'il vit d'exclusivement humain fut impuissant, soit à le retenir, soit même à l'attirer. La beauté morale fut son unique objectif, le surnaturel aliment de toute sa vie. C'est ainsi que, consumé par la sublime ambition du Ciel, il a laissé, sur cette terre, le souvenir de la plus sereine, de la plus suave vertu ; il est paisiblement sorti de ce monde, à l'heure où, dans les cloîtres, allait commencer l'office de sainte Agnès, durant lequel est chantée cette antienne : « *Ecce quod concupivi jàm video, quod speravi jàm tenco ;* voilà que je contemple ce que j'ai tant désiré, que je possède ce que j'ai tant espéré... »

Oui, Vénéré Père, vous jouissez de la plénitude du bonheur, des joies divines dont la perspective a, durant près d'un siècle, soutenu votre courage, enflammé votre espérance. D'ici-bas, nous vous voyons, au séjour de la véritable félicité. Si des amitiés dont nous étions absolument indigne, — les unes illustres, les autres très-précieuses aussi, certaines obscures et non moins chères, — nous ont comblé, entre toutes, votre intime affection nous fait rendre grâce à DIEU du surcroît de force qu'elle nous a procuré, des consolations que nous lui devons. Vous survivant à vous-même, vous n'avez pas voulu vous éloigner de nous, au jour de l'apparente séparation ; vous êtes resté, à nos côtés, pendant que nous écrivions ces pages ; vous ne nous quitterez point, nous le sentons ; vous vous êtes constamment plu à dépasser toute mesure envers ceux que vous avez aimés ; le deuil, que notre cœur aurait porté jusqu'à la mort, vous l'avez supprimé, en continuant à nous fortifier par votre présence. Votre si douce et aimable figure apparaîtra souvent, pour nous bénir, tempérer nos tristesses et nous aider à supporter le malheur des temps. A notre dernière heure surtout, — nous en avons la confiance, — vous implorerez pour nous l'infinie miséricorde !

JULES LACOINTA.

Sorèze (Tarn), le 5 juillet 1896.

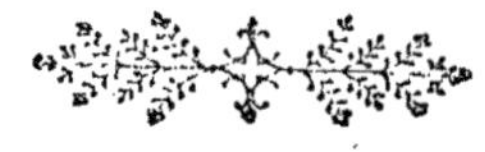

APPENDICE.

I.

ÉGLISES ET CHAPELLES,
consacrées par Monseigneur DESPREZ, de 1859 à 1895 (1).

1860.— Monastère de la *Visitation*, à Toulouse, 8 septembre.— Chapelle des Sœurs de *Marie-Réparatrice*, à Toulouse.— Monastère des *RR. PP. Capucins* (Saint-Louis, Évêque), à Toulouse.

1861. — Monastère des *Carmélites*, à Toulouse, 23 novembre.

1862.— Seysses (Saint-Blaise), 3 février.— Monastère des *Trappistines*, près Blagnac (Notre-Dame des Sept-Douleurs), 30 août. — Salerm (Sainte Vierge), 3 octobre.— Asile des *Aliénés*, à Toulouse (*Salus infirmorum*), 28 décembre.

1863. — Église de *Notre-Dame d'Alet*, 25 mai. — Brignemont (Saint-Michel), 18 juin. — Quesnoy-sur-Deûle (Diocèse de Cambrai) (Saint-Michel), 29 septembre.— Villemur (Saint-Michel), 3 novembre.

1864. — Caussidières (Saint-Étienne), 7 avril. — Montgaillard (Saint-Étienne), 31 mai. — Villeneuve-de-Rivière *(Assomption)*, 7 juin.— Écoles chrétiennes, à Toulouse (Sainte Famille), 7 septembre.

1865.— Paulhac (Sainte Vierge), 10 octobre.— Fonsorbes (Saint-Jean-Baptiste), 16 octobre.— Couvent des Sœurs *de la Croix*, à

---

1. Toutes celles qui ne sont pas indiquées comme étant comprises dans un autre diocèse, appartiennent au diocèse de Toulouse.

Colomiers (Sainte Famille), 19 octobre.— Montflanquin (Diocèse d'Agen), 23 octobre.

1866.— Benque (Saint-Jean-Baptiste), 8 avril. — Ardiège (Saint-Pierre et Saint-Paul), 1ᵉʳ mai. — Cugnaux (Saint-Laurent), 11 novembre.

1867.— Hôtel-DIEU, à Toulouse (Saint-Jacques), 6 mars.— Église de *la Madeleine*, à Auterive, 28 mai.

1868. — Seilh (Sainte-Blandine), 25 août. — Portet-de-Luchon (Saint-Geniès), 21 septembre.— Grisolles (Diocèse de Montauban) (Saint-Martin), 30 septembre. — Croix-Daurade, commune de Toulouse (Sainte-Madeleine), 15 novembre.

1869. — Pont-à-Marcq (Diocèse de Cambrai) (Saint-Quentin), 15 Juin.— Ostricourt (Diocèse de Cambrai) (Saint-Vaast), 22 juin.— Église *du Jésus*, à Toulouse, 26 juillet. — Montesquieu-sur-le-Canal (Saint-Jacques), 26 août. — Lardenne, commune de Toulouse (Saint-Michel), 7 octobre.— Fabas (Saint-Pierre et Saint-Paul), 13 octobre.— Montégut (Saint-Martin), 18 octobre.— Saint Élix (Sainte-Germaine), 9 novembre.

1871. — Pointis-Inard (Saint-Saturnin), 15 octobre.— Larcan, (Saint-Roch), 17 octobre. — Lespugue (Saint-Macaire), 19 octobre.— Molas (Saint-Roch), 14 novembre.

1873. — Grépiac (Saint-Martin,, 25 mars. — Gardouch (Saint-Martin), 24 avril. — Saint-Julia (Saint-Julien), 21 mai. — Valesville (Saint-Martin), 23 juin. — Pins-Justaret (Sainte-Barbe), 14 septembre.

1874.— Sabonnères (Saint-Germain), 10 avril.— Monastère des Trappistes, à *Sainte-Marie-du-Désert* (commune de Bellegarde), 19 août.— Noyant (Diocèse d'Angers) (Saint-Martin), 16 septembre.

1875. — Montauban-de-Luchon, 29 septembre. — Bondigoux (Saint-Orens), 18 octobre.

1876. — Balma. (Saint-Joseph), 5 octobre. — Touille (Saint-Ferréol), 16 octobre.

1877. — Couffinal, commune de Revel (Saint-André), 7 mai.— Couvent du *Refuge*, à Toulouse (Notre-Dame des Sept-Douleurs), 16 mai. — Saint-Cezert (Saint-Orens), 22 mai.— Auragne (Saint-Martin), 25 juin.

1878. — Marquefave (Sainte Vierge), 25 septembre. — Mauran (Saint-Martin), 29 septembre.— Saint-Julien, 18 septembre. — Sana (Saint-Exupère), 8 octobre.

1880. — Cuincy (Diocèse de Cambrai) (Saint-Martin), 17 octobre.

1881. — Le Castéra (Saint-Eutrope), 28 avril. — Villeneuve-lès-Bouloc (Sainte-Croix), 15 mai. — Montastruc (Saint-Barthélemy), 19 mai.— Castelmaurou (Sainte-Foy), 11 septembre.

1882.— Revel (Sainte Vierge), 22 mai. — Launac (Saint-Étienne), 30 mai. — Montbeton (Diocèse de Montauban) (Sacré-Cœur), 14 juin.

1883.— Longages (Saint-André), 14 mai. — Templeuve (Diocèse de Cambrai) (Saint-Martin), 24 septembre. — Labastidette (Sainte Vierge), 16 octobre. — Saint-Lys (Saint-Julien), 18 octobre. — Espirat (Diocèse de Perpignan) (Notre-Dame-des-Anges), 29 novembre.

1884 — Lafite-Toupière (Saint-Michel), 17 avril. — Estancarbon (Sainte Vierge), 24 juin — Escalquers (Saint-Martin), 25 septemb.— ......(Saint-Asciscle et Sainte-Victoire),29 septembre.—Lagarde(Saint-Remy), 1er octobre. — Beaumont (Saint-Martial), 5 octobre.— Saint-André, 7 octobre.

1885.— La Croix-Falgarde (Sainte-Germaine), 15 juin. — Gagnac (Sainte Vierge), 23 septembre. — Bessières (Saint-Jean-Baptiste), 20 octobre.

1886.— Mondonville (Saint-Pierre), 17 octobre.

1887. — Bérat (Saint-Pierre-ès-Liens), 26 mai.— Labège (Saint-Barthélemy), 23 juillet.

Les notes du Cardinal s'arrêtent à cette date, et les réponses à nos questions n'ont ajouté aucune autre indication. Comme nous l'avons déjà dit, Monseigneur a béni, sans les consacrer, un assez grand nombre d'autres églises ou chapelles.

II.

DISCOURS, LORS DE L'INSTALLATION A LA CURE DE TEMPLEUVE, LE 5 OCTOBRE 1843.

E N montant, pour la première fois, dans cette chaire, nous nous trouvons, M. F., partagé entre deux sentiments bien différents : le premier, de regret d'être séparé d'une paroisse que nous affectionnions ; le second, mélange de crainte et d'espérance sur le succès du ministère qui vient de nous être confié.

Vous comprendriez, M. F., la vivacité de nos regrets, s'il nous était donné de vous faire sentir, comme nous le sentons nous-même, la douceur des liens qui nous attachaient à notre cher Pont-à-Marcq. Le plus grand nombre avait entendu notre voix, et les rapports quotidiens de la vie étaient si agréables, les habitudes de confiance et de docilité si paisibles, qu'un écho d'affection mutuelle répondait, à chaque instant, dans nos cœurs. Nous en donnons pour garants les larmes abondantes que nous avons versées et l'abondance, plus grande encore, de celles que nous avons vues couler. Vous excuserez encore ces regrets, M. T. C. F., en vous reportant, en esprit, vers cette chère église, commencée sous nos yeux et qu'il ne nous aura pas été donné de voir achever. Non pourtant que nous ayons ambitionné la gloire d'y mettre la dernière main : en posant la première pierre, nous nous étions écrié, dans toute la sincérité de notre âme : « *Non nobis...*, à nous, ô mon DIEU, les peines, les fatigues, les courses réitérées, les rebuts, les humiliations ; à vous seul, ô mon DIEU, toute la gloire de cette entreprise. » Volontiers, nous aurions consenti à ce que notre nom fût enseveli dans l'oubli, comme la pierre que nous avions cachée dans les fondements. La voix du pasteur, M. T. C. F., avait été entendue ; nous avions vu les généreux efforts de nos bons paroissiens ; nous avions, avec attendrissement, apprécié la générosité de leurs sacrifices, et nos communs efforts pour la maison de DIEU avaient cimenté des affections si vives que nous nous étions dit : « Notre bonheur, au milieu de notre cher troupeau, ne pourrait-il être aussi durable que les murailles qui viennent d'être édifiées ? »

Pourquoi, sans nous laisser le temps de jouir de cet ouvrage, nous a-t-on enlevé à cette église, à laquelle s'était si vite attaché notre cœur ! Mais, chère paroisse, vous vivrez éternellement dans notre mémoire, votre tendre souvenir viendra ranimer notre courage, au milieu des fatigues qui nous sont ici réservées. M. F., ne vous offensez ni de l'épanchement qui nous attendrit, ni de ces larmes qui involontairement coulent de nos yeux ; vous jugerez, du moins, comment nous aimons le troupeau confié à notre garde.

Que votre volonté est puissante, ô mon DIEU ! D'un seul trait de plume, ces liens ont été brisés. Et telle est, M. F., la vie du prêtre : dès qu'il est initié au sacerdoce, il faut, conformément à l'Evangile, qu'il abandonne ses foyers et sa famille ; lorsqu'il commence à s'attacher à un peuple, une voix lui crie d'en haut : « Si tu ne quittes ceux que tu aimes, tu n'es pas digne d'être mon disciple. Qu'importe que tu évangélises telle ou telle contrée ? Toutes les âmes ne sont-elles pas le prix de mon sang, tous les peuples ne sont-ils pas à moi, tous les hommes ne sont-ils pas les membres de ma grande famille ? »

A cette parole nous avons répondu : « Vous, ô mon DIEU, qui sondez les cœurs, vous n'avez, vous le savez, jamais lu dans le nôtre le moindre désir de ce poste élevé. » Nous avons ajouté : « Détournez de nous ce fardeau trop pesant pour nos épaules. » Mais, une dernière fois, vous avez parlé, par l'organe de nos supérieurs, et nous avons dit : « Voici que nous venons pour faire votre volonté ; mon DIEU, ne nous refusez pas votre grâce, afin que nous l'accomplissions tout entière, pour votre plus grande gloire ; *Tunc dixi : ecce venio, ut faciam voluntatem tuam.* »

Qui aurait pu penser, il y a quelques semaines encore, que nous étions destiné à occuper, dans cette paroisse, la place de ce digne pasteur que nous aimions comme un père, que nous consultions comme un guide ? Nous sera-t-il jamais possible de remplacer un prêtre tel que notre vénérable prédécesseur, modèle de régularité, de foi vive, de piété sincère, de simplicité, de douceur, en qui brillait je ne sais quoi de respectable et d'antique qui rappelait les premiers âges de l'Eglise ? Depuis qu'il fut, il y a vingt-cinq ans, envoyé ici, plein de force et de vigueur, quelle n'a pas été sa sollicitude pour toutes les familles ! Qui était infirme, sans qu'il le fût avec lui ? Qui faisait une chute dans la piété ou dans la vertu, sans que son cœur se sentît brûler d'un saint zèle ? Vous nous le raconterez vous-mêmes, lorsque nous irons vous visiter. Vous nous montrerez, comme témoignages de sa foi, ces modestes chapelles ou calvaires qu'il a fait ériger dans presque tous vos nombreux hameaux. Vous surtout, pieuses Filles de l'Enfant-Jésus, vous nous montrerez, avec reconnaissance, la maison que vous habitez et que vous devez à la libéralité de ce bon pasteur.

Cependant, au milieu des sollicitudes du ministère pastoral, une pensée dominait M. Desreumaux, comme il le répétait souvent, la pensée des années éternelles. Ses cheveux blancs l'avertissaient du compte qu'il aurait bientôt à rendre de sa longue administration. Grande leçon, M. F., et pour vous et pour nous ! Elle est si grande la responsabilité de celui qui doit rendre compte, au Souverain Pasteur, des âmes qui lui sont confiées ! Aussi accepta-t-il, sans hésiter, l'offre qui lui fut faite de déposer la charge du ministère, pour aller jouir, à la Métropole, d'une honorable retraite, et se préparer, dans le calme, au passage du temps à l'éternité.

Vous fûtes désolés, à la nouvelle que vous n'aviez plus votre pasteur. La résolution inattendue, qui vous rendit orphelins, vous causa une amère et juste douleur. Il partit, ce prêtre vénéré, vous emportant tous dans son cœur ; ses regards se reporteront souvent vers l'église qu'il a quittée ; ses vœux s'élèveront vers le Ciel, pour appeler sur vous d'abondantes bénédictions.

C'est sur nos faibles épaules que la divine Providence a placé le fardeau dont elle a déchargé votre vénérable père. Nous l'avons soulevé avec crainte, M. F. ; car, pour le porter, il faut des vertus, des talents, et quand nous nous examinons attentivement, nous nous trouvons dépourvu et des unes et des autres.

Nous l'avons toutefois accepté, avec espoir, avec courage. Cet espoir, nous le fondons sur la grâce de N.-S. J.-C., qui rend fort ce qui est faible ; nous le fondons sur cette réputation d'attachement à la foi, que la paroisse de Templeuve conserve ; nous le fondons enfin sur les heureuses dispositions de vos cœurs ; vous les avez manifestées par la réception que vous nous avez faite, et aussi par l'accueil plein de cordialité que nous constatons partout où nous nous présentons.

Vous tous, qui formez désormais notre troupeau, regardez favorablement votre pasteur, ne méprisez pas sa jeunesse ; voyez en lui un père, un ami ; fiez-vous à son amour ; car, pour vous, il s'est séparé de ses plus chères affections. Ecoutez toujours notre voix avec confiance ; ne nous contristez point par vos résistances. Vous aggraveriez le fardeau, déjà si redoutable, de notre ministère ; vous répandriez l'amertume sur nos travaux ; vous nous feriez, pour toujours, regretter d'avoir quitté un peuple docile.

Vous nous seconderez dans cette grande entreprise, vous tous qui êtes les dépositaires de l'autorité dans cette paroisse. Vous nous donnerez votre confiance ; nous vous donnerons la nôtre, et par nos efforts réunis, nous établirons, pour le peuple confié à nos soins, le règne de la paix, de l'ordre, de la religion.

Vous, pieuses Sœurs, vous serez les auxiliaires de notre charité envers une portion de nos chers enfants. Tandis que nous romprons aux forts le pain des forts, vous ferez paître les agneaux, vous distribuerez le lait spirituel aux enfants, vous les conduirez à ces fontaines pures où ils pourront toujours s'abreuver, sans crainte de poison.

Nous réclamerons aussi votre utile coopération, vaillant instituteur, et nous comptons sur la persévérance de votre zèle. Si vous continuez à vous rendre digne de la mission que les hommes vous ont confiée, vous n'aurez pas de meilleur ami que votre pasteur ; nous serons le confident de vos misères, le consolateur de vos peines ; car votre charge est fréquemment parsemée de douleurs ; nous serons, au besoin, votre conseiller ; ne voulons-nous pas l'instruction du peuple, pourvu qu'elle mène au bonheur éternel de l'homme ?

Vous, très-cher et digne collaborateur pour l'œuvre de l'Evangile, vous avez jusqu'à présent porté tout le poids de la chaleur et du jour ; à toutes les heures, le père de famille vous a trouvé travaillant, avec courage, à sa vigne ; reposez-vous un peu, nous prendrons la plus large part du labeur évangélique. C'est avec effusion de cœur que nous nous adressons à vous ; ensemble, nous instruirons le peuple, nous catéchiserons les enfants ; ensemble, nous irons porter au lit des mourants les espérances du Ciel. Comme tout don parfait vient d'en haut, ensemble nous prierons le Père de miséricorde d'assurer, par JÉSUS, son Fils, le succès de nos efforts.

Vous, Vierge fidèle, Reine du clergé, souffrez, qu'en ce jour, nous vous offrions, nous vous consacrions cette paroisse ; nous vous en supplions, ô notre bonne Mère, daignez bénir et le troupeau et le pasteur.

III.

ALLOCUTION DE MONSEIGNEUR DESPREZ,
en Octobre 1853, à la Cathédrale de Port-Louis (Ile Maurice).

> Que la grâce de Jésus-Christ soit avec
> vous tous.

MONSEIGNEUR,

MES CHERS FRÈRES,

TEL était le souhait que l'Apôtre adressait à son disciple, devenu son frère dans l'épiscopat, et il ajoutait : « Saluez ainsi ceux qui nous aiment » A l'exemple d'un tel maître, nous dirons donc, en montant dans cette chaire : Salut et bénédiction, Eglise de Port-Louis, dont on nous a raconté la piété fervente et l'abondante charité ; salut, troupeau chéri d'un Pasteur dévoué, auprès duquel nous sommes venu chercher, tout à la fois, un délassement de nos fatigues et de précieuses leçons de zèle et de sagesse.

Salut et bénédiction !... Ce cri de notre cœur, bien-aimés frères, est prononcé par des lèvres qui vous sont étrangères. Mais qu'ai-je dit ? Peut-il y avoir rien d'étranger entre deux îles habituées à s'appeler du doux nom de sœurs, et qui, malgré leurs nationalités distinctes, demeurent étroitement unies par une remarquable communauté d'industries, d'intelligence, de qualités morales, et surtout par un esprit profondément religieux qui les attire vers tout ce qui est juste, tout ce qui est honnête, tout ce qui est une source d'édification ?

Paix et bénédiction !... Ce salut n'est pas seulement le nôtre, c'est aussi celui que vous envoie, par notre organe, le peuple confié à notre houlette pastorale, qui aime son pontife comme vous aimez le vôtre, d'un peuple dont nous sommes devenu, par le cœur, le compatriote, l'ami et le frère : *salutant vos qui mecum sunt in fide.*

Toutefois, M. F., si les évêques des deux îles se réjouissent, à la pensée qu'ils ont eu le bonheur de conquérir l'affection de leurs troupeaux, cette joie ne saurait détruire les appréhensions qu'ils ressentent, à la vue des grands devoirs que le titre d'évêque leur impose. L'épiscopat, — il y a longtemps qu'on l'a dit, — est un lourd fardeau. Le monde ne comprend pas cette vérité ; car, d'ordinaire, il ne considère que ce qui brille ; le monde ne sait pas que cette croix qui brille, en effet, sur nos poitrines, n'est que le symbole de la croix douloureuse que, pour le salut des âmes, DIEU a plantée dans notre cœur ; le monde ne comprend pas que l'ornement de notre tête cache une couronne d'épines, dont, chaque jour, nous ressentons, pour votre propre salut, les pointes aiguës.

Qu'est-ce, en effet, qu'un Évêque ?

Ce n'est point un homme politique. — Loin de nous, les passions et les intérêts qui, si souvent, hélas ! troublent et divisent le monde. Elevé au-dessus de la terre, comme les anges qui annoncèrent la naissance du Verbe incarné, nous proclamons la gloire de DIEU, nous annonçons la paix aux hommes, nous indiquons la route qui conduit au Sauveur. Telle est notre sainte et sublime mission ; sous quelque climat que nous soyons envoyés, nous n'en voulons pas d'autre ; nous n'avons pas oublié que notre divin Maître, à qui les Cieux et la terre appartiennent, a déclaré que son royaume n'était pas de ce monde, et qu'il dédaigna les couronnes qui lui étaient offertes.

Qu'est-ce donc qu'un Évêque ?

Ecoutez la Vérité même, le Fils de DIEU parlant aux Apôtres, c'est-à-dire aux premiers Evêques : « Comme mon Père m'a envoyé, je vous envoie, à mon tour ; allez, instruisez les nations, enseignez-leur à observer les commandements que je vous ai appris...; allez : toute puissance m'a été donnée, dans le Ciel et sur la terre, et cette puissance, je vous la communique : tout ce que vous lierez sur la terre sera lié dans le Ciel. »

Nous avons entendu cette voix ; nous sommes venus évangéliser les îles-sœurs. Pour vous, bien-aimés frères de Maurice, votre Pontife a renoncé à la paix, au calme, à la douceur de la vie du cloître, et accepté la formidable responsabilité de votre salut ; nous, nous avons dû briser des liens plus forts que ceux de la chair et du sang, en nous séparant d'une paroisse en laquelle notre âme s'était concentrée ; l'un et l'autre, nous avons quitté ce que l'homme a de plus cher au monde ; nous nous sommes soustraits aux adieux déchirants d'une mère que nous ne devions plus revoir !.. Oui, chers habitants de Maurice et de Bourbon, quand vos Pontifes, prosternés entre le vestibule et l'autel, ou dans la solitude de la retraite, versent des prières et des larmes, en présence du Prince des Pasteurs, c'est pour vous ; si, désireux de vous connaître tous, comme le bon Pasteur connaît ses brebis, ils vous recherchent, à l'exemple du Pasteur par excellence, s'ils parcourent, chaque année, vos quartiers et vos campagnes, c'est pour vous ; si, dans leurs courses évangéliques, ils vous apportent les saintes paroles de la paix, c'est afin que ces deux îles-sœurs brillent du même éclat des vertus chrétiennes ; en un mot, M. F., notre vie entière vous est consacrée, et je me porte garant des sentiments de mon Frère aîné dans l'épiscopat ; s'il fallait sacrifier notre vie pour le bonheur spirituel des deux îles, DIEU nous est témoin, qu'avec l'aide de sa grâce, nous ne faillirions pas devant l'accomplissement de ce devoir du *bon Pasteur qui donne sa vie pour ses brebis* (Joan., 10-11).

Qu'est-ce encore qu'un Évêque ?

Écoutez saint Paul ; par sa doctrine et par sa conduite, il nous dit que l'Évêque est non seulement le *dispensateur des mystères de Dieu*, mais qu'il doit être, pour tous, un *Père* tendre.

Que ce titre est cher à notre cœur ! Lorsque votre vénérable Évêque, après avoir reçu l'onction sainte qui l'avait consacré le Pasteur de vos âmes, vint embrasser son frère en religion, je fus frappé de cette sollicitude de Père dont son cœur surabondait pour le troupeau vers lequel il était envoyé. Et quand, plus tard, revêtu nous-même de la plénitude du sacerdoce, nous voguions vers l'île-sœur, oh ! M. F., que le navire marchait lentement, selon l'ardeur de nos désirs ! Je l'ai senti alors, la grâce attachée à la consécration épiscopale forme les liens les plus forts. Ah ! que de fois, au milieu du silence de la nuit, et dans ces moments où la sollicitude que vous lui inspirez fait fuir le sommeil loin de ses paupières, que de fois votre pasteur croit entendre retentir cette parole, adressée autrefois à Joseph par son père : « Va, mon enfant ; va voir si tout est prospère pour tes frères et leurs troupeaux. » (Gen., 36-14.) Et ses pensées lui font visiter la grande famille confiée à ses soins. Dans cette famille, que d'enfants encore égarés ! Que de chrétiens demeurent sourds à la voix de DIEU, qui s'est si souvent fait entendre ! Que d'âmes vivant dans l'ignorance des premiers principes de la foi ! Que d'esprits encore rebelles résistent au zèle et au dévouement généreux des prêtres qui partagent la même sollicitude ! Laissez-nous vous le dire, bien-aimés frères de Port-Louis, l'âme de votre Pasteur s'ouvre à vous ; accourez tous vers une sincère pratique de la foi ; que les hommes surtout y accourent, notamment ceux qui, par leur intelligence, leur supériorité de talent, leur position sociale, sont comme les modèles et les chefs du peuple qui les entoure. Accourez dans son cœur : si nombreux que vous soyez, vous y trouverez place. Comme il serait abondamment récompensé des labeurs de l'épiscopat et des fatigues du ministère, si la foi s'étendait, dans cette importante colonie, si le saint nom de Dieu y était partout respecté, si les sacrements y étaient encore plus recherchés, si enfin le diocèse de Port-Louis devenait un heureux bercail, entièrement soumis aux lois du divin Pasteur !

Que dirons-nous encore ? L'Evêque est le serviteur de tous. — « Les rois des nations dominent sur elles, disait le Sauveur à ses » Apôtres ; mais parmi vous, qu'il n'en soit pas ainsi : que le premier » d'entre vous soit comme le plus petit ; que le chef soit le serviteur » des autres ; car je suis au milieu de vous comme celui qui sert, et le » disciple n'est pas au-dessus du maître. » (Luc, 22-25.)

Tel est, Messieurs, le guide sacré de l'Episcopat ; cette grande leçon de dévouement et de sacrifice est donnée par l'Homme-Dieu, qui, né dans une crèche, mourut sur une croix. Je comprends maintenant cette parole de l'Apôtre : « J'étais libre et je me suis fait l'esclave de tous. » (I Cor., 9,19.) Ah ! M. F., laissez-moi vous le dire encore une fois, que la nuit nous est parfois pénible, lorsque nous méditons, dans notre esprit, toute l'étendue de nos devoirs ! Notre main doit soutenir le faible ; notre œil, veiller pour empêcher l'homme ennemi de semer l'ivraie dans le champ du père de famille ; notre voix doit vous instruire, corriger, encourager ; nos pieds doivent courir après la brebis égarée ; nos bras, s'ouvrir pour recevoir le pécheur ; notre cœur doit être ouvert à toutes les infortunes, à toutes les douleurs, à tous les repentirs.

Voilà l'Évêque, M. F., le voilà, tel que vous le voyez, tous les jours, en la personne de celui qui, depuis douze années, vous a consacré, sans réserve, sa sollicitude. Allégez donc, par votre filiale docilité, le fardeau qui pèse sur lui, et faites que son ministère ne soit pas un ministère de douleur. Fortifiez-vous par le secours de cette religion qui seule a survécu à toutes les vicissitudes, à toutes les épreuves de dix-huit siècles ; de cette religion qui peut faire le bonheur des familles et de votre colonie, qui seule ferait le bonheur du monde entier, si le monde voulait recourir à son influence et réclamer son appui. Rangez-vous, à l'ombre de l'autorité de JÉSUS-CHRIST vivant dans son successeur, le Pontife de Rome, et dans votre Évêque ; de cette autorité qui a pour elle la promesse d'un DIEU, promesse de la vie présente et de la vie des siècles futurs. Chrétiens de ce beau diocèse, de tout âge et de toute condition, amassez donc un trésor que les vers et la rouille ne sauraient atteindre, faites la conquête d'un royaume qui n'aura jamais de fin. Pécheurs, revenez à DIEU, dans la sincérité de vos âmes ; justes, fortifiez-vous dans la vertu ; enfants, croissez en sagesse et en science devant DIEU et devant les hommes ; jeunes gens, l'espérance et la gloire de cette colonie, rangez-vous sous la bannière de la foi, qui compte déjà tant de soldats de votre âge ; vieillards, n'attendez plus, car le Maître viendra bientôt, à une heure que vous ne pouvez prévoir... Chrétiens, mes bien-aimés frères, laissez-nous emporter, comme un souvenir de notre passage au milieu de vous, cette confiance, si douce à notre cœur, que par vos pensées, vos paroles, vos œuvres, vous vous montrerez dignes de votre sublime vocation.

Pour vous inspirer ces dispositions, ou plutôt pour vous y confirmer, que la grâce de JÉSUS-CHRIST, la charité du Père et la communication des dons du Saint-Esprit soient avec vous, à jamais (II Cor., 13, 13). Ainsi soit-il.

IV.

ALLOCUTION DE MONSEIGNEUR DESPREZ,

en 1856, au cours de ses visites pastorales dans le diocèse
de Saint-Denis, sur le *bon exemple des parents.*

DEPUIS que le Seigneur a voulu, M. F., nous associer à l'action
de son éternel amour sur vos âmes, nous sentons, chaque
année, redoubler notre sollicitude pour votre salut ; c'est avec une
véritable impatience que nous attendons l'heureuse époque de notre
visite pastorale, qui nous procure l'occasion de vous apporter une
parole de bénédiction et de salut. Heureux, si nous pouvions, par
nos vœux et nos travaux, faire arriver la véritable lumière à tant
d'hommes chers à notre cœur et si bien faits pour nous comprendre
Nous venons, dans ce but, en vous parlant d'un mal qui travaille
profondément les familles, vous signaler, en même temps, l'efficacité d'un remède indispensable pour le guérir : nous voulons
parler du bon exemple que les parents doivent donner à leurs
enfants.

Les parents sont les pasteurs domestiques de leurs familles. Nous
pouvons donc leur appliquer l'exhortation que saint Paul adressait
à Timothée et à Tite : « Rendez-vous, disait-il au premier, l'exemple
» et le modèle de ceux dont vous êtes chargé, dans les entre-
» tiens, dans la manière d'agir, dans la charité, dans la foi et la
» chasteté. » (I Tim., 4, 12.) — « Rendez-vous un modèle de bonnes
» œuvres en toutes choses, écrivait-il au second, dans la pureté de
» vos leçons, dans l'intégrité de votre vie, dans la gravité de
» vos mœurs ; que vos paroles soient saines et irrépréhensibles. »
(Tite, 2, 7 et 9.)

L'importance, en effet, du bon exemple est manifeste. « Les
exemples sont bien plus éloquents que les paroles, dit saint Léon,
et l'on enseigne bien plus efficacement par les œuvres que par les

discours. » Aussi, lorsque le généreux Mathatias, chef de la famille des Machabées, voulut ranimer le courage de ses enfants pour la défense de la loi, que leur dit-il ? « Souvenez-vous des œuvres que vos pères ont faites ; ayez soin de les imiter, vous recevrez une grande gloire et un nom éternel. » Lorsque DIEU voulut retirer les hommes des désordres de l'idolâtrie et les rappeler à la vertu, il eut recours au bon exemple : il envoya sur la terre JÉSUS-CHRIST, vrai DIEU et vrai homme, qui, par le spectacle de sa vie, non moins que par ses prédications, nous a appris que, renonçant « à l'impiété et » aux passions mondaines, nous devions vivre, dans le siècle, avec » tempérance, avec justice et avec piété.» (Tite, 2, 12.) Pour remplir cette mission, JÉSUS-CHRIST, avant tout, a eu recours à l'exemple. JÉSUS commença par pratiquer, avant que d'enseigner, énonce l'Evangile. « Je vous ai donné l'exemple, dit-il à ses Apôtres, afin que vous fissiez vous-mêmes ce que vous m'avez vu faire. » (Joan., 13, 15.)

Pères et mères, lorsque vos enfants entreront dans la carrière ténébreuse de la vie, que vos mœurs chrétiennes soient le flambeau qui éclaire leurs pas, et que vos vertus soient le premier livre où ils apprendront à lire leurs devoirs. Je voudrais que, dans tous vos rapports de famille, dans vos travaux et dans vos plaisirs, dans vos voyages et dans vos repas, vous soyez partout un objet d'admiration pour vos enfants. Car, prenez-y bien garde, M. F., et retenez cette leçon de l'expérience, le premier âge est imitateur : ainsi l'a voulu la nature, ou plutôt la Providence, dans l'intérêt de la conservation et du développement de l'humanité, pour laisser attendre, sans péril, l'expérience, fruit de la réflexion et des années. *Que peut faire un enfant, sinon ce qu'il voit faire à son père ?* Question mille fois reproduite, depuis saint Augustin, et qui n'a rien perdu de son à-propos. *Il est donc nécessaire*, dit saint Jérôme, *que l'enfant puisse reproduire, sans péché, les actions de ses parents.* (Ad Læt. ep. 7.) Heureuse nécessité, qui donne, ajouterons-nous avec saint Chrysostome, à leurs enseignements le rassurant appui d'une vie sans reproche !

Voulez-vous quelques conseils pratiques ? Observez-vous devant vos enfants, et ne vous permettez jamais, en leur présence, une parole qui puisse blesser la bienséance la plus sévère. Vous croyez peut-être que votre enfant est trop distrait pour écouter, ou trop simple pour comprendre? Détrompez-vous, il vous écoute, il vous comprend, au milieu de la dissipation apparente de ses jeux. Ah ! si votre bouche est tentée de laisser échapper devant lui une parole indiscrète, souvenez-vous de ce mot si religieux, si plein de sens, d'un philosophe païen : « Le plus grand respect est dû à l'enfant. »

Mais qu'ils sont rares les pères et les mères accomplissant, dans toute sa rigueur, ce devoir du bon exemple ! Ne pourrions-nous pas dire au plus grand nombre : Vous devez à vos enfants l'exemple de la douceur et d'un heureux accord, et vous les désolez par votre désunion et vos récriminations amères ; l'exemple de la modération du langage, et vous les effrayez par vos emportements ; l'exemple de la modestie, et vous effarouchez leur innocence par vos propos obscènes, souvent par une conduite immorale ; ces faibles créatures sont en droit de vous demander l'exemple de la sobriété, et vous vous avilissez, à leurs yeux, par les excès d'une ignoble intempérance ; l'exemple de la soumission, et vos discours respirent le mépris de toute autorité ; l'exemple de la fidélité aux saintes lois de la religion, et votre vie entière est une audacieuse protestation contre les enseignements et les prescriptions de l'Evangile et de l'Eglise.

Or, voulez-vous savoir, pères et mères, ce que vous faites, en donnant ainsi à vos enfants des exemples pernicieux ? Selon la pensée du roi-prophète, vous vous érigez en maîtres d'iniquités, en donnant à vos enfants des leçons empoisonnées : leçons funestes qui ne seront que trop suivies. Car, M. F., si l'exemple de la vertu a sur nos âmes une grande influence, qui peut douter de la force et de l'empire que le mauvais exemple exerce toujours sur l'esprit de l'homme, déjà porté au mal par le poids de sa nature corrompue ? « On apprend aisément, dit saint Cyprien, à commettre le péché, soi-même, quand on le voit commettre à ceux qui ont autorité sur nous. »

C'est pour cela, au témoignage de saint Augustin, que jamais l'enfer n'a employé de plus dangereux artifices, pour pervertir le monde, durant les ténèbres du paganisme, que lorsqu'il a proposé aux hommes des dieux infâmes et souillés de vices ; parce que, les ayant mis sur les autels et leur ayant érigé des temples, c'était, en quelque façon, fait observer saint Cyprien, déclarer publiquement qu'il était permis de les imiter. Saint Augustin raconte qu'un jeune libertin, voyant les crimes de Jupiter représentés sur un tableau, prenait de là prétexte de justifier son inconduite. « Pourquoi ne ferais-je pas, disait-il, moi qui suis le dernier des hommes, ce qu'a fait le premier des dieux ? » Et un fils, gâté par les mauvais exemples de son père, dit aujourd'hui : « Pourquoi ferais-je ma prière chaque jour, puisque mon père ne la récite jamais ? Pourquoi irais-je à la messe, quand l'Eglise l'ordonne, puisque mon père ne prend jamais le chemin de l'église ? Pourquoi confesserais-je mes péchés, puisque mon père n'a pour ce Sacrement que des paroles de mépris ? Pourquoi me disposerais-je à participer à la Pâque des élus, puisqu'il y a quelques jours encore, j'entendais mon père lancer des blasphèmes contre cet auguste Sacrement ? »

« *Maison d'Iraël*, s'écriait autrefois le prophète, *contentez-vous, du moins, de vos propres péchés.* » (Ez., 44, 6.) Pères et mères, qui vous reconnaissez, à ce douloureux tableau, n'êtes-vous pas vous-mêmes assez coupables, sans infecter encore vos enfants de votre malice et de votre corruption ? Laissez-les donc dans l'ignorance du mal ; laissez-les marcher tranquillement dans la voie du salut et ne mettez pas, sur leur chemin, une pierre de scandale. « *Oui, que vos propres péchés vous suffisent...* » Pourquoi voulez-vous faire, à leur égard, l'office de démons ? Ah ! que ces malins esprits séduisent vos enfants et les corrompent, je n'en suis pas étonné; mais qu'un père, qu'une mère établissent le règne du péché dans le cœur innocent de leur enfant, cette conduite est inexplicable !

Pères et mères, réfléchissez-vous quelquefois au compte terrible que vous aurez à rendre à Dieu de la perte de vos enfants ? Il vous les a donnés pour en faire des héritiers de son royaume, et vous en faites d'infortunées victimes de ses vengeances. « Malheur à vous ! a dit Jésus-Christ ; il vaudrait mieux, pour vous, qu'on vous attachât une meule de moulin au cou et qu'on vous jetât au fond de la mer. » Quels reproches n'aurez-vous pas à essuyer, de la part de vos enfants réprouvés, qui vous diront, dans l'enfer : « Malheureux père ! c'est vous qui êtes la cause de notre damnation ! Fallait-il nous donner une vie suivie d'une mort éternelle ? Maudit soit le jour qui nous a vus naître ; maudits soient les genoux qui nous ont reçus ; maudites les mamelles qui nous ont allaités ! » Désespoir déchirant, pères et mères, malédictions inutiles, qu'ils continueront cependant, pour votre supplice et pour le leur, durant l'éternité...

Quelle gloire, au contraire, si vous avez accompli, dans toute sa rigueur, le devoir du bon exemple ! Mère chrétienne, si votre fille, enlevée, avant vous, du milieu de ce monde corrompu, vous a précédée dans la gloire, elle ne fait que vous y attendre. Lorsque votre âme se présentera aux portes du bonheur éternel, votre fille s'élancera au-devant de vous : « Ma mère, vous dira-t-elle, cette couronne qui est sur ma tête, je la dois à vos bons exemples ; venez donc, nous nous réjouirons ensemble, avec JÉSUS, que vous m'avez appris à aimer, auprès de Marie, notre Mère commune, dont vous m'avez enseigné à bénir le nom. »

Pères et mères, je viens de vous présenter la vie ou la mort : la mort éternelle qui épouvante ;... la vie de l'immortel bonheur, pour vous et pour vos enfants ;... choisissez.

V

DISCOURS DE MONSEIGNEUR DESPREZ,

à Limoges, à l'ouverture du Synode de 1858.

Nous sommes heureux de pouvoir nous rendre ce témoignage que, depuis que nous avons pris possession du siège insigne de saint Martial, nous n'avons pas cessé, un seul jour, de travailler pour notre diocèse. Nous répandons devant Dieu nos prières et nos larmes, tantôt pour les fidèles confiés à nos soins, tantôt pour demander, bien chers Coopérateurs, l'abondance de grâces qui vous est si nécessaire, afin de conduire les âmes et de les sauver. De sérieux travaux nous préoccupent dans le silence et la méditation de l'étude, pour mieux nous pénétrer des règles de la sainte discipline de l'Église, selon lesquelles nous désirons vous guider.

Si, à l'exemple du Pasteur par excellence, nous avons commencé à parcourir vos villes et vos campagnes, c'est, sans nul doute, pour connaître nos brebis, mais, en même temps, pour mieux apprécier l'attachement au devoir et la charité édifiante des prêtres, à qui nous les confions.

C'est encore pour procurer le bien de ce diocèse que nous nous sommes entouré, aujourd'hui, de ce clergé si recommandable par son zèle et ses vertus. Oui, B. C. C., dans quelques instants, réunis comme dans une sorte de cénacle, nous allons mettre en commun nos lumières et notre expérience ; une seule et unanime préoccupation, j'en ai l'assurance, nous dirigera tous dans nos travaux : la pensée de faire le bien.

Dans ce but, il nous fallait, M. C. C., la liberté des réunions synodales ; c'est l'une de ces libertés dont Jésus-Christ a doté son Église, liberté qui émane du Ciel et qui nous y conduit, liberté dont l'action est toute bienfaisante, sans présenter jamais aucun danger, et qui n'a rien de commun avec un nom qui, dans ces derniers temps, n'a été inscrit sur tant de bannières qu'afin d'amonceler des ruines. Et en cela, M. C. C., il est impossible que le monde, malgré ses préventions, puisse prendre le change. En fortifiant, dans notre diocèse, la discipline ecclésiastique, en avisant aux moyens d'extirper le mal et de faire fleurir la vertu, nous ne voulons qu'édifier, tandis que les hommes dont nous parlons, dénaturant la liberté qu'ils préconisaient à outrance, ne rêvaient qu'asservissement et tyrannie. Nous, nous voulons le bonheur des familles, par la pratique des vertus chrétiennes ; eux ne voulaient marquer leur règne que par la dévastation ; pour eux, la société était une proie qu'ils menaçaient d'engloutir dans leur fureur.

Ces saintes assemblées synodales, prescrites par le Concile de Trente et si instamment réclamées par l'Église, nous ont, enfin, été rendues. L'Église de France, cette noble fille aînée de l'Église universelle, a pu rentrer dans l'exercice d'un droit que d'ombrageuses susceptibilités lui avaient contesté, pendant plusieurs siècles.

Au moment de commencer nos délibérations, il n'est pas inutile, M. C. C., de vous rappeler succinctement la nature des Synodes, le but que l'Église se propose, en les réunissant, et les précieux résultats que nous avons droit d'en attendre.

Le Synode est l'assemblée des prêtres convoqués par l'Évêque ; il importe d'établir, M. T. C. C., que le Synode n'est point une assemblée délibérante, dans laquelle des discussions s'engagent, où les suffrages se comptent, où la majorité fait la loi ; le Synode est une assemblée consultative, dans laquelle l'Évêque réclame les lumières de ses collaborateurs, leur demande les renseignements et recueille les avis dont il croit avoir besoin.

Quant au but de cette assemblée, il ne peut être que la conservation de la pureté de la foi, la réformation des mœurs, le maintien des saintes règles.

Le Synode offre à l'Évêque les moyens de connaître et de corriger les abus qui minent et renversent la discipline. Dans ces réunions, le premier pasteur du diocèse rappelle aux prêtres leurs obligations ; il étudie avec eux, modifie, abroge ou édicte, selon la nécessité des temps, les lois disciplinaires, et leur donne, autant que la fragilité des choses d'ici-bas le permet, ce cachet de perfection qui, en les rendant plus vénérables et plus saintes aux yeux de tous, en facilite, dans l'avenir, l'exacte et salutaire observation.

En établissant ces assemblées synodales, l'Église n'a donc pas voulu limiter le pouvoir législatif des Évêques, mais l'éclairer et le fortifier. Toujours sage, elle a cherché à les environner de lumières, en souhaitant ces réunions où ils peuvent provoquer d'utiles observations, recueillir de sages conseils, de puissants secours, trouver une intelligente coopération, et profiter de l'expérience d'hommes animés de l'esprit de droiture, de sagesse, de zèle qui vient d'en haut. Mais, au sein du Synode, comme dans son conseil, à l'Évêque seul il appartient de prendre l'initiative des mesures qui intéressent la discipline dans son diocèse ; seul il est juge de leur opportunité ; seul il peut décider avec autorité et donner à ses décisions caractère et force de loi.

Tel est, M. C. C., l'esprit de ces assemblées, auxquelles les traditions et les règles de l'Église catholique impriment un caractère si vénérable, si sacré. Du reste, les matières qui vous seront soumises, dans les divers Synodes que nous nous proposons de tenir, vous diront assez de quelle haute importance ils sont pour ce diocèse, et quel intérêt doivent y attacher les prêtres qui auront l'insigne honneur d'en faire partie. Pour nous, M. C. C., ils seront toujours la réalisation de nos plus chères et plus légitimes espérances, comme ils seront toujours, pour notre cœur d'évêque et de père, une source de consolation et de vrai bonheur.

Comme c'est DIEU qui éclaire les intelligences, qui inspire les sages pensées et conduit les dépositaires de son autorité dans les voies de la prudence, de la justice et de la sainteté, invoquons, encore une fois, avant d'entrer en délibération, le secours de ses lumières, et appelons, par de ferventes supplications, sur ce Synode, l'esprit de conseil, de force et de science qui nous est si nécessaire pour nous conduire au but que nous poursuivons tous : la beauté de l'Église de Limoges, par l'accomplissement exact de toutes les règles de la sainte discipline.

O Marie, nous ne voulons pas commencer, dans notre nouveau diocèse, ce grand acte de notre vie pastorale, sans nous placer dans votre cœur immaculé, nous et les fidèles Coopérateurs, qui partagent notre sollicitude. Reine incomparable de la terre et des Cieux, avant de vous consacrer le pasteur et le troupeau de ce vaste diocèse, permettez que je dépose dans votre cœur maternel les préoccupations de ce Synode. Montrez, par votre protection, que vous serez au milieu de nous.

Et vous, Anges du Ciel, à qui est confiée la garde de notre troupeau, esprits célestes qui veillez sur chacune des églises de ce diocèse, accourez au milieu de cette assemblée, faites la garde autour de nous, et prenez, en quelque sorte, chacun de nos prêtres par la main, afin de nous guider dans les voies que nous devons suivre pour procurer la gloire de DIEU et celle de son Église. Ainsi soit-il.

VI.

ALLOCUTION DE MONSEIGNEUR DESPREZ,

dans l'église de Notre-Dame, à Roubaix, en septembre 1859.

Dicebant ei : Tu quis es ? On
lui disait : Qui êtes-vous ?
(S. JEAN, 7, 25.)

UN jour, N.-S. était assis dans le temple. Autour de lui, une
multitude pressée formait une vaste couronne. Tous les
regards étaient fixés sur JÉSUS, et l'on attendait, avec anxiété, le discours qui allait sortir de sa bouche. Tout-à-coup, deux ou trois de
ceux qui étaient le plus voisins de sa personne, se faisant les interprètes de l'impatience commune, lui demandèrent librement : Qui
êtes-vous, *Tu quis es ?*

M. F., quand je comtemple, autour de moi, cette immense
assemblée, il me semble être placé dans une situation analogue à
celle où se trouvait N.-S. Voyez, en effet, cette multitude accourue
pour donner à notre dignité un témoignage de son respect ; voyez
avec quelle avidité elle se dispose à écouter nos paroles. Ah ! si
les usages, observés dans nos réunions chrétiennes, vous interdisent
de m'adresser des questions, il ne me semble pas moins entendre
une voix s'écriant : « *Qui êtes-vous ?* »

En adressant cette demande au Sauveur du monde, les Juifs
n'ignoraient pas qu'il était JÉSUS de Nazareth ; ce n'était donc pas
son nom, sa qualité qu'ils voulaient apprendre ; mais ils désiraient
savoir ce qu'il était venu faire dans la maison de DIEU.

Qu'est le disciple, M. F., auprès du Maître ! Vous n'attendez pas que je vous dise mon nom et ma qualité ; vous les connaissez. Mais vous cherchez à deviner, dans l'humble prêtre qui a été
votre pasteur, et que vous revoyez revêtu d'une dignité nouvelle,
s'il vous conserve toujours l'affection qu'il vous a autrefois vouée.

A l'exemple de mon divin Maître, je répondrai, M. F., avec simplicité.

Celui qui a été si heureux d'être le premier pasteur de cette église, est heureux encore, en ce jour, de revoir son cher troupeau, et de vous donner, à tous, l'assurance que les sentiments d'affection qu'il avait pour vous, lorsqu'il était à votre tête, sont encore aussi vifs qu'au jour de notre douloureuse séparation. La volonté du Vicaire de JÉSUS-CHRIST a pu nous donner d'autres familles ; mais son autorité, quelque puissante qu'elle soit, n'a pas rompu les liens du cœur, ceux qui nous ont unis, dès le commencement ; si elle y touchait, ce ne pourrait être que pour les bénir et les rendre encore plus forts dans l'intérêt des âmes. Oui, M. F., l'amour qu'un père doit apporter aux enfants avec lesquels il doit vivre désormais, ne saurait diminuer la tendresse qu'il conserve à ceux dont il a été obligé de s'éloigner.

C'est pour vous donner, M. F., un nouveau témoignage de ce inaltérables sentiments, que nous sommes venu aujourd'hui vous visiter. Nous n'avons, il est vrai, aucune qualité canonique pour nous assurer de l'état spirituel du troupeau ; l'honneur que nous avons de vous parler, en ce moment, nous le devons à la bienveillance de votre apostolique Archevêque. Nous sommes comme Barnabé, visitant, de concert avec le grand Apôtre, les fidèles qu'il avait autrefois évangélisés.

Il nous tardait de revoir cette chère église de Notre-Dame, riche pour nous de précieux, d'impérissables souvenirs. Lorsque nos pensées nous reportent vers les jours de notre arrivée dans cette paroisse, nous croyons voir encore ses murailles nues, ses autels sans décoration, le vestiaire sans linge et sans les ornements nécessaires ; nous croyons entendre, autour de cette église, les cris d'une multitude de bons ouvriers sans travail, qui nous empêchaient de songer à la décoration de la maison de DIEU. Et lorsqu'après douze ans, nous la trouvons parée d'autels riches et du meilleur goût, de tentures d'un prix inestimable, de tableaux dus au pinceau des maîtres de l'époque ; lorsque nous admirons les nombreuses statues, que nous voyons former, dans cette enceinte, comme un Sénat de Saints, protecteurs des familles qui les ont données ; quand nous entendons les sons harmonieux de cet orgue que plus d'une cathédrale de France pourrait vous envier ; lorsque, tout à l'heure encore, le son d'un bourdon nous appelait à cette solennité ; enfin, M. F., lorsque nos yeux, frappés d'admiration, voient l'heureux commencement de ces éblouissantes verrières qui, en reproduisant les grandes pages de la mort de l'Homme-Dieu, donneront à votre piété un nouvel aliment, nous ne trouvons dans notre cœur qu'une voix pour nous écrier : — Honneur à cet homme, au cœur élevé, qui ne sait user de l'influence, due à sa haute dignité, que pour faire le bien ; — honneur aux membres du Conseil municipal qui, pour seconder les efforts du pasteur, se sont montrés, par des votes généreux, des hommes de bonne volonté ; un jour, cette église attestera, devant la postérité, le magnifique résultat de leur foi et de leurs libéralités administratives; — mais honneur surtout aux paroissiens de Notre-Dame ; ils ont montré et ils montreront encore ce que la piété peut opérer dans des cœurs généreux. Vous avez raison, M. F., écrivez partout sur ces murailles, transmettez à vos neveux, en caractères durables, cette parole de nos saints Livres : « *Voilà comment nous avons aimé la beauté de la maison de Dieu.* »

Qu'est-ce, en effet, que votre église ? En même temps qu'elle est la maison de Dieu, le sanctuaire des grâces et l'asile de la prière, un tabernacle où Jésus-Christ réside invisible et présent, cette église, M. F., est votre maison, à tous ; je prétends même qu'elle est plus votre maison que celle habitée par vous, après l'avoir construite avec somptuosité ou l'avoir reçue de vos ancêtres. Regardez cette église, regardez-la bien, regardez-la attentivement. C'est ici que vos enfants reçoivent le baptême et, avec le baptême, un titre qui vaut mieux que les titres de la plus haute noblesse ; c'est ici que vos enfants apprennent les éléments de la religion et qu'ensuite, vous les voyez recevoir, avec tant de délices, le pain des anges ; c'est ici que vos engagements d'époux sont bénis et consacrés ; et quand, succombant sous le poids de vos peines, vous sentez le besoin de demander résignation et courage, voyez-vous, au fond de cette chapelle, cette image de la Mère des douleurs? N'est-ce pas dans ce cœur de Mère que vous venez répandre votre âme ? N'est-ce pas à cette Mère incomparable que vous venez demander des forces pour lutter, de nouveau, contre les épreuves de la vie ? Soignez donc votre église, embellissez-la et retenez cette parole de la Sagesse divine : « *Celui qui sème beaucoup pour le Ciel, récoltera avec abondance.* »

Il est un souvenir plus précieux encore et qui est resté gravé dans notre âme. Vous souvient-il, M. F., de ce jour solennel où vous nous avez vu prosterné sur le pavé de ce sanctuaire, et recevant, ensuite, avec l'onction sainte, la plénitude du sacerdoce? En ce moment d'indicible émotion, nous sentîmes notre âme comme inondée d'un torrent de grâces ; nous nous relevâmes et nous mîmes, bientôt après, entre vous et nous, l'immensité de l'Océan. Le Souverain Juge des vivants et des morts décidera, quelque jour, si notre ministère a été de quelque utilité, dans cette île lointaine. Mais, nous le proclamons hautement, si nous n'y avons pas été un serviteur inutile, c'est à votre grâce, ô mon DIEU, que nous en sommes redevable ; car c'est elle qui a rendu fort ce qui était faible, et cette grâce, chers paroissiens de Notre-Dame, c'est dans votre église que nous l'avons reçue, c'est ici que vos prières ferventes, votre affection l'ont demandée pour nous.

Il nous tardait de vous revoir, vous, digne pasteur, notre frère d'études et notre vieil ami. Il nous souvient du jour de votre installation ; nous vous avons remis, avec larmes, cette église, ce tabernacle, ces fonts sacrés, ce tribunal de la pénitence ; nous vous avons confié les nombreux fidèles qui devaient former votre troupeau. Paroissiens de Notre-Dame, levez-vous et dites si le choix qui fut fait alors de notre successeur n'est pas digne de la reconnaissance unanime. Dites si, par son zèle infatigable, sa charité inépuisable, ses travaux incessants, il ne s'est pas montré l'homme de tous. Quelle est la maison de la paroisse, à laquelle il soit resté étranger ? Où n'a-t-il pas apporté un peu de joie au cœur ? Où n'a-t-il pas, plus d'une fois, séché des larmes ?

Combien nous sommes heureux de vous retrouver, prêtres de JÉSUS-CHRIST qui, dès le début de notre ministère dans cette paroisse, nous avez été donnés pour auxiliaires ! Pendant tout le cours de nos communs travaux, les fidèles, nous voyant serrés l'un contre l'autre, avaient appris à nous estimer, comme les ministres d'un même DIEU, et à ne point faire de distinction entre nous. Vous le savez, nous vous avions voué toute notre affection, toute notre estime, et aujourd'hui nous tenons à vous dire que ces sentiments n'ont rien perdu de leur vivacité, depuis notre séparation ; car je sais que vous continuez à travailler à l'œuvre de DIEU, avec un zèle que votre longue expérience rend encore plus précieux.

A côté du pasteur et de ses vicaires, j'aperçois les honorables laïques qui forment, pour le temporel, l'administration de la paroisse. Vous aussi, bien-aimés frères, vous avez un droit à nos reconnaissants souvenirs. Hélas ! la mort a moissonné, dans vos rangs, quelques-uns de ces chrétiens, au généreux dévouement, qui, au début si difficile de l'exercice de notre charge, ont été pour nous des flambeaux et des guides, qui ont été notre appui dans les nombreuses difficultés d'une paroisse naissante. Qu'ils reçoivent l'hommage que nous devons à leur douce et sainte mémoire ; pour vous, bien-aimés frères, qui avez partagé leurs travaux, et qui êtes les continuateurs de l'œuvre que nous avons commencée ensemble, montrez-vous toujours dévoués aux intérêts de cette Eglise ; en même temps, n'oubliez jamais, qu'assis sur ce siège d'honneur, vous devez toujours être, pour les familles catholiques, des modèles achevés. Si vous continuez à ajouter le parfum des vertus chrétiennes à votre probité irréprochable dans les affaires, à votre honneur délicat dans le monde, vous ne cesserez d'être la joie et l'honneur de cette Eglise.

Il est une visite que nous regrettons de ne pouvoir faire entièrement, c'est la visite particulière de chacune des familles qui composent cette grande paroisse. Cette visite spéciale, nous la ferons aujourd'hui en esprit et par le cœur, au point de vue chrétien. Représentez-vous donc, M. F., que votre ancien pasteur, la croix sur la poitrine, l'anneau pastoral au doigt, et par-dessus tout, la charité dans le cœur, vient frapper à la porte de chacune de vos habitations. Je la vois s'ouvrir, toute grande, comme votre cœur, pour accueillir l'ami, le paternel visiteur qui vous apporte les bénédictions de JÉSUS-CHRIST.

Mais, avant de mettre le pied sur le seuil de vos demeures, nous ne devons pas oublier les préceptes et les exemples de notre divin Maître et modèle. « *Lorsque vous entrerez dans une maison*, disait JÉSUS-CHRIST à ses apôtres, *saluez-la en disant : Que la paix soit dans cette maison et avec tous ceux qui l'habitent* » (S. Mat., 10, 12) ; dans sa première visite aux saintes femmes et à ces mêmes apôtres, après la résurrection, il les aborda par ces paroles, répétées deux fois : « *Pax vobis. Que la paix soit avec vous* » (S. Mat., 28, 9).

Vous l'entendez, M. F., la paix, toujours la paix. Certes, si N.-S. avait connu un don plus parfait, une grâce plus excellente, il en aurait fait part à ses apôtres, à ses disciples. De même, M. F., que si nous connaissions un bien plus désirable, nous nous hâterions d'en faire l'objet des vœux que nous formons, en vous visitant.

La paix donc, pour vous tous, bien-aimés frères, puisque telle est la parole, tel est le souhait du divin Visiteur; tant il est vrai que dans la famille, comme dans la société, la paix est le plus grand de tous les biens; la paix, fruit de la charité, qui de toutes les pensées, de toutes les affections du père, de la mère, des enfants, des maîtres, des ouvriers, ne forment qu'un seul cœur et qu'une seule âme, selon le type de la première société chrétienne.

Voulez-vous, M. F., que cette paix, avec ses joies et ses douceurs, règne sous votre toit ? Faites-y revivre toujours la foi, les pratiques religieuses et la pureté des mœurs; car il est écrit : « *Pax multa diligentibus legem tuam ;* » puis écoutez, avec une docilité persévérante, croissante même, la voix de votre digne pasteur. Son devoir est de vous introduire, de vous diriger et de vous faire persévérer dans les voies de la paix. Marchez donc, à sa suite; il est votre chef, qui tient en main l'étendard de JÉSUS-CHRIST. Qu'il serait beau de voir la population entière de cette paroisse marcher derrière lui : enfants, femmes, vieillards, adolescents, hommes mûrs, maîtres, ouvriers, riches et pauvres ! Rivalisez donc tous de zèle, et marchez dans la voie de DIEU. Marchez, M. F., prenez votre élan, DIEU est au terme, pour vous couronner lui-même de bonheur et de gloire.

VII.

REMERCIEMENT PRONONCÉ PAR MGR DESPREZ,

à la séance de l'Académie des Jeux-Floraux, à Toulouse,
le 9 avril 1860.

MESSIEURS,

L'ACADÉMIE des Jeux-Floraux était en deuil, à la suite d'un coup de foudre aussi douloureux qu'inattendu ; un fauteuil y était devenu vacant. Naguère encore il était occupé, et vous savez avec quelle distinction, par un vénérable Prélat dont une voix sacerdotale vient de retracer, avec tant de bonheur, les éminentes qualités, sans oublier cette affection que lui avaient acquise son dévouement, sa bonté, et dont vous l'orniez, Messieurs, comme d'une couronne si digne d'envie.

Vous avez songé à combler le vide fait par la mort ; et d'une voix unanime, vous appelez, en ce jour, votre premier pasteur à recueillir l'héritage de celui que vous avez perdu. DIEU me garde de m'abuser sur la signification du vote que vous avez émis en ma faveur ! En m'appelant au milieu de vous, je veux croire que vous avez moins pensé à m'offrir une distinction qui me fût propre, qu'à rendre à la Religion un éclatant hommage, en la personne de son représentant parmi vous. A ce point de vue, Messieurs, la Religion vous sait gré de votre choix, et je suis heureux d'avoir aujourd'hui à lui prêter ma parole pour vous dire, en son nom : Merci.

Puisque, dans votre pensée, l'honneur insigne que vous me faites doit remonter jusqu'à DIEU même, suis-je bien apte à remplir la délicate mission qui m'est confiée, au sein de ce Sénat littéraire, où je vois figurer l'élite de notre cité ? Quand Fénelon vit s'ouvrir devant lui les portes de l'Académie, il avait écrit *Télémaque* et mené déjà bien loin l'éducation du duc de Bourgogne.

De nos jours encore, ceux de nos vénérables collègues dans l'épiscopat, qui ont rang dans les sociétés savantes ou littéraires, justifient,
par l'importance de quelque travail, ou par l'éclat de leur parole,
la distinction dont ils sont l'objet. Sans sortir de cette savante
assemblée, puis - je ignorer les titres variés, incontestables, que
chacun a apportés, avec soi, en entrant dans ce sanctuaire ? Aussi
cette Académie célèbre est-elle demeurée toujours digne, après
cinq siècles d'existence, de la femme spirituelle et ingénieuse qui l'a
fondée.

Mes titres à moi, mes titres personnels, où les trouver ailleurs que
dans votre bienveillance, ou plutôt dans cette pensée religieuse que
je viens de signaler, et à laquelle, tout d'abord, j'ai rendu hommage ?

Placé, au début de mon sacerdoce, dans le ministère laborieux
des paroisses, je n'ai pu guère étudier d'autre littérature que celle
de l'Evangile, ni approfondir d'autre science que celle du Catéchisme. Là, au dernier rang de la milice cléricale, il y a toujours plus
à faire qu'à dire ; et c'est bien dans cette sphère que l'éloquence de
la parole le cédera toujours à l'éloquence des œuvres. Avec celle-ci,
on se passe même, au besoin, de celle-là ; personne ne s'est encore
avisé de retirer quelque chose de sa gloire à un saint Vincent-de-
Paul, parce qu'il ne fut ni un Bossuet, ni un Bourdaloue, ni un
Massillon. Le bon sens du peuple le comprend ainsi : à côté de
l'homme de parole, il distinguera toujours l'homme d'action. Parce
que je n'ai pas eu le mérite de l'un, est-ce à dire que je puisse
revendiquer le mérite de l'autre ? Messieurs, je ne dis pas ce que j'ai
été, mais seulement ce que j'aurais dû être.

Plus tard, il est vrai, à Bourbon, l'horizon s'éleva et grandit autour
de moi ; ce fut pour me laisser encore moins de loisirs. Absorbé par
les travaux d'organisation d'un diocèse nouvellement créé ; pressé
de jeter les premières assises d'une administration qui pût avoir
quelque chance de durée ; obligé de m'initier à la connaissance des
mœurs, des usages d'une population qui, bien que française, a sa
physionomie particulière ; appelé par goût, autant que par devoir, à
visiter sans cesse mes diocésains répandus, çà et là, sur les bords de la
mer, sur la crête des montagnes, au fond des ravins, au bord des
précipices ; obligé de bégayer souvent, avec les noirs, une langue
enfantine, je vous laisse juger, Messieurs, si j'eus le moindre loisir,

s'il me fut possible de consacrer à la poésie, à la littérature, des instants qu'elles auraient cependant si bien charmés ! L'éclat du ciel, les magnificences de la végétation, l'aspect grandiose de la nature se réunissent, il est vrai, dans cette île lointaine, pour augmenter les feux du génie et lui donner un puissant essor. N'est-ce pas à ce beau ciel des tropiques que Bernardin de Saint-Pierre a emprunté les riches couleurs jetées, avec tant de grâce et de variété, sur les nombreux tableaux qui ornent ses ouvrages ? Mais, comme le missionnaire perdu dans les forêts vierges du Nouveau-Monde ou égaré à travers les sables brûlants du désert, l'évêque de l'île africaine ne regardait qu'en passant les splendeurs qu'il avait sous les yeux ; sa poésie, à lui, c'était le salut des âmes ; à qui lui parlait des beautés de la nature, il montrait ces milliers de noirs dont la France, toujours généreuse dans ses aspirations, venait de proclamer la liberté, et qu'il fallait rendre, par les enseignements de la foi chrétienne, dignes de la société où ils venaient d'entrer.

Malgré ce passé, Messieurs, si peu en rapport avec les exigences du présent, je viens au milieu de vous, je vous l'avouerai, non sans émotion, mais sans crainte. La Religion et les Lettres ne sont-elles pas, quoique à des titres divers, filles du Ciel ? Dès lors, pourquoi la personnification des Lettres, si imposante qu'elle soit dans cet Aéropage d'un nouvel ordre, porterait-elle ombrage à la Religion, identifiée ici, en quelque sorte, dans mon ministère ? Je ne veux pas faire d'anachronismes, en confondant, par la pensée, des jalousies, des rivalités et des luttes qui appartiennent à des époques différentes. La Religion s'est-elle d'ailleurs jamais séparée de la Science ? N'est-ce pas la Science, au contraire, qui, dans des temps heureusement loin de nous, essaya ce divorce sacrilège ? Aujourd'hui, combien les idées ont changé ! De nos jours, en effet, la Science, loin de répudier la Religion, aime à s'abriter sous son glorieux manteau, après lui avoir demandé une direction et sollicité son suffrage ; on a fini par reconnaître la profondeur et la justesse de cette parole : « Le Seigneur est le Dieu des Sciences. »

Les Beaux-Arts, quand ils savent se respecter, sont assurés d'être bénis, à leur tour. Qui donc, au moyen-âge, donna des ailes au génie, souvent pauvre et malheureux ? Qui, Messieurs, si ce n'est la Religion, par la protection éclairée et les largesses inépuisables des Pontifes de Rome ? Non, la Religion ne dédaigne pas les Beaux-Arts ; elle les convie, au contraire, à décorer ses temples et à rehausser l'éclat, la pompe de son culte.

Et des Belles-Lettres, de l'Eloquence, de la Poésie, se montre-t-elle insoucieuse ? Qui donc les accueillit, en Occident, quand la prise de Constantinople par le farouche Mahomet II eut dispersé à tous les vents du ciel les riches trésors de la Grèce ? Et depuis que Léon X eut donné un si brillant asile aux Muses éplorées, en leur ouvrant ses palais, ses musées, ses bibliothèques, en quel pays soumis à la Religion, mais surtout en quelle contrée de ce noble pays de France, les Belles-Lettres, l'Eloquence et la Poésie ne sont-elles pas assurées d'être partout les bienvenues ?

Il y a longtemps, du reste, que la Religion, sous ce rapport, a fait ses preuves. Depuis dix-huit siècles, elle lit et relit le texte biblique, dont la majesté étonnait l'âme trompée de Jean-Jacques Rousseau ; elle se nourrit, sans se lasser jamais, de l'éloquence surhumaine des Prophètes ; elle fait retentir, sous les voûtes de ses basiliques, les accents saintement poétiques du roi David ; dans ce livre de la prière qu'elle met chaque jour entre les mains de ses ministres, elle a réservé une place aux élégies sublimes de Jérémie, aux chants immortels d'Isaïe.

Elle n'est pas plus l'ennemie de la Poésie et des Belles-Lettres qu'elle ne l'est de la Science et des Beaux-Arts. Aussi, avec quel bonheur sourit-elle aux nobles efforts du savant et de l'artiste, lorsque, s'inspirant, l'un et l'autre, aux sources pures de la vérité, ils ne se montrent pas indignes de son divin patronage !

C'est vous dire, Messieurs, que je me sens heureux et fier d'être appelé à l'honneur de siéger au milieu de vous. Ici, l'évêque sera à l'aise, à côté du savant, parce que, d'après d'honorables traditions, le savant sait et saura toujours se montrer chrétien. Ici, le sentiment religieux sera toujours au niveau du goût littéraire. Ici, l'éclat de la diction et le prestige de la forme ne recouvriront jamais qu'une morale sévère et un fond d'idées irréprochables. Ici, l'on n'oubliera jamais ce mot, depuis longtemps célèbre : « Le beau est la splendeur du vrai. »

Elevés à la hauteur de cette maxime sublime, la Science, l'Eloquence, la Poésie, les Beaux-Arts m'apparaissent comme des émanations de la Sagesse incréée. Car, retrempés à la source de la Vérité même, ils ont une légitime mission pour célébrer tout ce qui est bon, exalter la vertu, flétrir le vice, pousser l'âme aux passions saintes, la détourner des passions mauvaises, épurer les affections, grandir les caractères, ennoblir les cœurs en les relevant vers le Ciel. Voilà, si je ne me trompe, Messieurs, le magnifique programme qu'adoptèrent, il y a bien des années, vos illustres devanciers ; à ce programme, qui est le vôtre, jamais votre parole ni votre plume ne porteront atteinte.

Honneur donc à vous, hommes de pensée, savants, littérateurs, poètes, artistes, qui, dans vos paisibles études, cherchez le triomphe du vrai par le culte du beau ! Honneur à cette Académie dont vous êtes, tout à la fois, les colonnes et le glorieux couronnement ! Honneur à cette noble Cité dont la renommée scientifique et littéraire s'étend partout, et qui sait si bien encourager le talent, sous quelque forme qu'il se produise ! *His idem semper honos !* Par-dessus tout, Messieurs, honneur à la Religion, qui inspire les bonnes pensées et donne au génie le puissant essor qui le ramène à DIEU, d'où il émane ! Honneur à DIEU ! et même, honneur à DIEU seul foyer de lumière, centre de vérité, merveilleux assemblage de tout ce qui est beau, gracieux, aimable, grand et glorieux : *Soli Deo honor et gloria !*

VIII.

RÉPONSE DE M. DU MÈGE,

l'un des Mainteneurs, au remerciement de Monseigneur,

à la séance de l'Académie des Jeux-Floraux

le 9 avril 1860.

MONSEIGNEUR,

L'ACADÉMIE, en vous admettant au nombre de ses membres, a voulu, sans doute, honorer en vous la Religion qu'elle chérit, et l'Épiscopat qu'elle révère ; mais elle a voulu aussi rendre hommage aux vertus, aux talents qui ont signalé votre carrière sacerdotale. C'est par la puissance irrésistible de l'exemple, c'est par l'éloquence évangélique que vous avez assuré, dans les climats les plus lointains, comme sur la vieille terre de France, le succès de la vérité. Vous avez puisé dans votre cœur les inspirations les plus touchantes, et vous vous êtes rappelé tout ce que l'orateur sacré retrouve de beautés originales dans l'étude des Livres saints ; étude indispensable, et que les dons les plus heureux ne sauraient remplacer. Là s'offre, en effet, à l'esprit la réunion de la gravité, de la véhémence, de l'éclat et de la grandeur des images. C'est là que le ministre des autels ressent un indicible enthousiasme ; alors qu'il emprunte aux divines Écritures leurs expressions chaleureuses et leurs immortelles pensées, il croit entendre retentir le son des harpes prophétiques, confidentes et interprètes du Ciel. Il se trouve trop à l'étroit dans les lieux où la Providence l'a placé ; il voudrait faire respirer à tous les fidèles le pur encens que son âme a recueilli dans l'antiquité biblique ; mais, comme vous, Monseigneur, il sait unir la culture des Lettres humaines à celle des Livres saints. Ses discours reflètent l'admirable simplicité des paroles du Sauveur, l'imposante majesté des auteurs inspirés, et l'éloquence soutenue des écrivains de la Grèce et de Rome. Assembler en faisceau les plus hautes, les plus sublimes créations du génie, semble avoir été, en quelque sorte, l'un des devoirs imposés à l'Eglise catholique. Nous lui devons, on ne saurait trop le répéter, nous lui devons la conservation, l'illustration de tout ce qui agrandit la nature humaine. A cette époque même, où l'indifférence ouvre une carrière, semée d'écueils, à toute une génération trompée, l'Eglise militante, et toujours victorieuse, prodigue aux peuples le trésor des saines doctrines, des plus saintes espérances. Elle assure l'avenir des Etats ; elle accroît leurs forces, en ajoutant, aux éléments de leur durée, la puissance morale, sans laquelle rien ne saurait longtemps subsister ici-bas.

Église universelle, nul ne saurait vous contester l'immortel honneur d'avoir arraché à la barbarie les innombrables peuplades accourues dans l'espoir d'anéantir jusqu'aux dernières traces des civilisations antiques. A la voix de vos Evêques, ces peuplades se sont arrêtées et se sont prosternées devant le Signe du salut. Les monuments du génie, de l'érudition et de la science ont trouvé, par vous, un asile dans les monastères et dans les basiliques; et lorsque, pressé de toutes parts, l'empire d'Orient est tombé sous le cimeterre des Osmanlis, lorsque le dernier des Constantins est mort, comme devait mourir un empereur chrétien, en défendant les remparts entr'ouverts de sa capitale envahie, lorsque l'islamisme apporta sur les rives du Bosphore l'ignorance et l'esclavage, sainte Eglise Romaine, vous avez accueilli les Hellènes proscrits ; vous avez rallumé le flambeau des Lettres. La Ville éternelle, séjour du premier des Pasteurs, est devenue le centre de toute instruction solide, la restauratrice des Arts, la vraie capitale du monde. A votre voix, les vieux monuments ont été rendus à l'admiration ; vous avez rajeuni leur immortalité. Les colonnes du pieux Antonin et du magnanime Trajan ont été relevées par des mains catholiques, et la Rome des Pontifes a renouvelé les souvenirs de la Rome des Césars... De nouveaux triomphateurs sont montés au Capitole. Mais quel heureux changement s'est opéré, sous vos auspices ! Jadis, dans les pompes qui accompagnaient leur entrée dans Rome, ces superbes vainqueurs

traînaient, à leur suite, les rois des nations, les images des villes conquises, les trésors enlevés par la violence. Eglise romaine, à ces
ovations, qui ne retraçaient que l'implacable joie des dominateurs
du monde, que l'infortune des nations subjuguées, vous avez substitué la consécration des talents. Vous l'avez ordonnée ; un char
parcourt encore la voie sacrée et s'avance, au milieu d'un peuple ivre
de joie. Là, paraît aussi un triomphateur ; mais ce n'est point un
dévastateur de la terre, ce n'est point un farouche guerrier : c'est
un homme qui honore l'humanité tout entière, c'est un grand
poète, c'est Pétrarque...... Plus tard, ce devait être un écrivain supérieur à Pétrarque même : c'était le Tasse, c'était le chantre immortel
de Raymond et de Godefroi. Mais le char de triomphe est en vain
préparé pour lui ; le saint Pontife tient en vain la couronne destinée
à parer le front du Poète de Sorrente : la mort a frappé le grand
homme, alors qu'il allait recevoir la récompense réservée au génie
de l'épopée.

C'est ainsi, Eglise catholique, que vous avez su honorer le talent.
Tout ce qui est grand, sur la terre, tout ce qui excite l'admiration,
tout ce qui a des titres aux souvenirs de l'histoire, vous appartient ;
vous êtes la dispensatrice de la vraie gloire, comme vous êtes celle
de tous les biens que DIEU a marqués du sceau de l'immortalité.
Ainsi que la Rome d'autrefois, vous élevez partout des trophées ;
elle suspendait aux siens les sanglantes dépouilles des vaincus, vous
décorez les vôtres des symboles sacrés de la Rédemption, et nous
inclinons nos fronts devant chacun de ces trophées : c'est, en effet,
la Croix civilisatrice, c'est le gage du salut éternel et de la liberté du
monde catholique.

Alors que votre vaisseau s'approchait des rescifs de Bourbon,
vous avez vu, Monseigneur, le glorieux trophée de la Croix briller
sur les pitons de cette île lointaine. Votre arrivée fit naître alors une
nouvelle ère pour cette colonie ; la Religion y reçut une impulsion
puissante par la fermeté de votre foi, par l'abondance de votre charité et l'étendue de votre zèle. Vous avez prodigué, autour de vous,
des bienfaits dont le souvenir ne sera jamais effacé. Le riche Créole
et l'Africain courbé sous le poids des travaux, ont, de concert,
embrassé les saintes doctrines que vous leur avez annoncées ; vous
avez répandu le rafraîchissement de la parole évangélique sur des
cœurs depuis longtemps arides ou flétris, et, pour mieux vous faire

comprendre, vous vous êtes essayé, ainsi que vous venez de nous le dire avec tant de charme, à bégayer le langage enfantin de ces milliers de nègres que la France, toujours noble, toujours généreuse, avait affranchis, et vous leur avez enseigné les moyens de se rendre dignes de cet immense bienfait. Combien de fois, en allant les visiter, dans les parties les plus reculées de l'île, votre âme s'est émue, sous le beau ciel des tropiques, à la vue des merveilles d'une nature puissante qui étale aux regards enchantés toutes ses richesses et tous ses charmes ! Et lorsque, pour obéir au devoir qui vous rappelait en Europe, vous avez quitté ce diocèse de Saint-Denis, que vous avez créé, si loin de la mère-patrie, votre départ a excité d'unanimes regrets ; alors s'est renouvelée la scène attendrissante dont saint Paul fut le héros, alors qu'il se sépara, pour toujours, des chrétiens de Milet.

Votre nouvelle province ecclésiastique ne vous offrira point, Monseigneur, des perspectives aussi suaves que celles de Bourbon ; mais vous y trouverez des vallées peuplées de chrétiens fidèles et des sites dignes d'être admirés. C'est aux pieds des montagnes qui bordent notre horizon que sont nés ces Troubadours dont les chants ont charmé nos aïeux. C'est dans Toulouse que, durant les premières années du siècle auquel Léon X a donné son nom, la Poésie a reçu une consécration nouvelle. Toulouse-la-Romaine, ainsi que l'a nommée un grand poète, a donné alors aux joûtes littéraires, depuis longtemps en honneur dans ses murs, le titre de Jeux-Floraux ; c'est tout ce qu'elle a emprunté aux temps antiques. La Religion leur a imprimé son immortel caractère. Ce Prince de l'Eglise, que nous invoquerons peut-être, un jour, ce Cardinal d'Astros, de sainte mémoire, et le vénérable et bien-aimé Prélat auquel vous avez succédé, se sont assis, à la place même que vous occupez aujourd'hui. Ils aimaient nos réunions paisibles ; ils y apportaient un goût éclairé, une bienveillance dont le souvenir ne s'effacera point de nos cœurs. Fidèle à son passé, l'Académie voit toujours, avec orgueil, les hauts dignitaires de l'Eglise assister à ses discussions littéraires et à ses solennités ; vous ajouterez à leur pompe par votre présence. Pieux successeur des Evêques qui ont présidé aux destinées des diocèses de Narbonne, de Toulouse, de Rieux et de Comminges, vous les représentez dans ces contrées ; tous ces Prélats semblent renaître en ce jour et se presser autour de nous pour ajouter à l'éclat de cette fête : heureux, sans doute, de voir honorer en vous l'héritier de leurs vertus, de leur inébranlable foi et de leur courage apostolique !

IX.

ALLOCUTION PRONONCÉE PAR MGR DESPREZ,
à l'inauguration de l'Adoration nocturne, à Toulouse, en 1861.

MESSIEURS,

NOTRE religion est, vous le savez, la grande réalisation d'une pensée d'amour. A Bethléem, nous voyons un DIEU enfant couché sur un peu de paille, enveloppé de langes..... *Sic Deus*... Au Calvaire, apparaît un DIEU mourant couronné d'épines, abreuvé de fiel, rassasié d'opprobres, dont tous les membres forment une large plaie, que la cruauté des bourreaux tourmente encore : *Sic Deus*... Sur l'autel, est descendu un DIEU-Hostie, sans beauté et sans gloire, caché sous la frêle apparence d'un pain terrestre et corruptible, et si vous me demandez pourquoi ce mystère... *Sic Deus*... Aussi, MM., je ne m'étonne point que le prophète Isaïe, qui ne savait quelle parole emprunter au langage humain pour exprimer de telles merveilles, les proclame, avec autant d'énergie que de vérité, les *inventions* de DIEU. Oui, DIEU seul a pu imaginer ces trois chefs-d'œuvre de l'amour de DIEU pour les hommes, l'Incarnation, la Rédemption et l'Eucharistie.

Le suprême effort de la charité d'un DIEU, *l'amour des amours*, comme s'exprime saint Bernard, c'est, — il faut le reconnaître, — l'institution eucharistique. L'Eucharistie n'est-elle pas le résumé merveilleux de tous les bienfaits de Notre-Seigneur JÉSUS-CHRIST ?

A la parole du prêtre, JÉSUS-CHRIST renouvelle, sur nos autels, tous les jours et dans tous les lieux de la terre, le mystère de sa naissance.

A l'autel encore, il renouvelle et continue le sacrifice qu'il a offert, sur le Golgotha.

Pour mieux comprendre ce mystère d'amour, 'transportons-nous, en esprit, dans le Cénacle, au moment où JÉSUS-CHRIST institua l'adorable sacrement.

Vous le savez, c'est à l'heure de sa mort, au moment solennel de la séparation et du dernier adieu. Un ami mourant lègue à son ami un objet de prédilection, son portrait, quelque chose, quelque ombre de lui-même; une mère lègue son cœur à ses enfants; un héros, ses cendres à sa patrie ; nul ne veut quitter cette terre sans y laisser des souvenirs. Notre-Seigneur a éprouvé ce besoin délicat des cœurs : la veille de sa mort, il veut léguer à ses disciples et, en leurs personnes, à l'humanité entière, un mémorial de son amour.

En ce moment, le Cœur de JÉSUS était pourtant agité de sombres prévisions; il savait que l'un de ses apôtres devait le trahir, qu'un autre devait le renier, que tous devaient prendre la fuite; il voyait la croix, les clous; au pied de cette croix, il voyait sa Mère souffrant dans son âme un douloureux martyre; est-ce tout ? Non, MM.; parcourant, d'un regard, la suite des siècles, il a déjà compté les dédains, l'insoumission, l'infidélité des hommes envers le gage d'amour qu'il va leur laisser; il voit même d'innombrables sacrilèges. JÉSUS sait tout ; rien ne l'arrête.

Voilà le gage d'amour que nous possédons ; mais le DIEU de l'Eucharistie est-il véritablement aimé ? Hélas ! vous le savez, après dix-huit siècles de christianisme, il est encore, pour un grand nombre, un DIEU inconnu, et de la part de beaucoup d'autres, un DIEU indignement outragé.

Quand on songe que Notre-Seigneur a sa maison, au milieu de nous, que, par amour pour nous, il se tient comme captif dans nos tabernacles, n'est-il pas naturel de se représenter nos églises remplies de fidèles adorateurs et les autels environnés d'un concert de louanges et d'amour ? Cependant, MM., à part l'heure du sacrifice, à part les jours de grande solennité, JÉSUS est seul. Cependant, que de pécheurs à convertir, de justes à fortifier, de malheureux à consoler ! Où est donc la foule ? Elle passe insouciante devant nos églises, emportée par l'ouragan des affaires ou le tourbillon des plaisirs. A côté des temples, où JÉSUS-CHRIST réside, s'élèvent d'autres temples, où l'on adore la volupté; c'est là que la multitude se précipite, et les victimes qu'elle immole s'appellent l'innocence, la vertu, l'âme, l'éternité.

Faut-il, M. F., vous dire les profanations dont JÉSUS-CHRIST est l'objet, sur le trône de son amour ? Vous parlerai-je de ces âmes qui se disent fidèles et dont le cœur pour JÉSUS, au jour de la communion, n'est qu'un froid tombeau de marbre ? Que de pharisiens modernes qui se tiennent, devant JÉSUS-CHRIST exposé, en secouant la tête ou en jetant à l'adorable Victime d'insolents mépris ! L'église, que de fois elle se change en un Golgotha plein d'ignominie, où des profanateurs sacrilèges renouvellent, autant qu'il est en eux, les horreurs de la Passion ! Voyez-vous ce chrétien qui s'obstine, malgré le cri de sa conscience coupable, à vouloir communier ? Il s'avance, il commande à JÉSUS de sortir de son tabernacle et de descendre dans la boue de sa conscience coupable ; JÉSUS obéissant vient se mêler à cette boue immonde, et le malheureux scelle, avec la chair et le sang de son DIEU, l'arrêt d'une formidable condamnation...

Votre conduite est toute tracée, pieux membres de l'Adoration nocturne. Notre-Seigneur est exilé, délaissé ; qu'il trouve en vous une couronne d'adorateurs zélés qui le dédommagent de l'oubli de ses enfants ; Notre-Seigneur est parfois abreuvé d'outrages ; qu'il trouve en vous ces serviteurs dont parle le prophète : *in servis suis...*

X.

ALLOCUTION DE MONSEIGNEUR DESPREZ,

à la Métropole de Toulouse, le saint jour de Pâques 1872,

à la fin de la Station quadragésimale, prêchée par le

T. R. Père Félix.

MESSIEURS,

IL y a dans la vie des moments d'émotion, où la parole est difficile : telle est cette heure bénie, l'une des plus belles de notre carrière épiscopale. Mais, quand le cœur est plein, il y a quelque chose de plus difficile encore que de parler, c'est de se taire. Aussi croirais-je manquer à mes sentiments les plus impérieux, si, après la grande manifestation que vous venez d'accomplir, je ne vous adressais mes félicitations et mes remerciements.

Félicitations et remerciements pour le magnifique spectacle que vous venez d'offrir. Je suis, en ce jour, un évêque privilégié. J'ai reçu, en effet, ce matin, un *Alleluia* délicieux, l'*Alleluia* de vos cœurs. A Notre-Dame de Paris, à pareille heure, on admire une grandiose assistance ; les fidèles qui s'y donnent rendez-vous appartiennent à toutes les provinces, peut-être même à des pays différents. Toulouse n'a eu besoin que d'elle-même pour rivaliser dignement avec les grandeurs de la basilique parisienne. Ici, rien d'emprunté à l'étranger. Du cœur et du regard, vous me dites tous : « *Nous sommes votre peuple et les brebis de vos pâturages.* » De mon côté, Messieurs, je sens les joies du pasteur et du père dans les félicitations que mon cœur vous adresse. Si l'infatigable Apôtre qui a fait entendre sa voix éloquente, dans l'une et l'autre Métropole, était ici, il confirmerait, j'en suis sûr, cette vérité. Il y a peut-être plus de grandeur dans la communion générale de Paris ; mais il y a moins d'intimité.

Félicitations et remerciements pour la grande leçon que vous venez de donner. Qu'ils se taisent désormais ces faux docteurs de la liberté, de l'égalité, de la fraternité. Vous venez de faire de ces trois vérités sociales une profession de foi, dont aucun système politique n'égalera l'autorité. Oui, Messieurs, il y a dans cette communion un acte de *liberté ;* elle atteste que vous avez secoué la plus déshonorante de toutes les chaînes, celle de la passion ; et quand, dans un siècle où les hommes affectent d'opposer à la vérité, les uns, une négation stupide, les autres, la lâcheté du respect humain, vous, vous mettez, au premier rang de vos libertés les plus chères, la liberté de confesser votre foi.

Il y a aussi un acte d'*égalité* dans cette communion, au seul banquet où n'existe aucune préséance. Comme il m'était doux de vous voir, les grands à côté des petits, les riches auprès des pauvres, les lettrés mêlés au peuple, murmurant tous une même prière, rompant le même pain, et formant, sous le regard de DIEU, cette assemblée vraiment céleste où les derniers sont les premiers, s'ils sont plus vertueux. — Enfin vous venez d'accomplir un grand acte de *fraternité ;* car, avant d'aller vous agenouiller à la Table sainte, vous avez repoussé tous les mauvais sentiments, et par la pensée, vous pressiez sur votre cœur l'humanité entière rachetée par le sang divin. Il y a un an, à pareille époque, dans certaines réunions de notre ville, on jurait de haïr ; ici, nous nous engageons à aimer. Nos frères, égarés par la haine, ne représentent que la mort, parce que la haine est le principe de destruction ; nous, disciples de l'amour, nous représentons la vie, parce que la vie est le vrai principe de la fécondité.

Félicitations et remerciements, Messieurs, pour le noble témoignage que vous venez de rendre à votre foi. Une Station de Carême, ainsi couronnée, est une véritable preuve de vitalité religieuse. Souvent les ennemis de la foi répètent que le christianisme est mort parce qu'il n'agit pas ; depuis longtemps même, ils se préparent à entonner l'hymne funèbre qu'ils ont composée pour sa sépulture. Non, la foi n'est pas morte ; elle sommeille souvent ; mais elle est l'étincelle cachée dans la pierre, un choc propice suffit pour la dégager. Non, le CHRIST n'est pas mort, au sein de notre population toulousaine ; contemplez et voyez : son sépulcre est ouvert, il est ressuscité : *Surrexit verè*. Oui, il est ressuscité, et pour affirmer cette résurrection, je vous prends à témoin, vous, Messieurs, qui venez de le confesser ; vous, maisons consolées, où il vient d'apparaître en disant à tous les membres de la famille : La paix soit avec vous ; je vous appelle, témoins innombrables qui l'avez vu multiplier le pain, sous ces voûtes émues et recueillies. Et pour opérer ce prodige, Messieurs, qu'avons-nous eu à faire ? Exposer ce que nous prêchons, depuis dix-huit cents ans, et vous avez prêté une oreille attentive ; remuer les cendres de votre foi, et le feu s'est rallumé ; souffler, de la parole sainte, sur les restes de vos convictions, et, comme ces morts qui sortirent de leur tombeau pour rendre hommage au divin Sauveur, vous allez traverser les rues de notre Jérusalem, montrant aux habitants édifiés que vous êtes vraiment ressuscités : *Multa corpora sanctorum qui dormierant, surrexerunt.*

Félicitations et remerciements pour la grande espérance que vous donnez au pays. Ne nous le dissimulons pas, Messieurs, ce n'est pas des conseils de la diplomatie, ni des péripéties des batailles, mais de tels actes de foi, renouvelés, que peut sortir le salut de la patrie. Une nation, où il y a de tels éléments de bien, peut être un instant affolée, démoralisée par le malheur ; mais elle n'est point perdue. Qu'une force bienfaisante touche ces volontés devenues droites et pures ; qu'elle les groupe, les discipline et les emporte vers une harmonie féconde, et déjà je vois la Fille aînée de l'Eglise rejeter le linceul qui la couvre ; en la voyant sortir de son sépulcre, je me surprends à entonner l'*Alleluia* du triomphe ; la France est ressuscitée : *Surrexit verè.*

Enfin, Messieurs, remerciements et félicitations pour le bonheur que vous venez de vous donner à vous-mêmes. Ne l'oubliez jamais, il fut un jour, dans votre vie parfois attristée, où votre cœur battit d'une allégresse inconnue, où des joies de première Communion se réveillèrent dans votre âme, où vous versâtes des larmes, à un céleste banquet, où l'on vous attendait au seuil de la maison, pour vous embrasser, où vos mères, vos filles, vos épouses pleuraient de bonheur. N'est-ce pas, Messieurs, qu'ils sont heureux les jours où les passions sont domptées, où les remords sont finis, où l'on préfère les chastes délices du bien aux agitations fiévreuses du péché ? Est-ce que le monde vous a jamais mis au cœur rien qui vaille les émotions de ce jour ? Conservez, je vous en conjure, cette paix. S'il en était autrement, si jamais vous regardiez en arrière, les murailles de ce temple seraient pour vous des témoins accusateurs.

Avec moi, Messieurs, vous regrettez que l'illustre et pieux apôtre qui a préparé cette solennité, avec tant de zèle, ne se trouve pas dans ce sanctuaire ; nous ne formerions qu'un cœur et qu'une âme pour le remercier des joies dont nous lui sommes redevables. Mais nos accents de reconnaissance iront le trouver dans la pauvre cellule, où sa main se lève encore, en ce moment, pour absoudre un pécheur. Oui, mon Père, emportez, dans vos courses toujours glorieuses, la reconnaissance des âmes dont vous avez été ici le père, des familles où vous avez ramené la paix, le bonheur, de l'évêque dont vous avez été le consolateur. Ailleurs vous recueillerez peut-être plus d'honneur ; nulle part vous ne trouverez ni plus de sympathie, ni plus de gratitude.

Gardez notre souvenir ; pasteur trois fois heureux, je vous promets, au nom de cette assemblée, que nous garderons fidèlement vos leçons.

Messieurs, en finissant, je ne sais rien vous dire de plus persuasif, pour obtenir votre persévérance, que de vous crier : Frères bien-aimés, n'oubliez pas l'apostolat du P. Félix.

XI.

ALLOCUTION PRONONCÉE PAR MGR DESPREZ,

à Toulouse, en présence des généraux, de beaucoup d'officiers et de nombreux soldats, dans une cérémonie religieuse célébrée pour la garnison, en 1874.

MESSIEURS,

JE ne vous adresse point une flatterie, en félicitant aujourd'hui le pays de votre présence devant cet autel. Puisque, dans tous les temps, les peuples ont invoqué le DIEU des armées, il est certain que les armées s'honorent et se replacent dans les conditions essentielles de l'ordre, en fléchissant le genou devant DIEU.

Je n'userai ni de précautions ni de panégyriques pour recommander à vos intimes respects le service de l'aumônerie. Quand le soldat croit à l'existence de l'âme, il est heureux de voir, à ses côtés, ceux qui en sont comme les infirmiers, et de les admettre, au même titre que les docteurs qui sont chargés de panser les blessures du corps. L'homme, en effet, a deux vies à entretenir, en lui ; et la patrie elle-même, comme l'a dit un de nos braves généraux, n'aurait pas le droit de vous demander le sacrifice de celle qui finit, si elle vous ôtait l'espérance de celle qui demeurera éternellement.

Je n'aurai pas recours à des artifices oratoires pour justifier l'adjonction du prêtre à votre personnel. Ce que la loi nouvelle vient de décréter, les siècles passés l'ont toujours vu. Le prêtre appartient, par ordre d'ancienneté, à la famille militaire ; car, d'après l'histoire, il ne fut jamais un étranger dans vos rangs. Aussi, entre lui et le soldat, n'est-ce pas aujourd'hui une alliance nouvelle ; c'est plutôt la rencontre et l'embrassement de deux amis qui se retrouvent, après une longue séparation.

Le prêtre et le soldat sont unis par la fraternité des sacrifices. Vous et nous, ne formons-nous pas les deux types, souvent comparés, de l'immolation au salut social ? D'autres vivent, avant tout, pour la famille et pour leurs intérêts privés ; nous, nous appartenons à la chose publique, plus qu'à nos parents et à nous-mêmes. D'autres s'enrichissent du fruit de leur carrière : nous, nous ne retirons de la nôtre que le pain indispensable. Grande moralité, d'où il résulte, MM., que nos sacrifices ne peuvent se tarifer à prix d'argent ; car, si l'on paie au marchand la denrée qu'il nous livre, comment évaluer le sacrifice du prêtre ou le sang du soldat ? Aussi, ne nous révoltons pas, en voyant quelquefois la société prodiguer l'or à des acteurs qui chantent pour son plaisir, et le mesurer parcimonieusement à ceux qui meurent pour sa défense. Ce désavantage nous est glorieux : il prouve que, si la patrie nous fait vivre, elle n'a pas la prétention de s'acquitter à notre égard.

Le prêtre et le soldat sont également unis par la fraternité des sympathies. Depuis Fénelon, recevant dans son palais, pansant, en rochet et en camail, les blessés de l'armée, dans combien de scènes touchantes n'a-t-on pas vu nos mains entrelacées, vos insignes et les nôtres confondus ? De même que vous quittez votre famille, quand le pays vous appelle, l'aumônier se sépare de sa mère pour vous suivre. Quelquefois l'aumônier mêle son sang au vôtre, sur le champ de bataille ; ou bien, il partage vos privations et vos larmes. En temps de paix, il est le premier ami qui veille sur votre jeunesse ; en temps de guerre, il est le dernier qui abandonne votre agonie. Il devient tantôt votre secrétaire, tantôt votre trésorier ; il est comme une image de DIEU et de la famille, attachée à vos pas. Aussi, quand il est là, votre famille souffre moins de votre absence : elle a eu, par lui, des nouvelles qui rassurent le foyer, et votre mère attend votre retour, avec moins de déchirement, parce qu'elle sent sa sollicitude remplacée auprès de vous.

Prêtre et soldat sont encore unis, chez nous, MM., par la fraternité de leurs missions. Nous avons, vous et nous, écrit presque toutes les pages de l'histoire de France, qui en renferme de si belles. Depuis longtemps, on l'a dit : « *La France est un royaume qui a été fait par les Évêques.* » Cette parole a besoin d'être expliquée :

si c'est nous qui avons posé les premières assises de la France, c'est vous qui avez tracé ses frontières. Si sa constitution fut notre ouvrage, sa carte géographique fut le vôtre: pensée bien consolante! puisque vous l'avez faite, vous êtes capables de la refaire. Depuis que les fondements de la monarchie ont été ainsi creusés, de concert, par l'épée de Clovis et par le bâton pastoral de saint Rémi, la crosse et l'épée n'ont pas cessé d'être unies pour la conservation de l'Etat qu'elles avaient fondé. Le prêtre et le soldat français ont toujours été frères par le dévouement patriotique, comme par leurs mutuelles sympathies ; peut-être doivent-ils à la gloire de ce passé d'être surnommés les premiers soldats et les premiers missionnaires du monde.

Que nos ennemis ne triomphent donc pas de nos malheurs, comme d'une ruine désespérée. La France n'a point perdu ces deux instruments puissants de relèvement, son sacerdoce et son armée. Qu'on ne demande pas quelle suprême ressource reste à notre pays pour se remettre sur pied ; prêtres et soldats, nous lui restons, et c'est assez ! Ces deux hiérarchies, où l'indiscipline n'a pas encore pénétré, peuvent sauver ce qui a péri ; sur ces deux colonnes maîtresses qui ne portent pas les traces de la désolation générale, l'édifice entier peut être reconstruit.

Soyons donc toujours, MM., guerriers et clergé, les instruments actifs et inséparables de la prospérité française ; puisque tant de souvenirs, tant d'espérances, tant d'intérêts nous unissent, bénie soit la loi qui nous rapproche aujourd'hui !

Je suis heureux de vous offrir le ministère du prêtre, le jour même où le temps pascal s'ouvre pour les catholiques. Je vous conjure, MM., de ne point oublier le précepte que l'Eglise vous impose, à cette occasion. Sans doute, il vous suffit de l'honneur pour mourir vaillamment ; mais vous avez besoin des sacrements de l'Eglise pour avoir le courage, souvent plus difficile, de bien vivre.

Ce ne sont pas, d'ailleurs, des devoirs nouveaux que je vous propose. Jadis la Croix du Calvaire brilla sur votre drapeau ; elle forme encore quelquefois la garde de votre épée. Honorez-la donc par les religieux sentiments de votre vie ; ne porte-t-on pas les armes à celle qui reluit sur votre poitrine ? Il serait à plaindre le militaire qui, toujours intrépide sur la brèche, toujours en avant contre l'ennemi, reculerait ici, par une crainte honteuse. Sur le chemin de cette Table sacrée, je félicite le soldat français, qui n'a jamais eu peur devant la mort, de ne plus mettre sa liberté de conscience à la merci de la peur, la plus flétrissante de toutes, celle du respect humain.

Continuez, MM., votre noble attitude en face du devoir chrétien ; n'oubliez pas que le plus glorieux pour Bayard ne fut pas d'être *sans peur*, ce fut d'être *sans reproche* ; ce ne fut pas de tomber, l'épée à la main, mais de porter, en tombant, la croix de cette épée à ses lèvres, pour baiser, à la fois, avant de rendre le dernier soupir, l'instrument de la défense de son pays, et le signe du salut éternel.

XII.

ALLOCUTION PRONONCÉE PAR MGR DESPREZ,

lors de la Bénédiction de la nouvelle École Normale de
Toulouse, et de la Chapelle (1) de cet Établissement, le
26 octobre 1876.

> *Fundamentum enim aliud nemo
> potest ponere, præter id quod positum
> est, quod est Christus Jesus.*
> Quel autre fondement pourrait-on
> poser que celui posé par DIEU lui-
> même, c'est-à-dire JÉSUS-CHRIST ?
> I. Cor., III, 11.

MESSIEURS,

LE voilà terminé enfin, cet édifice, aux élégantes proportions,
destiné à recevoir la jeunesse studieuse qui portera, jusqu'aux plus humbles hameaux, les bienfaits de l'instruction primaire.
Vous avez bien voulu nous en faire aujourd'hui les honneurs,
et nous inviter à l'inaugurer par une fête religieuse. Puissent les
bénédictions de notre ministère pastoral vous procurer toutes
sortes de prospérités. C'est le vœu le plus ardent de notre cœur
et l'objet des prières que nous venons de faire monter au ciel.
Mais, à ces vœux, ne devons-nous pas joindre les enseignements ?
Si le pontife est dans l'Église pour bénir, il y est aussi pour instruire. Qu'il me soit donc permis de vous dire quelles leçons nous
donne la cérémonie de ce jour.

Ces leçons, saint Paul les a merveilleusement résumées dans les
paroles de mon texte : JÉSUS-CHRIST est le fondement unique de tout
bien véritable. Hélas ! cette vérité semble surannée aux hommes de
notre temps. Nous sommes en un siècle où le prétendu progrès des

---

1. Cette Chapelle devait être, hélas ! supprimée, quelques années après.

lumières a banni Jésus-Christ des institutions sociales. Notre génération a rompu avec ses traditions séculaires ; elle a renié tout son passé. La politique, la science, les arts, la littérature, la philosophie prétendent se passer de Dieu et de son Christ. Aujourd'hui, dépassant même les limites de l'impiété, les enfants de Bélial nous préparent des écoles d'où serait bannie, avec le Crucifix, toute foi en la Révélation.

Entendez, en effet, les cris qui sortent de leurs clubs ; lisez les programmes d'enseignement qui s'étalent dans les journaux de la démagogie. Que demande-t-on par-dessus tout ? L'enseignement laïque. Et que signifie cette formule, sous la plume de ces écrivains ou sur les lèvres des sectaires ? Veut-on que les instituteurs laïques aient aussi leur place dans les écoles, à côté des maîtres ecclésiastiques ? Si telles sont les prétentions, pourquoi tant de fracas ? L'Eglise, au temps même de ses grandes prospérités, ne rejeta jamais le concours des laïques pieux pour la grande œuvre de l'éducation.

Mais, ne vous y trompez pas, Messieurs. Enseignement laïque, dans le dictionnaire du XIXᵉ siècle, c'est l'enseignement sans Dieu, sans Notre-Seigneur Jésus-Christ, sans prêtres, sans révélation, sans pratiques religieuses. Dans l'école laïque, les leçons commencent sans signe de croix et sans prière ; là, sur les mêmes bancs, on peut voir assis, côte à côte, catholiques, juifs, protestants, libres-penseurs, musulmans même ; car, dans ces classes, on parle de tout, hormis de la religion. Un tel enseignement, pour le faire pénétrer plus avant dans le peuple, on songe à le rendre obligatoire et à lui réserver le privilège de la gratuité.

A quels résultats, Messieurs, aboutirait l'instruction sans Dieu, sans Christ, sans révélation ? Ce n'est pas moi qui vous le dirai. Laissons la parole à un auteur des anciens jours, à celui que Bossuet appelait : l'incomparable saint Augustin ; car, déjà au cinquième siècle, on rêvait d'écoles où ne pénétrerait pas l'Evangile ; l'enseignement laïque n'est pas, croyez-le bien, une invention de notre temps. Saint Augustin commentait déjà ces paroles du Sauveur : « *Celui qui entre dans le bercail, autrement que par la porte, est un voleur et un meurtrier ; il ne vient que pour piller et tuer.* » Cette maxime évangélique, il en faisait, sans pitié, l'application aux maîtres de son temps qui ne posaient pas Jésus-Christ comme

fondement de leurs leçons. « Ils cherchent à persuader aux hommes
» qu'il n'est pas nécessaire d'être chrétiens. Ils ne viennent pas,
» comme le bon Pasteur, conserver et sauver. » Quiconque n'enseigne
pas, au nom de Jésus-Christ, est un voleur et un meurtrier ; c'est
le grand Docteur qui l'a dit. Entendez-le parler aux philosophes :
« Il y eut des philosophes pour discuter subtilement sur les vertus
» et les vices ; ils devisaient, définissaient, raisonnaient avec art ; ils
» écrivaient des volumes, faisaient retentir, à plusieurs bouches, les
» merveilles de leur sagesse. Ils osaient dire aux hommes : suivez-
» nous ; embrassez notre secte, si vous voulez vivre heureux. Mais
» ils n'entraient point par la porte ; ils voulaient perdre, tuer,
» massacrer. » Voleurs et meurtriers, meurtriers des âmes ! voilà
comment saint Augustin jugeait les libres-penseurs qui bannissent
Dieu de l'éducation.

Pour vous, Messieurs, vous ne serez pas les meurtriers des
âmes ; car vous entrerez par la porte du bercail, par Jésus-Christ.
J'en ai pour garant ce que nous avons, tous, sous les yeux. Dans ce
bel édifice, la place d'honneur a été réservée à la chapelle. Classes,
salles d'étude, cabinets des sciences, dortoirs, cour de récréations,
tout est groupé autour de cette chapelle à laquelle revient, de droit,
le premier rang, puisque c'est là qu'habitera Jésus-Christ. Des
maîtres nombreux sont appelés à former cette chère jeunesse ; mais,
de tous les hôtes de la maison, nul ne sera plus vénéré que le
prêtre, dont la présence, au milieu de vous, redira sans cesse
qu'à la base de tout enseignement, il faut mettre Jésus-Christ.
Cette enceinte, qui vient de recevoir les bénédictions de l'Eglise,
vous verra souvent réunis. La voix du prêtre vous rappellera les
premiers enseignements de votre enfance, les vérités de la foi ; elle
les développera, afin que, solidement instruits de la religion, vous
puissiez mieux l'enseigner aux jeunes générations.

Jésus-Christ, sa loi, son Evangile, sera aussi, à la base de votre
vie morale. On parle beaucoup, aujourd'hui, Messieurs, d'une certaine
morale que l'on dit *indépendante*. Cette morale n'aurait rien à faire
avec Dieu et son Christ, rien avec les sanctions d'une vie future ;
sentimentalisme creux, ou simple convention faite tacitement avec
le genre humain, afin que les hommes puissent vivre ensemble, sur
cette terre, sans se dévorer. Cette morale, nous ne savons que trop

ce qu'elle vaut contre le débordement des passions et des vices ; ce ne sera pas celle que vous enseignerez.

Dans cette chapelle, vous apprendrez à faire reposer toute vertu, tout devoir sur l'Evangile ; vous viendrez au tribunal sacré chercher la rémission des fautes échappées à la fragilité humaine, et à la Table eucharistique, la force de résister aux penchants mauvais de la nature. Sur ce fondement, quel magnifique monument vous saurez construire ! Saint Paul, à la suite des paroles que nous venons de méditer ensemble, parle de ceux qui, sur cette base, élèvent des palais d'or, d'argent et de pierres précieuses. Quiconque aura bâti sur JÉSUS-CHRIST sera sauvé. En possédant l'or de la vertu vous deviendrez, en même temps, Messieurs, des hommes probes, des maîtres au zèle généreux, de bons pères de famille, des citoyens dévoués aux grands intérêts de la société.

XIII.

ALLOCUTION prononcée par le Cardinal DESPREZ, en prenant possession, à Rome, de son Église des saints Pierre et Marcellin, le 25 septembre 1879.

REVERENDI ET CARISSIMI FRATRES,

QUI divinam clementiam æmulatus et ab alto Pontificiæ majestatis solio humilia respiciens, tenuitatem meam immensâ donorum copiâ amplificare, meque nil tale merentem intra augustissimum S. R. E. Cardinalicem Collegium, tot virtutibus et egregiis dotibus refertum, aggregare dignatus est ; qui me egenum à terrâ suscitavit, ut sederem cum principibus populi sui et solium gloriæ tenerem, idem Sanctissimus Pontifex, cui datum est à fine usque ad finem attingere, fortiter suaviterque disponendo omnia, me huic venerabili Ecclesiæ proficere, sanctorumque Marcellini et Petri cohonestare voluit titulo, quem ab antiquis semper temporibus tenuerant viri omni virtutum genere præstantissimi, quos inter sacræ memoriæ Pium Nonum, Pontificem Maximum, ne contemplator majestatis opprimar à gloriâ, commemorare non auderem, nisi me impelleret ipsa hujusce templi dignitas, quæ ex tanto Pontifice incomparabili decore omnium oculis apparet.

Quibus omnibus cùm ipse nequaquàm virtute, nec doctrinâ, nec pietate sim comparandus, summopere timeo ne conspicuæ hujus Ecclesiæ decus et gloria, hæreditario quodam jure in dies amplificata, meî culpâ quid detrimenti capiat. Allaborabo tamen et vestris precibus fretus omnem operam, studium et industriam conferam ad commune omnium bonum procurandum, Ecclesiamque mihi creditam sanctè pro viribus honorandam.

Ipse enim Pater misericordiarum, et Deus totius consolationis operabitur in nobis velle et perficere pro bonâ voluntate.

Participes ergo velitis esse spei meæ quæ firma est, quia in Deo fixa. Et licet eo miseriarum devenerimus, ut, ob injuriam temporum, nihil nisi calamitates et pressuræ portendatur, vegetior erigitur spes nostra, quia non desinent sancti Martyres quorum titulo gloriamur, adjuvare infirmitatem nostram in orationibus suis pro nobis ad Deum. Illorum patrocinio suffultus, novam mihi et inexpertam in Cardinalitio onere ferendo viam impavidus aggrediar.

Neque parùm fiduciæ mihi afferunt, carissimi Cooperatores nostri in Diœcesi Tolosanâ, quæ de vobis in fide et caritate degentibus, de obsequenti devotoque in Pontificem Maximum et Sanctam Sedem animo vestro, longâ experientiâ novimus. Numquàm inter nos obrepet sermo eorum qui velut cancer serpit, nec in agro nostro inimicus homo superseminabit zizania.

Memores erimus Patrum nostrorum qui in generationibus gentis suæ gloriam adepti sunt, et in diebus suis habiti sunt in laudibus; satagemus ut eorum pietates non desinant, et hæreditas sancta sint nepotes eorum. Quapropter, Fratres carissimi, mente integrâ, fide firmâ, caritate perfectâ, parati simus ad omnem voluntatem Dei, conservantes fortiter dominica præcepta, ne quid ad exemplum bonorum factorum desit in nobis, parati, si opus sit, pro patriis legibus mori, scientes quod christianus, Christi Evangelium in corde tenens, occidi potest, sed vinci non potest.

Quæ ut præstare queamus, mementote meî, vos omnes qui in sortem Domini vocati estis, et per diversos hierarchiæ gradus, sive in hoc templo, sive in Diœcesi nostrâ Deo servientes, adjutores mei estis in Domino, qui primas dilectionis meæ partes merito vindicatis, et quos paternâ dilectione complector. Cautè et sanctè ambulemus, ut is qui ex adverso est vereatur, nihil habens malum dicere de nobis.

Commendo vos omnes sanctis hujusce Ecclesiæ tutelaribus, ut ipsis pro vobis et pro me exorantibus, bonum certamen certare, fidem servare, et, cursu consummato, percipere mereamur coronam gloriæ quam repromisit Deus diligentibus se.

Intereà accedamus, cum fiduciâ, ad thronum gratiæ, et omnes unanimes et uno ore precemur à Patre misericordiarum ut sanctissimum Dominum Nostrum, Patrem Leonem decimun tertium, de cujus benignitate, quâ major nulla exstat, tanta accepimus, bono universæ rei Christianorum publicæ, servet incolumem, sospitet atque vivificet, et Ecclesiæ navim, ipso rectore et duce, ad optatum pacis et tranquillitatis portum dirigere dignetur.

Gratia D. N. J. C., et caritas Dei, et communicatio Sancti Spiritûs sit cum omnibus vobis. Amen. (II Cor., XIII, 13.)

XIV.

ALLOCUTION DE MONSEIGNEUR DESPREZ,

à la basilique Saint-Sernin, de Toulouse, lors de l'inauguration de la Faculté de Théologie de l'Institut Catholique,
le 25 novembre 1879.

QUE les fidèles présents à cette assemblée me pardonnent de m'adresser spécialement à vous. Quoique mon cœur de père soit heureux de les voir ici, la vérité m'oblige de déclarer que cette fête est la vôtre, plutôt encore que la leur.

La parole substantielle, savante, éminemment doctrinale, que vous venez d'entendre, n'a pas besoin d'être complétée. Quand elle a cessé de se faire entendre, vainement chercherait-on à la commen-ter ; on ne trouve que de l'admiration et des remerciements à offrir. Aussi, notre intervention, dans cette séance mémorable, sera-t-elle un acte de notre autorité épiscopale, plutôt qu'un discours.

Prêtres du diocèse de Toulouse, la résurrection d'une Faculté de Théologie, devant les Reliques du Prince des Théologiens, devenu, par sa résidence dans cette Basilique, notre hôte et notre concitoyen, est une fête unique, entre toutes les fêtes de nos Universités catho-liques ; elle sera une date dans l'histoire de ce diocèse. A ce double titre, l'institution nouvelle vous crée des obligations ; car, si c'est le Saint-Siège qui, à la demande de dix-sept Evêques, lui a donné la vie, j'ose dire que c'est à vous qu'il appartient de la faire vivre.

A vous, d'abord, de lui donner des auditeurs. Les prêtres, étudiants de la Faculté, ne suffisent pas à composer l'auditoire désirable autour de ces chaires occupées par des professeurs éminents, qui ont formé déjà tant de disciples. Prêtres, engagés dans le saint ministère, venez donc les écouter, pour que l'on ne puisse dire que l'enseignement de ces maîtres est moins recherché que le vôtre, et que vous croyez pouvoir nourrir le peuple, sans vous approvisionner vous-mêmes.

Ne regrettez pas l'heure de fécond recueillement que cette assiduité vous imposera. Elle comptera pour l'heure d'étude que vous avez promise, dans votre Règlement de vie, à la Théologie, à l'Ecriture Sainte, aux Saints-Pères, et que vous avez si souvent oubliée. Elle surnaturalisera vos occupations, en élevant vos pensées ; si l'on a dit de la Religion qu'elle est pour les laïques l'arôme qui empêche leur science de se corrompre, la science du prêtre, arôme de son action pastorale, l'empêche de dégénérer en routine.

Un programme, approprié, d'ailleurs, aux convenances de la majorité d'entre vous, a été adopté pour les divers cours. La Faculté de Théologie a réglé les heures de ses leçons, d'après les moments de liberté que vous laissent les occupations paroissiales. Ne méconnaissez pas cet appel fait à votre bonne volonté. Parmi les divers ordres d'enseignement, les uns, faits en français, s'adresseront même aux laïques ; les autres, donnés en latin, intéresseront plus particulièrement les prêtres. Il ne serait pas honorable pour vous, Messieurs, que le zèle des laïques, en cette circonstance, l'emportât sur le vôtre ; il vous convient de donner l'exemple plutôt que d'avoir à le suivre.

A donc de fournir des auditeurs à la nouvelle Faculté ; à vous de justifier sa raison d'être et de concourir à la plénitude de son importance canonique, en vous constituant justiciables de son tribunal, en sollicitant ses grades. Ma voix doit franchir les limites de la ville métropolitaine et retentir jusqu'aux presbytères des campagnes ; car, si tous nos prêtres ne peuvent assister aux cours, tous, moyennant une préparation suffisante, pourront aspirer à la conquête des palmes théologiques.

Entrez donc, MM. et chers Coopérateurs, dans les vues de notre glorieux Léon XIII sur la restauration des études ecclésiastiques ; entrez dans l'esprit de l'Eglise qui, sans donner la préférence sur la sainteté à la science, nous recommande instamment la science comme l'auxiliaire indispensable de la sainteté. Connaissez bien la misère spéciale de notre époque, qui n'a plus assez de foi pour vous accepter, à raison de votre seul caractère sacerdotal, mais qui s'incline devant vos supériorités naturelles ; faites du diocèse actuel de saint Thomas d'Aquin une pépinière de théologiens gradués, en disant : C'est ainsi que j'honorerai mon ministère : *Ministerium meum honorificabo.* (Rom., XI, 13.)

Il y a souvent des loisirs, dans la pauvre cure de campagne, et des loisirs parfois douloureux. Récréons notre solitude, relevons notre mission par des études préparatoires aux diplômes théologiques. Les palmes doctorales, appendues aux murs de votre presbytère, consacreront votre autorité, et fermeront la bouche à vos contradicteurs. Si d'autres désirent des palmes pour briller, vous, méritez-les pour mieux sanctifier les âmes. Heureux le jour où la paroisse célébrera la fête du doctorat de son pasteur ! J'aime à voir, par avance, les enfants de son Catéchisme s'avancer vers le lauréat, au retour de nos concours, pour le féliciter et le remercier ; à son aspect, les impies garderont le silence, et toute la paroisse, décorée en son guide spirituel, se mettra désormais à sa suite, avec un saint orgueil.

Pour nous, pontife, d'abord missionnaire, et, par affection, apôtre du Catéchisme, nous regarderions les succès de nos prêtres comme un beau couronnement de notre carrière ; des prêtres gradués représentant l'autorité enseignante de l'Eglise auprès des petits, seront le plus beau cachet d'élévation intellectuelle, de ressort moral et de régularité canonique, qu'il nous soit possible d'imprimer à notre clergé, avant d'aller rendre à DIEU le compte que nous lui devons de vos âmes.

D'autres motifs, MM. et chers Coopérateurs, doivent encore vous porter à rechercher les distinctions que notre Faculté de Théologie est appelée à décerner. Le Concile de Trente a prescrit le succès au concours comme une des conditions à remplir pour être nommé à des postes inamovibles. Cette règle a été confirmée par les Papes, saint Pie V, Innocent XI, Clément XI et Benoît XIV. Elle a déjà été appliquée, avec les tempéraments que réclame la situation de l'Eglise en France, dans plusieurs diocèses. Pour nous, désireux de nous rapprocher le plus possible de la vraie tradition canonique, et afin de nous conformer à son esprit, nous avons l'intention, après un délai, à déterminer prochainement en synode, de ne conférer, dans un bon nombre de cas, certains postes de la ville et même d'autres parties du diocèse, qu'à des prêtres gradués en théologie, pourvu que, conformément aux saints canons, ils aient donné des preuves de zèle, de prudence et de piété. Les limites et les restrictions de cette disposition seront réglées par ordonnance synodale.

Vous le voyez, MM. et C. C., votre intérêt, comme celui de la religion, sollicitent votre coopération active au succès de la nouvelle Faculté. Il y a trois ans, nous vous disions : « Si vous voulez que l'Université catholique de Toulouse soit fondée, elle le sera ; et elle l'a été. » Nous vous disons aujourd'hui : « Si vous voulez que la Faculté de Théologie vive, elle vivra. J'ai la confiance que vous ne me donnerez pas de démenti. »

Après avoir fait auprès des représentants de l'Etat les déclarations prescrites par la loi ; en vertu de l'autorisation du Saint-Siège, en date du 10 novembre ; au nom de tous les Évêques du Sud-Ouest, fondateurs de notre Institut catholique, je déclare ouverte l'École supérieure de Théologie.

XV.

LETTRE DU CARDINAL DESPREZ
à Monsieur le Président de la République, au sujet des
Décrets du 29 Mars 1880.

Toulouse, le 19 avril 1880.

EN venant, aujourd'hui, vous exprimer mes justes doléances contre les décrets du 29 mars dernier, j'entends remplir, avec simplicité, les devoirs que m'imposent ma charge d'Évêque et ma qualité de citoyen. Je ne veux pas emporter dans la tombe le regret d'avoir gardé le silence, en face des mesures malheureuses qui menacent la paix de mon pays, parce qu'elles menacent la Religion.

Une volonté ferme et une condescendance paternelle ont jeté, chez nous, il y a plus de trois quarts de siècle, les bases solides de la paix religieuse, la plus indispensable pour la prospérité des peuples. Il faut veiller à ce qu'elle soit respectée. Nous devons empêcher que des mains imprudentes ne viennent porter atteinte à ces bornes posées par la sagesse et mettre tout en confusion.

L'émotion causée par des dispositions que rien n'autorise, au dire des jurisconsultes, est profonde au cœur de la France catholique, froissée dans ses droits les plus inaliénables.

La terre de France est hospitalière et généreuse entre toutes ; elle ne veut, chez elle, rien qui sente la servitude, et l'esclave qui la touche retrouve, à l'instant, son indépendance perdue ; craignons d'amoindrir le beau renom que notre respect de la liberté nous a fait dans le monde, et pendant que nous montrons tant de souci pour relever l'étranger, n'allons pas rabaisser le fils de la patrie, en lui retirant le droit d'y vivre, d'y prier, de s'y dévouer, d'y mourir librement. La France est une mère pour chacun de nous : elle ne connaît pas d'ilotes ; jamais elle ne voudra consentir à descendre au rang de ces républiques antiques, où quelques hommes, ignorants de l'égalité et ne soupçonnant pas la fraternité, absorbaient les droits et la liberté de tous, régnaient sur des troupeaux d'esclaves, frappaient d'ostracisme les citoyens les plus vertueux, parce qu'on était fatigué de les entendre appeler justes, et payaient de l'exil les plus nobles services rendus à la Chose publique.

Veuillez, Monsieur le Président, nous arrêter sur cette pente, où bien des hommes graves estiment que nous glissons.

Le diocèse de Toulouse, dont un ministre des cultes (Mr Martin du Nord) a loué plus d'une fois le calme et la tranquillité, en des jours presque aussi troublés que les nôtres, n'échappe pas à l'émotion générale. Les âmes chrétiennes y sont vivement agitées ; le présent ne les rassure pas : elles entrevoient, dans l'avenir, des dangers qui leur donnent d'étranges inquiétudes. Notre région est propice aux congrégations religieuses et aux saintes œuvres qu'elles exercent, avec un zèle que rien ne lasse, avec un courage que rien n'arrête, avec une abnégation qui ne recule devant aucun sacrifice, dans l'intérêt des pauvres, des petits, du salut des âmes; ces œuvres que nous admirons tous, sont leur meilleure louange et leur plus honorable défense. Elles ont été souvent à la peine pour nous ; nous sommes tous à la peine avec elles. Nos cœurs et notre reconnaissance seront toujours avec ces auxiliaires infatigables que la Providence nous a donnés. Nous serons surtout, et nul ne songera à nous le reprocher, avec les plus affligés, avec les dignes enfants d'Ignace, que leur nom et le succès dont Dieu bénit leurs saintes entreprises, posent comme un signe à la contradiction. Venus les premiers dans mon diocèse, ils y ont creusé de plus larges sillons et laissé des traces plus profondes de leur action bienfaisante ; ils ont élevé, au milieu de nous, des établissements qui ne sont pas sans célébrité et qui jettent sur nous, comme sur eux, un éclat dont nous sommes fiers. Toulouse a conquis, dans l'histoire, des titres dont elle demeure singulièrement jalouse.

Elle a vu, avec un grand bonheur, s'allumer ces nouveaux foyers de science et de vertu ; sa douleur serait profonde, si elle était condamnée à les voir s'éteindre ; il est, en effet, peu de villes plus rudement frappées par les décrets contre lesquels je proteste, au nom de la conscience, au nom de la liberté des pères de famille de toute notre contrée.

En présence des passions mutinées contre une Compagnie qui garde si noblement les traits de Celui dont elle porte le nom, n'aurais-je pas le droit de demander, comme autrefois le juge romain : « Mais quel mal avez-vous à lui reprocher ? » Née en France, elle a gardé pour le pays qui fut son berceau une inexprimable tendresse ; elle lui a donné, sans mesure, de ses sueurs et de son sang ; elle s'est mise constamment à son service ; elle l'a honorée dans les lettres, elle l'a honorée dans les sciences ; elle a formé ses plus grands orateurs, ses immortels poètes ; elle a élevé ses plus brillants capitaines ; elle s'est mêlée à nos soldats, dont elle relevait les espérances et le courage dans les hasards de la guerre ; on la trouve avec les pestiférés dans les hôpitaux, avec les esclaves dans les bagnes ; on la rencontre, chez le sauvage auquel elle apporte, avec l'Évangile, la civilisation véritable, sous les glaces du Nord, sous le soleil brûlant des tropiques ; nous la trouvons partout, jusque dans les contrées les plus déshéritées et les plus lointaines, partout donnant des martyrs, étendant, avec le royaume de DIEU, l'influence de la France, et faisant bénir ces deux noms sacrés qu'elle confond dans son amour. Voilà ce qu'a fait la Compagnie de Jésus, voilà ce qu'elle fait encore ; voilà quelques-uns des bienfaits dont nous lui sommes redevables. N'avons-nous pas le droit de demander à ses adversaires : Pour quel de ces bienfaits, voulez-vous la dissoudre ? Pour quel service, lui réserve-t-on des rigueurs spéciales ?

La question des congrégations religieuses, au double aspect théologique et juridique, a été magistralement traitée par plusieurs de mes vénérables collègues, dont j'adopte les indiscutables déclarations.

J'ai voulu simplement dire ce que je sais et redire ce que j'ai entendu. J'ai estimé qu'il était de mon devoir de le faire connaître aux dépositaires de la puissance publique, dont le suprême honneur est de servir la vérité, la justice et la vertu.

Veuillez bien agréer, Monsieur le Président, l'hommage de ma haute et respectueuse considération.

† FLORIAN, Cardinal DESPREZ,
Archevêque de Toulouse.

XVI.

ALLOCUTION prononcée par Son Eminence le Cardinal DESPREZ, à Douai, lors de la bénédiction de la nouvelle maison de la communauté des Sœurs de la Providence, le 10 septembre 1883.

> *Tua autem, Pater, providentia gubernavit.*
>
> C'est votre providence, ô Père, qui gouverne la barque, au milieu des flots. (Sagesse, XIV.)

MES CHÈRES SŒURS,

MESSIEURS,

IL y a bientôt trois quarts de siècle que la maison de *la Providence* nous est connue. Des liens de famille nous attachent à elle ; mille souvenirs, gravés profondément dans notre cœur, nous la font aimer, comme l'on aime sa propre maison. Aussi est-ce, pour nous, un vrai bonheur de venir bénir ce toit qui désormais sera le vôtre, où vous pourrez reprendre votre vie de communauté, et rassembler autour de vous ces générations Douaisiennes, pour qui vous avez été et vous continuez d'être des mères.

Des discours éloquents ont dit, à la gloire de *la Providence* et de la ville de Douai, votre dévouement, vos succès, vos joies et vos angoisses, ainsi que la généreuse sympathie du clergé, de la ville entière, au milieu de vos cruelles épreuves.

Pour nous, nous voulons, aujourd'hui, élever, avec vous, les yeux vers le Ciel, remercier DIEU de sa bonté infinie, en lui disant : O Père, tandis que la barque qui portait cette chère communauté était agitée, au milieu des flots, c'est votre Providence qui veillait sur elle et qui la gouvernait. Soyez béni, et bénies soient aussi toutes les personnes dont le dévouement a servi vos desseins.

Nous trouvons précisément, dans la suite du texte que nous avons cité, ce que nous voulons dire devant ce pieux auditoire. « Vous avez ouvert un chemin, dit la Sagesse, à travers la mer, et une route bien assurée, au milieu des flots, pour faire voir que vous pouvez nous sauver de tous les périls, sans le secours d'aucun art. »

Puisque le monde est souvent comparé à une mer tumultueuse, on peut attester, mes chères Sœurs, que votre communauté y navigue, depuis sa fondation, sans le secours d'aucun art humain. Elle a marché, à travers les vagues et les dangers, sous le regard de DIEU, ne cherchant que sa gloire et le salut des âmes. Le désir du gain, qui a fait inventer la navigation, n'a jamais inspiré ni vos courses à travers la ville, ni vos labeurs. Vous êtes restées dans votre première simplicité, et vous seriez encore dans votre antique maison de la rue des Malvaux, vous en auriez respecté l'aménagement, si des circonstances, indépendantes de votre volonté, ne vous avaient forcées de quitter ce berceau si cher à votre cœur...

La simplicité ! le Bon Pasteur qui a présidé à votre fondation, à votre rétablissement et à votre développement, nous la recommande souvent dans l'Evangile. Elle consiste à ne se proposer qu'une fin : DIEU, à maintenir le regard constamment tourné vers Lui, afin de connaître sa volonté, pour l'accomplir généreusement, joyeusement, sans songer ni au monde ni à soi.

N'est-ce pas là, Messieurs, en deux mots, l'histoire de cette ancienne maison de la *Providence*, que nous avons tous connue ? Elle s'était reconstituée, au sortir de la Révolution, avec ces humbles filles de la campagne, que la Religion avait élevées, sans qu'elles en eussent conscience, à la hauteur des classes les plus nobles. On les appelait : Sœur Pélagie, Sœur Marie-Thérèse, Sœur Constance, Sœur Anastasie, auxquelles bientôt d'autres vinrent s'adjoindre. Comme ces âmes étaient éclairées ! Toutes ces vertus, tous ces dévouements, ce long passé rempli de bienfaits pour la ville de Douai, de la part d'une communauté qui n'avait d'autre repos que le travail, à la rue Fortier comme à la rue des Malvaux, semblaient assurer à nos chères Sœurs la paix, le respect, l'admiration. Oui, l'admiration... La paix, hélas ! on peut la ravir aux âmes qui en sont les plus dignes...

C'est ce qui est arrivé pour vous, mes chères Sœurs, et tandis que nous considérions votre barque jetée en pleine mer, au gré des vents tourmentés par l'orage, ne pouvant s'abriter nulle part, nous demandions à DIEU de veiller sur vous et de vous envoyer son secours.

Le Seigneur, alors, afin que l'œuvre de sa sagesse ne fût pas inutile, suscita des hommes habiles. Nous avons nommé MM. les Doyens et le clergé de Douai ; nous avons nommé les membres du Comité des Écoles libres de cette ville, les Dames patronnesses, le peuple lui-même. Tous les hommes courageux se sont élancés vers votre nacelle menacée de naufrage, et l'ont arrachée au péril. Vous êtes arrivées .au port, mes Sœurs ; vous vivrez tranquilles, espérons-le.

Si ceux qui naviguent sur la mer, ne craignent pas de confier leur vie à un peu de bois, *exiguo ligno*, vous, mes Sœurs, vous vous êtes confiées aussi à un bois, dont la puissance est invincible : la Croix du Bon Pasteur, cette Croix arrosée de son sang, ainsi que des larmes de son auguste Mère. Vous vous êtes confiées à sa houlette qui sait briser, quand Il le veut, les armes les plus terribles ; à la houlette aussi de la petite Bergère, aujourd'hui glorieuse au Ciel et sur la terre. Vos prières, vos larmes, vos angoisses ont été entendues de Celui qui n'éprouve que pour sanctifier. Vous pourrez goûter les joies des anciens jours, en vous retrouvant, dans l'union des esprits et des cœurs, mangeant, à la même table, le pain du corps, au même autel le pain de l'âme.

Soit donc bénie cette nouvelle *Providence*, fruit du dévouement chrétien ! Soient bénies aussi les différentes écoles paroissiales, dues au zèle du clergé Douaisien et à la générosité des habitants, sans oublier les donateurs étrangers !

Béni soit le peuple Douaisien, qui continue de confier ses enfants à ces institutrices dévouées de *la Providence*, dont le nom, pour lui, se confond avec le culte du foyer et de la patrie !

Bénies soient les chères enfants elles-mêmes, élevées par les soins intelligents et dévoués de nos Sœurs ! Qu'elles grandissent pour l'honneur de leurs familles, la joie de leurs parents, la prospérité de leur pays et la consolation de l'Eglise !

Que l'administration de ce beau diocèse trouve toujours dans la maison de *la Providence* une communauté qui la seconde, et l'administration de la ville, des religieuses qui lui soient utiles, malgré tous les obstacles !

XVII.

DISCOURS DE MONSEIGNEUR DESPREZ,
lors de la bénédiction d'un nouvel hospice.

LA Religion ne pouvait se désintéresser de la fête qui nous rassemble. Il appartient à l'architecte qui a conçu et exécuté le plan d'un édifice, d'en faire les honneurs, au jour de son inauguration solennelle. Or, c'est le Christianisme qui perpétue, sur la terre, le règne de la charité ; c'est la charité qui pousse certaines âmes généreuses à se dépouiller d'une partie ou de la totalité de leurs biens, au profit des divers genres d'infortunes qui peuplent cette vallée de larmes. Aussi, partout où la bienfaisance ouvre un asile à la misère humaine, la Religion est chez elle ; quand elle intervient pour inaugurer, par les prières de l'Eglise, ce nouvel établissement charitable, elle peut expliquer sa présence, autrement que par une simple lettre d'invitation ; car on ne saurait, en bonne justice, lui contester le droit de s'écrier, avec le Psalmiste : « *C'est ici le lieu de mon repos, pour la suite des siècles ; je l'habiterai, parce que je l'ai choisi* (Ps. 131). » Cette fondation, en effet, n'est-elle pas un présent divin, une fleur éclose, dans cette solitude, sous une inspiration du Ciel ? Souvenez-vous ce qu'étaient les pauvres, avant que le Christianisme eût donné aux hommes la belle leçon de fraternité. — Mais il n'y a plus ni Grec, ni Barbare ; dans l'ordre de la nature, comme dans celui de la grâce, nous avons tous un même Père qui est DIEU. A coup sûr, je vous rappelle une constatation humiliante pour notre race ; la beauté, néanmoins, ne naît-elle pas des contrastes, et n'avons-nous pas tout intérêt à mesurer l'abîme où la chute originelle avait précipité l'homme, pour savoir, d'une manière précise, à quelle hauteur morale JÉSUS-CHRIST nous élève, en nous associant, tout poussière que nous sommes, à sa vie divine, immortelle ? Bossuet a dit, en parlant du monde païen : « Ce n'était plus qu'un monde d'idoles ;

tout était DIEU, excepté DIEU lui-même. » On pourrait ajouter, avec non moins d'exactitude : « L'univers était devenu comme un temple d'idoles, où l'homme s'était adjugé les honneurs de l'apothéose, en n'adorant d'autre DIEU que lui-même : *quorum Deus venter est.* » Aussi, tout fut sacrifié à cette idole terrible. Lui procurer des plaisirs, c'était la loi unique, et comme la jouissance, dans les conditions actuelles de notre nature, ne peut être que l'apanage du petit nombre, il arriva, ce qu'il était aisé de prévoir, que les plus forts, les plus habiles s'attribuèrent, par toutes sortes de vexations, le monopole de la richesse et du prétendu bonheur, tandis que la majeure partie du genre humain n'eut en partage que la misère ; je ne sache pas que les usurpateurs aient jamais pris, pour la secourir, une de ces initiatives généreuses qui sont passées à l'ordre du jour, sous l'empire de la loi chrétienne.

Heureusement, tout change d'aspect, aussitôt que Notre-Seigneur JÉSUS-CHRIST, Roi et Sauveur, édicte les grands principes de sa morale. Les anciennes philosophies disaient à l'homme : « Cherchez le plaisir, évitez la douleur. » La Sagesse du Ciel, au risque de se faire accuser de folie, tient un tout autre langage ; elle inscrit, en tête de notre constitution, cet article fondamental : « *Si quelqu'un veut venir après moi, qu'il se renonce lui-même.* »

Bienheureux ceux qui ont le cœur pur, c'est-à-dire ceux qui renoncent aux pensées et aux plaisirs de la chair.

Bienheureux les pauvres d'esprit, c'est-à-dire ceux qui renoncent à désirer les biens de la terre, s'ils ne les possèdent pas, ou ne s'y attachent point, s'il les possèdent.

Bienheureux ceux qui souffrent persécution pour la justice, c'est-à-dire ceux qui livrent leur tête plutôt que leur conscience, et qui renoncent à la vie plutôt qu'à la foi.

L'égoïsme étant détrôné, il faut que le véritable amour, c'est-à-dire l'amour de DIEU et du prochain, reprenne sa place dans le cœur de l'homme, et le Sauveur édicte alors un précepte ainsi conçu : « *Vous aimerez le Seigneur votre Dieu, de tout votre esprit, de tout votre cœur, de toute votre âme, de toutes vos forces.* » Or, « *voici*, » dit encore JÉSUS-CHRIST : « *un second commandement que je déclare être semblable au premier : Vous aimerez votre prochain comme vous-même ;* » puis il ajoute : « *Ces deux commandements renferment toute la loi et tous les prophètes ;* » et dans les assises solennelles que je tiendrai, à la fin des siècles, mon interrogatoire ne portera que sur ce grave sujet. Vous serez les bénis de mon Père, si vous ne refusez pas de me secourir, quand je me présente à vous, sous les haillons du pauvre, et que ma main vous sollicite, par l'intermédiaire de la sienne. Comme aussi vous serez couverts de malédictions et précipités dans le feu éternel, si vous méritez ce reproche que j'adresserai, non seulement au mauvais riche, mais aux pauvres qui auront négligé de secourir de plus pauvres qu'eux : « *J'ai eu faim, et vous ne m'avez pas donné à manger ; j'ai eu soif, et vous ne m'avez pas donné à boire ; j'étais étendu sur un lit de souffrance, et vous ne m'avez pas visité ; j'étais nu, et vous ne m'avez pas offert la moitié de votre vêtement.* »

Vous savez, M. F., comment cette grande leçon de charité fut mise en pratique. L'affection mutuelle devint le trait caractéristique des disciples de JÉSUS-CHRIST, à tel point qu'elle était un objet d'admiration pour les païens eux-mêmes, et qu'ils disaient, en parlant de nos pères dans la foi : « Voyez, comme ils s'aiment ! » Ils s'aimaient, en effet, non seulement de bouche, mais en esprit et en vérité. « *Ils ne formaient,* dit le texte, *qu'un cœur et qu'une âme.* »

Nous sommes loin, hélas ! de l'époque fortunée, où l'amour de DIEU et du prochain opérait des merveilles. Les œuvres de charité sont nombreuses toutefois dans notre siècle d'apostasie. Leur variété ne nuit pas, que je sache, à leur développement. C'est une preuve que, malgré les efforts de l'impiété contemporaine, malgré les blasphèmes de la presse quotidienne, la vie du CHRIST n'est pas tout à fait éteinte au cœur de la France. L'exercice de la charité suppose l'intervention d'une puissance supérieure à l'homme, et partout où nous voyons un effort généreux se produire, une nouvelle fondation sortir de terre pour le soulagement de quelque infortune, nous pouvons, nous devons nous dire : Le doigt de DIEU est là. Or, la conséquence qui se dégage d'un tel principe s'impose d'elle-même. L'Eglise représente, sur la terre, Notre-Seigneur JÉSUS-CHRIST : en vertu de la mission générale qu'elle reçut du Sauveur, lui disant en propres termes : « *Celui qui vous écoute, m'écoute ; celui qui vous méprise, me méprise,* » l'Epouse du CHRIST a le droit de présider, tant à l'inauguration qu'au perfectionnement des diverses œuvres que la charité de DIEU inspire, et qui, pour ce motif, relèvent tout particulièrement de son domaine.

Mais la Religion ne prétend pas seulement faire acte de propriétaire, en assistant à cette fête ; elle est venue bénir, c'est-à-dire elle est venue prier. Vous vous joindrez donc à nous, pendant le Saint-Sacrifice, et vous nous faciliterez, par de pieuses supplications, l'accomplissement d'un ministère que la reconnaissance, à défaut de la charité, nous proposerait comme un devoir.

Nous prierons, d'abord, pour le généreux fondateur de cet hospice. Certes le Seigneur n'est pas avare envers celui qui a le courage de s'imposer quelques sacrifices pour le soulagement des malheureux. Il lui fait, au contraire, les plus belles promesses, témoin celle que je cueille dans le livre de Tobie. Le saint vieillard, croyant sa fin prochaine, dicta à son fils ce testament qui en a inspiré tant d'autres : « Faites l'aumône de votre bien, et ne détournez votre visage » d'aucun pauvre, si vous voulez que le Seigneur vous permette de » contempler sa face. Soyez charitable, dans la mesure du possible. » Si vous avez beaucoup, donnez beaucoup ; si vous avez peu, » appliquez-vous à donner, de bon cœur, le peu que vous avez. Vous » vous amasserez ainsi un grand trésor pour le jour de la nécessité, » parce que l'aumône délivre de tout péché et de la mort éternelle ; » elle ne laissera pas tomber l'âme dans les ténèbres, mais elle » sera, au contraire, le sujet d'une grande confiance pour tous ceux » qui l'auront faite. » Il est donc à penser, N. T. C. F., que l'homme de bien qui a fondé cet hospice, et dont le texte, rappelé par vous, semble avoir inspiré les dernières dispositions, a déjà reçu, dans le séjour de la gloire, la récompense de sa charité. N'importe, la reconnaissance est une dette que l'on doit acquitter, même quand cela paraît superflu. Saint Bernard a dit que, par la gratitude, les bienfaits remontent à leur source, pour en redescendre avec plus d'abondance. Nous devons, par conséquent, ne pas oublier, aujourd'hui, le bienfaiteur généreux dont les libéralités sont une promesse pour l'avenir ; car il vous distribuera d'autant plus largement les dons du Ciel, qu'il s'est montré envers cette paroisse et cette contrée plus prodigue des richesses de la terre.

Je me reprocherais de finir, sans recommander à vos pieuses supplications M. le Curé de la paroisse. On dit bien qu'il n'y a point de roses sans épines ; mais vous pouvez faire mentir le proverbe. Une bonne prière, de votre part, suffira pour que ce digne prêtre ne reçoive que des consolations, là où il veut donner aux membres souffrants de JÉSUS-CHRIST des témoignages incessants de son dévouement pastoral.

Mes bien chères Sœurs, j'aurais peut-être à m'excuser de vous nommer si tard ; mais je vous réservais pour la fin de ce discours, comme une sorte de bouquet spirituel. Vous me pardonnerez d'avoir voulu laisser ce peuple sous la douce impression qui s'en échappe ; et puisque les heureux témoins de cette fête se sentent déjà vos obligés, ils redoubleront de ferveur, en demandant au Ciel qu'il vous accorde, dans cet asile, une existence telle que mon cœur d'évêque et de père vous la souhaite, c'est-à-dire composée de peu de larmes et de beaucoup de vertus.

XVIII

ADRÉSSE au Saint-Père, placée par MM. Douladoure et
Privat, imprimeurs de l'Académie des Jeux-Floraux, à
Toulouse, en tête de la plaquette qu'ils ont offerte au
Souverain-Pontife, à l'occasion de ses noces d'or, en 1887.

TRÈS-SAINT PÈRE,

L'*Académie des Jeux-Floraux* est la plus ancienne Académie
d'Europe. « Elle fut instituée, en 1323, par sept Troubadours
de Toulouse. Les fondateurs donnèrent à la poésie, qui nous tient
doucement et joyeusement occupés, le nom de *Gaie Science*. Le corps
académique qu'ils constituaient devint le *Joyeux Consistoire ;* et,
continuant ce langage figuré, ils nommèrent *joies* les fleurs d'or et
d'argent décernées dans les concours. Ils fixèrent le retour annuel
des *Jeux-Floraux* ou *Fête des Fleurs*, et ils y invitèrent les poètes de
la langue romane.

» Pour mériter d'être couronné, deux conditions étaient obliga-
toires : l'orthodoxie religieuse, l'orthodoxie littéraire ; et, comme les
membres du *Collège de la Gaie-Science* s'engageaient à propager et
à défendre cette double orthodoxie, ils s'appelèrent *Mainteneurs*.

» Tout ce qui se rapportait à l'amour profane, et jusqu'à cet
amour idéal, culte des chevaliers et des troubadours anciens, fut
interdit, ou plutôt l'expression de ce sentiment fut reportée sur un
seul objet, la Vierge Marie (1).

» Depuis ces origines, six fois séculaires, une fleur privilégiée a
toujours été destinée à récompenser « la plus belle pièce de poésie, »
en l'honneur de la Mère de DIEU. Ce fut d'abord la *Violeta d'aur*

---

1. Cf. *Las Joyas del Gay Saber*, Introduction, par le Dr Noulet, *passim*.

et, plus tard, le Lis d'argent, symbole légendaire de la Vierge Immaculée.

» Dans l'histoire de la poésie et des grandes institutions littéraires, un tel fait est certainement unique, et mérite bien d'être signalé. C'est pour en consacrer le souvenir, que nous mettons humblement aux pieds de Votre Sainteté, à l'occasion de son Jubilé Sacerdotal, cette simple *plaquette*, sortie de nos ateliers de typographie, et renfermant deux hymnes à la Vierge, couronnées, à cinq siècles et demi de distance, par la même Académie.

» Notre choix a été ainsi déterminé :

» Pour le quatorzième siècle, « le Sirvente qui gagna la Violette d'or, à Toulouse, c'est à savoir la première qui s'y donna, et ce fut en 1324. »

» Quant au dix-neuvième siècle, il a été témoin d'un événement glorieux, entre tous, pour la Vierge Marie : la définition de sa Conception-Immaculée. Or, le savant et pieux auteur de la *Collection des documents* relatifs à cette définition nous dit : « En France, on a » donné au public un petit nombre de compositions poétiques, » en l'honneur de l'Immaculée-Conception ; mais c'est peut-être » dans notre pays qu'a été faite la meilleure ; c'est l'hymne à la » Vierge, de M. l'abbé F. Duilhé de Saint-Projet, couronnée par » l'Académie des Jeux-Floraux de Toulouse (1). » Nous n'avons pas hésité.

» Nous baisons, avec amour, les pieds du Grand Pape que distingue, entre tant d'autres gloires, sa tendre dévotion à Marie..... »

Ces deux pièces de poésie sont illustrées de deux estampes typographiques : la première est un fac-simile d'une miniature du treizième siècle, qui représente un troubadour, à genoux, au pied d'un autel de la Vierge-Mère, et recevant la Violette d'or, des mains de l'Enfant-Jésus.

Le second dessin, tout actuel et pieusement prophétique, repré-

---

1. *Notice* sur la *Collection historique et théologique des documents relatifs à la définition de l'Immaculée-Conception de la Très-Sainte Vierge,* — *Collection linguistique et artistique des traductions de la Bulle « Ineffabilis »* (400 idiomes, 120 volumes conservés à la Bibliothèque du Vatican), par M. l'abbé Dominique Sire, prêtre de Saint-Sulpice, originaire du diocèse de Toulouse.

sente le Vicaire de Jésus-Christ, pareillement à genoux devant un autel de Marie ; la Vierge Immaculée, reconnaissante des honneurs exceptionnels, des témoignages d'amour qu'elle a reçus des derniers représentants de la Papauté, remet, aux mains du Saint-Père, un sceptre, symbole du pouvoir temporel.

XIX.

LETTRE du Cardinal DESPREZ à Son Ém. le Cardinal RICHARD, Archevêque de Paris, relativement au projet de loi (1) destiné à soumettre les ecclésiastiques au service militaire.

Toulouse, le 31 janvier 1889.

ÉMINENCE RÉVÉRENDISSIME,

EN démontrant la nécessité de maintenir, dans notre pays, la législation traditionnelle qui dispense les ecclésiastiques du service militaire, vous avez plaidé une cause également chère à toutes les consciences catholiques, et je m'empresse d'adhérer, comme l'ont déjà fait plusieurs de mes vénérés collègues, à votre admirable lettre du 23 janvier. On a beau conserver, dans le projet soumis aux délibérations du Parlement, quelques traces d'une immunité que les pouvoirs civils avaient respectée jusqu'à ce jour ; il est de notre devoir de réclamer, avec vous, Monseigneur, contre une mesure législative qui tarirait la source des vocations ecclésiastiques et qui rendrait parfois difficile, sinon impossible, le recrutement du clergé. Nous savons, du reste, par l'histoire, avec quelle sévérité DIEU traite les peuples qui méconnaissent les droits de la religion ; et quoi qu'en disent les organes d'une certaine presse, nous faisons acte de patriotisme, en signalant, comme un danger véritable, l'erreur de ceux qui croient servir la France, quand ils mettent des entraves à la liberté de l'Eglise. — Je me dis, etc... »

---

1. Le Cardinal Desprez réitéra ses protestations, en s'élevant contre la loi du 15 juillet 1889, par laquelle a été sanctionné ce projet.

TABLE.

CHAPITRE V.

(1857-1862.)

CHAPITRE VI.

(1862-1866.)

CHAPITRE VII.

(1866-1870.)

CHAPITRE VIII.

(1870-1875.)

CHAPITRE IX.

CHAPITRE X.

CHAPITRE XI.

(1876-1879.)

CHAPITRE XII.

(1880-1884.)

CHAPITRE XIII.

(1885-1891.)

CHAPITRE XIV.

CHAPITRE XV.

(1892-1894.)

CHAPITRE XVI.

(Janvier 1895.)

CONCLUSION

APPENDICE.

I.

II.

III.

IV.

V.

VI.

ERRATA.

Page 115, ligne 3, au lieu de *la narration*, lire : *le narrateur*.

» 135, » 32, } au lieu de *charitas*, lire : *caritas*.
» 136, » 6, }

» 142, » 19, au lieu de *Chiaramonte*, lire : *Chiaramonti*.

» 149, » 12 et 16, au lieu de *1891.... 1893*, lire : *1791.... 1793*.

» 192, » 7, au lieu de *sans en épancher*, lire : *sans épancher*.

» 193, » 12 et suivantes, reconstitution de la phrase : Le 29 novembre 1881,
jour de la fête de saint Saturnin (chaque année, à pareille date, il
venait, à l'insigne Basilique de Toulouse, célébrer la messe, en
souvenir de la prise de possession de son siège archiépiscopal), Monseigneur officiait sur le tombeau de saint Pierre.

» 197, » 20, au lieu de *nous-mêmes*, lire : *nous-même*.

» 213, » 10, au lieu de *On sait*, lire : *On constatait*.

» 215, » 22, au lieu de *de patrie immortelle*, lire : *de l'immortelle patrie*.

www.ingramcontent.com/pod-product-compliance
Ingram Content Group UK Ltd.
Pitfield, Milton Keynes, MK11 3LW, UK
UKHW022323090726
13658UKWH00001B/38